普通高等教育“十一五”国家级规划教材

财政与税务系列教材

CAIZHENG YU JINRONG

财政与金融（第六版）

主编○刘邦驰　王国清

西南财经大学出版社
Southwestern University of Finance & Economics Press
中国·成都

图书在版编目(CIP)数据

财政与金融/刘邦驰,王国清主编.—6版.—成都:西南财经大学出版社,2016.7

ISBN 978-7-5504-2521-7

Ⅰ.①财… Ⅱ.①刘…②王… Ⅲ.①财政金融 Ⅳ.①F8

中国版本图书馆CIP数据核字(2016)第164968号

财政与金融(第六版)

主编:刘邦驰 王国清

责任编辑:廖中新 汪涌波

助理编辑:白 宇

封面设计:何东琳设计工作室

责任印制:封俊川

出版发行	西南财经大学出版社(四川省成都市光华村街55号)
网 址	http://www.bookcj.com
电子邮件	bookcj@foxmail.com
邮政编码	610074
电 话	028-87353785 87352368
印 刷	四川森林印务有限责任公司
成品尺寸	185mm×260mm
印 张	21.5
字 数	520千字
版 次	2016年7月第6版
印 次	2016年7月第1次印刷
印 数	1—3000册
书 号	ISBN 978-7-5504-2521-7
定 价	39.80元

第六版前言

财政是国家职能的重要组成部分，金融是现代经济的核心，财政政策和货币政策是国家实施宏观经济调控的两大重要工具。随着社会主义市场经济体制的建立、发展和逐步完善，财政与金融在经济社会生活中发挥着越来越大的作用。为适应21世纪经济全球化的新形势，满足高等教育经济类专业教学和广大经济工作者学习财政金融理论，提高运用、驾驭财政金融工具能力的需要，根据我国经济改革所发生的巨大变化，我们对2013年出版的《财政与金融》（第五版）教材进行了全面系统的修改和更新，特别是2016年全面推行“营改增”、资源税改革，对我国税收发展历史具有重大意义，在本次修订中对第六章相关内容进行了增补。

这本教材以马克思主义、邓小平理论、“三个代表”重要思想和科学发展观为指导，以当代财政金融理论、中国现行财政金融业务和财政金融法规为依据，立足于中国社会主义市场经济建设实践，并在吸收国内外最新研究成果的基础上，比较系统地反映和阐述了财政、金融两门学科的基础理论、基础知识以及必要的基本技能。本书注重理论密切联系实际，内容新颖实用，分析力求规范、简洁，语言通俗易懂。

本教材由刘邦驰、王国清任主编，负责基本框架的整体设计。各章编写分工是：

王国清（教授、博士生导师）：第一章，第七章；

汪孝德（教授）、周克清（教授、博士）：第二章，第三章；

叶子荣（教授、博士生导师）：第四章；

汪叔九（教授）、张慧英（副教授、博士）：第五章，第六章；

周小林（教授、博士）：第八章，第十六章；

王国清（教授）、周克清（教授）：第九章；

程谦（教授）、张明（教授）：第十章；

刘邦驰（教授、博士生导师）：第十一章，第十二章；

耿虹（副教授，博士）：第十三章；

管圣义（博士）：第十四章；

武振荣（副教授）：第十五章，第十九章；

程谦（教授）、何泽荣（教授、博士生导师）：第十七章，第十八章；

廖常勇（副教授、博士）：第二十章。

全书由刘邦驰教授总纂，并负责审阅定稿。

这本教材涵盖了财政学和金融学这两门学科最基本的基础理论、基础知识和必要的业务技能，具有涉及面宽、实践性强、内容丰富的特点。我国社会主义市场经济体制建设尚在不断发展和完善之中，许多重大理论创新和财政金融体制改革都需要在实践中进行检验，本次修订虽已尽最大心力，但一定还存在不尽如人意之处甚至缺点，欢迎读者批评指正。

刘邦驰

2016 年 6 月 12 日于成都

前　言

财政是国家职能的重要组成部分，金融是现代经济的核心，财政政策和货币政策是国家实施宏观经济调控的两大重要工具。随着社会主义市场经济体制的建立和发展，财政金融体制改革的深化，财政与金融在经济社会生活中发挥着越来越大的作用。为适应21世纪经济全球化的新形势，满足高等教育经济类专业教学和广大经济工作者学习财政金融理论，提高运用、驾驭财政金融工具能力的需要，根据我国经济改革所发生的巨大变化，我们对2002年出版的《财政与金融》（第三版）教材进行了全面系统的修改和更新。

这本教材以马克思主义、邓小平理论和“三个代表”重要思想为指导，以当代财政金融理论、中国现行财政金融业务和财政金融法规为依据，立足于中国社会主义市场经济建设实践，并在吸收国内外最新研究成果的基础上，比较系统地反映和阐述了财政、金融两门学科的基础理论、基础知识以及必要的基本技能。注重理论密切联系实际，内容新颖实用，分析力求规范、简洁，语言通俗易懂。

本教材由刘邦驰、王国清任主编，负责基本框架的整体设计。各章编写分工是：

王国清（教授，博士生导师）第一章，第七章，第九章

汪孝德（教授）、周克清（副教授、博士）第二章，第三章

叶子荣（教授、博士生导师）第四章

汪叔九（教授）第五章，第六章

周小林（教授、博士）第八章，第十六章

程谦（教授）第十章，第十七章，第十八章

刘邦驰（教授、博士生导师）第十一章，第十二章

耿虹（副教授，博士）第十三章

管圣义（博士）第十四章

武振荣（副教授）第十五章，第十九章

廖常勇（副教授、博士）第二十章

全书由刘邦驰教授总纂，最后审阅定稿。

由于这本教材涵盖了财政学和金融学这两门学科最基本的基础理论、基础知识和业务技能，具有涉及面宽、实践性强、内容十分丰富的特点。我国社会主义市场经济体制建设尚在不断发展和完善之中，许多重大理论创新和财政金融体制改革都需要在实践中检验，本次修订虽已尽最大心力，但书中还存在不尽如人意之处甚至缺点，欢迎读者批评指正。

刘邦驰

2007 年 9 月 12 日于成都

目 录

Contents

目　录

Contents

目　录

Contents

目 录

Contents

目　录

Contents

目　录

Contents

目 录

Contents

目　录

Contents

目　录

Contents

目　录

Contents

目　录

Contents

目 录

Contents

第一章
财政概论

第一节　财政的概念及其发展

一、财政的一般概念

财政概念一般可表述为:财政是国家为了实现其职能的需要,凭借政治权力及财产权力,参与一部分社会产品或国民收入分配和再分配所进行的一系列经济活动,包括组织收支活动、调节控制活动和监督管理活动等。

马克思指出:“在我们面前有两种权力:一种是财产权力,也就是所有者的权力,另一种是政治权力,即国家的权力。”①政治权力为国家所独有,其主体就是国家。马克思说:“捐税体现着表现在经济上的国家存在。”②又说:“国家存在的经济体现就是捐税。”③所以,政治权力在经济上实现自己的形式就是税收。财产权力就是所有者的权力,所有者不仅包括生产资料(含土地)的所有者,而且包括劳动力的所有者。所以,财产权力在经济上实现自己的形式,可进一步分割为产业利润、商业利润、借贷利息、地租及工资等。

以上仅是两种权力在主体不同一的前提下,在经济上实现自己的形式。如果两种权力的主体同一,即国家既是财产权力的主体,又是政治权力的主体,那么与此相联系的分配与再分配的一系列经济活动,就是我们这里所讲的财政。

社会主义国家是建立在生产资料公有制基础之上的新型国家,它具有国家的一般性——作为社会管理者,凭借政治权力,以税收的形式参与包括国有经济在内的各种经济成分和资本组织形式的收入分配,并作相应的再分配;又具有国家的特殊性——作为生产资料的所有者或出资者,凭借财产权力,以上缴国有资产收益的形式参与国有经济及相关的资本组织形式的利润分配,并作相应的再分配。在这两种分配的场合,国家都是分配的主体,所不同的是国家具有双重身份,使之具有两种权力,因而财政分配主要包括政治权力属性的分配和财产权力属性的分配。

财政首先表现为一种分配活动,单就分配论分配显然是狭隘的,但是把财政定义为国家(或政府)所进行的经济活动,又失之过宽。在我们看来,通过财政分配,主要还要发生

---

① 马克思.道德化的批判和批判化的道德[M]//马克思恩格斯选集:第1卷.北京:人民出版社,1972:170.
② 马克思.道德化的批判和批判化的道德[M]//马克思恩格斯选集:第1卷.北京:人民出版社,1972:181.
③ 马克思.道德化的批判和批判化的道德[M]//马克思恩格斯选集:第1卷.北京:人民出版社,1972:181.

资源配置、收入分配、经济稳定和增长等经济活动，所以，财政是参与一部分社会产品或国民收入分配和再分配所进行的一系列经济活动，包括组织收支活动、调节控制活动、监督管理活动等。

二、财政的产生和发展

（一）财政的产生

财政的产生需要具备两个条件：一个是经济条件，另一个是政治条件。

经济条件是财政产生的首要条件。物质资料的生产是人类生存和社会发展的基础。在生产力极其低下的条件下，社会产品分配，只能在生产劳动者之间进行，以维持他们最低生活的需要。没有剩余产品，则不可能在生产领域之外再进行分配，不可能供养那些不直接从事生产劳动的人口，这个时候，财政不可能产生。只有当剩余产品出现以后，财政有了存在的物质基础，它才会随之出现，因此，经济条件是财政产生的首要条件。

政治条件是财政产生的必要条件。在原始公社时期，社会生产力非常低下，生产工具也很简陋，这时没有剩余产品，任何有劳动能力的人不可能寄生在他人的劳动之上。这时没有生产资料私有制，没有贫富之分，没有阶级对立，也没有人剥削人的现象存在。所以，原始公社时期是没有财政的。随着原始公有制解体，开始进入到私有制社会，由于奴隶主和奴隶的经济利益不可能调和，需要有一种日益同社会脱离而又居于社会之上的力量，把阶级冲突保持在“秩序”许可的范围以内，这个力量就是国家。国家是社会发展到一定阶段的产物，是阶级矛盾不可调和的产物，是阶级统治的机关，是一个阶级压迫另一个阶级的机关。国家为了维持它的存在和行使政治、经济职能，就需要消费一定的物质财富。由于国家一般并不从事物质财富的生产，只能依靠国家的权力，从社会再生产中分配一部分社会产品，形成国家集中性收入，以供国家的需要。在整个社会产品的分配中，除了以生产资料所有者为主体的分配外，又出现了以国家为主体的分配。国家财政便随着国家的产生而产生，因此，政治条件是财政产生的必要条件。

由此可见，财政的一般概念为：国家为了实现其职能的需要，凭借政治权力及财产权力，参与一部分社会产品或国民收入分配活动进行的一系列经济活动，包括组织收支、调节控制和监督管理活动等。

从上述说明可看出，财政是一个历史范畴。它不是有了人类社会就存在的，而是社会发展到一定历史阶段的产物；它又将随国家的消亡而不复存在。

财政是一个经济范畴。由于社会产品的分配是社会再生产过程中的分配运动，分配关系是生产关系的一个方面，属于经济范畴。财政是以国家为主体所形成的一种分配关系，成为一定社会形态下社会再生产分配环节的一个特殊部分，亦应属于经济范畴。

财政又是一个政治范畴。古今中外，不论何种性质的国家，财政都是为实现国家职能、维护国家机器的正常运转提供财力保证的，所以，它属于政治范畴。

（二）财政的发展

随着社会生产力的发展和国家政权的更替，财政的性质、内容和形式都在不断地发生变化。在生产资料私有制的社会，先后出现过奴隶制国家财政、封建制国家财政和资本主义制国家财政。

1. 奴隶制国家财政

奴隶制国家是建立在奴隶主占有生产资料和奴隶这一经济基础之上的。国家的主要职能在于:对内依靠军队、监狱和各种强制机器,残酷地镇压奴隶反抗,以维护奴隶主阶级的统治;对外则不断进行以扩大领土、掠夺奴隶和物质财富为目的的战争。国家主要的财政收入来自以下两个方面:第一,奴隶从事农业、畜牧业、手工业劳动所生产的产品,其中最重要的是农产品。中国古代的田制是土地国有的井田制。“殷人七十而助”,[①]就是殷商将六百三十亩的土地,划为九区,每区七十亩,中为公田,八家各授一区,并助耕公田。国家的财政收入就是助耕的那一部分收获物,它属于劳役地租的性质。第二,战争的掠夺物和属地、属国等的纳贡。纳贡也是强制性的,谁不按期纳贡,国家可以出兵讨伐。国家的财政支出主要是:①战争和祭祀。《左传》记:“国之大事,在祀与戎。”[②]奴隶主借天命、鬼神来麻痹人民,巩固统治。每次举行祭祀仪式都花费很大,用的牲畜往往多达三四百头,有时甚至把奴隶作牲畜杀了。战争本来是掠夺奴隶和物质财富的手段,但是,由于奴隶主阶级的残酷剥削和压迫,奴隶们不是逃亡,便是愤而暴动,于是镇压奴隶的战争不断发生,维持军队和强化暴力机器的财政支出就显得非常重要。②王室费用。如国王的膳食、衣服、赏赐、宴客以及各种挥霍浪费等。③兴办一些水利灌溉事业,以求农业生产发展。只有农业生产的发展,才能保证国家每年所需的财源。奴隶社会生产力水平低下,商品经济还不发达,财政收支的形式基本上采取力役和实物形式。可见,奴隶制国家财政是国家为了行使其职能,主要凭借政治权力,对一部分社会产品的分配和再分配,体现着奴隶主统治阶级通过国家对奴隶阶段的剥削关系。

2. 封建制国家财政

封建制国家是建立在封建主占有生产资料和不完全占有农业劳动者这一经济基础之上的。封建制国家的主要职能是:对内保护封建剥削制度,对外防止侵略和从事扩张领土的战争。它的主要财政收入,在不同时期来源各不相同。第一,在领主制封建时期,主要财政收入来自农民的无酬劳动。如中国的西周稍晚时期,仍实行土地国有的井田制。“周人百亩而彻”,[③]彻就是打破公私田的界限,将公田并入私田,使公私田都向国家交纳实物地租。到春秋时,齐、鲁等国对土地已先后开始课税,从“彻”发展到“税”,可能还经过一个“租税合一”的过程。马克思说:“像在亚洲那样,国家既作为土地所有者,同时又作为主权者而同直接生产者相对立,那么,地租和赋税就会合为一体,或者不如说,不会再有什么同这个地租形式不同的赋税。”[④]战国时秦孝公开阡陌,正式废除井田制,承认土地私有,准许自由买卖。第二,地主制封建时期,主要财政收入来自以下几个方面:①征自土地的田赋,仍一直为国家收入的大宗。②国家办专卖的收入,如齐国的盐铁专卖。③征关市,市征其货之所在,关征其货之出入。纳税主体均为商人。征税种类几乎历代均有增加。清以后关税收入日渐重要。④依赖借债。恩格斯说:“随着文明时代的向前发展,甚至捐税也不够了;国家就发行期票,借债,即发行公债。”[⑤]中国的公债是在清王朝沦为半殖民、半封建地以后才得到发展的。

封建制国家的财政支出主要有以下几个方面:①军队和各种强制机关的支出,如许多

---

① 夏于全. 孟子·滕文公上[M]//四书五经:第2卷. 呼和浩特:内蒙古人民出版社,2002.

② 顾馨,徐明. 成公十三年[M]//春秋左传(一). 沈阳:辽宁教育出版社,1997.

③ 夏于全. 孟子·滕文公上[M]//四书五经:第2卷. 呼和浩特:内蒙古人民出版社,2002.

④ 马克思. 资本论:第3卷[M]. 北京:人民出版社,1975:891.

⑤ 马克思恩格斯选集:第4卷[M]. 北京:人民出版社,1972:167.

朝代都曾大规模地镇压农民起义。②王室和官俸的支出，前者如营建宫室陵寝、追求珍奇玩好、外出巡游、儿女婚嫁、华贵生活享受之类；后者主要是发给禄米和俸钱，并随官爵高低而有差异；官吏人数历代有增加，坐待衣食之徒也越来越多。③巩固国防、便利交通和兴修水利的支出。如秦筑长城、秦蜀守李冰修四川都江堰、汉武帝治理黄河、隋凿运河等等。封建社会自然经济占统治地位，随着生产力水平向前发展，商品经济也有一定程度发展。封建国家财政收支形式从实物形式向货币形式转化。欧洲在封建社会后期，新兴阶级通过对封建制国家财政的支持，并通过参加议会，借以限制封建特权。英国 17 世纪末规定，封建国家必须向有资产阶级代表参加的议会提出财政收支报告，不经议会同意不得付诸实施。这种财政收支报告，就是资产阶级国家预算的雏形。可见，封建制国家财政是国家为了行使其职能，主要凭借政治权力，对一部分社会产品的分配和再分配，体现着封建统治阶级通过国家对农民和其他阶级的剥削关系。

3. 资本主义国家财政

资本主义国家是建立在资产阶级占有生产资料和无产阶级受其雇佣这一经济基础之上的。国家为了实现对内镇压被剥削者和对外进行防御、侵略或争霸的职能，必须从社会生产中分配一部分社会产品。①在自由资本主义时期，资产阶级要求国家只能为资本榨取剩余价值提供有利的外部条件，不要干预经济的自由发展。政府只能是“廉价政府”，不能搞“大政府”。它的财政收入主要来自捐税，财政支出主要用于开拓世界市场和对外掠夺上。与封建国家相比，它的支出相对减少，征税给予人民的负担亦相对减轻，收支之间易于达到平衡。②在垄断资本主义时期，由于垄断组织愈来愈直接地利用国家机器来全面干预经济生活，因而财政收支都呈不断增长的趋势。就财政收入而言，捐税种类增多了，税收收入增长，如美国就有个人所得税、公司所得税、关税、国内消费税、遗产税、社会保险税等几十种。就财政支出而言，主要有：军政费用支出。在军事支出中，以与军事活动有关的购置、科研、设备维护等支出占的比重最大。由于阶级斗争的激化，官僚机构的庞大、腐朽，干预经济生活的需要，以及对工人贵族的高价收买，国家用于行政机关的经费，近年来有日益增大的趋势。同时，还有一部分财政支出用于科学、教育、社会救济、福利和发展经济等各方面。发展经济的支出，有的是用于经济建设方面的投资，有的是对企业的补助。资本主义国家实行的所谓“国有化”，就是从财政付出大量的补偿金，把那些往往是生产技术落后、经常亏损和濒于破产的私营企业收归“国有”；而垄断资本集团又经常以低价将一些盈利的“国有”企业转让给自己，实行所谓“非国有化”，以夺走未来的财政收入并攫取高额垄断利润。

资本主义社会由于存在社会化和生产资料私有制这一基本矛盾，决定了它必然要发生经济危机和财政危机。资产阶级国家无论按照凯恩斯的主张，扩大政府职能，采行赤字财政和通货膨胀政策，大力干预经济，刺激投资和消费，以增加“有效需求”，或是采纳供给学派的办法，通过减税和限制货币投放，从而鼓励投资和储蓄，以增加供给，实践证明都只能暂时缓和危机，而不能消灭危机，不能挽救资本主义制度必然崩溃的命运。资本主义社会，商品经济高度发达，国家财政收支采取货币形式。可见，资本主义国家财政是资本主义国家为了行使国家职能，主要凭借其政治权力，以价值形式对一部分社会产品的分配和再分配，体现着资产阶级通过国家对工人阶级和劳动人民的剥削关系。

三、财政的公共性

财政历来是指国家财政或政府财政，本来是没有什么异议的。有时只是为了强调其分配主体，同时也为了区别企业财务等，才使用"国家财政"这一全称，而不用简称"财政"。我们认为，新中国成立后国内率先公开将英文"Public Finance"直译为"公共财政(学)"，当推张愚山先生。尽管如此，张先生仍认为"公共财政(学)"是财政(学)著作之说。① 但最近几年，"公共财政"这一术语的使用频率越来越高，争论亦日趋激烈。我们认为，财政本来就是公共的，如果某类收支活动是私人的(或市场的)，就断然不会是财政。当然，换个角度来讲，财政的公共性又是发展的，在不同的政治经济条件下和历史发展的不同阶段，其实现形式和存在范围是不完全相同的，而"越位分配或缺位分配"只是财政公共性的扭曲表现，这正是我们今天改革的应有之意和着力点。

(一)从"财政"语汇的发展看财政的公共性

英文"Finance"是个多义词，可翻译为财政、金融，还可翻译为财务，到底做何理解，须结合上下文而定。英文"Finance"一词，源出于拉丁文"Finis"，原文有支付期限的意义，之后变为"Finance"，则有支款及裁判上确定款项与罚金支付等意；至16世纪又转成法语，变成"Finances"，始有公共收入的意义；17世纪以后，用以指国家的一般理财；到了19世纪，则指一切公共团体的理财；20世纪初，由法国传入各国后，即用以指国家及其他公共团体的财政。为了与商业理财(business finance)或公司理财(corporation finance)相区别，加上"Public"一词，"Public Finance"则对应"财政"或"财政学"。

在我国的历史上，财政被称为"国计"、"国用"、"度支"等，而"财政"一词真正出现是在清代光绪年间，借用了日本人的译法。日本在明治维新时，引进西欧的"Finance"词意，同时借用中国古代的"财"和"政"的词意，立"财政"一词。当时解释为"财者，钱财也，政者，政治也，财政者乃管理公共钱财或财货之事也"。据说，严复在翻译亚当·斯密的《国民财富的性质及原因的研究》时，就借用了日本的译法，译为"财政"。

总之，从中西文关于财政这一词汇的发展与变化，可以看出财政的公共性是发展的，规范的，财政是与金融、商业理财、公司理财相区别的。

(二)从财政收支的特点变化看财政的公共性

随着社会生产力的发展和国家政权的更替，财政的性质、内容、形式、特点都在不断地发展变化，先后出现过奴隶制国家献策政、封建制国家财政、资本主义国家财政的社会主义国家财政。就财政收支的特点来看，财政的公共性也是发展变化的。

前已述及，在奴隶制国家，"普天之下，莫非王土；率土之滨，莫非王臣"，实行土地国有制，国王是最大的奴隶主，也是全国土地的所有者。国家的财政收入，主要来自奴隶的劳役地租、战争掠夺和纳贡；国家的财政支出，主要用于战争和祭祀、王室费用和公共工程。有时，国王私人的收支和国家公共的收支，是不可能完全分清的，甚或是合为一体的。加上奴隶制经济纯系自然经济，商品货币关系很不发达，一切财政收支形式均为实物，国家虽也设官分管，但要统一计算，对照比较，是不可能的。

在封建制国家，封建制经济一般可分为领主制经济和地主制经济。总体而言，封建制

① (美)阿·埃克斯坦.公共财政学[M].张愚山，译.北京：中国财政经济出版社，1983：1.

国家的财政收入主要来自农民的无酬劳动、办专卖、征关市、纳贡、捐输、贡献及发行货币收入和借债;主要的财政支出用于军队和各种强制机关的支出、王室和官俸支出、工程费用等。在领主封建时代,公卿大夫、亲王贵族各有领地,不需要国家给他们很多薪俸,官俸支出在国家财政中不占重要地位。而地主封建时代,官吏生活多仰赖官俸,官俸支出在国家财政中的重要性就表现出来。总之,封建时期国家财政收支和国王私人收支由不可分割,经历了从形式上分别管理逐步变为完全可以分开的过程,尤其是封建社会的后期。

在封建社会后期,资产阶级在反封建国家的斗争中,把夺取财权作为斗争的重要内容之一。马克思说:“一旦社会的经济进步,把摆脱封建桎梏和通过消除封建不平等来确立权利平等的要求提到日程上来,这种要求……也不能不要求废除封建特惠、贵族免税权以及个别等级的政治特权。”①资产阶级要获得自由平等的权利,就要废除封建特权,要限制王室的政权,就要控制其财权,并将王室收支与国家政府收支分离开来。所以政治立宪须以管理财政为起点,英国 17 世纪末就规定,封建国家必须向有资产阶级代表参加的议会提出财政收支报告,不经议会同意不得付诸实施。资产阶级夺取政权之后,对封建国家的财政税收制度进行了改革,不仅建立了比较完善的预算编制审核和招待的制度,制定了发行债以及公债到期还本付息的规定,还大力改进了税收制度。至此,财政的公共性取得了独立的、完全的存在形式。至于财政的公共性在资本主义自由时期和垄断时期,以及在社会主义计划经济条件下和建立市场经济条件下,其具体的实现形式和存在范围,则在后面再予论及。

(三)从经济条件的转换看财政的公共性

在高度集中统一的计划经济条件下,财政的功能无所不包,统包统揽,越位分配,不仅涉及企业简单再生产,而且涉及关联企业扩大再生产,乃至于有人称之为“大财政”、“生产建设财政”等等。应该说,在这种体制下生成的财政公共性,其范围和口径是经济体制所使然。这种公共性是扭曲的,在建立社会主义市场经济体制的过程中,是需要改革和规范的。

在社会主义市场经济条件下,随着以市场作为资源配置起基础性作用的商品经济的发展,财政的公共性涉及国内外市场的参与者,涉及社会经济生活的各个层面,财政分配范围不仅扩展到社会再生产的各个环节,而且扩展到国内外市场及其市场作用不到的范围。正因为如此,商品经济及至市场经济要求用法制规范财政的公共性(涉及的主体、分配范围等),正确划分市场和财政各自作用的范围。

在社会主义市场经济条件下,市场经济是以市场为配置资源起基础性作用的商品经济,进一步改变和拓展了经济运行过程,使财政关系及其公共性由过去的单纯的经费筹集和供给变为强化经营管理,财政再分配也相应地采取了市场性再分配和非市场性再分配相结合的方式。财政公共性的这种变化,不仅与自然经济中的财政关系及其公共性有原则性的区别,而且与计划经济,甚至与一般的商品经济中财政关系及其公共性也有很大的区别。所以,按照市场发展的要求,把财政关系及其公共性纳入市场经济体制运行轨道,是财政体制改革需要妥善解决的问题。

在社会主义市场经济条件下,财政的功能及其公共性,在筹集资金,保障经费供给,对经济运行的控制、调节和对社会利益的协调方面,较之过去表现得更为动态和明显。

---

① 马克思恩格斯全集:第 20 卷[M].北京:人民出版社,1971:116.

可见,财政本来就是公共的,但其公共性有一个发展过程。如果说在奴隶制、封建制条件下,君主(国王或皇帝)个人收支和国家的收支不可分离,财政的公共性尚未彻底独立和成熟;而在计划经济条件下,财政的公共性范围又无序扩张,那么,在市场经济条件下,财政的公共性则取得了独立、成熟、规范、完全的存在形式——公共财政,亦即市场经济财政。建立与社会主义市场经济体制相适应的公共财政的基本框架体系,是势所必然的。总之,公共财政的含义具有二重性。从理论范畴看,公共财政就是市场经济条件下的财政;从财政管理体制看,公共财政就是公共型财政管理体制,是与供给财政(即供给型财政管理体制)、建设财政(即建设型财政管理体制)相对应的财政管理体制。

第二节　财政的本质

一、从财政现象入手考察财政的本质

我们知道,现象是事物的表面特征以及这些特征之间的外部联系;本质则是事物的根本性质,是组成事物各基本要素的内部联系或客观事物本身所固有的规定性。现象和本质是对立的,但又是统一的,因为任何现象都从特定的方面表现着本质。可以说,没有不表现现象的本质,也没有不表现本质的现象,任何事物都是现象和本质的有机统一。

财政本质是财政事物的根本性质或内部联系,财政现象是财政这一事物的外部表征。例如,各种财政收支及其实物形式或价值形式就是财政事物的现象形态,而这些现象形态的内部联系即本质,就是以国家为主体的分配关系。要把握财政的本质,必须注意以下几点:①必须透过财政现象来认识财政本质,要在实践的基础上,观察大量生动的财政现象,尽可能占有丰富的真实的财政感性材料。②不能停留在对财政现象的认识上,要通过科学分析、辩证思考把握住财政的本质。③在关于财政本质的认识的指导下,继续研究新的财政现象,使认识不断扩展,不断深入,以至无穷,从而更深刻地把握财政的本质。

二、财政本质特征的两个层次

自然科学所研究的对象,无论其物质形态、结构、性质、运动规律,其本身都是不具有社会属性的。这种不具有社会属性的客观事物,例如高新技术及其产品,说到其本质,即只有此一事物与其他事物的质的差异或同一事物的质的共性,不存在同一事物在不同社会条件下的质的差异。

社会科学所研究的对象,例如财政,其本身具有社会属性的,是自然属性和社会属性的统一。

就财政的自然属性这一层次来看,说到财政本质,就是指财政与信用、价格、工资、财务的质的差异,或者指财政在同一社会或不同的社会的共性。财政的这种“差异”和“共性”的体现,就是财政的“共性”特征:国家主体性、强制性、无偿性。它既决定了财政和上述范畴的区别,即“异名异质”,又表明了社会主义条件下的财政和资本主义条件下的财政“同名同质”,具有质的共性。

就财政的社会属性这一层次来看,除了财政的共性特征之外,作为具有社会属性的财

政,还具有财政的社会(制度)特征。即在不同性质的社会中,财政还有着特殊的差异,社会主义财政和资本主义财政就有着本质的区别。基于社会主义财政是建立在以公有制为主的多种所有制并存和发展的社会主义国家的基础之上,是为了实现国家的政治、经济职能;基于社会主义财政体现着国家、集体和个人之间的根本利益一致基础上的整体与局部、长远与眼前利益的关系,则用“取之于民、用之于民”这一体现本质的社会特征来概括。反映资本主义财政本质的社会特征,则用“取之于民、用之于己”来描述。“民”与“己”仅一字之差,便反映了社会主义财政和资本主义财政在社会属性方面的本质区别,反映着不同的分配关系。

三、财政本质的一般特征

毛泽东同志指出:“任何运动形式,其内部都包含着本身特殊的矛盾。这种特殊的矛盾,就构成一事物区别于他事物的特殊本质。”“每一物质的运动形式所具有的特殊的本质,为它自己的特殊的矛盾所规定。”①我们要进一步了解财政的概念,把握处于社会再生产分配环节的财政分配,不仅要注意财政与其他分配形式的共同点,更要注意它与其他分配形式的质的区别,找出它本身所固有的特殊矛盾。

(一)国家主体性

财政是以国家为主体的社会产品分配,财政部门的一切财政活动直接代表国家。一方面国家以社会管理者的身份,凭借政治权力,对国有经济、集体经济、其他非社会主义经济以及公民个人的一部分社会产品或国民收入进行分配;另一方面国家以生产资料所有者的身份,凭借财产权力,对国有经济的一部分社会产品或国民收入进行分配。因此,以国家为主体,就成为财政分配与其他分配形式的一个极重要的区别,由此也决定了财政分配必然是全社会的集中性分配。

国家在参与社会产品或国民收入分配中处于分配的主导方面,分配的另一方面处于被动和从属地位。

财政分配是通过国家与有关各方的分配关系来实现的,集团之间、单位之间、人与人之间的利益关系矛盾,是通过国家这个层次来得以缓解或调节的。

(二)无偿性

财政一般是具有无偿性的一种分配。财政分配主要是以剩余产品为客体的一种分配,马克思说:“这种剩余产品是除劳动阶级外的一切阶级存在的物质基础,是社会整个上层建筑存在的物质基础。”②在这里,对 m 的分配与 c、v 的分配不同,因为对 c、v 的再分配,都只能是对使用权的暂时让渡,具有要求返还的特性,而 m 的分配可以脱离再生产过程,使财政分配可以采取不返还的、无偿的方式来进行。

财政分配的结果,一般是使社会产品发生单方面的转移,形成无偿的分配,财政收支对方单位得不到直接的、相应的或者等价的报偿,因此财政分配一般是所有权和使用权相统一的分配。

(三)强制性

财政一般是具有强制性的一种分配。财政分配的强制性是指国家作为统治机关本身

---

① 毛泽东选集:第1卷[M].北京:人民出版社,1967:283-284.

② 马克思恩格斯全集:第47卷[M].北京:人民出版社,1975:216.

不进行生产，为耗费一定的物质资料，凭借国家权力以立法或行政权力的形式强制地取得一部分社会产品，并给予相应的调节、监督和管理，在规定的范围内任何单位和个人不得拒绝，拒绝或不按照规定，则要受到一定的制裁。

财政分配的强制性体现的是一种经济强制，法律强制是其表现形式。强制实质上就是一种权威，而财政及其管理本身就是一种权威。

四、财政本质的社会特征

财政的本质是以国家为主体的分配关系，这无论对资本主义财政，还是对社会主义财政都是适用的。也就是说，上述“取之于民、用之于民”和“取之于民、用之于己”的概括，是对财政本质在不同性质的社会中体现社会性质即阶级性质的特征的描述，它既区别于财政本质的一般共性特征：国家主体性、强制性、无偿性等特征，因为这三种特征不存在“姓资姓社”问题，对任何性质的社会条件下财政都是适用的，也区别于各种财政现象。

(1)从财政收入来源角度看，如社会主义税收“取之于民”，资本主义税收也是“取之于民”，但这里的“民”不能从现象去把握，而应从实质上去理解。在社会主义条件下，骤然看来，税收征自各种性质的单位和个人，实则来自劳动人民创造的价值中的一部分，归国家所有；在资本主义条件下，从现象形态看，税收征自资本家企业和个人，实则也是来自劳动人民创造的价值的一部分，归国家所有。所以，财政本质的社会特征在两种社会形态下，都从财政收入角度概括为“取之于民”。

(2)从支出的使用角度看，如社会主义财政支出“用之于民”，资本主义财政支出“用之于己”，这里的“民”与“己”也不能从现象去理解，而应从实质上去把握。

第一，社会主义财政支出“用之于民”，从现象形态上看，财政支出用于国家机器运转，实则维护国家主权和经济利益，保护人民安居乐业；财政支出用于经济文化建设，实则是提高人民生活水平和人民的科教素质、身体素质；至于财政支出直接用于对人民的各种补贴，则更不用说了。财政支出的具体用途广泛，实质上都是为劳动人民服务的。

第二，资本主义财政支出“用之于己”，从现象形态上看，财政支出不仅用于国家机器运转、经济文化建设，同时还提供公共福利，似乎难于理解财政支出是用之于“己”的。

一是在资本主义条件下，资产阶级的国家即“总资本家”参与剩余价值的再分割，对资产阶级来说，正如马克思所说，税收“所改变的，只是产业资本家装进自己腰包的剩余价值的比例或要同第三者分享的剩余价值的比例”；①对劳动人民来说，则是在生产过程之外的超经济剥削，是对劳动者必要劳动的再压缩。资本主义财政收入，是以劳动人民创造的新价值为根本来源的，最终都是由劳动人民负担的。所以，和工人所对立的，不只是单个资本家，而是整个资本家阶级及其资产阶级国家。

二是资本主义国家在实现其阶级职能时，必须同时执行其社会职能。新科技革命为执行社会的职能提供了相应的物质条件，使得财政收支运动还必须考虑提供公共福利和优化资源配置、公平收入分配、稳定经济并有适度的增长，而这些均属于社会的公共需要。所以，在实现国家的政治、经济职能中，是包括社会的公共需要的，只不过公共需要在不同的历史发展阶段和范围有所差异，并反映着不同的生产关系。其实，无论是财政“维护社会秩

① 马克思恩格斯全集：第23卷[M].北京：人民出版社，1975：570.

序和保障国家安全”,还是财政“调节国民经济和增进社会福利”,其实质都是维护资产阶级的统治和缓和阶段矛盾,是有利于资产阶级的。因此,从本质的社会特征角度考察,在上述意义上,将资本主义财政的社会特征概括为“取之于民,用之于己”。

第三节　财政的职能和作用

一、财政职能和作用的关系

财政的职能,是指财政本身所固有的功能或潜在的能力。财政职能这一内在固有的属性,是财政本质的客观要求,即其本质的体现;财政职能,又受国家职能的制约,即是从财力方面保证实现国家职能的特定的内在功能。财政的作用则不能仅仅归之于是财政职能发挥所产生的具体效果,因为财政的职能和财政的作用有着密切的联系,但又是有所区别的。我们认为,财政的作用包括两层含义:一是指财政的职能在一定时期、环境或其他客观条件下变化着的功能;二是指财政职能的发挥,在归宿上表现为具体的效果、效益、效应、影响等。

如何进一步把握二者的关系呢? 从职能和作用的联系来看,财政的作用导源于财政的职能;财政的作用和职能都是指一定的功能,二者的联系非常密切。正因为如此,不少同志笼而统之称之为职能作用、或职能、或作用,是无可厚非的。但问题还在于要进一步把握二者的区别:①从功能存在的层次看,财政职能是财政本身所固有的、内在的功能,而财政作用则是财政外在的、具体的功能,前者的层次比后者更深层、更高远。②从功能存在的势态看,财政的职能是和财政内在的、相对稳定的规定性相关,即是一种静态的功能;财政的作用除受制于财政的职能之外,其作用变化及其大小、好坏,还有赖于人们的认识以及其他实践活动,且受制于一定的时间、环境和其他客观条件,随着时间、环境和其他客观条件的变化而变化,因而较之财政的职能又具有明显的变动性,即是一种动态的功能。

由此可见,将财政的职能和作用分别加以探讨,既弄清它们的密切联系,又把握二者的区别所在,不仅理清了概念,而且对于我们认识财政本身内在的规定性,从而结合特定的历史时期和各种客观条件,制定相应的财政制度和政策,付诸实施以取得预期的效果,是既有理论意义,又有现实意义的。

需要指出的是,在财政职能和作用之间,客观上存在着一系列中间环节。财政政策和财政制度就是这样的中间环节,财政政策是根据统治阶级利益处理财政分配关系的准绳。因此,我国的财政政策应遵循客观经济规律的要求,符合党和国家的路线、方针和政策。财政制度则是财政工作的依据和规范,即规范财政分配关系的具体形式。在深刻认识财政职能的基础上,加强对特定历史时期及其各种客观条件的研究,强化财政政策和制度的研究,增强财政工作的有效运行,方能达到预定的目标和取得预期的效果。

二、社会主义财政的职能

党的十四大报告把我国经济体制改革的目标确定为社会主义市场经济体制,这是我国改革开放实践经验的科学总结,是改革理论发展上的巨大飞跃,是对马克思主义经济理论和科学社会主义理论的丰富和发展。按照社会主义市场经济体制的要求,从中国实际出发和政府转变职能的情况看,有下列五个财政职能:

(一)配置资源职能

配置资源,广义地理解是指社会产品的配置,狭义地理解是指生产要素的配置。市场是一种资源配置方式,政府财政也是一种资源配置的方式。财政配置资源职能是指财政具有通过资金——财力的分配,引导人力、财力和物力的流向,最后形成一定的资产结构、产业结构、技术结构和地区结构的功能。其职能目标是保证全社会的人力、物力和财力资源得到有效的利用,通过财政分配最终实现资源的优化配置,以满足社会及成员的需要。

在社会主义市场经济条件下,财政之所以具有配置资源的功能,在于市场存在缺陷而不能提供有效的资源配置。本来,配置资源是市场机制的职能,即市场机制是配置资源的主要形式,市场这只"看不见的手"在配置人力、物力和财力资源方面起重要的作用,但是,在配置资源上,市场也具有自身的弱点和消极方面,例如:①生产和消费的供求信息不足,资源的转移受到限制等。②市场对生产消费偏重于内在成本和效益,市场作为主体,追求最大利润效益,往往不顾及社会的外部效果。但从整个社会来考察,不仅应注重内在成本和效益,而且还应注重外在成本和效益。如就市场中的水力发电站而言,内在效益是发电的利润,外在效益则除供电区域的生产发展和生活需要外,还有航运、灌溉、防洪、生态等效益;内在成本是企业的基建投资和经营成本,外在成本是企业之外的代价,如水库淹没农田和水坝影响鱼类回游繁殖就是外在成本。内在效益与外在效益的总和是社会效益;内在成本与外在成本的总和是社会成本。③市场只能提供具有市场供求关系的、能够获得直接报偿的市场商品和劳务,而不能囊括社会需要的全部商品和劳务(如公共卫生、行政管理、国防等)。市场的基础性作用及其存在的弱点和消极方面,需要由财政的配置资源职能来调控,才能使社会资源优化配置的目标得以实现。

财政参与配置资源大体可分为三种类型:①典型的公共需要,包括行政管理、国防安全、公安司法、普及教育、基础科研、卫生保健、社会救济等,这些领域的资源配置属于市场作用不到或作用不好的,只能由财政来配置资源。②非典型的社会公共需要,诸如高等教育、应用科研、社会保险、价格补贴等,这些公共需要可以通过市场和政府两种途径满足,一般可根据不同时期的发展情况决定。③一些公共基础设施和非竞争性基础产业项目,如交通干线、江河治理等,可以由政府承担投资,但有些并不一定全部由财政安排支出,可以通过投融资或股份制等形式解决。

财政配置资源的机制和手段主要有:①根据社会主义市场经济体制下的政府职能需要,合理安排财政收支占国民(国内)生产总值的比例,有利于高效率配置资源。②优化财政支出结构和合理安排政府投资的规模和结构,调节全社会资源配置的数量和方向。③通过税收方面的税种开征与停征、税率高低与优惠减免,鼓励和限制一些产业和产品的发展,使资源配置优化。④对国有资产收益分配的调整和财政补贴,决定和影响资源的配置。⑤国债的发行可影响积累与消费,又会影响资源的配置。⑥中央对地方财政的转移支付可影响地区的资源配置。⑦提高财政配置本身的效率。

(二)分配收入职能

分配,通常的含义是指国民收入产出后,通过分配形成流量的收入分配格局和存量的财产分配格局。财政分配收入职能则是指,财政具有通过分配调整各分配主体的物质利益关系的功能。在社会主义市场经济体制下,必须规范和完善初次分配和再分配机制,坚持按劳分配为主体、多种分配方式并存的制度,把按劳分配和按生产要素分配结合起来,坚持效率优先,兼顾公平,以优化资源配置,促进经济发展,保持社会稳定。而财政作为国民收入分配的枢纽和国家掌握的重要分配工具,其职能目标是实现国民收入和财富分配的公平合理,调整国家与企业、个人之间、企业和企业之间、个人和个人之间分配关系。

在社会主义市场经济条件下,市场机制的按要素分配是分配收入的主要形式。通过在生产要素市场上,各要素主体作为分配的参与者,企业和个人分别取得利润(或利息)、租金和工资,以及补贴、福利等,国家则主要以税收、上缴国有资产收益等形式取得收入。但是,仅有这一层次的分配是不够的,因此财政要实现国家的职能,不仅是市场的参与者,而且是市场的调节者;不仅要以生产资料所有者的身份参与分配,而且还要以社会管理者的身份参与分配与再分配。

那么,财政在贯彻社会收入分配目标中,是如何实现收入分配职能的呢?①划清市场分配与财政分配的界限和范围,原则上属于市场分配的范围(如企业职工工资、股息收入等),财政不能“越位”;凡属于财政分配的范围(如公共需要、社会保障等),财政不能“缺位”。②按支付能力原则的税收要加强调节,即通过间接税调节各类商品相对价格,调节各经济主体的要素分配;通过所得税、财产税调节企业和个人收入分配;通过资源税调节级差收入。③规范公务员、事业单位工资制度。④通过转移支出,保障社会成员基本生活和起码的福利水平;通过转移支付,解决地区经济发展不平衡问题。⑤发挥财政监督机制,配合有关部门对侵吞公有财产和利用偷税、逃税、权钱交易等非法手段牟取利益的行为,依法予以打击,取缔非法收入;整顿乱收费和不合理,纠正凭借行业垄断和某些特殊条件获得个人额外收入等。

(三)稳定经济职能

经济稳定包含充分就业、物价水平稳定和国际收支平衡等。经济增长和经济发展是不同的概念。经济增长是指一国的产品和劳务数量的增加,通常用国民生产总值或国内生产总值及其人均水平来衡量。经济发展不仅意味着产出的增长,以及经济条件、政治条件和文化条件的变化。即通过物质生产的不断增长,以提高人均收入,改善人民的生活水平和福利水平。而财政稳定经济职能是指财政通过分配和财政政策、制度,具有稳定经济并使之有适度增长的功能。其职能目标是保持劳动力的充分就业、物质资源的充分利用、稳定的物价、有利的国际收支和适度的经济发展。

在社会主义市场经济条件下,财政之所以具有稳定与发展经济的职能,在于市场存在着缺陷而不能自动调节并稳定经济,以致经济波动的幅度可能日益变大。市场机制在稳定经济和增长经济方面只能自发地起着基础性的作用。即市场只能随着“看不见的手”,在一定程度、范围、对象、内容方面调节和稳定、发展经济。但是,市场也有其弱点和消极方面,如社会生产与消费存在不可克服的矛盾,而且市场竞争又可能受外部干扰出现不足、不充分的情况;市场经济活动总是有周期的,会出现经济波动的状态,会导致供给和需求总水平的不稳定。这些正需要财政的稳定与发展经济职能来调控和克服。

那么,财政的稳定经济职能是怎样实现的呢?促进经济稳定和发展,主要的任务是调节总供给和总需求的平衡,政府需要通过财政收支、信贷收支、外汇收支和物资供求来配套进行。就财政而言,它是调节总供给和总需求平衡的重要手段:①在经济滑坡时期,总需求小于总供给，财政可通过增加财政支出中的投资、补贴和增发国债，或减少税收，或二者同时并举，由此扩大总需求，增加投资和就业。②在经济繁荣时期，总需求大于总供给，财政可通过减少财政支出或增加税收，或二者同时并举，由此减少总需求，紧缩投资，抑制通货膨胀。总之，通过财政收入和支出的松紧搭配，相机抉择，决定或影响总需求和总供给的平衡，阻止经济滑坡和促进经济繁荣的持续，使整个经济协调、稳定地发展，并有适度的增长。

前面论述的财政三大职能无疑主要是为了实现国家的经济职能。可是，财政既是经济范畴，又是一个政治范畴。研究财政的职能，不仅仅谈它实现经济的职能，而不联系它实现政治的职能。从财政分配的实践活动看，古往今来，不论何种性质的国家、何种类型的财政，其职能都是有一个共性部分，即满足政府实施政治职能，而向政府国防、外交、行政管理和社会治安（公、检、法）等方面提供财力支撑。然而，现代西方经济财政学家在研究财政职能时，往往不愿说明财政是与国家有着本质联系，是为巩固资本主义国家政权，为资本主义国家政权，为资本主义统治阶级的利益服务的。为抹杀财政的政治属性，所以只能以经济属性来代替一切。

（四）维护国家职能

在社会主义初级阶段，我们要把集中力量发展社会生产力摆在首位。但是经济的发展必须以稳定的政治环境和良好的社会秩序为前提条件。因此必须坚持党的领导，排除一切破坏稳定的因素。即在社会政治稳定中推进改革、发展，在改革、发展中实现政治稳定。这充分说明，社会主义经济制度的巩固和社会主义市场经济的建立、发展与完善，都离不开国家机器的支撑。

财政具有通过分配维护国家机器存在和促进其正常运转、发展的功能。其职能目标是保证以物质资料支持军队、警察、法庭等强力政权机构和行政管理机构等的建立和发展，为国家政权提供物质基础。在社会主义市场经济条件下，财政之所以具有维护国家机器运转的职能，在于：①国家除了实现自己的经济职能之外，还要实现自己的政治职能。这就决定了财政具有从财力方面实现国家政治职能的特定的内在功能。随着党和国家的工作重点转移到以经济建设为中心的现代化建设轨道上来，国家的政治职能依然十分重要，仍然需要国家来保卫生产资料公有制，保卫劳动者的平等和分配的公平，维护社会安定，保卫祖国和抵御外来侵略等等。②市场经济的运行除自身的一些规范之外，需要国家机器为社会再生产提供外部条件，为市场经济的正常运行提供良好的社会秩序。实现国家的政治职能所需财力和市场自身不能解决的外部条件，正是由财政的维护国家职能来实现和维持的。

财政如何维护国家机器的运转和发展？①要借助于财政对社会产品的必要扣除，为国家政权提供物质基础来进行。即通过财政收入的积聚和财政支出的运用，为实现国家政治职能提供财力保证，维护社会的安宁秩序，保护人民有一个和平劳动的环境，并保证社会主义市场经济的正常运行；对外抵御外敌的侵犯，保卫国家的安全。②国家以社会管理者的身份，利用政治权力进行国家管理，必然要利用财政分配监督管理社会经济生活，整顿分配秩序，理顺分配关系，这也是在直接维护国家机器，巩固人民民主专政。

（五）监督管理职能

财政监督管理职能，是指财政通过参与国民收入的分配、再分配过程所具有的对财政收支活动以及对经济活动的制约、反映的监督与管理的功能。其职能目标是依据国家政策、法令、制度和财政经济杠杆来规范分配秩序，提高财政资金使用效益，促进社会主义市场经济的健康发展和国民经济持续、稳定、快速的增长。

财政之所以具有监督管理的职能,这是由在社会主义市场经济体制下,财政的地位和作用所决定的。在社会化大生产和实行市场经济条件下,社会主义国家对社会生产、分配和消费需要实行全面的监督管理,这是保持正常的财政经济秩序,建立稳定的政治社会环境的基本要求。财政监督管理是国家管理经济,实行经济监督的一个主要方面。财政是社会主义国家掌握的一个重要分配工具。财政分配在社会再生产过程中居于分配环节,对生产、交换、消费可以起到反映和制约作用;在分配的诸环节中又居于主导环节,可以对工资、价格、信贷、企业财务、社会保障等的制约与协调配合发挥作用;在国民收入分配中居于枢纽地位,可以反映和制约"社会三大基金"的形成,而国家要对这些方面进行管理,就需要利用财政发挥监督管理作用。

财政又是如何发挥监督管理功能的呢?①通过财政资金的筹集和分配,财政收支计划的编制、审查和执行检查,系统地掌握预算、税收、国有资产、投资等的活动情况;反映、了解、督促、管理各部门、各企事业单位贯彻党的政策、法规、计划和制度的情况;正确处理国家、企业、集体、个人几者的利益关系;收入按政策及时足额地完成各项收入任务,支出坚持量入为出,统筹安排和合理使用各项资金,制止铺张浪费和各种违反财经纪律的行为。②由于社会再生产过程不仅表现为物资运动,而且表现为资金运动。财政收入反映企业的经济效益和财务经营成果,财政支出反映用于国民经济和社会发展的各项事业的成就。因此,国民经济活动和事业活动都会综合地反映到财政资金运动上。国家通过财政收支,就可以反映、分析和检查国民经济各部门、各企事业单位的经济活动是否符合党和国家的方针、政策,是否符合市场经济原则,是否有利于社会生产力的发展、国力的增强和人民物质文化生活水平的提高。

三、社会主义市场经济下财政的作用

(一)集中社会主义国家所需要的资金

社会主义国家要实现其政治职能和经济建设的职能,都需要集中必要的财政资金。对于如何集中这些资金,就要讲求聚财之道。只要在提高经济效益的基础上发展生产,并处理好国家、企业、个人三方面的分配关系,财源就会不断地涌现。改革开放以来,财政为国家集中了大量的财政资金。同时,随着经济体制改革的推行,逐步改革和完善了财政体制,不仅保证了中央财政有稳定的收入,而且有利于建立现代企业制度,增强了企业自我发展和自我改造的能力。今后,随着财政收入占国民(国内)生产总值比例的提高,应适当调整中央和地方财政收入的分配比例,完善税收制度,并鼓励地方、部门、企业按统一规划把资金用到国家急需的建设项目上来。这样,财政就能为社会主义国家实现其职能的需要,集中必要的更多的财政资金。

(二)促进现代化建设的逐步实现

社会主义国家行使组织和领导国民经济的职能,建立新的、社会主义的生产关系,并不断进行经济建设,扩大社会再生产,使物质形态的生产力得到持续的发展。新中国成立前,我国是一个"一穷二白"的国家。新中国成立后用了很大的财力进行大规模的经济建设,社会生产力发展较快。现在世界正面临着一个技术革命的新浪潮,我们应抓住这个时机,接受挑战。新中国成立以来,特别是改革开放以来,财政集中财力支持了社会主义经济、文

化建设事业的发展,在促进完善社会主义生产关系,调节各类社会基金比例,调整产业结构和产品结构,调节社会总供需等方面做了大量工作,发挥了重要作用。今后,按照"两个转变",尽可能地把能够动员的财力利用起来,齐心协力,奋起直追,以逐步实现工业、农业、国防和科学技术的现代化。

保护和发展社会生产力的目的,就是为了满足人们不断增长的物质和文化生活的需要。新中国成立以后,尤其是党的十一届三中全会以来,国家通过安排城镇劳动就业,提高职工工资和实行奖励制度,建设职工住宅和城市公用设施,实行各种价格补贴等等,来满足人民日益增长的需要。国家财政通过财力分配,努力为增加城乡人民的收入和提高人民的消费水平服务。

(三)发展科教文卫事业和提高人民生活水平

社会主义现代化建设,扩大社会再生产,必须发展物质形态的生产力。但是,不能忽视智力开发,不能忽视发展知识形态的生产力。国家财政根据党和国家把教育和科学作为战略重点的方针,积极增加智力投资。这对于提高科技水平,对于普及教育、扩大各类人才的培养,保障人民身体健康和实现社会主义精神文明,都起到了重要的作用。

(四)保障国家安全

当前和平与发展是时代的主题,世界政治、经济多极化趋势的日益发展,广大发展中国家总体实力不断增强,为我国建设争取一个良好的国际和平环境提供了有利条件。但是霸权主义和强权政治仍然是威胁和平与稳定的根源。为了保卫全体人民的和平劳动和国家安全,防御外国敌对势力的挑衅,社会主义财政在各个时期每年都拨付了必要的资金,支持国防现代化,使用家的国防实力日益强大,成为捍卫世界和平的强大支柱。

【复习思考题】

1. 怎样理解财政既是一个经济范畴,又是一个历史范畴,还是一个政治范畴?
2. 怎样理解财政本质的特征?
3. 如何理解和表述社会主义市场经济卜的财政职能?

第二章
财政支出

第一节　公共产品与财政支出

一、公共产品及其特征

现代财政理论按照产品的消费性质，将社会产品分为公共产品、混合产品和私人产品。所谓公共产品是指在消费过程中具有非竞争性（Non-rival）和非排他性（Non-excludable）的产品，私人产品是指在消费过程中具有竞争性和排他性的产品，而混合产品则是指在消费过程中不同时具有非竞争性和非排他性的产品，或指非竞争性和非排他性不完全的产品。

非竞争性是指该产品被提供出来后，增加一个消费者不会减少任何一个人对该产品的消费数量和质量，其他人消费该产品的额外成本为零，换句话说，增加消费者的边际成本为零。以国防为例，尽管人口数量往往处于不断增长的状况，但没有任何人会因此而减少其所享受的国防安全保障。

非排他性是指产品在消费过程中所产生的利益不能为某个人或某些人所专有，要将一个人排斥在消费过程之外，要么成本太高，要么在技术上不可能。例如，消除空气中的污染是一项能为人们带来好处的服务，它使人们能够生活在新鲜的空气环境中，要让某些人不能享受到新鲜空气的好处是不可能的，这项服务只要存在，它就必然会使大家得到其利益，这就是非排他性。

实际上，严格意义上的纯公共产品并不多见，更为常见的是混合产品。混合产品大概可以分为三类：

第一是俱乐部产品，即具有非竞争性和排他性的产品。例如桥梁，在不拥挤的情况下，多通行一辆车不会影响其他车辆的通行，也就是说多一个消费者并不会增加边际成本，即具有非竞争性；但要让某一辆车不能通过大桥则是完全可行的，只要设一个岗亭，就可以阻止该车通过，即具有排他性。再如公园，在不拥挤的条件下，多进一个人与少进一个人几乎不影响成本，且不影响其他人的消费水平，但不让一些人进入公园则是可行的。

第二是拥挤性产品。它是指随着消费者人数的增加而产生拥挤，从而会减少每个消费者可以从中获得效益的产品或劳务，即具有竞争性和非排他性的产品。例如，某桥梁的车流量已经接近它的设计量，再增加通行者，就要增加执勤人员或减缓车辆通行速度，即增加消费者的边际成本不为零。同样，如果免费电影院已经座无虚席了，再增加观看者就要增加临时座位，成本就要增加。这种产品与具有完全非竞争性产品的区别在于增加消费者人数会产生正的边际成本；它与具有完全竞争性产品的差别在于增加消费者虽然会带来正的边际成本，但它不完全排斥其他消费者。

第三是外部性产品。外部性产品是指消费中会产生外部性的产品。比如，你在自己的门前种花绿化，你的住宅环境可以得到改善，这是你的内部效益；路过你家门口的人也可以看到你家的花，身心感到舒畅，他（她）并不需要因此支付代价，这是外部效益。从内部效益来看，它具有竞争性和排他性；从外部效益来看，它具有非竞争性和非排他性。

要说明的是，随着科技进步和排他成本的变化，传统上具有非排他性的产品在技术上开始逐渐具备了一定的排他性，纯公共产品的范围正在逐渐缩小。（见表 2－1）

表 2－1　社会产品的性质与分类

	竞争性	非竞争性
排他性	私人产品	混合产品
非排他性	混合产品	纯公共产品

二、公共产品供给的效率条件

（一）私人产品市场的供求均衡与效率

假定一个社会中有 A 和 B 两个人，市场上有一种私人产品。如图 2－1 所示，A 对私人产品的需求曲线是 D_A，B 对私人产品的需求曲线是 D_B，其市场需求为横向相加，即 $D=D_A+D_B$，用需求曲线 DD 表示。私人产品的供给曲线为 SS。SS 和 DD 相交决定了市场均衡价格 P 和数量 Q。在竞争性市场上，个人 A 和 B 都是市场价格的接受者，在价格为 P 的条件下，A 消费的私人产品数量为 Q_A，B 消费的私人产品数量为 Q_B，且 $Q=Q_A+Q_B$。

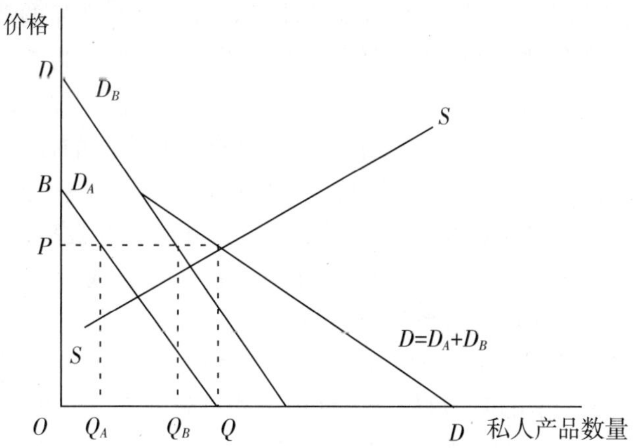

图 2－1　私人产品的供求均衡及其效率

（二）公共产品市场的供求均衡与效率

公共产品的需求和供给如图 2－2 所示。A 对公共产品的需求曲线是 D_A，B 对公共产品的需求曲线是 D_B，其市场需求为纵向相加，即 $D=D_A+D_B$，用需求曲线 DD 表示。公共产品的供给曲线为 SS。SS 和 DD 相交决定了市场均衡价格 P 和数量 Q。在公共产品的供给中，每个人都是数量 Q 的接受者，即 A 和 B 所消费的公共产品数量均为 Q；但是由于个人对公共产品的偏好和需求不一样，其应支付的价格存在差异，即 A 支付价格为 P_A，B 支付价格为 P_B，且 $P = P_A + P_B$。公共产品的价格等于其边际成本，等于 A 和 B 支付的价格之和，即 $P = MC = P_A + P_B$。

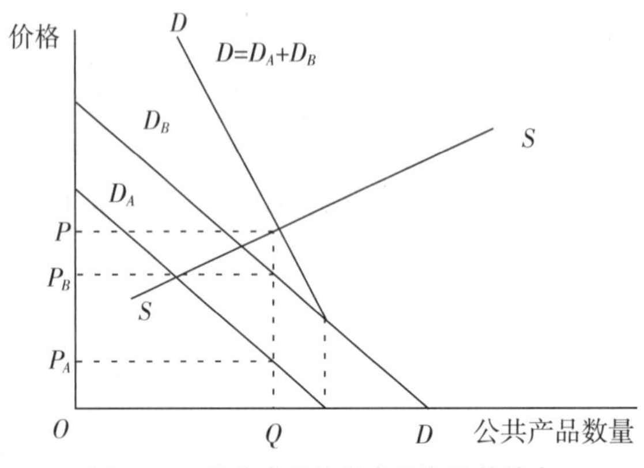

图 2－2　公共产品的供求均衡及其效率

私人产品和公共产品市场需求曲线的差别主要体现在，私人产品的市场需求曲线是个人需求曲线的横向加总，而公共产品的市场需求曲线是个人需求曲线的纵向加总。之所以出现这种差异，是因为私人产品和公共产品的基本特征，即私人消费的竞争性与公共消费的非竞争性所决定的。个人 A 和 B 所消费的公共产品相同，是因为个人对公共产品的消费不会影响其他人对公共产品的消费。

三、公共产品与财政支出范围

由于公共产品具有非竞争性和非排他性两个特征，因此经济学界普遍认为由私人市场来提供将会产生效率损失。首先，非排他性决定了难以对公共产品的消费收费。在非排他性的条件下，消费者均有“搭便车”的行为倾向，没有人愿意为公共产品的提供付费。博弈理论中的“囚徒困境”说明，尽管所有人都希望享受公共产品提供带来的好处，但是经济理性却否定了其为公共产品融资的动机，最终导致没有公共产品的提供，即个人理性造成了集体的非理性。其次，非竞争性决定了对公共产品收费是无效率的。在非竞争性的条件下，增加消费者的边际成本为 0，根据边际成本等于边际收益的效率定价原则，消费者的边际收益应当降低为 0，即其价格应当为 0。如果对消费者收费，则消费者的边际收益则会大于 0，而不是等于 0，从而违反了效率定价原则，造成了效率损失。

当然，政府提供公共产品也存在一定的问题。第一，政府提供公共产品会产生“挤出效应”，将部分私人提供挤出市场。尽管私人部门不能有效地提供公共产品，但其仍然能够为整个社会提供一定的公共产品；如果政府全部免费地提供公共产品，那么私人部门则不可能再提供公共产品。第二，消费者关于公共产品的偏好难以准确有效地表达出来。按照公共产品供给的均衡条件，消费者对公共产品的费用取决于其对公共产品的偏好。为了降低其付费水平，消费者的选择必然支付是降低或隐瞒其对公共产品的评价。第三，政府在衡量公共产品的边际成本和边际收益上难以做到准确。政府偏好不可能免费且有效地获取上述信息，因而就难以准确地作出提供数量的决策。

尽管政府提供公共产品也会存在效率损失,但是经济学界普遍认为公共产品应当由政府来提供。政府提供公共产品至少有三个好处:第一,政府能够提供有效率的公共产品数量。由于私人提供下的公共产品均衡价格必然高于有效率的市场价格,其均衡数量也会小于有效的市场供给量。如果政府能够准确地衡量私人的需求曲线或边际效用曲线,则政府提供的公共产品数量能够满足效率要求。第二,政府能够强制社会公众通过税收来为公共产品融资。林达尔均衡模型在特定条件下说明市场能够自动达成有效的成本分担体系,但消费者大多缺乏有效偏好显示的动机,因而难以为公共产品提供有效的资金支持。与之相反,政府拥有政治强制力,因而能够强迫个人交纳一定的税收以提供公共产品。第三,政府对公共产品的使用不收费,即在零费用条件下提供公共产品。正是由于政府可以通过税收等手段筹集资金,因而其提供公共产品不需要向社会公众再收费用。

根据公共产品理论,政府财政支出的范围主要是纯公共产品和混合产品。无论是在自由放任的古典经济时期,还是在国家干预条件下的混合经济时期,纯公共产品都是政府财政支出必须保证的首要目标。混合产品所具有的非竞争性和非排他性不完全的特征决定了其不可能完全由市场或政府来提供,而只能由双方共同来提供。政府提供混合产品的份额由混合产品的外部性程度及效率条件决定。通常,私人产品是通过市场的自发均衡来解决的。但在混合经济时期,政府仍然有可能提供一定的私人产品,为私人产品市场的发展提供支持。

第二节　财政支出的分类与结构

一、财政支出的分类

财政支出的分类,就是按某种标志对各项财政支出进行适当的归集。分类方法的选择,主要取决于对支出进行某种反映和分析的目的。为了正确安排和有效使用财政资金,提高财政支出的整体效益,有必要从不同角度对财政支出进行科学分类,为正确处理各财政支出的比例关系提供依据。

(一)按财政支出的对象分类

按照财政支出的对象,可以将财政支出分为纯公共产品支出、混合产品支出和私人产品支出。

纯公共产品支出主要是行政支出和国防支出,混合产品支出主要是科教文卫支出、农业支出、基础产业支出、社会保障及财政补贴等支出,私人产品支出主要是用于部分私人产品性质的国有经济投资。在我国的财政支出结构中,纯公共产品支出所占的份额并不大,占绝对份额的是混合产品支出,而随着国家经济体制的转型,竞争性的私人产品支出已经大大降低。

这种分类方法确认了我国财政支出的对象,并明确了我国应以纯公共产品和混合产品作为财政支出的主要内容,减少对私人产品性质的行业和部门投资。经济学理论研究表明,私人产品的提供应主要由市场竞争来实现,市场提供能够较好地解决效率问题;对于纯公共产品,非排他性决定了收费的不可能,而非竞争性则决定了收费的非效率性,因此应主要由政府来免费提供;由于混合产品具有非竞争性和非排他性不完全的特征,依靠市场和政府都可能产生效率性问题,因此最佳的方式是由政府和市场共同来提供。

(二)按财政支出的直接补偿性分类

按财政支出是否具有直接的补偿性进行分类,可以分为购买支出和转移支出两大类。

购买支出是指政府在市场上购买商品与劳务的各类支出。此类支出包括消费性支出和投资性支出,前者主要是指政府机关日常行政活动所需商品与劳务的支出,后者主要是指政府用于公共工程投资所需商品和劳务的支出等。政府购买支出的直接补偿是获得价值相等的商品与劳务。

转移支出是指政府通过一定的渠道,将一部分财政资金无偿地转移给居民、企业及其他受领者的支出。转移支出包括社会保障支出、财政补贴、捐赠支出、对外国的援助和向国际组织的缴纳、公债利息支出等。其中,社会保障和财政补贴是最主要的构成部分。政府转移支出并不能获得直接的经济补偿物。

购买支出和转移支出所起的作用是不同的。前者的支出过程是使政府拥有的资金与市场提供的商品和劳务相交换,对生产与就业产生直接影响,其对分配的影响则是间接的。后者的支出过程是将政府拥有的资金转移到受领者手中,导致资金所有权的转移,对分配产生直接的影响,其对社会的生产和就业的影响则是间接的。另外,转移支出在公共支出政策中往往能够起到"自动稳定器"的作用,而购买支出则是典型的"相机抉择稳定器"政策工具。

(三)按国家预算体制分类

按国家预算体制划分,可以将财政支出分为中央财政支出和地方财政支出两大类。

中央财政支出是指全国性的支出,如国防支出、外交支出、中央政府机关及所属各部门的支出、中央对地方的税收返还、按体制规定的补助地方的支出、中央对地方的专项拨款和特殊拨款补助支出等。地方财政支出是指各级地方政府的支出,主要包括按体制规定应由地方承担的本级各项支出,体制规定的上解中央财政的支出,对下级地方财政的税收返还支出、补助支出、专项拨款和特殊拨款补助支出等。

财政支出的这种分类,以各级政府的职责事权为基础,可以真实地反映一定时期内中央与地方政府财力分配情况和各级政府职责事权的实现程度。通过对这种分类方法的不断改进,能促使政府间的财政分配关系更趋于合理,对实现中央对全国社会经济的调控与统筹安排,保证各地区社会经济事业的均衡发展,提高全国财政支出的效率都有不可忽视的作用。

二、财政支出的结构

财政支出结构一般是指财政支出由哪些具体的支出项目所构成,故又称为财政支出构成。

(一)影响财政支出结构的基本因素

1. 财政支出规模

首先,财政支出规模越大,各种财政支出需求得到满足的可能性也越大,政府希望调整财政支出结构的目标也较容易实现。反之财政支出结构的调整与优化将缺乏财力基础。其次,影响财政支出规模变化的各种因素必然导致财政支出结构的调整。在一定程度上看，正是各种复杂因素对政府社会管理能力的影响，使政府必须通过财政控制一定数量的社会财富，保持一定的财政支出总量，以满足各种财政支出需求的实现。

2. 社会经济发展阶段

在财政支出规模既定的基础上，不同国家受经济发展阶段的影响，财政支出结构会存在较大的差异。在发展中国家，财政支出中经济建设支出的比重大，而用于社会发展与社会福利方面的支出比重小，其主要原因在于国家经济发展水平有限，财政支出占 GDP 的比重难以提高，财政支出规模较小，在国家经济发展压力较大的情况下，财政支出构成将表现出经济建设支出比重较大的格局。而在发达的市场经济国家，由于经济总量大，人均 GDP 很高，国家经济发展主要由非政府主体推动，财政支出结构更多地体现社会发展需要，经济建设支出所占比重通常很低。

3. 社会经济制度

社会经济制度是指经济的运行模式，最典型是计划经济和市场经济两种经济制度。在市场经济制度下，政府大都会控制财政支出中的生产性投入，特别是减少政府对竞争性行业的直接投资。政府为促进市场经济的顺利发展，对一些市场投资主体不愿承担或不能承担的重要基础设施建设则应加大投资力度。而为了保证市场竞争实现必要的优胜劣汰，又必须允许企业的兼并甚至破产，允许人才流动及失业现象的存在，因此政府必须建立社会保障制度，增大财政支出中社会保障方面的支出，以保证社会的稳定。

如果实行计划经济制度，以生产性支出为主要内容的财政支出结构通常是重要的表现形式，我国和苏联、东欧国家都曾长期采用过这种财政支出结构。事实上，经历过典型的市场经济或计划经济的实践后，在现代大多数国家，无不认识到实行极端市场原则和极端计划原则的严重缺陷，大多采用以市场经济制度为主的混合经济制度，这客观上形成了在市场发挥配置资源的基础性作用的前提下，政府对市场缺陷进行必要干预的基本格局。这种经济制度的变化必将引起政府财政支出结构的调整，并逐步体现出财政支出结构性的新特征。

（二）财政支出结构的调整规律性

财政支出结构的形成，是财政在实现国家的社会经济目标的过程中进行财力分配的结果。一般而言，在国家社会经济制度相对稳定、经济发展基本正常的条件下，财政支出结构不会有太大的变化，影响财政支出结构的各种因素可能使财政支出结构出现固化倾向。但是从中长期的角度考察，财政支出结构的调整则带有客观必然性。

（1）一国在不同的社会经济发展阶段上有不同的政策目标，必然对财政支出结构的调整提出要求。在不同发展阶段上，可能出现的政府公共支出在投资或转移支出方面的变化，既会促进财政支出规模的扩张，也将带来财政支出结构的调整。

（2）国家的社会经济制度改革，也将导致财政支出结构的变化。国家经济制度的转型，比如对公有制或私有制、计划经济或市场经济制度的重新选择必然会影响到财政支出的分配，并形成不同的财政支出结构。1979 年以来，我国不断推动计划经济向市场经济的转型，逐渐形成了与计划经济时期迥异的财政支出结构。

（3）国家面临全局性重大事故或经济问题时，会导致财政支出结构的激变。如国家经历战争或受到战争威胁时，财政支出结构将表现出向国防支出倾斜的特征。比如，我国从新中国成立初到 20 世纪 70 年代，财政支出结构中国防经费仅次于经济建设支出而位居第二。国家经济发展出现全局性问题,需要通过财政支出的调整来解决经济危机也会导致财政支出结构的变化。比如,当总供需不平衡时,将需要调整政府的购买支出与转移支出结构。当国际收支严重不平衡时,国家可能会通过出口补贴来改善国际贸易条件。

第三节　财政支出原则

财政支出是政府实现其职能及政治经济目标的财力保证,是政府向全社会提供公共服务,保证国民的基本共同需要和社会福利实现的物质基础。财政支出的合理增长能促进国家政权的巩固、经济的发展和国民福利的提高,而财政支出增长过度,则不利于社会经济的稳定与发展。由于财政收入的增长受经济增长水平,特别是受一国 GDP 总量的制约,致使一定时期内的财政收入和支出有一定的客观数量界限,并将限制政府财政的再分配能力。因此,在财政支出安排上,必须研究影响财政支出实现的客观基础,确定财政支出安排中应遵循的基本原则,处理好政府财政支出目标与有限的财力之间的矛盾,才能既满足政府公共支出的需要,又能达到公共支出的最大社会效益。总的说来,财政支出的原则包括效率原则、公平原则,量入为出与量出为入原则;其中,效率和公平原则是财政支出的一般原则,量入为出与量出为入原则是财政支出安排的技术性原则。

一、效率原则

经济学的基本问题是在资源稀缺的条件下研究生产什么、怎样生产和为谁生产。前两个问题针对如何使用现有资源,用这些资源来生产哪些产品和服务,每一种产品生产多少数量,如何将不同种类的资源用于生产不同的产品,即主要考察资源配置。后一个问题针对生产成果的分配,考察各个人所拥有或享有的生产成果的份额,即收入分配。资源配置考虑的是效率问题,而收入分配考虑的是公平问题。

经济学一般意义上的效率是指帕累托效率,即如果要改善一个人的状况,必须以牺牲其他人的状况为代价。如果还没有达到这样一个状态,则可以通过调整资源配置,以提高社会生产的效率,即帕累托改进。严格意义上讲,资源配置的效率分为生产效率、产品组合效率和交换效率三个层次。生产效率是指如何运用现有资源和技术生产最多的产品,它要求所有产品的资源技术替代率相等。经济效率不仅考察生产出最多的社会产品,而且要讨论生产什么样的社会产品,即什么样的产品组合。产品组合效率是指在产出水平给定条件下能使社会的满意程度达到最大化的产品组合状态,其鉴别标准是产品的边际转换率等于产品的边际替代率。生产效率解决了生产最高的产出水平问题,产品组合效率解决了在给定产出水平下什么样的产品组合能够最令社会满意的问题,但是这个产品组合由谁来消费最有效呢?这就是交换效率需要解决的问题。交换效率要将不同的社会产品配置给不同的人消费,使每一种产品能够发挥最大的效用。具体来说,交换效率是指不同产品在不同个人之间配置的一种状态,即某个人的满意程度给定的条件下,其他人的满意程度达到最大化,其理论鉴别标准是某一个人的产品边际替代率等于任何一个其他人的产品边际替代率。

在财政意义上看,生产效率要实现生产尽可能多的公共产品和私人产品,也就是要使生产活动处在生产可能性边界上；产品组合效率则要求在公共产品和私人产品之间作出选择，使社会资源在公共政府部门与私人市场部门之间达到有效配置；而交换效率则是将生产出来的公共产品和私人产品交给效用评价最高的人来消费，严格意义上讲是将生产出来的公共产品配置给效用最高的人群和地区。如果能够满足上述条件，财政支出则能够满足效率原则。

二、公平原则

效率考察生产什么和如何生产，从技术上看具有较强的科学性；而公平考察社会产品如何分配给不同的社会群体和个人，主要涉及价值判断问题。显然，价值判断的主观性强，主要由个人的世界观所决定，因而很难有所谓的科学性。

关于公平，学界有规则公平、起点公平和结果公平等观点。规则公平认为，经济活动是所有社会成员参与的竞争，竞争的规则必须公平。这种规则对于各种社会成员来说应当是统一的，所有人都应遵循同一规则参与经济活动。这些规则包括：确认个人对生产要素的所有权，承认其所拥有的体力、智力和财富；个人以自愿、诚实的方式进行交换，禁止抢掠、盗窃和欺骗；个人按照自己对生产所作出的贡献大小获取属于自己的收入份额。规则公平认为，在统一的规则前提下，个人的收入份额与其对生产的贡献份额相一致的收入分配才是公平的。由于个人所拥有的生产要素不相同，个人的努力程度不同，个人在生产过程中所作出的选择不同，因此，按照对生产的贡献份额所取得的收入份额也就不同，而且可能出现贫富不均、收入差距过于悬殊的收入分配状况。但从规则公平的角度看，收入是否存在差距并不能成为公平与否的衡量标准，公平的含义仅在于所有社会成员都按统一的竞争规则行事，个人的收入份额与其对生产的贡献份额相一致。

起点公平试图对规则公平进行补充，不仅竞争过程中的规则要公平，而且对于所有社会成员来说，竞争的起点也应是公平的。就像赛跑，选手们要从同一条起跑线上出发；而在社会经济活动中，每个人也应当有大致相同的起点。在现实中，人们参与竞争的起点是不平等的，有人出生在富裕家庭，有机会接受大量遗产；有人出生在贫困家庭，进入社会时赤手空拳；有的人在智力或体力上具有一定的天赋，而有的人则存在某种智力或体力上的缺陷。因此，当人们参与社会竞争时，起点就不一致。在这种情况下，即使竞争过程中的规则是公平的，所产生的收入分配状况仍然是不公平的。起点公平强调在起点一致条件下的规则公平，因此它依然承认分配结果上的差别，并认为只要这种差别是由于努力和选择所形成的，它就是合理的。

从一个单独的过程来看，起点公平似乎是对规则公平的一个补充，但若从一个连续的过程来看，起点公平又是对规则公平的否定。后一代人的起点恰恰是前一代人的结果，要使后一代人的起点相同必然要使前一代人收入分配的结果相同，这就要求前一代人对生产的贡献与收入分配结果分离，从而违背了规则公平。因此，起点公平将最终导致结果公平。

结果公平强调收入分配的结果，强调各社会成员之间所拥有收入份额的相对关系。公平的含义是指个人收入份额的均等，贫富差距较大就是不公平，缩小贫富差距就促进了公平，而公平的理想境界则是平均主义。结果公平是对规则公平的否定，不管一个人对生产贡献的大小，其收入份额应当与其他人相等。

在财政意义上，公平作为评价收入分配状态的标准是结果公平。与其说财政学家偏爱这种公平，不如说它是理论抽象的结果。资源配置的效率是要把“蛋糕”做大，而收入分配的公平则是要将“蛋糕”合理地分配给社会公众。在财政意义上，实现结果公平就是要不断降低贫困指数（Poverty Index）和基尼系数（Geni Coefficient）。贫困指数是指处于贫困线下的人口占总人口的比例。贫困指数越大就说明贫困人口越多，收入分配也就越不公平，反之则越公平。经过改革开放后30多年的反贫困，我国中西部地区的贫困情况已经有很大程度的降低。另一个反映贫富差距的指标是基尼系数，基尼系数的值在0～1之间，其数值越小，收入分配就越公平，反之则越不公平。以基尼系数表示的公平不反映社会总收入或个人收入绝对额的大小，只反映个人收入之间的相对关系。学界一致认为，我国基尼系数已经高于国际警戒线，大约处于0.4～0.5之间。因此，我国财政支出的重要内容就是加强收入再分配，提高社会公众对于收入分配的认同程度。财政支出的公平原则就是要实现这种公平目标。

三、量入为出与量出为入原则

（一）量入为出原则

量入为出原则是指政府根据一定时期内（通常为一年）的财政收入总量来安排财政支出，要力争做到财政收支平衡。它体现了一国经济发展水平对财政支出的制约。从历史发展的角度考察，量入为出的财政思想是与人类社会处于较低水平的经济发展阶段相适应的财政再分配理论。在整个前资本主义社会，生产力水平低下，长期存在的自然经济不可能给社会创造更多的物质财富，社会的相对封闭、商品经济不发达又使社会财富的积累十分有限，国家基本没有可能通过现代社会的财政赤字政策来实现超分配。在正常情况下，满足国家需要只能量力而行、量入为出。如果因为国用不足需要扩大财政支出，唯一的办法就是增加税收。但在落后的社会经济条件下，过度的税收负担通常会造成国民的极度贫困和生存危机，引起战乱和改朝换代。马克思曾指出，捐税问题始终是推翻天赋国王的第一个原因。因此，历代封建君主从巩固其统治地位的角度出发，安排财政支出不得不奉行“量入为出”。在西方资本主义制度确立之初，新兴资产阶级出于自身利益，也主张实行“量入为出”的财政支出原则，并要求政府少收税，少干预经济，执行严格的预算制度，为资本主义的自由竞争和实现资本的原始积累创造条件。因此，量入为出的财政支出原则源于较低的社会生产力发展水平，体现社会总积累水平对财政分配的制约，反映了社会总产品特别是国民收入分配中的客观规律对财政分配的制约。

从现代市场经济制度角度考察，坚持量入为出是保持财政分配的相对稳定，防止国家债务过度膨胀的客观要求。由于市场经济是高度发达的商品经济，这种制度加快了社会财富的积累速度和信用的发展，使社会财富的分配与调剂更为方便，也使现代社会的政府有条件通过信用形式甚至增发货币来扩大政府支出，并为现代国债制度和财政赤字政策的推行提供了可能。但是，国债不可能长期依靠政府发行新债来偿还，最终必须由新增国民收入来保证其偿还能力。我国1994年颁布的《预算法》明确规定：“中央政府公共预算不列赤字，”“地方各级预算按照量入为出、收支平衡的原则编制，不列赤字，”“中央预算中必需的建设投资的部分资金，可以通过举借国内和国外债务方式筹措，但是借债应当有合理的规模和结构。”

（二）量出为入原则

量出为入原则是指根据国家最基本的财政支出需要来确定收入规模，从而寻求财政收支的平衡。它将财政支出放在首要地位来考虑,是对政府公共支出保持必要数量的一种肯定。量出为入既是社会发展的需要,又是一种积极的财政分配观念。从实践中来分析,如果政府为保证国家的安全与巩固、社会经济的稳定与发展所必需的基本财力不足,不能有效地履行政府职能,那么全社会的共同利益及国民的个人利益就难以得到保障。

将量出为入作为一种财政支出原则加以肯定,要明确以下问题:①应当通过积极组织财政收入来保证必要的财政支出,量入为出是财政支出的基本准则,是实现量出为入原则的基础,量出为入是对量入为出原则的补充与发展。②量出为入是强调保证政府必不可少的支出,而不是指可以任意扩大政府支出。③应根据经济社会变化的各种因素合理确定政府职能,在科学测算政府支出的基础上,主要依靠税收收入的增长来保证财政支出增长;如果需要发行国债,则应根据经济发展和国家可能的偿债能力确定借债额度。

第四节　财政支出规模分析

一、财政支出规模的量度标准

(一)财政支出绝对规模

财政支出绝对规模是指财政支出总额,它是反映一定时期财政支出规模的绝对数指标,是分析政府可支配财力的重要指标。在纵向比较上,财政支出总额通过考察政府财政支出规模的增长趋势,及财政收入总量与 GDP 总量的增长趋势,能反映财政支出规模与财政收入、财政支出与经济增长的关系及合理程度。在横向比较上,财政支出总额一方面可以比较各国在不同经济发展阶段上的财政支出总额,考察一国在相同时期的财政支出规模的状况与合理程度;另一方面可以比较一国范围内各地区在同一时期的财政支出总额,考察各地区在经济发展与财政能力上的差距,为国家经济政策的制定或调整服务。

(二)财政支出相对规模

1. 财政支出占 GDP 的比重

一个国家在一定时期内 GDP 的总量是反映一国经济实力的最主要的指标,是支撑一国经济社会发展的主要物质基础。财政支出占 GDP 的比重反映了政府部门占用社会经济资源的状况。与财政收入占 GDP 的比重相比,财政支出占 GDP 的比重更能反映财政分配对 GDP 的占有额度。因此,政府在财政分配中更应当注意研究财政支出占 GDP 的合理比例,如果超过应有的合理界限,过度对 GDP 进行再分配,则会削弱民间积累,影响社会经济的正常发展。我国财政支出占 GDP 的比重在改革初期还处于 30% 左右,而后处于长期的下降趋势,1996 年左右达到了最低的 11.15%;其后该比重则处于回升趋势,目前已经上升到 23.10%。

2. 中央与地方财政支出占全国财政支出的比重

在考察政府间财政关系时,国际上常常采用两个指标:一是中央财政支出占全国财政支出的比重,二是地方财政支出占全国财政支出的比重。中央财政支出占全国财政支出的比重,考察中央政府对全国财力分配的影响程度,体现国家运用财政分配来实现全国社会经济目标中的宏观调控能力。一般而言,经济发达国家,通过中央实现的财政支出总量及在全国财政支出中的比重较大，发展中国家则较低。自1990年以来，我国中央财政支出的比重一般保持在30%左右，而地方财政支出的比重则保持在70%左右。要注意的是，中央财政支出占比近年下降很快，2011年仅占到全国的15.1%。

3. 财政支出弹性与边际财政支出倾向

财政支出弹性反映财政支出增长率与GDP增长率之间的关系。当财政支出弹性大于1时，说明财政支出的增长快于GDP的增长，财政支出的弹性较好；财政支出弹性小于1时，说明财政支出增长慢于GDP的增长，财政支出的弹性较差或无弹性；财政支出弹性等于1时，说明财政支出与GDP呈同步增长。财政支出弹性的计算公式如下：

$$财政支出弹性 = \frac{财政支出增长率}{GDP增长率} \times 100\%$$

边际财政支出倾向反映财政支出增长绝对额与GDP增长绝对额之间的比例关系，说明GDP的增加额中用于增加财政支出份额的大小。

$$边际财政支出倾向 = \frac{财政支出增长额}{GDP增长额} \times 100\%$$

4. 人均财政支出

除上述相对额指标外，最能反映财政支出相对规模的指标是人均财政支出。人均财政支出反映了国民从政府公共支出中获得的平均公共产品及服务水平，更有利于国际比较。随着我国财政支出总量的上升，我国的人均财政支出从1991年的294.29元上升为2011年的8 127.77元，增长了27倍。（见表2－2）

表2－2　1991—2011年我国财政支出规模指标

年份	GDP（亿元）	财政支出（亿元）	财政支出/GDP	中央财政支出比重	地方财政支出比重	边际支出倾向	财政支出弹性	人均财政支出（元）
1991	21 781.5	3 386.62	15.55	32.2	67.8	9.73	43.35	294.29
1992	26 923.5	3 742.20	13.90	31.3	68.7	6.92	44.91	321.23
1993	35 333.9	4 642.30	13.14	28.3	71.7	10.70	79.55	393.94
1994	48 197.9	5 792.62	12.02	30.3	69.7	8.94	54.89	486.03
1995	60 793.7	6 823.72	11.22	29.2	70.8	8.19	75.10	566.35
1996	71 176.6	7 937.55	11.15	27.1	72.9	10.73	109.35	651.93
1997	78 973.0	9 233.56	11.69	27.4	72.6	16.62	153.20	750.65
1998	84 402.3	10 798.18	12.79	28.9	71.1	28.82	205.94	869.46
1999	89 677.1	13 187.67	14.71	31.5	68.5	45.30	254.07	1 052.71
2000	99 214.6	15 886.50	16.01	34.7	65.3	28.30	160.31	1 258.19
2001	109 655.2	18 902.58	17.24	30.5	69.5	28.89	212.17	1 486.23
2002	120 332.7	22 053.15	18.33	30.7	69.3	29.51	157.79	1 722.36
2003	135 822.8	24 649.95	18.15	30.1	69.9	16.76	115.54	1 913.22
2004	159 878.3	28 486.89	17.82	27.7	72.3	15.95	121.72	2 197.94
2005	184 937.4	33 930.28	18.35	25.9	74.1	21.72	126.96	2 602.57
2006	216 314.4	40 422.73	18.69	24.7	75.3	20.69	132.43	3 083.30
2007	265 810.3	49 781.35	18.73	23.0	77.0	18.91	141.64	3 777.37

表2－2(续)

年份	GDP（亿元）	财政支出（亿元）	财政支出/GDP	中央财政支出比重	地方财政支出比重	边际支出倾向	财政支出弹性	人均财政支出(元)
2008	314 045.4	62 592.66	19.93	21.3	78.7	26.56	107.47	4 725.20
2009	340 902.8	76 299.93	22.38	20.0	80.0	51.04	137.04	5 731.41
2010	401 512.8	89 874.16	22.38	17.8	82.2	22.40	119.71	6 718.53
2011	472 881.6	109 247.79	23.10	15.1	84.9	27.15	140.63	8 127.77

资料来源:《中国统计年鉴》,2012。

二、财政支出增长的理论分析

随着经济发展,国家职能的扩张,世界各国财政支出不断扩张,为了找出影响财政支出增长的原因,各国学者进行了积极探索,取得了有价值的研究成果,其中有代表性的财政支出增长理论主要有:

(一)瓦格纳法则

19世纪德国社会政策学派的代表人物瓦格纳最早对财政支出规模不断扩大的现象展开了研究。瓦格纳在对当时欧美及日本等国公共部门进行调查的基础上,从政治因素和经济因素两方面分析了财政支出不断增长的原因。他认为财政支出不断增长的政治因素是国家活动规模扩大的结果,而经济因素则是工业化和城市人均收入的提高。他指出,财政支出呈现出一种不断上升的长期性趋势,并认为其中最基本的原因是工业化中的社会进步对政府活动规模扩大的需要。具体表现在对政府保护与管理服务方面的需求的扩大,对政府干预经济及直接从事生产经营活动的需求的扩大,以及对具有极大外部经济效益项目需要的扩大。同时,随着国民收入的改善,人们对文化、教育、卫生、福利等公共产品及混合产品的需求会上升,也促使财政支出不断增长。尽管瓦格纳并没有对财政支出总量增长与规模确定的全部原因进行分析,但其研究成果已为众多国家的财政支出实践所证实,故称为“瓦格纳法则”。

(二)梯度渐进增长理论

1961年,英国经济学家皮科克和怀斯曼提出了财政支出的“梯度渐进增长理论”,对财政支出规模的扩张性趋势进行了进一步的研究,认为外在因素是影响政府财政支出增长的重要方面。

对财政支出规模呈“梯度渐进增长”变化趋势的原因,皮科克和怀斯曼将其归结于人们的“租税容忍水平”。认为当国家面临种种“激变”(如国家经受战争、经济危机、特大自然灾害)而影响到全社会共同利益时,纳税人的“租税容忍水平”将会提高,政府财政支出也就可能跃上一个新的阶梯。“激变”之后的财政支出水平会有所下降,但通常不会降到原有的水平,形成替代效应、集中效应和检查效应。替代效应是指“激变”后公共支出替代了部分私人支出,高税收水平开始替代低税收水平;集中效应是指“激变”之后的全国性调整会扩大中央政府的财权,造成地方政府财权收缩;检查效应是指“激变”后的人们会加强对社会公共制度的思考,对“激变”进行检查和反思,从而促使财政支出水平维持在“激变”时期的水平上。

(三)发展阶段增长论

发展阶段增长论，即经济发展的财政支出增长理论，是 R. A. 马斯格雷夫和 W. W. 罗斯托的重要研究成果。该理论指出，在经济发展的早期阶段，政府公共投资在社会总投资中占有较大的比重，公共部门必须提供具有较大外部经济效益的基础设施，为经济的发展创造一个良好的投资环境。到经济发展的中期阶段，私人部门已有较大发展，私人资本积累增大，基础设施大都已经建成，政府投资成为私人投资的补充。在经济发展的成熟阶段，社会公众对交通及相应的基础设施、教育、医疗、住房、通信等服务的改善要求不断上升，从而促使政府财政支出规模上升。

在该理论中，马斯格雷夫还研究了政府转移支出的变化，认为转移支出占 GNP 的比重，取决于不同时期政府的再分配目标。马斯格雷夫认为，低收入国家如果出于公平考虑而增加转移支出，会降低私人储蓄并产生其他的负激励效应，不利于经济增长率的提高，因此经济发展早期的政府转移支出不会太大。在经济发展中期和成熟期，政府再分配的成本会下降，转移支出将会有较大程度的增长。此外，马斯格雷夫还对人口、技术、社会、文化、政治等因素对财政支出规模的影响进行了研究。

(四)官僚行为增长论

从官僚行为的角度来研究财政支出规模的问题，主要是强调政治制度与官僚行为对财政支出规模的影响。公共选择理论认为，官僚是指负责执行通过政治制度作出的集体选择的代理人集团，其行为目的在于实现预算规模最大化或机构规模最大化。在实践中，官僚机构通常可通过两种方式来扩大预算规模：第一，利用其信息优势使社会公众和政府相信他们确定的产出水平是必要的；第二，利用低效率的生产技术来增加生产既定的产出量所必需的投入量。

官僚行为增长论还强调特殊利益集团的存在对于财政支出增长的影响。认为特殊利益集团会利用其政治权力影响政府决策，并使财政支出向有利于自己的方面倾斜，从而直接促使政府预算规模的扩张，导致财政支出规模不断增长。

除此之外，西方福利经济学派的研究观点与方法也有较大的影响。福利经济学派主要从微观角度来解释财政支出增长的原因。福利经济学派以自身的有关理论为基础，把私人产品市场的有效供应理论移植于公共产品的供应中来，并找出影响公共产品供应和需求的主要因素，计量诸如需求、环境、人口、公共供应品质量、公共部门投入的价格等对财政支出产生的影响。

三、影响财政支出规模扩张的因素

(一)政治原因

政府组织财政收入安排财政支出的主要目的之一是满足其履行政治职能的需要。因此，国际国内政治的稳定性、执政党的政治偏好及政治体制的行政效率等都是影响政府财政支出规模的重要因素。

1. 国际政治的复杂化

第二次世界大战以后，国际关系日趋复杂化，国际政治危机迅速反映到各国内部，使国际政治经济问题转化为国内的政治经济问题；而为了化解这些危机及影响，各国政府不得不增加财政支出。20 世纪以来出现的世界性经济危机、战争及国家或地区间的冲突、金融危机和贸易争端无不体现出国际关系的复杂化，并使各国财政支出压力骤然增大。

2. 国家职能的扩大化

由于各国经济的发展与国家间相互联系和制约的加强，国家职能迅速扩张，政府职能机构不断增设，现代资本主义国家的政府早已超越了亚当·斯密时代的小政府，从而导致财政支出规模不断提高。

（二）经济原因

1. 国家干预经济的需要

在经济发展的过程中，发展中国家大都通过国家干预经济的方式来促进社会经济的发展，其中主要是通过直接投资来提高资源配置效率。比如，我国计划经济时期的经济建设支出占财政支出的比重均在50%以上。而在发达国家中，1929—1933年的世界性经济危机促使各国纷纷改变自由放任的社会经济政策，开始采用政府行为直接参与社会经济生活，政府在经济方面的财政支出大幅上升。第二次世界大战后，资本主义国家的国有化浪潮和恢复经济的各项政策使政府财政中的经济支出有增无减；同时，各国为实现充分就业、物价稳定、经济增长、国际收支平衡的经济目标，更加重视对经济的影响和干预，财政支出规模不断扩大。

2. 社会经济发展的需要

实际上，各国政府为有效配置资源，都不同程度上加大了直接投资力度，从而扩大了政府财政支出规模。在典型的市场经济国家，财政直接投资成为弥补市场缺陷、补充私人经济不足的重要手段，其目的在于保护市场竞争活力和经济发展的动力；在发展中国家，特别是在经济发展的早期，政府因承受着赶超世界先进水平的压力，无不通过直接投资参与经济过程来实现既定目标。

3. 物价波动的影响

从长期趋势看，各国的物价水平均呈上升趋势，政府财政支出逐年增长是不争的事实，并且在政府规模日趋扩大的情况下，物价上升将引起财政支出更快地增长。当物价总水平上升过快时，政府不仅要面对保证基本公共服务须安排更多支出的压力，还必须解决在物价总水平提高后出现的社会不公平现象，这会使政府的消耗性支出和转移支出都有一定的上升。

（三）社会发展原因

1. 人口与环境保护压力

人口增长给财政支出带来的压力，表现在四个方面：第一，人口总量的增加必然要求政府增加各种最基本的社会公共需求，否则将降低国民享有的公共服务及社会福利水平。第二，人口素质提高的压力要求政府必须扩大学校、医疗卫生机构、福利设施等的规模，增加行政管理、立法司法、军队警察、治安保障等公共服务。第三，人口增长带来的老龄化会增加财政支出中养老金、退休金等的支出压力，扩大财政支出规模。第四，人口增长还会增加对资源的消耗，从而产生环境问题。近年来，我国生态环境受到较大的破坏，环境承受能力已变得十分脆弱，迫使财政每年不得不用大量的财力来解决环境问题，从而给我国政府财政带来巨大的支出压力。

2. 社会福利的改善

经济发展基本目标的实现，最终应体现在国民的福利水平上。社会福利水平的提高，也是缓解社会矛盾的润滑剂。在我国,社会经济的发展必须以提高人民的物质文化生活水平为出发点,即必须有效提高社会公众的福利水准。在西方国家,社会福利的改善则着眼于缓和社会矛盾。在经济竞争和科技竞争日趋激烈的现代社会,改善社会福利更是一种人力投资的手段。因此,各国政府都在通过财政支出结构的调整和规模的增加来努力提高社会福利水平。

3. 社会分工的复杂化

随着社会活动的复杂化,社会经济活动的分工更加细化。在此背景下,政府必须增设必要的职能机构以满足由分工细化带来的新型公共需求,由此必须增加财政支出。

四、财政支出规模扩张的控制

尽管财政支出的增长及规模扩张已成为各国政府财政支出中的一个带规律性的问题,但财政支出是政府的主观行为,如果不加约束则容易失控,并产生严重的不良后果。因此,合理控制财政支出的增长规模是必要的。

1. 明确政府的职能范围

财政支出是由政府的职能范围决定的,因此科学界定不同时期内的政府职能成为合理确定财政支出规模的基本前提。

亚当·斯密对政府职能的界定为保护国家安全,建立严格的司法行政部门,建设、维护公共工程和公共设施三大职能。20 世纪 20 年代末的世界性经济危机使亚当·斯密的理论受到怀疑,以凯恩斯为代表的国家干预理论开始形成。在凯恩斯理论的基础上,新古典学派、货币学派、供给学派等都提出了各自的政府职能理论。其中的主流学派认为政府应当具有三项职能,即资源配置职能、收入分配职能和经济稳定职能。政府应当围绕上述三项职能,规范市场行为,实现资源的有效配置、收入的合理分配和经济相对稳定。

2. 财政支出规模总量的控制

有效界定政府的职能,能够大致框定财政支出的基本范围,降低财政支出规模总量。但是,即使对政府职能进行了科学的界定,财政支出规模的总量控制仍有可能失效。这是因为在政府职能范围内,财政支出的弹性很大,其根源在于忽视了经济增长对政府职能实现的基础性作用。因此,控制财政支出的总量规模,从根本上讲要根据一定经济发展阶段上的经济总量和增长速度来作出科学决策。

3. 财政支出结构增长的控制

在一定的社会政治经济制度下,财政支出结构的确定因不同时期而有差异,即财政支出的增长在特定时期内有一定的侧重。比如国家面临战争威胁时,国防支出的增长势必最为突出;在我国经济转轨时期,政府给企业、个人的财政补贴也会有所上升。财政支出结构控制就是要根据特定时期的社会经济需要,调整财政支出的重点,解决社会经济发展的主要矛盾,从而为控制财政支出的非理性增长创造条件。

【复习思考题】

1. 市场经济条件下的财政支出范围有哪些?
2. 如何有效地控制财政支出规模?
3. 如何理解财政支出的主要原则?

第三章
购买支出

第一节　行政管理和国防支出

市场经济条件下的购买支出，是指一国政府直接在市场上购买商品和劳务而形成的财政支出，如行政、国防、科教、文卫、政府投资等，其中行政和国防支出在购买支出中占有重要的地位。

一、行政管理和国防的属性

行政管理是指依法享有行政权力的国家行政组织对国家事务和社会公共事务实施有效管理的活动，故又称公共行政管理；国防是指国家制止和抵御外来威胁、攻击、侵害、维护自身利益的安全和持续发展所预先采取的各种防护手段和措施。

行政管理和国防都具有典型的非竞争性和非排他性特征，属于典型的纯公共产品。首先，每一个社会公众都能得到行政管理和国防提供的服务，且不会因为社会成员的增加而改变行政管理和国防服务的数量及其成本，因而具有典型的非竞争性特征。其次，社会公众只要居住于一国之国境内，则难以排斥其享受国家提供的行政管理和国防服务，因而具有典型的非排他性。行政管理和国防所具有的非竞争性和非排他性决定了其纯公共产品的基本属性，它们无法通过市场交换来提供，因而属于财政支出优先保证的项目。从历史的角度来看，自国家产生以来，行政管理和国防支出始终同国家的存在和国家政权的巩固直接联系在一起，成为政府公共支出的基本内容。

二、行政管理支出的内容及其控制

（一）行政管理支出的内容与确定

行政管理支出是指国家各级权力机关、行政管理机关和外事机构行使其权力和管理职能所需的财政支出。它是政府财政总支出的重要组成部分，在财政支出中占据重要地位。

按照国家预算科目分类，我国行政管理支出的范围包括基本公共管理与服务支出、公共安全和外交支出等。

行政管理支出数量和比重的变化，直接受国家政权组织结构和职能范围的影响，因此，一个国家政权机关和行政管理机关的设置与编制对于行政管理支出的确定具有决定性的作用。

(二)行政管理支出的控制

我国行政管理支出占财政支出或国民生产总值的比重近年来有升有降,但是行政支出的绝对数量却是不断攀升。因此,如何控制行政管理支出,提高行政管理支出效益的问题便成为财政支出管理的重要内容。近年来,我国在控制行政管理支出、提高支出效益方面制定了一系列的政策,采取了一些相关措施:

(1)不断推进机构改革,控制行政人员数量增长。在政府机构改革、转换职能的过程中实现政企分开,精简、撤并机构,减少重复办事,压缩行政人员,实行大部制改革,力图做到"生之者众,食之者寡"。

(2)加强财务管理,严肃财经纪律。积极配合审计、监察、物价等部门,切实加强财务监督,对违反财经纪律和超标准的不合法支出,按有关规定严肃处理。特别是加强财政监督工作,促进各行政单位严格按照财务管理制度,进行行政支出控制。

(3)发展社会化服务,减少行政开支。改革机关后勤管理工作,实现后勤工作的社会化。具体来说,就是将原机关后勤部门从人员编制、财务管理到经费预算等与行政机关分离,实行"单独核算、自立自养、保本微利"的政策,坚持以服务为宗旨,并适当向社会开放。

三、国防支出的内容及其管理

(一)国防支出的内容

国防支出是指国家用于陆、海、空军及国防建设的各种费用。具体来说,国防支出主要包括国防费,国防科研事业费,民兵建设费和其他支出;其中,除民兵建设费外,其他各项支出均属中央预算专用科目。

(二)影响国防支出的因素

(1)国家制度与对内对外的政策。不同的国家制度产生不同的对外政策,由此而形成的全球战略是影响国防力量配置的重要因素,如美国十分重视本国在全球的利益,其国防支出最高。我国奉行和平共处、互不干涉内政的对外政策,我国的国防支出则以保卫国家安全、实现有效防御作为国防预算确定的基本依据。

(2)国家经济力量。一国经济发展水平的高低,是确定国防支出的物质基础,只有经济快速发展,才能支撑国防现代化,建立起巩固的国防,缺乏经济的支撑,任何国家都难以维持国防支出的长期稳定增长。

(3)国际环境。国际环境的变化对国家安全产生潜在的影响,适应复杂的国际环境,确定必要的国防军事对策,对每一个主权国家都有极为重要的战略意义。在国际环境恶化并存在战争威胁时,一国国防支出可能大幅度增长,反之,国际环境较为平静时,国防支出可能因此而压缩。

(4)国防现代化的压力。科学技术的飞速发展,正在从根本上改变着各国国防力量的对比关系,实现国防现代化是当代各国建立强大国防的客观要求。实现国防的现代化,不仅需要增加对国防科学研究的投入,还必须通过大量的投入改善和提高国防常规力量和战略力量的现代化装备水平。

除此以外,国防支出需求的确定还受到国家首脑及军事当局对国家所面临的危机所持态度的影响,如果他们认为国家所面临的外部威胁比较强大,那么他们将会加大国防建设力度,相反,则可能消减国防支出水平。作为影响国防支出供给方面的因素,一方面要考虑国防建设所能控制和减少外部威胁的能力，另一方面则取决于国家经济力量动员于国防建设的效率。

（三）国防支出效益的管理

（1）国防支出对经济的影响。国防支出对经济发展的作用在理论界是有争议的，被普遍接受的观点是，国防支出属于非生产性消耗支出，适度的国防支出可以刺激经济发展，过多的国防支出对经济发展有副作用。从积极方面看，国防开支除了对国家安全和社会稳定有直接的效益外，还会产生一些间接的经济与社会效益。从消极方面看，国防支出会影响到社会经济的长期增长，“大炮”多了，“黄油”必然就少。

（2）国防支出的合理限度及其控制。国防支出的合理限度是指国防支出究竟多少才合适的问题。如果单纯从国防角度来看，可能就会得出军费开支越多越好的结论，因为充足的军费开支有助于提高威慑力和防御能力。但是，一国的人力、物力和财力是有限的，国防开支数额必须控制在一定限度之内。从原则上来讲，国防支出占财政支出的比例应该适合各国的国情。比例太高则会挤占其他财政支出项目，破坏国民经济中的公私结构比例，从而阻碍一国经济实力的增强，最终也会削弱国防力量。比例太低则会影响保家卫国的能力，滋生社会不稳定因素，无法满足全体社会成员对安全的消费需要。在确定国防支出规模时，常用的指标有国防绝对额，国防支出增长率，国防支出占财政收入、国民收入及国民生产总值的比重等。我国的国防开支应借鉴国外的成功经验，在国防预算方面加快实行“规划、计划、预算制度”，以促进中国国防经费规模的控制和合理分配。

第二节　科学、文教、卫生支出

一、科教文卫的属性

科教文卫是科学、教育、文化、卫生、体育、广电等事业的总称。从产品属性上看，科教文卫事业具有不完全的非竞争性和非排他性，属于具有外部性的混合产品。科教文卫事业所提供的服务，大部分具有一定的竞争性，比如，学生接受学校教育，他们需要占用一定的教学资源；随着学生数量的增加，所需要的教学资源必须相应增加，否则就难以保证教学质量和教学效果。同时，科教文卫事业所提供的服务，又具有一定的排他性。比如，我们采用的收费制度和考试制度就能够在一定程度上将部分学生排斥在特定的教育体系之外。

由于科教文卫事业具有一定的私人性特征，因此逐利性的投资主体也在提供部分科教文卫服务。但是，科教文卫事业具有较强的外部性，而逐利性的投资者和消费者在决策时不会考虑科教文卫事业给其他经济主体带来的外部利益，他们必然根据边际收益等于边际成本来决定市场产出水平，而这个水平远低于对于整个社会来说有效率的产出水平，从而存在较大的效率损失。为了弥补和减少这种效率损失，政府需要对之进行一定的干预和调节，而政府直接支出则是各国的通行做法。

二、科学技术支出及其重点

科学技术是社会经济发展的第一生产力。人类社会的进步与发展，充分证明了科学技术在社会再生产中的作用。现代科学技术的广泛应用,极大地提高了劳动生产率。各国实践表明:国家间及企业经济组织间的竞争,直接表现为科技能力的竞争,谁拥有领先的科技成果和开发能力,谁就最具有发展潜力和竞争能力,也就能够在竞争中获取有利的优势地位。因此,各国政府都非常重视科学技术的研究、开发、推广和应用,并将其作为财政支出的重要内容。

科学技术是第一生产力,但是不同层次的科学研究和科技成果对于社会经济发展的推动能力是不同的。科学研究可以分为基础性科学研究和应用性科学研究,其成果亦可分为基础性科技成果和应用性科技成果。从产品属性上看,基础性科技成果具有较强的非竞争性和非排他性。这些基础性科技成果在被社会认知以后,公众利用它的边际成本为零,即具有非竞争性的特征;而由于这些成果的基础性,其能够迅速转换为人类社会的共同财富,要排斥他人对该成果的利用则变得不可能,因而具有非排他性。鉴于基础性研究和基础性科技成果的公共产品特性,各国政府大都通过政府资助的方式来完成基础性科学研究。因此,基础性科学研究是政府科学研究支出的主要内容。

与基础性科学研究相反,应用性研究则具有较强的排他性和竞争性。通常,应用性研究的针对性比较强,主要是解决企业生产活动中的具体问题。一方面,由于应用性研究的目的是解决生产活动中的具体问题和特殊问题,因而其他企业利用起来就具有一定的难度,再加上现代社会的专利技术制度和工业产权保密制度,这些成果具有较强的排他性。另一方面,由于市场规模具有一定的稳定性,掌握了先进技术的企业能够以较好的技术水准和较低的成本占有较大份额的市场,并获得一定的超额利润,如果所有企业都利用这种技术成果,显然会对进行这项科学研究的企业造成利润损失,即产生了一定的竞争性。事实上,正是由于应用性研究具有较强的排他性和竞争性,因而各企业非常愿意进行适合自身需求的科学研究,进而掌握其科技成果。因此,政府对应用性研究大多采取市场化的策略,让市场竞争主体自由的竞争,鼓励社会成员创造出更多的科技成果。

除科学研究本身之外,政府还在一定程度上介入了科技成果的推广,帮助其实现产业化。例如,对于部分关系国计民生的重大科技项目,尽管其属于应用性研究,政府也会给予一定的财政资金支持。

三、教育事业支出及其重点

教育是指培养新一代劳动者的整个过程,包括学校教育、岗位教育和社会教育等。教育是科学技术进步的基础,是劳动力再生产和提高劳动者素质的重要条件,是建设社会主义精神文明的基本因素。我国政府从长期的发展目标出发,把发展教育事业作为国家的重要战略决策,加强对教育的政府投入,通过国家财力给予扶持。

教育的本质是为学生提供一个环境,使之在此环境中能够通过自身的努力和外界的帮助,提高素质、实现自我。广义的教育是指以影响人的身心发展为目的的社会活动,狭义的教育是指学校教育活动,其主要表现形式是学校通过教学组织活动,对学生或其他层次的劳动者进行培养、培训,目的在于使受教育者掌握一定的知识与技能,达到自我实现的目标。本章所指的教育主要是狭义的教育活动。

教育具有不完全的非竞争性和非排他性,而且具有一定的外部性,属于具有外部性的混合产品。一方面,受教育者学到知识和技能,增强了竞争能力,能够在今后的工作中获得较好的收入与物质、精神享受,即教育的收益具有内部性的特点。另一方面,有相当一部分的教育利益通过受教育者外溢给了社会,从而提高了整个社会的劳动生产率,提高了民族文化与道德素养,保证了国家的民主制度得以在一个良好的环境中运行,因而教育的收益又具有外部性的特点。

尽管教育收益具有外部性,但并不是所有教育收益的外部性程度都是一样的,表现为较大的差异性。通常认为,初等教育的目的在于提高整个民族的基本素质,从而为整个社会的民主法制建设铺平道路。因此,初等教育的基本特性是效益的外部性,是整个社会得到了最大的收益,而受教育者只得到了教育带来的小部分收益。相对来说,高等教育的外部性要小得多。高等教育有教学和科研两大任务,教学的目的是提高学生的素质,提高劳动者的生产效率,增强其在社会中的竞争力;而科研的目的是为整个社会创造物质和精神财富,基础科学研究最大的、直接的受益者是整个社会,而应用性科学研究直接的受益者是特定的经济主体,整个社会则是间接的受益者。中等教育收益的内部化倾向及外部性特征介于初等教育和高等教育之间。职业教育以技能培训为主,注重对学员或劳动者进行短期、实用性教育,以适应具体工作岗位的要求。职业教育针对性强,突出了个人的教育选择,收益的外溢范围相对较小,基本上符合私人产品性质。

按照经济学原理,政府应当根据外部性的程度来安排其教育支出。首先,政府公共支出的重点应在初等教育或基础教育上,大力推行义务教育制度,特别是农村义务教育制度,保证每一个公民接受基本教育的权利。其次,政府应根据高等教育的特点,保障对基础性科学和基础性研究的支持力度,原因就在于这些学科和研究的市场化程度低,无法通过市场竞争来提供有效的服务水平;对于应用性学科和应用性研究,则应根据其收益的外溢性程度给予适当的资金支持。再次,对于职业教育,政府应当在政策引导和资金资助的前提下,倡导市场竞争性的办学模式,鼓励多渠道、多维度的资金筹集模式。

另外,教育支出还要着力解决教育的公平化问题,努力帮助贫困者接受各种层次的教育。贫困者由于自身经济条件有限,对教育的效用评价一般会低于实际效用,即所谓"优质品"。优质品的存在,致使有良好教育潜力的贫困者无法接受应有的教育,形成了人才的浪费。同时,贫困者即使正确评价教育的内在化收益,但受制于较低的融资能力,无法获得足够的教育投入资金,从而弱化贫困者的未来竞争能力及收入水平。因此,政府不仅要根据教育对社会的外部性来安排支出,而且要针对贫困者的教育机会公平问题提出有效的政策。比如,建立国家助学贷款制度、奖学金制度,帮助贫困学生解决在校期间的学习和生活费用。

四、文卫事业支出及其重点

文化事业是指包括文学艺术、戏剧歌舞、电视电影、广播出版、体育运动和其他文化部门的总称。文化事业是社会生产力发展和社会文明进步的结果,文化事业的发展与复兴,不仅关系到国家和社会的稳定与发展,而且对经济的发展也有积极的促进作用。卫生事业是指医疗、防疫、保健等部门的总称。发展卫生事业,对保障国民身体健康,保证劳动者具有强健的体魄,保证劳动力再生产,发展社会生产力,均具有十分重要的作用。

无论文化事业还是卫生事业,均有不同的层次性,而不同层次的文化卫生事业的外部性是不同的。就文化事业中的电影来说,消费者能够从观看电影中获取精神上的享受,具有较强的收益内部性特点，而消费者自身也愿意付费去购买电影票或光盘及影带。因此，电影制作发行业的公共财政支出相对较小。我国拥有悠久的戏剧历史，曾经涌现过大量优秀的剧本及戏剧家；随着社会经济生活节奏的加快，戏剧受到的关注程度日益降低，已经难以形成有效的市场环境，无法通过市场化的经营战略来获取其自我发展和自我实现的条件。但这些戏剧不仅是我国优秀文化的沉淀，而且是人类文化的共同遗产，其对人类发展的贡献是无法估量的。因此，政府有必要安排适当的财政资金以支持戏剧业的发展。另外，文学艺术、广播出版、体育运动等部门也具有不同程度的收益外部性特点，政府的资金支持应重点放在外部性较强的事业上。

同样，在卫生事业内部，公共防疫和保健事业的外部性最强，属于比较典型的纯公共产品，而医疗事业的内部性则较强，并具有一定的竞争性。因此，政府支出的重点应是公共防疫及保健，并兼顾医疗事业。近年来，"看不起病"成为医疗事业的最大积弊，受到社会各界人士的强烈关注。改革医疗卫生事业，形成政府支持和监管下的市场竞争环境，对于提高医疗卫生服务质量和降低医疗成本具有十分重要的意义。

第三节　发展农业支出

一、农业经济的特殊属性

农业作为一个极为重要的物质生产部门，为人们提供着最基本的生产资料和生活资料。农业的发展，是国民经济其他部门发展的重要条件，它不仅为轻加工业提供原材料，而且是工业部门实现其生产积累的重要市场。在我国人民的生活资料中，农产品及其加工产品要占85%左右；农业提供的工业原料占全部工业原料的40%左右，占轻工业原材料的70%左右；轻工业产品约有2/3销售到农村。可见，只有农业发展了，才能更好地保证人民吃穿用的需要，才能保证工业有足够的原料和广阔的市场，才能保证整个国民经济的繁荣。

农产品具有竞争性和排他性，属于典型的私人产品；而农业具有不完全的竞争性和排他性，属于国民经济中比较特殊的行业，具有一定的混合产品属性。比如，某个人消费某一农产品，那么其他人就不能再消费该农产品，即其具有明显的竞争性；同时，要排斥他人消费该农产品只需对其收费即可，因而具有明显的排他性。由此，农产品具有私人产品的属性。但是，农业生产活动不仅影响农业生产者本身，而且影响全社会所有的生产者和消费者，影响整个国民经济的良性循环和国家经济安全。我国农业人口众多，"三农"问题非常突出，农业生产力还比较落后，农业的影响力已经远远超出其产业本身，具有非常强的外部性。特别是在我国，农业生产技术低下，"靠天吃饭"的现象一直没有得到有效地改善，农业生产能力稳定性比较差。近年来，我国农业产品难以满足国内生产和生活的需要，进口不断增加，导致对外依存度呈逐年上升趋势，国家经济风险不断加大。农业所具有的外部性要求政府不断加大投入，增强国民经济抵御风险的能力。

二、政府发展农业支出的主要内容

农业支出是指国家财政用于发展农业方面的资金。1949年新中国成立以后，根据国内外正反两方面的经验，国家制定了“以农业为基础，工业为主导”的国民经济发展总方针，要求发展国民经济必须把农业放在首位，按照农、轻、重的次序安排国民经济计划，从各方面促进农业的发展，大力加快农业现代化建设。改革开放以后，我国逐步调整了农业政策，实行以联产承包责任制为基础的农村经济制度，并加大了农业科学研究的力度，增加了财政投入，从而极大地提高了农业生产能力。而进入21世纪以来，中央政府更是在免征农业税、增加农村基础设施及教育投入等方面投入了大量资金，极大地改善了农业生产生活条件。

政府农业支出的内容比较多，主要表现为财政农业直接支出和以税收、价格、信贷等为主要形式的间接支出，具体内容有：

（一）农、林、水、气等方面的固定资产投资

这项投资是国家财政对农业、林业、畜牧、农机、水利、气象等系统的企事业单位和大中型水利工程的基本建设投资和挖潜改造支出。农、林、水、气等部门的固定资产投资属于公共产品的范畴。其中，国家兴办的大中型水利工程及中央农业部门的基本建设支出属于全国性公共产品，由中央政府安排资助资金；而地方政府兴办的水利工程及地方农业部门的基本建设支出属于地方性公共产品，由地方政府安排资助资金。

（二）农、林、水、气等部门的事业费

农、林、水、气事业费是指农业、林业、畜牧、农机、农垦、水利、气象等部门的事业费，按其支出内容可以分为人员经费和公用经费。农、林、水、气各部门的具体业务内容存在较大的差异，其财政资金需求程度也不一样。比如，气象部门是为全社会服务的，其服务的非竞争性和非排他性特征明显，属于纯公共产品的范畴，因而需要财政全额支持。又如，农机部门为农民提供的农机修理服务具有竞争性和排他性的特征，属于私人产品性质，因而可以通过收取一定的费用以弥补其成本，财政只需要给予一定的补贴。近年来，我国农、林、水、气部门进行了大刀阔斧的改革，将具有竞争性和排他性的业务内容分离出来，并推向市场化和社会化，减少政府的开支范围；而对那些纯公共产品性质的业务内容则纳入全额预算拨款的范围，进行绩效预算考核。同样，中央农、林、水、气部门的事业费由中央政府安排，而地方农、林、水、气部门的事业费由地方政府安排。

（三）支援农业生产支出

支援农业生产支出是国家财政用于农村集体经济和农民发展农业生产方面的支出，主要包括：小型农田水利和水土保持补助费、支援农村合作生产组织资金、农村农技推广的植保补助费、农林草场和畜禽保护补助费、农村造林和林木保护补助费、农村开荒补助费、农林水产补助费、农业发展专项资金支出和发展粮食生产专项资金支出等。支援农业生产支出，一方面是用于农业公共产品的提供，比如小型农田水利、水土保持，另一方面则用于实现农业混合产品外部性收益的内部化，比如农村开荒补助、农村造林补助等。

（四）财政支农周转金

财政支农周转金是地方各级财政部门采取信用形式，将部分财政支农资金由无偿补助改为有偿扶持，定期回收周转使用的专项资金。财政支农周转金的使用范围主要包括：种植业、养殖业、农副产品加工业、农业科技成果的推广及农业生产的社会化服务等。近年来，财政支农周转金主要用于扶持农副产品及农业资源加工企业和农业产业化龙头企业，而种养业获得直接资金支持并不多。财政支农周转金的特点是：①偿还本金，不付利息，收

取一定的占用费和管理费，月费率1‰～5‰不等。②限期收回，归还期限一般为1～3年，最高不超过8年。③列入预算外管理，接受财政统一监督。财政支农周转金是国家财政支援农业资金的重要组成部分，它的合理使用有利于增强支援者和受援者的经济责任感，有利于提高支农资金的使用效益。

（五）其他形式的财政资金支持

（1）国家财政对农业和农村经济实行轻税政策。我国1958年农业税法规定了对农业生产实行轻税政策，沿用了近半个世纪，极大地促进了农业生产的发展。改革开放后，我国对农村乡镇企业给予了相当多的税收减免，2000年我国开始在部分省市推行农业税费改革，并于2006年全国范围内停征农业税，极大地降低了农业税收负担。

（2）国家财政利用价格分配手段，支援农业生产。新中国成立以来，我国多次大幅度提高农副产品收购价格，控制和降低工农产品“剪刀差”，增加农民收入。改革开放后，我国逐步放开了农副产品价格，提高了农民适应市场需求的能力；20世纪90年代后期，中央政府进一步推出了保护价体系，在市场价格低于保护价时，政府以保护价收购农产品以稳定农产品价格，保护农民的利益。另外，现有税法规定农业生产资料的生产经营适用较低的增值税率，降低和控制农用生产资料的成本和销售价格，减轻农民支出负担。

（3）国家财政大力支持向农业发放贷款。我国很早就成立了中国农业银行及多种形式的农村合作基金组织，财政对农业贷款的发放给予大量支持，促进了农村多种经营的发展；20世纪90年代初期中国农业银行和中国工商银行实行商业化改造，其农业政策性业务划归1994年成立的中国农业发展银行。中国农业发展银行作为国有农业政策性银行，主要承担国家粮棉油储备和农副产品合同收购、农业开发等业务中的政策性贷款，代理财政支农资金的拨付及监督使用。①

（4）加大对农村政权建设和农村义务教育的支持。农村税费改革以来，特别是全面停征农业税后，县乡政府的财政收入大幅度减少，农村基层政权建设受到了极大地挑战，中央政府为此增设了农村税费改革转移支付补助和停征农业税转移支付，支持基层政权建设。同时，中央政府还陆续出台了“三奖一补”、减免农村义务教育杂费和书本费等措施，并配套了相应资金。

第四节　基础产业支出

一、基础产业及其特点

（一）基础产业的内涵

基础产业是指能为实现国民经济的正常运转和持续发展提供保障和条件的特定经济部门的总称。在社会经济生活中，基础产业部门通常是指一个国家的基础设施和基础工业部门。基础设施，包括各种类型的交通运输建设项目、城市基础设施建设项目和重要的公

① 2007年年初，时任国务院总理温家宝指出，按照分类指导、“一行一策”的原则，推进政策性银行改革。中国农业发展银行将按照建立现代金融企业制度的要求，全面推行商业化运作，自主经营、自担风险、自负盈亏，主要从事中长期业务。

用事业部门等。基础工业，主要包括能源开发建设项目和重要基础原材料的开发利用项目等。这些产业部门在国民经济产业链中或居于"上游"环节，或为整个国民经济各部门提供"共同服务"。

（二）基础产业的特点

美国经济学家阿尔伯特·赫希曼认为基础产业具有四个特点：一是社会经济活动的基础；二是由公共机构或受官方控制的私人机构向全国提供；三是不能从国外进口；四是投资具有技术上的不可分割性及较高的资本—产出比。从世界各国的情况来看，一个国家基础产业的发达程度是社会经济的发达和繁荣程度的重要标志之一。基础产业发达的国家，社会经济的发展程度都比较高，而在经济落后的国家和地区，基础产业的发展则相对不足与落后。我国东西部地区经济发展水平的差异也可以从各地区基础产业的差异上得到直观的认识。

二、基础产业的属性及支出重点

（一）基础产业的属性

从属性上看，基础产业提供的产品和服务具有不完全的非竞争性和非排他性，并具有明显的外部性特征。对于基础设施来说，非拥挤条件下的基础设施具有非竞争性，它可以同时供多个经济主体使用而不需要增加供给成本，并且大部分基础设施的排他性比较弱，排除他人享受基础设施带来的利益比较困难。对于基础工业来说，其产品具有比较强的竞争性和排他性，但也具有一定的外部性特征。比如，能源企业所提供的能源产品（如煤）具有明显的竞争性，一家企业使用就使其他企业或家庭不能使用；而要排斥他人消费这种能源产品也比较容易，只需要对消费者进行收费就可以实现排斥的目的。此外，能源产品的稀缺性和不可再生性使其对于国家经济安全具有非常重要的作用，具有一定的外部性。因此，能源工业及重要原材料工业影响到整个国民经济的发展。

（二）基础产业支出的重点

鉴于基础产业的混合产品属性，政府需要对其进行投资；但基础产业具有一定的竞争性和排他性，全部由政府来投资则没有必要。如前所述，基础设施的公共产品属性比较强，需要政府较多的直接投资，而基础工业的竞争性和排他性比较强，政府在解决外部收益内部化的前提下应重点考虑推进其市场化。严格意义上讲，政府财政投资并不需要对所有的基础设施进行投资，而主要是投资规模大、建设周期和回收期长、投资效益较低的基础设施项目。

基础产业是为整个国民经济服务的，其投资规模主要取决于其服务对象，即国民经济的主导产业。主导产业是国民经济中科学技术先进、技术渗透能力强，并对经济增长发挥直接推动作用的产业部门。经济学界关于主导产业的选择主要有 20 世纪 50 年代筱原三代平的"收入弹性基准"、"生产率上升基准"及 70 年代的"过密环境基准"、"工作内容基准"。在确定主导产业的具体内容及其规模的条件下，基础产业的投资重点及规模才能够得到较好的控制。

三、基础产业投资的管理

我国基础产业投资的管理，主要采用以下几种方式：

（1）建设指挥部管理模式。建设指挥部管理模式多为一次性业主，计划部门下达基本建设计划后，由政府有关部门牵头组建临时性的基建班子来协调和指挥项目的实施，基建任务完成后，基建班子解散，工程移交给相关单位管理。这种模式的优点是协调力度大，有利于采纳各方面的意见，集中力量打歼灭战，较快地完成任务。其缺点是临时性强，缺乏项目管理的程序和方法，往往造成项目后期遗留问题难以解决，无法追究项目实施过程中的过失责任。

（2）项目法人制管理模式。项目法人制管理模式是将整个项目的建设前期准备、建设施工、竣工验收移交前的全部任务委托给符合项目建设要求的法人单位，由该法人组织实施工程建设，竣工验收后移交管理或使用单位。

（3）代建制模式。代建制模式是通过招标等方式、选择专业化的项目管理单位负责建设实施，严格控制项目投资、质量和工期，竣工验收后移交给使用单位。它由具有专业技术资质和管理能力的法人单位（代建人）接受业主委托承担建设项目全过程管理工作的项目建设方式，是在我国非经营性政府投资项目建设领域推行的一种项目管理模式。

（4）其他管理模式。①政府部门管理模式。由地方政府投资的城市道路、桥梁等市政工程及水务工程大多由政府部门直接负责建设和管理。②企业法人管理模式。部分由政府投资的基础设施工程，如高速公路、港口、机场、地铁等建设项目，多由政府设立企业法人，由其负责项目建设资金的筹措和建设管理，建成后的项目运作也由其管理。

【复习思考题】

1. 影响国防支出的因素有哪些？
2. 如何确定科教文卫事业支出的重点？
3. 如何理解农业的特殊属性及农业支出的内容？
4. 如何理解基础产业的属性及财政投资的重点？

第四章
转移支出

政府的转移支出一般有三种情况:一是上下级政府之间的转移支出,又称为纵向转移支付;二是同级政府之间的转移支出,又称为横向转移支付;三是政府对社会成员或非政府机构、社会团体的转移支出。前两者属于财政管理体制中的转移支出,即转移支付制度的内容,在本书有关章节中已有讨论。本章所讨论的转移支出是第三种情况的转移支出,主要包括社会保障支出、财政补贴等。

第一节 社会保障的含义与特点

一、社会保障的含义

社会保障是国家对社会成员在生、老、病、死、伤残、失业、灾害等情况下给予物质帮助的各种措施的总称。

社会成员在生产实践中常常会遇到各种意外,造成伤残、招致疾病;人的一生中客观存在劳动的准备阶段和衰老阶段;人类的一部分会出现先天和后天的心理、生理功能残疾等等。由于上述原因而全部或部分丧失劳动能力的人,不能完全靠自己劳动取得生活资料,他们的生活资料来源要由社会从社会总产品中拿出一部分来解决,这就是社会消费基金中用于社会保障的部分。马克思在《哥达纲领批判》中精辟地阐述了社会产品分配的基本原理,揭示社会产品在进行个人消费的分配之前,必须进行一系列社会扣除,其"六大社会扣除"项目中的为丧失劳动能力的人建立的基金一项,就相当于我们现在所讲的社会保障。

二、社会保障制度的形成

社会保障的需要是随着社会生产力的发展,社会分工的逐步复杂化以及剩余产品的日益丰富和人类社会的不断进步而产生和发展的,即与"社会化"紧密联系。社会保障制度是社会保障措施和政策的规范化、经常化和法制化。

在自给自足的自然经济社会,虽然人类十分希望有一种比较可靠的物质力量为其生存和发展提供保障,但由于生产力发展水平十分低下,以及社会文明程度很低,劳动者的人身权利没有得到应有的认可和起码的保障,因而无社会保障可言,只能依靠家庭保障,即中国传统中的"养儿防老"。

到了商品经济社会,一方面,社会分工的发展使劳动者的实践活动与社会的联系日益紧密，作为社会成员共同利益所在的社会稳定与社会成员基本权利的保障逐步形成了依赖关系；另一方面，社会财富不断增长，并日益集中到统治阶级手中，生产的社会化与生产资料私人占有制的矛盾日益激化，社会稳定对生产发展，尤其是对统治阶级财富积累的制约日益显著。为了保持社会稳定，从根本上维护统治阶级的利益，并在广大劳动者的不断斗争下，社会保障便成为资本主义社会的现实。

社会保障制度起源于 19 世纪 80 年代的德国。当俾斯麦镇压工人运动失败后，便决定利用当时已在德国各地工人中自动组织起来用于疾病、失业、养老等方面的工人互助基金，使之"国有化"，变成德国国家的社会保障制度，并于 1883 年颁布《社会保险令》予以实施。其目的在于缓和劳资冲突，分化与弱化工人运动，维护资产阶级的统治。随着社会生产力的发展和社会的进步，发达资本主义国家广泛实行了社会保障制度，而且有的国家其规模很大，涉及面较广，形成了一整套"从摇篮到坟墓"的社会保障体系。

三、社会保障的特点

现实生活中，社会保障是国家在社会产品的个人分配过程中实施"社会扣除"形成社会保障基金，然后通过政府对社会保障基金的分配用于社会成员的社会保障支出。由此可见，社会保障属于财政分配的范畴。但较之于其他形式的财政分配，社会保障具有明显的特点：

（一）社会保障具有社会成员利益的直接性

对于任何一个社会成员来说，社会保障都与其切身利益直接相关，即便是一个生理、心理都十分健康的人，客观上也存在劳动的准备阶段和衰老阶段。更何况"天有不测风云，人有旦夕祸福"，因各种原因而不能靠自己劳动取得生活资料的社会成员总是存在的，而这部分人与有能力劳动并取得就业的社会成员之间客观上具有直接或间接的利益关系。因此，社会保障便成为全体社会成员的共同利益和共同需要，并直接与社会成员的利益紧密关联的一个重要的财政分配。

（二）社会保障的主干部分具有收入来源与支出用途的对应性

当今世界各国的社会保障制度，就总体的收支而言，其主干部分一般都保持了较为固定的一致性。社会保障基金的收入来源大都是政府以"社会保障税"或"社会保险税"的形式筹集，纳入国家预算，并专门用于社会保障支出。在社会保障的标准、收支程序上大都有明确的法律规定，收支关系对应化、法制化、固定化。其他财政分配方式基本上不具备这一特点。

（三）社会保障具有"名"与"实"的一致性

社会经济的正常运行，除了必须保证有一个持续的经济增长率之外，还必须有一个安定的社会环境，而安定的社会环境的形成，必须是要使广大社会成员多方面需求得到基本满足，其中包括社会成员的基本保障得到满足。以社会保障的名义进行社会产品扣除，并用于社会保障支出，可以使劳动者免除后顾之忧，可以减轻伤病者家属的负担，可以使丧失劳动能力的人得到基本的生活来源，从而使全体社会成员获得安全感，进而激发全体劳动者努力工作，促进社会经济的持续发展。可见，以社会保障之名，进行财政分配，事实上也发挥了其他财政分配方式不能取代的保持社会经济顺利发展的"内在稳定器"功能，这是社会保障区别于其他财政分配方式的又一特点。

四、社会保障的基本内容

社会保障几乎是覆盖全社会的，其保障名目十分繁杂。在西方国家众多的社会保障项目中大致可分为以下五大类：

（一）社会成员的基本生活保障类

这类保障主要包括年老退休补助、失业补助、贫困救济、残病补助、退伍老兵安置和遗属抚恤、外流人员收容与遣返安置等项目。

（二）社会成员遭受某种灾害损失的补助类

这类保障主要包括劳动保护与保健、自然灾害救济、重大疾病医疗补助、丧葬费等项目。

（三）社会成员的公共福利类

这类保障主要包括社会服务项目补助费、公共卫生及公共环境维护费、防疫及卫生保健费、住房和解决家庭问题补助费、公共市政设施维护与建设等项目。

（四）社会成员的教育和培训方面

这类保障主要有义务教育、免费入学、为学生提供免费食宿、失业人员的就业培训等项目。

（五）其他方面的社会保障项目（略）

五、社会保障制度的类型

目前，全世界已有160多个国家和地区实行社会保障制度。由于各自的社会政治制度不同，经济发达水平各异，以及推行社会保障制度的历史背景、时间长短等因素差异，由此而形成的社会保障制度呈现出不同的类型。

（一）保险型社会保障制度

保险型社会保障制度是在工业化取得一定成效，经济有雄厚基础的情况下实行的。其目标是国家为公民提供一系列的基本生活保障，使公民的失业、年老、伤残以及由于婚姻关系、生育或死亡而需要特别支出的情况下，得到经济补偿和保障。它起源于德国，随后为西欧、美国、日本所仿效。

这种保障制度具有以下特征：

（1）政府通过有关社会保障的立法，作为实施的依据。

（2）社会保险为强制性保险，个人交纳社会保障费，企业主为雇员缴纳社会保障金，各国政府以不同标准拨款资助。公民只在履行交费义务取得享受权利后，才能依法领取各种社会保障津贴。对公民来说，是权利与义务的统一。

（3）社会保障的覆盖面大，几乎包容了社会全体成员。

（4）社会保险项目具有一定的差异，但基本上都考虑了人们生、老、病、死、失业、伤残的后顾之忧。

（5）社会保障资金来源多元化，有利于增强社会保障的经济支撑。

（二）福利型社会保障制度

福利型社会保障制度是在经济比较发达、整个社会物质生活水平提高的情况下实行的一种比较全面的保障形式，其目标在于“对于每个公民，由生到死的一切生活及危险，诸如疾病、灾害、老年、生育、死亡以及鳏、寡、孤、独、残疾人都给予安全保障”。这项制度来源于福利国家的福利政策，由英国初创，接着在北欧各国流行。

福利型社会保障制度的主要特征是：

(1)强调“收入均等化，就业充分化，福利普遍化，福利设施系统化”；

(2)强调福利的普遍性和人道主义、人权观念，服务对象为社会全体成员；

(3)个人基本不缴纳社会保险费，社会福利支出由政府和企业负担；

(4)保障项目齐全，一般包括“从摇篮到坟墓”的一切福利保障，标准也比较高；

(5)社会保障的目的在于维持社会成员较高水平的生活。

(三)自助型社会保障制度

自助型社会保障制度是指以自助为主，以促进经济发展为目标的保障形式。其特征是政府不提供资助，除公共福利与文化设施外，费用由雇主和雇员负担。这种制度主要在智利、新加坡、马来西亚、印度尼西亚等国实行并在新加坡等国取得了显著成效。其特点是：

(1)社会成员建立个人账户自我积累，自我保障，政府和企业不承担社会保险费用，社会成员受保障的程度取决于自我积累能力和水平；

(2)社会保险费交由专门机构管理经营以保证其保值增值；

(3)政府立法推行，并提供最低生活保障。

(四)国家保障型社会保障制度

国家保障型社会保障制度是传统的社会主义国家以公有制为基础的社会保障制度，属于国家保障性质。其宗旨是“最充分地满足无劳动能力者的需要，保护劳动者的健康并维持其工作能力”。苏联是这一类型的首创与代表，后为各社会主义国家仿效，我国曾长期实行此种类型。其特点是：

(1)社会保障费用全部由政府和企业提供；

(2)社会保障与就业联系在一起，实行“低工资、多就业、多福利”，对未就业或不能就业者实施社会救济；

(3)由于经济发展水平有限，社会保障水平和项目因所有制不同而参差不齐，总体水平低。

六、社会保险资金筹集模式

具有特殊性、偶然性的社会保障项目，如社会救助、社会优抚等，由于受保对象经济能力低下，或因对象数量较小，因而无需个人缴纳相关费(税)，全部由政府纳入一般经费预算，有关部门专门管理。

一般的社会保障项目，如养老金、失业救济金、医疗丧葬费、公共福利支出等等，由于其具有普遍性，费用支出数额大而稳定，要求广泛而稳定的收入来源，必须建立相应的资金筹集制度。纵观各国社会保障资金筹集制度，大致可分为三种模式：

(一)基金制

基金制是采用统筹积累方式来筹集社会保障资金，即“事先提留，逐年积累，到期使用”，具体办法是采用个人账户计提，个人积累与今后的保障水平挂钩。这种模式利益机制清晰，不存在支付危机，但费率较高，适合于养老保险。为避免通货膨胀的影响，要求的保值增值措施必须安全、稳妥以及管理机构和人员的水平很高。

(二)混合制

混合制是根据社会保障项目的不同特征,在资金筹集上采取基金制与社会保险费(税)的结合。混合制可以在尽可能扩大社会保障覆盖面,提高保障水平,增加保障项目的前提下,避免单一筹资方式的力所不及,如基金制适合于养老保险,而不具备再分配性质,不能扶贫济困;社会保险税的个人激励机制有缺陷。二者的结合可以克服其不足,但管理成本较高。

(三)社会保险费(税)

强制对雇员、雇主的工薪及收入征收社会保险费(税),以筹集社会保障资金,有利于稳定社会保障资金的来源,提高社会保障水平,调节个人收入分配,为大多数国家所采用。这种筹资方式具有"现收现付"性质,即当年收入用于当年开支,没有社会保险储备,其优点是:筹资力度强,收入稳定,不受通货膨胀影响,操作简便;其不足之处在于:在老龄化社会,社会保障支出增长较快,容易增加政府财政负担,如果提高费(税)率,难度较大,社会成员不愿意或无力承受,经常变动费(税)率不利于社会及经济的稳定。

社会保险税于1935年始于美国,后为西方发达国家普遍采用,成为继个人所得税后又一次较大的世界性税制改革举措。在现阶段,已建立社会保障制度的160多个国家和地区中,已有80多个国家和地区开征了此税。

由于社会保障制度的特殊性,尽管其收入占全部税收的比重很大,如美国为37.1%、瑞典为42.4%、德国为49.3%、法国为50%,但也不能把它等同于一般税收,社会保险税与一般的税收是有本质区别的。

第二节　中国的社会保障制度

一、中国社会保障制度的建立

新中国成立后,国家代表全体劳动人民的利益,十分重视社会保障事业的建立和发展。1950年,前政务院根据中国人民政治协商会议第一届全体会议通过的《共同纲领》中"逐步实行保险制度"的规定,着手于新中国社会保障事业的建设。1952年2月批准公布了新中国第一个社会保障条例《中华人民共和国劳动保险条例》,并于1953年1月2日进一步修正公布。该条例的公布实施,使全国广大职工在生、老、病、死、永久或暂时丧失劳动能力时,均可得到生活保障。随着"一五"计划的顺利实现,国民经济基础的增强,我国社会保障制度进一步修正完善,在国家财政和各企业经济组织的配合下,社会保障事业健康发展,取得了相当的成就,基本上形成了一整套与计划经济体制相配合的行之有效的社会保障制度。其内容有:

(一)国家预算拨款建立的社会保障

国家预算拨款用于社会保障分为两大类:

1. 抚恤支出

抚恤支出主要是指用于烈属、军属、残废军人、复员退伍军人的优待、抚恤、安置和照顾等方面的支出。这对于鼓舞军队将士斗志,巩固国防,保卫社会主义制度,促进世界和平等起到了很大的作用。

2. 社会救济支出

社会救济支出是指社会保障中用于社会成员的灾害救济费、农村社会救济费和城市社会救济费的支出。

(1)自然灾害救济。我国幅员辽阔,历来自然灾害较为频繁。新中国成立后,党和政府十分重视提高抵御自然灾害的能力,综合治理自然环境,兴利除害,取得了巨大成就。但是,由于各种条件的限制,自然灾害难于避免。政府十分重视抗灾、救灾和救济工作,制订了"依靠群众,依靠集体力量,生产自救为主,辅之以国家必要救济"的方针,并拨出大量物资帮助灾民抗灾度荒。对于国家财政拨付的自然灾害救济费,坚持专款专用、专物专用,保障重点、雪中送炭,加强对救济款项和物资的管理和监督使用,健全财务制度,保证了救灾工作的顺利进行。

(2)农村社会救济。主要包括"扶贫"与"五保"两项,采取国家财政援助和农村集体互助的办法。扶贫救济款重点用于扶持老、少、边、穷地区的困难户,以促进农村贫困面貌的改变。对于生活没有依靠的老、弱、孤、残农民实行保吃、保穿、保住、保医、保葬的"五保",一般以农村集体力量为主,国家财政给予临时或定期、定额救济,使"五保户"的基本生活得到了切实保障。

(3)城市社会救济。新中国成立初期的城市社会救济主要是遣送国民党队伍的散兵残余、改造旧社会慈善团体、禁烟禁毒、收容与改造妓女、收容遣返流民、救济城市贫民等。完成上述任务后,城市社会救济又转变为:第一,社会救济工作,即政府对基本生活无来源的城市困难户给予救济;第二,社会福利生产,即由民政部门举办以残疾人为主要人员的生产组织,国家给予政策优待和减免税照顾;第三,社会福利事业,即由民政部门举办的城市养老院、儿童福利院、精神病疗养院等福利事业;第四,外流人员的收容遣送,即民政部门领导和办理的收容遣送站收容与遣送外地流民,并协助其原籍单位妥善安置。

(二)企事业单位的职工劳动保险

劳动保险简称"劳保",是我国为保护职工健康,关心其生活,以保险形式给予物质帮助的一种制度。我国的企事业单位职工劳动保险始建于1952年,经过逐步完善,形成了完备的职工劳动保险政策与措施体系。职工劳动保险是与我国的就业制度联系在一起的,只要在全民所有制单位或城镇集体企业取得就业,也就相应地得到了一系列社会保障。根据《中华人民共和国劳动保险条例》的规定,凡全民与集体单位职工因疾病、伤残、年老、死亡和生育等事项,均按一定条件享受劳动保险,甚至由在职职工供养的直系亲属患病或死亡时,也享有一定的劳保待遇。可以说,我国就业职工的生老病死、伤残孤寡、衣食住行、工作学习都得到了全面的保障,尤其是全民所有制单位,一经录用就等于端上了"铁饭碗",包括其家属在内都产生了极强的安全感。这一制度对保证队伍的稳定,体现广大人民的主人翁地位和社会主义制度的优越性,促进国民经济发展,起到了积极作用。我国长期实行"多就业、低工资、多福利"政策,因此,职工劳动保险便成了我国社会保障制度的主体。有的资本主义国家把有关劳动方面的社会保险也称为劳动保险,但其内容、作用、性质与我国的劳动保险是完全不同的。

职工劳动保险费用来源与列支分为两大块。国家机关、行政事业单位的职工劳动保险和职工福利的费用来源于国家财政预算拨款;企业职工的劳动保险和职工福利费用开支则是由企业生产经营成本列支，这部分资金在国民收入初分配时由企业财务分配形成，不经过国家预算的再分配。

然而，新中国社会保障制度在“文化大革命”中遭受到了巨大的挫折。1968 年年底，主管救灾救济、社会福利等事务的内务部被撤销。1969 年，财政部颁布《关于国有企业财务工作中的几项制度的改革意见》，该意见使得劳动保险从此失去统筹功能，转变为企业或单位保障制，最终导致企业办社会和社会保障单位化，形成了由国家保障制、企业保障制和乡村集体保障制三个相互分割的板块组成的社会保障模式。

二、中国社会保障制度的发展和存在的问题

（一）改革开放以来我国社会保障制度的发展

党的十一届三中全会重新确立了社会保障制度的地位和作用，对社会保障制度进行了整顿和调整，促进了我国社会保障制度的发展。

1978 年，五届人大决定重新设置民政部，结束了全国社会救济、社会福利、优抚安置等事务无主管部门的局面；

1979 年 6 月 2 日由国务院颁布实施了《国务院关于安置老弱病残干部的暂行办法》和《国务院关于工人退休、退职的暂行办法》，修改了退休、离休和退职的规定，如机关和企业分别实行不同的退休退职制度；放宽离休条件；适当提高退休待遇标准；提高退职生活费标准；职工离休退休可由其子女顶替工作等；

1981 年 2 月 6 日国务院发布了《国家工作人员病假期间生活待遇的规定》，又提高了待遇标准，对国家机关、事业单位工作人员死亡后的遗孀生活困难补助也适当提高了补助标准，城镇集体经济组织也比照全民所有制企业和国家机关、事业单位的规定，改进了社会保障制度；

我国的“七五”计划中列入了社会保障项目，“八五”计划和十年规划都把努力推进社会保障制度的改革作为其重要内容；

在 20 世纪 90 年代，我国社会保障制度逐步规范化和法制化。全国人大先后通过了《残疾人保障法》、《妇女权益保障法》、《老年人权益保障法》、《劳动法》等多部法规。国务院出台了《关于企业职工养老保险制度改革的决定》，不久后又制定了失业保险条例、农村五保户供养工作条例、城镇最低生活保障等条例，还制定了在岗职工基本生活保障制度及深化养老保险、医疗保险、城镇住房福利制度改革等政策。所有这些规定、政策、措施和规划的逐步实施，对于保障广大劳动者的合法权益，促进经济发展与社会稳定，保证改革开放的不断深入发挥了巨大作用。

（二）我国社会保障制度中存在的问题

回顾我国社会保障制度的发展，虽然在实践中取得了一定的成绩，但因各种因素的影响，仍面临着许多问题，主要为：

1. 社会保障制度法制化程度较低

虽然我国颁布了《劳动法》，有力地促进了社会保障的法制建设，但到目前为止，尚无一部综合性的社会保障法来规范社会保障的基本制度。而且，社会保障的专门性法规也很少，特别是作为社会保障法律制度核心的社会保险法至今仍未出台，使得社会保险费用的征缴、运营、支付、管理等极不规范。此外，社会保障制度中其他项目，如社会救助、社会福

利等的立法也很欠缺,造成社会保障制度没有足够的法律依据。

2. 城乡社会保障二元化格局尚未改变,不适应市场经济发展的需要

在我国城市化进程中,大量农村劳动力进入城市,城乡一体化建设也使得大量农村人口事实上处于非农化状态。目前,虽然现在国家已正在探索社保、医保全国城乡统筹的相关政策,但我国现行的社会保障制度在城镇公有制企事业和政府机关比较健全,非公有制经济的社会保障体系却存在较大缺陷,广大农民则更是基本上处于家庭自保状态。在市场经济条件下,经济结构的调整,企业之间相互联合与兼并,不同所有制经济相互转换,城乡经济彼此渗透以及企业的破产倒闭是社会经济生活中的必然现象。社会保障二元化格局已经越来越与市场经济的发展极不适应。

3. 社会保障资金缺口大,供需矛盾突出

据来自世界银行、劳动和社会保障部以及国家体改办课题组的测算,我国社保基金的缺口最少是 3 000 亿元,截至 2003 年末,全国社会保障基金滚存结余仅为 1 325.01 亿元。事实上,养老保险基金从 1998 年开始已入不敷出,当期缺口 1998 年为 100 多亿元,1999 年为 200 多亿元,2000 年为 300 多亿元,2001 年接近 400 亿元,至 2002 年末,财政对养老金缺口的补贴与养老金结余滚存的数量相当。另外,我国尚未建立可靠、稳定的社会保障资金筹措机制,资金来源单一,参保单位职工漏保,企业、个人拖欠拒缴社会保险基金的情况十分严重,对瞒报、少交、拖欠、拒交缺乏相应的矫治措施,社会保障基金的收缴比较困难。社会保障资金缺口的填补难度相当大

4. 社会保障管理体制不健全,运营效率低下

一是"政出多门,多头管理"。目前,社会保险部门管理城镇养老保险,劳动部门管理企业失业保险,人事部门管理机关事业单位失业保险,医疗保险由医保局和卫生部门管理,民政部门管理农村养老保险,住房公积金由公积金管理中心管理,残疾人救助由残联管理,各级工会特别是基层工会,承担了相当一部分职工福利的事务性管理和服务工作。各个部门权限平行、职能各异,各自出台的政策、规定,各自一条线自上而下执行,没有实现有机的统一,从根本上弱化了社会保障的整体效用,也使管理的成本居高不下。

二是社保基金的行政管理、投资营运与监管三位一体,难以形成高效的营运机制和有效的监督制约机制。社保基金管理机构没有彻底地与政府剥离,附属于其上级主管部门,在下级服从上级的组织规则中,往往自己制定政策、自己执行,没有有效的制衡监督机制。因此,社保基金被挤占、挪用、侵占现象严重。

5. 社会保障社会化程度低

社会化是社会保障制度的一个重要特征,从内容上看,它至少应包含三个方面:①保障对象的社会化;②社保基金的筹集、管理、使用、给付的社会化;③管理服务的社会化。在我国社保制度改革的过程中,对社会化这一问题也很重视,但往往强调最多的是保障基金给付的社会化,而对其他的方面重视不够,如保障对象方面,社会保险应该面向所有劳动者,但是那些没有单位的个体劳动者、自由职业者以及没有固定单位的小时工、农民工等绝大部分被遗漏。管理服务方面,由于我国城市社区建设发展的不平衡,部分地区的退休人员还采取了由社会保险经办机构管理,委托企业主管单位或企业代管等过渡办法。

另外一个衡量社会保障社会化水平高低的重要因素就是统筹层次的高低。统筹层次决定动员社会保障资金的伸缩能力,从一个侧面也能反映社会保障制度的完善程度。当

前，虽然现在国家正在探索社保、医保全国城乡统筹的相关政策，但我国绝大部分地区对社会保障基金仍实行市、县级统筹，只有少数地区实现了省级统筹。而且，除了养老保险和失业保险外，其他社会保险没有实行社会统筹。有些省份虽然建立省级调剂金制度，但实际调剂功能差。由于社会统筹层次较低，直接影响了社会保障的良好运行。

三、市场经济条件下社会保障制度改革的基本构想

《中共中央关于社会主义市场经济体制改革若干问题的决定》进一步明确了社会主义市场经济体制的基本框架。其中，以转换企业经营机制的企业制度改革和劳动就业制度的改革都将几十年一贯制的“铁饭碗”、“多福利”制度打破。由此而引发的失业问题以及由失业引发的社会保障问题十分尖锐地摆在政府面前。传统的与就业制度相联系的社会保障制度已经废除，构建以失业保障为主体、与我国基本国情相适应的社会保障制度的成为政府及有关部门议事的重点。

（一）构建新型社会保障制度的重大意义

社会主义市场经济体制是同社会主义基本制度结合在一起的。无论是社会主义制度本质特征的基本要求，还是深化改革、加快发展、保持稳定的要求，都必须建立与社会主义市场经济体制相适应的社会保障制。具体说来，建立新型社会保障制度具有以下重大意义：

（1）新型社会保障制度是社会主义市场经济体制改革的“助推器”。在社会主义市场经济体制改革中，要使企业成为自主经营、自负盈亏的经济实体，并向现代企业制度迈进；同时，国家机关推行公务员制度的改革相应地要求按效率的原则安排劳动力与裁减冗员；优胜劣汰的竞争势必使少数经营不善企业破产；企业和国家机关及事业单位过于繁杂的社会保障责任必须真正由社会承担。如果没有与之相适应的社会保障制度，所有的改革措施将难以出台，社会主义市场经济改革则难以深化。从这一意义上讲，新型社会保障制度是深化改革的客观要求和必然选择。

（2）建立新型社会保障制度是保持社会政治安定的“稳定器”。保持社会政治稳定是经济发展和改革的前提条件，它们相辅相成不可偏废。经济体制改革要打破传统的体制与利益格局，促进经济的发展，但势必引发潜在的矛盾和产生新的矛盾，使社会政治稳定面临新的考验。适应多种经济成分共同发展、多种分配方式并存、多种就业渠道并举的新形势，建立以失业保障为重点的社会保障制度，缓解各种矛盾，保持社会稳定，促进公平竞争人才的合理流动，进一步繁荣经济。新型社会保障制的“稳定器”功能的发挥，可以赢得广大人民群众对市场经济体制改革的支持、参与，避免改革中大的损失和社会震动，保证改革的顺利进行和经济的持续繁荣。

（3）建立新型社会保障制度是社会主义制度本质特征的重要体现。在全体劳动人民当家做主的社会主义社会，实行对全体社会成员的社会保障，体现社会主义制度的优越性，正是社会主义市场经济与西方市场经济本质区别所在。在社会主义市场经济条件下，政府职能将实现向宏观间接调控和行使社会管理者职能方面转换，国家投资决策权更多地转移于社会经济组织，从而以更多的力量行使包括社会保障在内的社会管理者职能，充分体现其代表广大社会成员共同利益的性质。不仅是发展社会主义市场经济的客观要求，而且是社会主义制度本身的必然要求。

（二）我国新型社会保障体系建立的基本思路

建立与社会主义市场经济相适应的社会保障制度，必须立足我国国情，大胆借鉴西方的一些做法，坚持公平与效率统一，权利与义务对称和打破所有制界限，不断扩大覆盖面，提高各类保障的社会化程度的原则。其基本思路是：

（1）社会保障体系由社会保险、社会救济、社会福利、优抚安置和社会互助、个人储蓄积累保障构成。

（2）社会保障政策要统一，管理要法制化。

（3）社会保障水平要与我国社会生产力发展水平和各方面承受能力相适应。

（4）由于农村的社会保障程度较低，在一定时期内，城乡居民的社会保障办法应有所区别。

（5）发展商业性保险业，作为社会保障的补充和提倡社会互助。

（三）我国社会保障制度改革的重点

结合资金筹集方式和保障目标这两种分类方式，目前我国社会保障体系可划分为三大块：一块是由国家财政支撑的保障项目，包括社会救济、社会福利、优抚安置、社区服务四项；一块是国家法制强制实行的社会保险项目，包括养老、失业、医疗、工伤、生育保险和住房保障六项；还有一块是遵循自愿原则，以盈利为目的的商业保险，包括个人投资、企业投资和互助性保险三项。而未来我国社会保障制度的改革主要围绕第二块展开，重点是改革养老保险制度、失业保险制度和医疗保险制度。

（1）养老保险制度的改革。以多层次养老保险制度为建设目标，推行“国家实行基本养老保险，保障劳动者的基本生活；单位根据自身经济情况设立补充养老保险；劳动者个人根据个人经济情况自愿参加个人储蓄养老保险”的政策，加快城镇职工养老保险制度从分散走向统一，基本建立资金来源多渠道、保障方式多层次、社会统筹与个人账户相结合、管理服务社会化的城镇养老保险体系。一定时期内，农民养老则仍以家庭保险为主，社会扶持为辅的方式，发展其他多种养老形式与之相配合，完善农村养老保险体系。有条件的地方可根据农民自愿，实行个人储蓄养老保险。

（2）失业保险制度改革。结合我国市场化改革的深入发展，不断扩大失业保障的范围，不仅要解决公有制企事业失业职工社会保障问题，而且还要逐步向非公有制企业扩展，向农村居民拓展。按照以支定收，留有适当储备的原则，提高失业保险基金社会统筹程度。

（3）医疗保险制度改革。在城镇医疗制度改革方面，遵循“基本保障、广泛覆盖、双方负担、统账结合”的基本原则，建立基本医疗保险制度，并使之逐步覆盖城镇所有劳动者；同时，充分发挥补充医疗保险和商业保险的作用，逐步建立起包括医疗救助在内的多层次的医疗保障体系。在农村，由政府的组织引导，逐步完善由农民自愿参加，个人、集体和政府多方筹资，以大病统筹为主的新型农村合作医疗制度。同时，建立健全规章制度，控制医药费用，规范服务行为。

此外，在筹集社会保障资金方面，增加基金来源，建立多渠道筹集社会保障资金机制。一是进一步调整财政预算支出结构，逐步增加社会保障支出，财政超收部分除用于法定支出外，主要用于补充社会保障资金；二是探索合理办法，解决历史债务。在继续积极、稳妥地推进上市公司的国有股减持以补充社会保障基金资金的同时，还可对上市公司采取划拨国有股权归全国社保基金理事会的方式，使社会保障基金有较固定和可预见的保值增值渠道；三是通过发行中长期国债来暂时消化历史债务，以便等到适宜的时机再变现部分国有资产补充社保基金；四是发挥非政府组织和民间的力量筹集部分资金作为重要补充。比如，可以加大政策支持的力度，促进民间慈善公益事业的发展，充分调动各界参与慈善公益事业捐赠的积极性。

同时，因社会保障工作关系到广大群众的切身利益，牵涉面广，政策性强，必须改革社会保障的管理体制。

首先，建立统一的社会保障管理机构，提高社会保障事业的管理水平，形成社会保障基金的筹集、运营的良性循环机制；

其次，社会保障行政管理和社会保障基金经营管理要分开，各司其职：社会保障管理机构主要行使行政管理职能；由政府有关部门和社会公众代表参加的社会保障基金监督机构，监督社会保障基金的收支和管理；社会保险基金经办机构在保证基金正常支付和安全性、流动性的前提下，可依法把基金主要用于购买国家债券，确保社会保险基金的保值增值。

第三节　财政补贴

财政补贴是国家根据一定时期政治经济形势的要求，按照特定的目的，对指定事项由财政安排专项资金的一种政府无偿支出。

一、财政补贴的性质和基本内容

（一）财政补贴的特性

财政补贴与社会保障支出既有共性又有区别。就共性而言，它们同属于财政支出中的转移性支出，都具有无偿性的财政特征；对接受者来说都意味着实际收入的增加和经济状况的改善。就其区别而言，财政补贴大都与相对价格的变动联系在一起，要么价格变动导致财政补贴，要么财政补贴引起价格变动；而社会保障支出大都与社会成员的基本需要相联系。财政补贴的目的在于改变资源配置结构，调节供给结构和需求结构，其动因既有经济的，也有社会的；而社会保障支出的目的在于保持社会的安定，其动因主要是社会的。可见，财政补贴是一项特殊性的财政支出。

（二）财政补贴的基本内容

财政补贴主要有物价补贴、企业亏损补贴和财政贴息三个大类。

（1）物价补贴。国家为了保证人民生活的稳定，对粮、棉、油、煤等基本消费品的销售价格变动实行的财政补贴。

（2）企业亏损补贴。国家调节国民经济结构，对国家政策允许并经有关部门批准的国有企业亏损，由国家财政予以弥补，以保证企业生产经营能够正常运行。

（3）财政贴息。国家代替企业支付部分或全部银行贷款的利息，其实质是对企业生产成本价格提供的补贴，以减轻企业经营资金的成本压力。

除上述三种财政补贴之外，减税免税也可以视为财政补贴，因为它们在效果上与财政补贴极其相似，因此许多发达国家建立税式支出管理制度，强化对包括减税免税在内的税收优惠的管理。

二、财政补贴的功能和必要性

(一)财政补贴的功能

长期以来,财政补贴在我国经济生活中发挥了不可忽视的积极作用,实际上它与税收一样都是用以调节社会经济运行的重要手段。只不过税收的调节是通过国家无偿集中国民收入而改变社会利益结构来实现,财政补贴的调节则是以财政支出形式弥补经济生活中的某些缺陷来实现。因此,财政补贴是一种经济杠杆,具有其特殊的功能。其功能主要是:

(1)稳定社会的功能。财政补贴于居民生活消费,无论采取何种方式,都能扩张社会消费能力,稳定或提高广大社会成员的生活水平,同时,通过财政补贴的这种再分配,使国民收入分配更为公平,从而产生稳定社会的效果。

(2)保护宏观经济利益的功能。在现实生活中,许多产品或产业虽然从宏观上讲必须发展,但微观效益很差,不利于其发展。通过财政对生产的补贴,保证这些产品或产业的正常生产,从而维护宏观经济利益。

(3)弥补制度缺陷的功能。任何经济体制及其运行机制都可能存在缺陷,当缺陷的弥补不便于通过改革来完成时,政府干预就成为必要选择。财政补贴是政府干预的重要手段之一,对于体制及运行机制缺陷的弥补发挥着辅助性和应急性功能。

(二)社会主义市场经济条件下财政补贴的必要性

改革开放30多年来,由于经济的发展和改革中利益结构的调整,财政补贴的数量、规模、项目、范围、渠道曾一度膨胀,造成了管理上的混乱,扭曲了价格机制,制约了改革的进一步深入,引发了人们对财政补贴的非议,似乎已无存在之必要。事实上,当今世界各国都把财政补贴作为一种调节经济活动的重要杠杆来运用。社会主义市场经济条件下,尽管要充分发挥市场的功能,但市场的不足和缺陷以及经济生活中的各种矛盾都需要通过国家的宏观调控来加以改善和缓解,从而决定了财政补贴这一政府经常运用的经济杠杆在社会主义市场经济条件下的必要性。其主要体现在以下三个方面:

(1)通过补贴可以调节供求结构,促进产业结构的调整。一般说来价格的变动可以改变企业盈利水平及供给结构和影响需求结构,那么,能够影响价格水平变化的财政补贴就能调节供求结构。通过财政补贴克服市场调节的自发性和盲目性,保证基本消费,引导合理消费,保障基础性产业、重点产业的发展,限制长线产业的发展,有利于国民经济结构的合理化。

(2)通过补贴可以促进社会宏观经济效益的提高。在市场经济条件下,个别企业的微观经济效益和社会宏观经济效益有时是一致的,有时不尽一致。从整个国民经济全局出发,只要是社会需要和对国民经济发展有利的产品。即便暂时亏损也要维持和发展,这就离不开财政补贴,以保证国民经济发展持续、快速,取得较好的宏观经济效益。

(3)通过补贴可以保护农业生产,缓解工农业产品价格“剪刀差”矛盾。由于劳动生产率的提高速度不一致,工农业产品价格“剪刀差”矛盾始终存在。为了缓解这一矛盾,必须运用财政补贴这个经济杠杆。一方面提高农副产品收购价,或出台农副产品生产的保护政策,调动农民的生产积极性,促进农业生产的发展;另一方面,运用财政补贴,避免因销售价格的提高而引发的市场物价波动及其连锁反应对人民生活的影响,保持社会的稳定。

三、财政补贴的改革

财政补贴对于社会主义市场经济健康运行的积极作用是不容置疑的,问题在于结合整个经济体制改革,全面整顿现存财政补贴制度,使之符合社会主义市场经济体制的内在要求。

(一)改革财政补贴,首先是压缩财政补贴的规模,缩小财政补贴的范围,使财政补贴在国民经济运行中正确行使调节作用

国民经济的正常运行起主要作用的是制度基础,调节手段只是辅助性的。压缩财政补贴在于摆正其位置,正确发挥其作用。压缩财政补贴可采取“归并”和“取消”两种手段,把适合于放入其他分配范畴的补贴归并到其他分配范畴。如粮、油、副食品补贴可归入工资分配;具有社会福利性的补贴尽可能纳入社会福利支出范畴。对于相当一部分企业亏损补贴,可通过深化改革,促使企业提高经营管理水平和减轻企业不合理负担而取消,一部分亏损补贴还可以转化为政府对破产企业职工的失业救济等。

(二)正确选择财政补贴对象,调整财政补贴结构,保持财政补贴的灵活性和应变能力,有效地发挥财政补贴的辅助性作用

市场经济发展的总是有波动的。为了保障广大人民群众的切身利益,避免出现大的振荡和损失,适当地选择财政补贴对象不失为促进资源有效配置、保持国民经济协调发展的有效措施。对补贴对象一是要选准,并严格控制补贴的项目和范围,二是不能长期固定不变。否则,就会重陷传统体制下财政补贴的泥潭。

(三)改进财政补贴的办法,提高财政补贴的经济透明度,加强管理与监督,增强财政补贴的功能

传统的财政补贴大都采取“暗补”方式,即财政对生产经营单位实行补贴,使购销价格呈倒挂状态,其流弊是十分明显的。应当把“暗补”改为“明补”,把财政补贴摆在明处。比如,农副产品购销价格提高,可相应直接增加职工工资津贴;把企业亏损补贴由原来的冲减预算收入改为设立专门基金,列入预算支出;财政贴息要进行效益分析,有所倾斜、有所侧重,等等。

总之,财政补贴制度的建设和的运行必须与市场经济体制和生产运行机制相结合,并加强对财政补贴的监督和管理。以便其在调整各种经济关系,缓和社会矛盾,壮大民族产业等方面最大限度地发挥积极作用。

【复习思考题】

1. 社会保障的基本特点是什么?
2. 社会保障资金的筹集的三种模式是什么?
3. 试述我国社会保障制度改革的重点。
4. 财政补贴的内容和作用是什么?

第五章 财政收入

第一节 筹集财政收入的原则

财政收入是国家通过财政分配将社会产品价值、主要是剩余产品价值的一部分集中于国家的各种财政资金,是实现国家职能的财力保证。从管理上看,它包括纳入国家预算的预算收入和未列入预算的预算外收入,既包括中央政府的收入也包括地方政府的收入;既包括财政、税务、海关等征收机关组织的收入,也包括有收入分配权的其他政府部门和事业单位履行或代行政府职能而取得的收入。在实际工作中,通常把财政收入叫预算收入;债务收入、预算外资金的收入不作为财政收入计算。

积累是社会最重要的进步职能,是扩大再生产的主要源泉,是社会发展的必要条件。社会主义再生产本质上是扩大再生产。要扩大再生产,必须有资金积累。为把我国建设成为现代化社会主义强国,需要积累大量资金。我国的积累主要来自国民收入中的社会纯收入,而社会主义财政居于国民收入分配的主导环节,是为社会主义建设提供公共产品需要而筹集和供应资金的主要承担者。要供应就得先筹集。筹集资金是供应资金的起点,供应资金则是筹集资金的归宿。所以,筹集财政资金是社会主义经济发展、社会全面进步和提高人民物质文化生活水平的重要条件。

由于筹集财政收入涉及一系列分配关系,关系到各个方面的经济利益,必须根据社会主义市场经济运行规律,认真贯彻党和国家的路线、方针、政策,讲求理财的生财、聚财之道,遵循如下四个原则:

一、发展经济,广开财源

生产决定分配,经济决定财政。从发展经济入手,壮大财源基础,讲求生财之道,注重源与流的关系,这是社会主义财政筹集财政资金必须遵循的首要原则。“从发展国民经济来增加我们的财政收入,是我们财政政策的基本方针。”①“未有经济无基础而可以解决财政困难的,未有经济不发展而可以使财政充裕的。”②经济发展了,财源根深叶茂,源远流长;离开了经济的发展,则如无源之水、无本之木。

---

① 毛泽东选集:第1卷[M].北京:人民出版社,1991:134.

② 毛泽东选集:第3卷[M].北京:人民出版社,1991:891.

要贯彻这一原则，首要的是积极推进经济发展方式转变，把财政工作的重点转移到以提高经济效益为中心的轨道上来。从发展社会生产力和增强综合国力出发，按照国家产业政策，使市场在国家宏观调控下对资源配置起基础性作用，合理开发利用各种资源，促进国民经济持续、又好又快地发展。在组织财政收入中，要贯彻改革、开放，搞活经济的方针，制定正确的财政税收政策，发挥财政税收收入调节国民经济的经济杠杆作用，大力推进技术进步，不断提高劳动生产率，节约能源资源，降低物质消耗和产品成本，保护环境，实现速度和效益相统一。在抓好重点财源的同时，还必须做好梯级财源、后备财源的开发，广开生财门路，保证财政收入的日益丰裕。

二、兼顾国家、生产单位、个人之间的经济利益关系

人们从事物质资料生产结成的生产关系中，社会产品的分配是以生产资料占有和人们在生产中的地位为前提，经济地位决定经济收入分配，形成不同社会集团和个人之间的经济利益关系。社会主义社会国民经济部门、生产单位、劳动者所创造的国民收入经过分配和再分配的一系列过程，除了满足劳动者生活必需品和生产单位的必需外，还要提供社会各种需要。在国民收入总量一定的条件下，财政参与社会产品分配的数量直接制约着生产单位、个人占有的份额和比例，关系到他们的经济利益，影响社会主义物质利益原则和按劳分配的落实。因此，筹集财政资金必须讲求聚财之道，正确处理好三者经济利益关系，经常注意调节其中的矛盾。在社会主义条件下，国家、生产单位和个人三者的根本利益是一致的。但生产单位、个人都有其自身的独立的经济利益，国家要积累、生产单位要积累，个人生活要改善，这就难免不发生局部与整体利益、目前与长远利益之间的矛盾。为此，组织财政收入必须在社会生产力发展的基础上，促进社会财富的不断增长，并贯彻物质利益原则，正确处理经济建设和人民生活的关系，确定合理的财政收入数量，达到聚财有方，取之有度，方法多样，以聚财促生财。具体表现在：

（1）社会主义国家是全体人民根本利益的代表，承担着发展社会生产力，增强综合国力和改善人民生活的重任。为保证社会主义现代化建设，加强国民经济的宏观调控，必须有足够的财力。这就要求将在各生产单位创造的部分纯收入集中掌握在国家手里，由国家在整个国民经济和社会发展方面按需要与可能分配资金。国家要处理好积累与消费比例，做到统筹兼顾，全面安排，在三者利益关系上不能只顾一头。

（2）生产单位在社会主义市场经济中是独立的商品生产经营者，是市场主体，国家应保障其合法权益，对各种经济形式的生产单位要公平税负、合理负担，促进公平竞争。生产单位是联结国家利益与生产者个人利益的中间环节，对其新创造的收入，除应服从国家整体利益和满足自身生产发展的积累需要外，还应注意解决生产者的集体福利和个人奖励的资金来源，“生产长一寸，福利长一分”。

（3）生产者是社会物质财富的创造者，是生产单位生产发展的活力所在，他们对经济利益的关心是生产的重要动力。改革开放的这些年，我国居民收入不断增加，但居民收入差距却不断扩大。2003 年基尼系数增加到 0.452，2012 年我国基尼系数为 0.474（来源于国家统计局），应逐步降至合理数量。财政分配要促进建立合理的个人分配，贯彻按劳分配为主的多种分配制度，完善社会保障制度，实现国家、生产单位和个人利益的正确结合。

三、效率与公平，合理负担

社会主义市场经济体制是同社会主义基本制度结合在一起的，在坚持以公有制为主体的前提下，必须建立以按劳分配为主体、效率优先、兼顾公平的收入分配制度。公平与效率是相互依存，两者不是此消彼长，而是共同消长的关系。坚持效率优先是发展市场经济的必然要求，是实现公平的前提与基础。强调效率优先并不意味着可以牺牲或放弃公平。财政、税收贯彻这一原则，就要调整收入分配政策，合理地处理好不同经济形式之间、企业之间、劳动者之间和地区之间的收入差别。改革与完善税制，合理确定税收负担率，扩大税基、强化征管，促进社会保障制度和社会福利事业，实现社会生产力的发展和社会进步。

合理负担是从有利于发展社会生产力、增强国力和提高人民生活水平出发，国家在分配中做到量力负担，公平合理，其目的在于调节各方面的收入水平，调动企业、集体、生产者的积极性，促进增加生产、活跃流通、提高经济社会效益，为国家提供更多的积累。

四、内部积累为主，利用外资为辅

社会主义国家怎样积累建设资金，依靠什么力量，建立在什么基点上，采取什么方法？我国无论在革命时期，还是在社会主义建设时期都坚持以独立自主，自力更生为基本立足点，依靠我国人民无穷无尽的创造力和艰苦创业、勤俭建国的精神；立足于本国的人力、物力、财力，努力增产、厉行节约，走内部积累资金的道路。我国是社会主义国家，不能学殖民主义、帝国主义实行对外掠夺和战争侵略，更不能靠加重人民税收负担。而我国丰富的资源，发展中强大的物质基础，日新月异的科学技术水平，广大的国内市场需求，以及为完善社会主义市场经济不断进行的经济体制改革等，都为自力更生内部积累提供了良好条件。

我国进行社会主义建设，不能脱离世界经济而存在。中国历史上落后的一个重要原因就是闭关自守。我们强调自力更生积累建设资金，还必须积极而有效地利用外国的资金和先进的科学技术，这不仅不违背自力更生，反而最终是为了发展社会生产力、增强综合国力和改善人民的生活。世界上许多工业发达国家或发展中国家，在其经济发展过程中，无不通过对外开放、吸收外资，引进技术等来发展国际经济贸易往来，以促进和加速本国的经济建设。从我国的国情出发，需要利用两种资源，国内的要利用，国外资源、资本也要利用，开拓国内国外两个市场。根据国家外汇管理局公布的数据，截至 2012 年 12 月末，我国外债余额为 7 369. 86 亿美元。其中，登记外债余额为 4 454. 86 亿美元，企业间贸易信贷余额为 2 915 亿美元。据初步计算，2012 年，我国外债负债率为 8. 96%；债务率为 32. 78%；偿债率为 1. 62%。据了解，国际公认的负债率安全线为 20%，债务率安全线为 100%，偿债率安全线为 20%，外债负债率、债务率和偿债率三大外债警戒指标均在国家标准安全线之内。总之，利用外资只要是同引进先进技术结合在一起，敢利用、善利用、用得适时、用之适度，对加快我国经济建设是大有好处，这是我国的长期国策。财政部门对利用外资要参与和配合有关部门进行可行性研究，讲求使用外资的经济社会效益，并以偿还能力，消化能力和创新能力进行综合运筹，做到借之有道，用之有效，还之有信。

第二节　财政收入来源构成

财政收入的来源构成，是指国家财政收入来源的多种渠道、比例及其相互关系。它反映通过国家预算集中财政资金的不同来源、规模，即筹集财政资金从哪里筹集、筹集多少。分析财政收入构成，目的在于从整体上把握各种财政收入来源之间的有机联系，使它们保持恰当的比例关系，以加强财政收入的宏观调节，实现利益的兼顾和财政收入结构优化。按照财政收入来源于社会产品的不同侧面可以区分为：财政收入的社会产品价值构成、财政收入的国民经济部门构成、财政收入的社会经济所有制构成、财政收入的地区构成等。

一、财政收入的社会产品价值构成

社会产品按其价值构成是由C、V、M三部分组成。社会总产品的价值分配是由国家、生产单位、生产者按照生产要素共同参与分配的。通过分配分别形成归生产单位支配使用的货币资金（包括C、V和部分M），生产者所得是V，归国家所得部分形成集中的财政资金，它总的是来自国民收入（V+M）的分配和再分配。

C是生产资料消耗和转移价值，包括两个部分，一部分是补偿消耗掉的劳动对象，只要企业的再生产不间断地连续下去，这部分补偿价值就必须不断地用于购买劳动对象，投入再生产，因而这部分不能构成财政资金的来源；另一部分是补偿固定资产的耗费所形成的折旧基金，也不应构成财政资金的来源。作为固定资产价值损耗补偿的折旧基金是补偿基金，是用以维持企业简单再生产的资金需要，无疑财政不能参与其分配。但折旧基金在一定条件下也可以一部分用作积累。我国曾经过多地片面强调了折旧基金具有积累性的一面，忽略了补偿职能。过去对折旧基金一直是作为国家财政与国有企业之间的分配关系来处理，而不是按资本金对待。随着经济体制和财税体制的改革，从1994年起，国家财政停止了参与基本折旧基金的分配。

V是属于生产劳动者的劳动报酬，包括用于补偿劳动力再生产过程消耗的价值。社会主义社会劳动者所得V的数量大小，是根据当时的社会生产力水平，劳动生产率高低，统筹兼顾安排的。我国过去长时期的低工资制度，分配形式又单一化，国家基本上没有直接对劳动者的劳动报酬进行征税。可是国家征收间接税，通过税负的转嫁而落到劳动者的收入V上，这时的V已是构成财政收入来源之一。从我国现实情况看，劳动者V的收入，一是通过享用消费品承担税收，二是高收入向国家缴纳个人所得税。随着社会主义市场经济体制的逐步建立与完善，高收入逐渐增多，为调节个人收入分配，缓解社会分配矛盾，防止分配的两极分化，按照公平税负，有必要强化个人所得税的征收，使其成为国家财政收入的重要来源。

M是生产领域劳动者剩余劳动所创造的价值，是为满足社会共同需要的。马克思曾说："在任何社会生产中，总是能够区分出劳动的两个部分，一部分产品直接由生产者及其家属用于个人的消费，另一部分即始终是剩余劳动的那个部分的产品，总是用来满足一般的社会需要,而不问这种剩余产品怎样分配,也不问谁执行这种社会需要的代表的职能。”①由于社会的需要是多方面,同剩余产品价值使用没有固定用途的不确定性相吻合。按照社会需要,剩余产品 M 可以用于积累(包括扩大再生产和建立后备基金)和消费。在社会主义市场经济体制下,国家从整体利益和加强宏观调控出发,有必要通过财政在全社会范围内统筹一部分 M,以提供公共产品,满足社会的部分积累和社会消费的大部分的需要。

从以上的分析可以看到,财政收入可以来自 C、V、M,但由于这三者各自的性质不同,C、V 有明确的用途。C 必须用于补偿生产中生产资料价值的损耗;而 V 直接涉及劳动者的消费和生活的改善,税负要适度;从开辟财源,扩大财政收入来说,主要靠增加 M。因此,M 既是社会积累的唯一源泉,又是财政收入的主要来源。

二、财政收入的国民经济构成

财政收入的国民经济构成是指由国民经济各部门的生产经营单位、个人上缴财政的税金、或利润(资本收益)和费用的比例。按照国民经济部门构成分析财政收入来源,可以揭示国民经济各部门的发展对财政收入的影响。

我国国民经济核算统计是以世界上较为常用的三次产业来划分。如以 2011 年国内生产总值及其构成情况看:

表 5－1　　2011 年国内生产总值及其构成情况表

产　业	国内生产总值构成	国内生产总值指数(1978 年 = 100)	三次产业贡献率(%)
总计	100	2 059.0	100
第一产业	10.0	436.8	4.6
第二产业	46.6	3 527.4	51.6
其中:工业	39.9	3 595.0	44.7
建筑业	6.8	2 872.6	
第三产业	43.4	3 027.7	43.7

资料来源:摘自《中国统计年鉴》2012 年。

从表 5－1 看出,我国正在进行产业结构的调整,国内生产总值构成的第一产业由 1978 年占 27.8,下降至 2011 年的 10.0;而第三产业则由 1978 年的 24.2,上升至 2011 年 43.7。由于我国财政收入是由国家财政参与社会产品和国民总收入所形成的,财政收入的总规模[占国民(内)生产总值的比重]和财政收入的国民经济构成理应与国民经济总产值的国民(内)生产总值水平及其三次产业构成大体相当,第一、三产业也应成为财政收入的重要来源。尽管财政收入的总收入与国民(内)生产总值的增速相适应。然而,由于三次产业各自经济发展水平的差异,国家发展战略和方针政策的调整,以及财政税收政策制度的变动,财政收入的国民经济结构却不能完全反映出与国民(内)生产总值的构成。

第一产业的农业是社会经济赖以发展的基本条件。农业、农村和农民问题是关系全面

① 马克思.资本论:第 3 卷[M].北京:人民出版社,1975:992－993.

建设小康社会和现代化事业全局的重大问题。新中国成立以来，我国财政收入来自农业的收入有两部分。一是直接交纳的农业各税，“一五”时期150.68亿元，占同期财政总收入20.8%；以后逐年下降，“九五”时期农业各税2 054.55亿元占同期财政总收入4.3%。2007年全面取消农业税、农业特产税后，来自农业的财政收入将下降得更多。二是通过工农产品“剪刀差”间接提供的财政收入。这部分“隐性税收”成为我国工业化初期积累的重要来源。

工业是国民经济的主导，是创造并实现国民收入的主要部门，工业的发展对财政收入的影响很大。同时由于我国现行工商税收主要选择在工业产制环节课征，工业便成为上交财政收入最多的部门，直接决定着整个财政收入状况。

建筑业和工业生产一样是创造使用价值实体的物质生产部门。随着社会主义市场经济体制的建立和完善，建筑业成为支柱产业之一，并将成为财政收入的重要来源。

交通运输业是一个特殊的生产部门，增加产品价值。在其生产经营活动过程中创造的国民收入，直接为国家提供积累，成为国家财政收入的重要来源。

商业是连接工业与农业、城市与乡村、生产与消费的桥梁和纽带，是财政收入的重要来源。

今后随着第一、二产业增长，商业批发、零售的扩大、旅游业的发达，外贸的发展，市场的发育，其第三产业上交的财政收入将持续不断增长。

总的说来，随着产业结构的调整，财政收入的国民经济结构将发生重大变化。

三、财政收入的社会经济所有制构成

社会产品和国民收入是由不同所有制的劳动者创造的。财政收入的社会经济所有制构成是指生产经营单位各自上交的税金、利润（资产收益）、费用，按其不同经济所有制所占比例的分类。根据生产关系一定要适合生产力性质，我国由于生产力发展状况所呈现出的多层次性和不平衡性，这就决定了我国社会主义建设中，必然以公有制为主体，多种经济所有制长期并存，共同发展的局面。在完善社会主义市场经济体制中，将巩固和发展公有制经济，发挥国有经济主导作用，进一步鼓励、支持和引导非公有制经济发展。按照生产关系决定财政分配，我国财政收入的所有制结构，已有了很大的变化，如2009年私营企业税收总额达到6 402.3亿元，占全国税收比重10.15%。

第三节　财政收入形式

一、财政收入形式的选择

财政收入形式是指用什么方法（名义）来取得这些收入，这就成为财政收入的形式，即是通过财政收入反映财政收入分配关系中主体同客体之间进行结合的方式方法。财政收入内容决定收入形式，但财政收入形式又反作用于财政收入内容。财政收入的不同形式，不仅在取得财政收入保证国家实现职能的财力需要有不同作用，而且在调节社会经济利益，调整经济结构、提高经济社会效益，协调生产关系与生产力之间的矛盾等方面都有着不

同的作用。每一种财政收入形式的产生和变更都有它的经济根源和历史根源，都要随着各个历史时期生产力的发展，生产关系的调整和经济管理体制的改革而相应变化。为适应社会主义市场经济体制和发挥财政职能作用，财政收入形式要择优选用，协调配合组建成财政收入的体系，而具体财政收入形式的选用，主要依据有三：

第一，要能正确体现财政分配关系。财政收入分配形式是由国家参与生产的一定形式决定的。而参与生产形式归根到底决定于生产资料所有制这个社会的基本经济关系。社会主义国家具有的“两种职能、两种权力”所形成的特殊的财政分配，在参与社会产品和国民收入的分配过程中，对不同的经济形式，因所有制的性质不同，体现不同的分配关系，取得财政收入的原则、方式要有所不同。国家财政取自国有经济的财政收入，可以根据需要分别采取税收、资产收益（国有企业上缴利润，资源收入、租赁费、承包费）、费用的形式。这都属于国家所有制内部整体与局部的分配关系，即使财政收入形式变革，也不会引起国家所有制性质的改变。可是，国家向非国家所有制经济取得财政收入，属于国家与不同所有制之间的分配关系，发生所有权的转移。国家既非其所有者，不能直接参与它们的产品分配，只能以社会管理者身份，凭借政治权力，利用税、费形式对其纯收入进行再分配。再有，国有资产投资于股份制企业采用分红，对合资企业采用分利等形式。

第二，要实现公平、效率的分配。国家在参与社会产品分配取得财政收入时，不单是从不同经济所有制形式那里取得一部分纯收入以满足国家实现其职能的需要，而且要按照社会主义理财的取予之道，利用不同的财政收入形式实现国家不同历史时期的不同目的与任务。我国在建立社会主义市场经济体制的税制改革中，为贯彻效率优先、兼顾公平的原则，对各种经济形式普遍征税，并将国有企业的部分利润统一改为征收企业所得税的形式。

第三，保证国家财政能及时、稳定、均衡地取得财政收入。社会主义国家财政收入的形式是多样的，除为实现效率与公平，调节国民经济和社会分配外，还要及时、稳定、均衡地取得财政收入，保证实现国家职能，满足提供公共产品的需要。

财政收入的形式绝不是可以任意采用的，但也不是一成不变的。如果轻易取消某种收入形式，或代之以一种不恰当的形式，往往会给社会经济发展带来消极影响。总的说来，财政收入采取什么样的形式，既要取决于它体现的分配关系，取决于生产资料所有制的性质及其社会主义基本经济制度，又要取决于不同时期的经济管理体制、财政税收职能作用的发挥。

二、财政收入形式的分类

在现代经济社会，各国的财政收入形式一般为税、费、利、债等多种形式。新中国成立以来，我国财政收入形式经过多次的调整变化，各个财政收入形式在不同时期被赋予了不同的任务，发挥了不同的作用。随着现代企业制度的建立和国家与国有企业分配关系的调整，财政税收体制的改革，当前财政收入形式不外乎税收、资产（资源）收益、专项收入、其他收入四大类。

（一）税收

税收是一个重要的财政范畴，是我国财政收入的主要形式，自20世纪90年代财政税收制度改革以来，每年均占财政总收入90%以上，成为我国财政收入的支柱。

（二）国有资产（资源）收益收入

这类收入主要包括：国有企业征收所得税，或计划亏损补贴（冲减财政收入的负收入);开采国家资源征集的各种使用费、国有土地使用权有偿使用收入;占有、使用国有资产的收益分配收入;股份制企业国有股利收入;出售国有产权收入,等等。

(三)专项收入

专项收入指具有特定来源,按照特定目的建立,并有专门用途的收入。包括排污费收入、城市水资源收入、教育附加费收入等。

(四)其他收入

其他收入主要有:①事业收入;②规费收入;③行政性收费收入;④罚没收入;⑤捐赠收入。

第四节 财政收入规模分析

财政在参与社会各种经济所有制、国民经济各个部门的社会产品和国民收入分配过程中,涉及一系列的分配关系。由于分配关系是生产关系的重要方面,这些分配关系既有它质的规定性,又有体现它的量的规定性。财政收入是质和量的统一体,两者是相互规定、相互制约的。一定的质决定财政收入的量和量的界限,而质又要以财政收入的一定量作为存在的条件。财政收入的数量是国家财力在社会经济生活中的重要指标。在筹集财政收入中注意这些方面基本的数量分析,掌握好数量界限,就为理顺国家与各方面的分配关系创造良好的前提条件,对促进国民经济社会发展和人民生活不断提高都有着重要的意义。

一、财政收入规模受制约的因素

社会产品价值总量和构成的变化都会影响财政收入量的变化。而国家财政从社会产品、国民收入、剩余产品中集中多少,规模达到多大,不是以政府的意愿为转移。从财政收入的数量来看,有着客观的数量界限,它要受各种政治经济条件的制约和影响,应当全面考虑各种分配关系,具体受到以下几个因素的制约:

(一)社会生产力发展水平

社会生产力水平提高,社会产品增加。在社会产品价值、价格和成本费用一定的条件下,生产越发展,社会产品价值总量越大,社会纯收入越多,“蛋糕”做大了,可供财政分配的对象才越多。从我国 60 多年的财政收入数量看,经济发展决定着财政收入规模是不断增长的;但与经济发达国家相比,财政收入规模又是较小的,其根源在于我国的生产力发展水平仍较低。

(二)经济效益状况

社会生产力发展水平从总体上反映一个国家的社会产品丰富程度和经济效益的高低。在生产规模和社会产品价值总量一定的条件下,效益的高低直接制约 M 的大小。所以,财政收入的数量规模,取决于宏观经济正确处理速度与效益的关系,还要取决于微观经济搞活,转换企业经营机制,加强经营管理,实现优质低耗。

(三)财政收入分配政策

收入分配政策对财政收入规模的影响虽不如社会生产力发展水平和经济效益状况,但收入分配政策的调控变化,一方面会使经济主体(生产经营单位)的收入和利润有所不同,直接决定财政收入分配的多少;另一方面因实行不同财政税收政策、税收制度使政府集中资金的程度不同,进一步影响财政收入的多少。下面具体从两方面分析:

1. 劳动生产者在初次分配V的数量

在国民收入初次分配中,必要产品V与剩余产品M的比例,直接关系M价值的大小,又影响财政收入数量的增减变化。在国民收入中V与M比例不变的情况下,国民收入增长与M的增长则成等比例变化。由于国民收入增长的原因除生产过程中C的节约外,主要取决于从事物质资料生产的劳动者人数增加和劳动生产率的提高两个因素。劳动生产率变化对M的影响是,劳动生产率同生产成果成正比例变化,同活劳动消耗成反比例变化。所以,劳动生产率提高意味着取得单位生产成果所消耗的活劳动的节省,也就是单位国民收入中所包含的V会减少,M就会增加,财政收入可以增长。社会主义生产的目的决定了V的绝对量必然是增长的。即在国民收入增长的情况下V与M都要增长,而M的增长要受制于劳动者所得V增长数量,也就制约了财政收入的增量。过去计划经济体制下的"低工资"、"先扣除再分配",挫伤了劳动者的积极性,影响了社会经济的发展,也制约了财政收入的稳定增长。

2. 政府对生产单位的纯收入分配政策和分配制度

在社会生产力发展水平、经济效益和国民收入总量及其V与M比例既定的条件下,M如何分配,还取决于国家对生产单位的分配政策,包括对集体、私营、个体等经济所有制的税收政策,对国有企业的分配政策和分配制度。过去对非公有制经济的限制和高税收政策,对国有企业的"统收统支",形成高积累率和高集中率的虚假财政收入规模。随着经济体制改革,国家集中企业M部分不仅规范化,而且集中率相对固定并下降,财政收入占M和国民收入的比重也曾随之下降。

(四)价格的变动

商品价格以产品价值为基础,但实际上价格还要受市场供求关系的影响。国民收入生产总额的大小与商品价格水平成正比例变化。同时一个经济社会只要价格发生变动,势必影响社会总供求,从而影响经济单位利润和个人的收入。财政收入是一定量的货币收入,它是在一定的价格体系下形成的,又是按一定时点的现价计算的。我国商品的价格是由成本、税金、利润三部分组成,一般销售价格同税金、利润在数量上成正比例变化。总的来说,价格变动引起国民收入总量和构成的变化,也就必然影响财政收入的增减。

(五)社会发展和进步的需要

社会发展和进步主要包括社会成员素质不断提高,社会制度不断完善和社会存在的物质要素不断完善的统一。而这三要素水平的提高都会对财政分配起着重要制约作用,直接影响财政收入规模。因为财政收入数量必须和国家实现其职能的财力需要相适应,即为保证社会进步的公共需要,包括社会消费支出、公共基础设施,以及必要的扩大再生产支出的资金需要。否则,就会影响财政收支平衡。随着社会主义市场经济体制的建立和发展,政府职能的调整,财政职能的转变,投资体制的改革,财政不能再大包大揽。但财政保证社会公共产品需要和弥补市场失灵的投资仍然不会减少。因此,在不影响市场经济发展和人民生活改善的前提下,财政要按照国家实现职能需要,量出为入确定财政收入的数量。

以上说明,经济决定财政,财政收入的数量是以客观经济发展水平、经济结构、经济效益、国民收入总量及结构为基础,但财政收入数量的多少也不完全是被动的。财政职能转换，财政税收分配政策和财务管理体制的变化，财政收入在各个时期的数量及与国民收入、国民（内）生产总值的比例是不会相同的。

二、财政收入占国民（内）生产总值的规模界限

由于财政收入主要来自 M 部分，直接与社会新创造价值的国民收入紧密相连。国民收入的分配中存在着许多比例关系，其中，财政收入占国民收入的比例或占国民（内）生产总值的比例关系是很重要的比例关系。通过这个综合指标可以反映国家宏观调控社会分配合理化的情况，又能够制约财政收入的规模的数量界限，促进财政收入正确体现同各个方面的分配关系。财政收入所占国民收入的比例主要取决于两个比重：①V 与 M 的比例关系或 M 占国民收入的比重，即国民收入归生产者个人和归社会支配的比例。②M 中财政集中部分与非集中部分的比例。假设国民收入为 N，财政收入为 F，财政收入占国民收入的比例关系可用下列公式表示：

$$\frac{F}{N}=\frac{M}{N}\times\frac{F}{M}$$

在分析财政收入规模时，过去通常是以财政收入占国民收入的比例。但近年来，则以国民（内）生产总值研究财政收入所占的比例。

新中国成立以来，我国财政收入占国民（内）生产总值的比例是几度升降，基本上与当时的经济形势、经济管理体制和分配政策、财政管理制度等相符合的。（见表 5－2）

表 5－2　　1952—2011 年国家财政收入占国内生产总值的比重

年　份	财政收入（亿元）	国内生产总值（亿元）	财政收入占国内生产总值比重（%）
1952	173. 94	679. 00	25. 6
1957	302. 20	1 068. 00	28. 4
1960	572. 29	1 457. 00	39. 3
1965	473. 32	1 716. 10	27. 6
1978	1 132. 26	3 624. 10	31. 2
1980	1 159. 93	3 645. 60	31. 8
1985	2 004. 82	9 016. 00	22. 2
1990	2 937. 10	18 667. 80	15. 7
1995	6 242. 20	60 793. 70	10. 3
2000	13 395. 23	99 214. 60	13. 5
2005	31 649. 29	184 937. 4	17. 1
2006	38 760. 20	216 314. 4	17. 9
2007	51 321. 78	265 810. 3	19. 3
2008	61 330. 35	314 045. 4	19. 5
2009	68 518. 30	340 902. 8	20. 1
2010	83 101. 51	401 512. 8	20. 7
2011	103 874. 43	472 881. 6	22. 0

注：本表财政收入不包括国内外债务收入。

资料来源：根据 2012 年《中国统计年鉴》和《财政统计资料》计算。

我国财政工作实践证明:财政收入占国民收入或国民(内)生产总值的比例过大(如1960 年 39. 3%、1966 年 29. 9%、1972 年 30. 4%、1978 年 31. 2% 等),即筹集财政资金超过一定的数量界限,势必会挤占劳动者所得的 V 和生产单位必需的 M 部分,挫伤他们的生产经营积极性,最终又会影响到国民收入和财政收入的增长。财政收入占国民收入或国民(内)生产总值的比例过小,资金分散,国家没有掌握必要的财力物力,势必难以驾驭国民经济全局、办不成几件大事,其结果同样是影响国民收入或国民(内)生产总值和财政收入的增长,也影响劳动者收入持续稳定增加。如 1983—1995 年财政收入,所占比重连续下降,至 1995 年下降至 10. 3%。这是在向社会主义市场经济转变的经济体制改革时期为调节社会分配,所占比例的下降有其必然性。但 1996 年以后,随着社会生产力发展水平的提高和社会主义市场经济的完善,分配关系的理顺,所占比例则已日趋稳定,并稳中略升。财政收入占国民(内)生产总值比重提高了,反映我国综合国力的明显增强,也表明财政的宏观调控能力的提高,为中央加强和完善宏观调控提供了物质基础。

【复习思考题】

1. 筹集财政资金为什么要坚持发展经济的原则?
2. 为什么筹集财政资金必须兼顾国家、生产单位、个人之间的经济利益关系?
3. 社会产品价值 M 为什么是财政收入的主要来源?
4. 研究财政收入规模的意义何在?

第六章
税　收

第一节　税收理论基础

什么是税收？税收是国家为了实现其职能与向社会提供公共产品的需要，凭借政治权力，依法向居民和经济组织强制地、无偿地取得实物或货币的一种特殊分配活动。它体现着国家与纳税人之间在征税、纳税的利益分配上的一种特殊分配关系。

一、税收的特征和性质

（一）税收的特征

税收作为财政收入的一种重要形式与其他财政收入形式相比，具有三个特征，即无偿性、强制性和固定性。

1. 无偿性

税收的无偿性是指国家征税以后，税款就成为国家所有，不再直接归还给纳税人，也不支付任何代价。税收的这个特征，是同国家财政支出在为实现国家职能与提供公共产品的无偿性分配相对称的。恩格斯曾经指出："征税原则本质上是纯共产主义的原则，因为一切国家的征税的权利都是从所谓国家所有制来的。的确，或者是私有制神圣不可侵犯，这样就没有什么国家所有制，而国家就无权征税；或者是国家有这种权力，这样私有制就不能是神圣不可侵犯的，国家所有制就高于私有制而国家也就成了真正的主人。"①

2. 强制性

税收的强制性，指国家征税是依靠国家的权威，凭借政治权力，以法律、法令的形式加以规定，纳税人必须依法纳税，否则就要受到法律制裁。因为国家征税就必然要发生社会产品所有权或支配权的单方面转移，国家所得正是纳税人所失。征税并非一种自愿交换，国家只有凭借政治权力，依照法律、法令强制地把一部分社会产品无偿地集中起来。

3. 固定性

税收的固定性，指国家征税前就应以法律的形式规定征税对象、统一的比例或数额，按照预定的标准征税，当然这种固定性是相对的。税收的固定性实质上指征税必须要有一定标准，既包括时间上的连续性，又包括征收比例、数额的限度性，便于征纳双方共同遵守。

---

① 马克思恩格斯全集：第 2 卷[M]. 北京：人民出版社，1957：615.

税收的三个特征是一个相互联系的统一整体。税收的无偿性决定税收的强制性，并决定和要求税收的固定性，但税收的无偿性又必须依靠强制性、固定性的支撑。因此，税收的三个特征是统一的，缺一就不可谓之税。税收历经了几千年的历史，在不同的社会形态和不同的国家里，之所以能成为国家财政收入的支柱和作为国家调节经济的重要工具，都是由于税收“三性”所表现出来的特征所致。

税收这三个特征是古今中外税收的共性。我国社会主义税收，虽然也具有无偿性、强制性和固定性的特征，但在体现这些特征中，由于生产关系的性质不同，决定了税收三个特征又具有新的内容。这就是税收具有明显的返还性同无偿性相结合，自觉性同强制性相结合，政策的灵活性同固定性相结合。

（二）税收的性质

税收作为一种凭借国家政治权力所进行的特殊分配，与国家有本质联系，税收参与社会产品分配，在社会再生产过程中是属于分配范畴。税收是社会分配关系的组成部分，在不同的社会经济制度下，与该社会的生产关系和不同国家的性质相适应，体现着性质不同的分配关系就是税收的性质。马克思、恩格斯从不同的角度对税收的社会性质作过许多精辟的论述，指出“赋税是政府机器的经济基础”[①]。在分析资本主义条件下剩余价值分配形式时指出：“正是资本家与工人间的这种交易创造出随后地租、商业利润、资本利息、捐税等形式在各类资本家及其奴仆之间进行分配的全部剩余价值。”[②]在以生产资料私有制为基础的税收体现了阶级剥削关系，是剥削阶级及其国家剥削劳动人民的工具。

在社会主义条件下，公有制为主体、多种所有制共同发展是我国经济制度的基础，税收不再体现剥削关系。社会主义国家作为全体劳动人民利益的代表向纳税人征税，最终用途都是用于发展经济和社会建设事业，为发展社会生产力，增强国家的综合国力和提高人民的物质文化生活水平，完全体现了社会主义税收具有“取之于民，用之于民”的总体返还性质。

二、社会主义税收存在的条件

税收作为一个古老的经济范畴，无论奴隶制国家、封建制国家、资本主义国家都把它用来作为取得社会产品维持国家权力机构和实现其职能的工具。我国社会主义税收的存在，是以国家的存在为前提条件，并以社会经济条件的基础为客观依据。

（一）社会主义税收存在的前提条件

社会主义国家作为社会整体利益的代表，执行广泛的经济社会职能，组织社会文化建设，保卫国家安全和政治经济权益，为社会生产和人民生活创造一切外部条件，这就需要大量的资金，国家必须进行“社会扣除”。而税收所具有的三个基本特征，便成为国家实现其职能，满足其物质资料需要进行“社会扣除”的最好形式。“废除捐税的背后就是废除国家”[③]。税收的存在还是国家进行社会主义革命和建设的工具。我国税收在促进生产资料私有制的社会主义改造中，曾对资本主义工商业采取了恰如其分的有伸缩性的限制政策，同时大力扶植公有制经济的发展，促进社会主义经济基础的建立与巩固。在进行社会主义

---

① 马克思恩格斯选集：第3卷[M]. 北京：人民出版社，1972：22.

② 马克思恩格斯选集：第3卷[M]. 北京：人民出版社，1972：481.

③ 马克思恩格斯全集：第7卷[M]. 北京：人民出版社，1959：339.

现代化建设和完善社会主义市场经济中，税收仍然是国家掌握利用的重要工具，维护国家职能的实现，贯彻改革开放，发挥重要的经济杠杆作用。

（二）社会主义税收存在的经济社会条件

我国税收在建立社会主义市场经济体制下存在的客观经济社会条件是什么呢？

（1）公有制为主体，多种所有制共同发展的基本经济制度是税收存在的经济基础。对国有经济以外的各种经济所有制，国家要无偿地取得它们的一部分纯收入，并在取得收入中，贯彻国家的各项方针政策，实行国家宏观经济调节、指导和监督，而又不搞平调、摊派、没收，那就只能采用易于理解和接受的税收分配形式。

（2）发挥国有经济主导作用，需要税收规范国家与国有企业分配关系。我国国有企业要实行政企分开、投资者所有权与企业法人财产权相分离，在建立健全国有资产管理和监督体制中，要坚持政府公共管理职能和国有资产出资人职能分开。企业不仅有独立的生产经营自主权，而且享有其独立的、局部的经济利益。国家在加强宏观调控，兼顾国家、企业、职工之间的分配关系，就必须依据和运用价值规律，通过以国家权力为依托的具有强制性的税收杠杆，调节各方面的经济利益关系，并将国家与国有企业的收入分配关系加以规范化。

（3）社会主义市场经济运行需要税收发挥调节经济的作用。通过税种的开征、税率的高低、减免优惠，调节商品与企业利润，促进企业改善经营管理，鼓励先进，鞭策落后，开展平等竞争；调节生产、流通、消费，进而调节社会供需总量；引导社会财力、物力和人力的流向，以适应社会主义市场经济发展的需要。

（4）培养和发育市场，离不开税收的管理和监督。为发挥市场机制在资源配置中的基础作用，必须培育和形成统一、开放、竞争、有序的大市场。利用税收杠杆，通过征税形式对生产要素进入市场的金融市场，资本市场（债券、股票）以及商品、房地产市场等的公平交易、平等竞争，能起到促进与监督作用。

（5）实行对外开放需要税收这个强有力的手段。我国对外开放必须在独立自主、自力更生、平等互利、互守信用的基础上，积极发展对外经济合作和技术交流。为了维护国家主权和经济利益，加速社会主义建设事业的发展，需要运用世界各国普遍采用的，社会经济发展不可缺少的，最直接、有效、可靠、有力的税收分配方式。

三、社会主义税收职能

税收职能是指税收所具有的内在功能。它是一切社会制度下税收都具有的内在的、稳定的、共同的属性。税收职能是一个客观存在，它不以人们的主观意志为转移。我国社会主义税收具有筹集财政收入、调节社会经济和监督管理职能。

（一）筹集国家财政收入职能

筹集国家财政收入是税收的首要职能，是指税收所具有的从社会成员和经济组织手中强制、无偿地取得一部分社会产品，用以满足国家提供公共产品需要的功能。税收自产生之日起，就是为国家筹集财政收入服务的。税收奠定了国家存在的经济基础，维持了国家的存在。如果税收无筹集财政收入职能，就没有税收存在的客观必要。纵观奴隶制社会、封建社会、资本主义社会和社会主义社会，税收都作为国家财政的支柱，在政治经济生活中具有十分重要的地位。在现代社会经济中，绝大多数国家财政收入的80%以上是通过税收筹集的。

我国社会主义市场经济以公有制为主体、多种所有制经济共同发展的基本经济制度已经确立，全方位、宽领域、多层次的对外开放格局基本形成。随着改革的不断深化，进一步促进社会生产力、综合国力和人民生活水平的提高，税收筹集财政收入的作用，必然出现显著的变化和得到明显的加强。主要表现为：一是国家对财政资金需要日益增加；二是筹集税收收入对象更为复杂；三是征税范围日益广阔；四是组织税收收入更加艰巨，偷漏税与反偷漏税，避税与反避税的斗争更加艰难。然而，由于社会主义税收的本质、特征和税收收入具有及时、稳定、可靠的特点，伴随着科学合理的税收制度的建立与完善，税收筹集国家财政收入的功能将更有效地发挥。

（二）调节经济职能

税收调节经济的职能是指税收分配过程中对生产经营单位和个人的经济行为和经济利益所产生的影响作用。这是税收在分配过程中形成税收收入的同时客观具有的功能。国家正是利用税收的调节经济职能，运用税收杠杆对社会经济运行进行引导和调整。税收作为国家宏观调控的一个重要手段，通过税种、税目、税率的布局和调整，征税对象的选择以及税收优惠措施的运用等，贯彻国家的经济政策目标，调节不同经济主体的经济利益，引导其经济行为服从于宏观经济发展的要求，从而协调社会经济持续稳定地发展。

税收调节经济的特点是：①调节主体的集中性。税收调节是由国家集中进行的，而不是由社会其他任何经济单位和个人进行的。税收调节政策由国家集中制定、调节的动因是以国家意志为主。税收调节政策的落实皆由国家组织实施。②调节的强制性。税收对经济的调节是凭借政治权力，依照法律程序强制执行的。③调节范围的广泛性。税收根据整个社会经济状况和国家政策的要求，可以向各种经济所有制、国民经济各部门、各单位，社会再生产的生产、分配、交换、消费各个环节，乃至社会生活的一些方面进行征税调节。④区别对待的灵活性。税收根据宏观经济目标对不同征税对象，分别运用不同的税种、高低不一的税率，增税或减税、灵活运用各种区别对待政策。⑤调节的简易性。税收杠杆的调节一般只直接影响国家与纳税人之间的关系，运用起来较为简便易行。

（三）监督管理职能

由于市场经济有其弱点和缺陷，国家必须建立和健全社会监督体系，通过法律的、经济的和辅以必要的行政手段，力求限制和消除市场经济消极的负效应。税收既是法律手段，又是经济手段，是社会监督体系的重要组成部分。税收的监督管理职能是指税收在取得收入的过程中，一方面借助它和经济各方面的联系来反映国民经济运行的经济信息动态，为国家宏观决策提供可靠的依据，以利于国家实施有效的宏观调控；另一方面是税务机关通过税收的征收管理工作，对纳税人的生产经营、经济活动和纳税情况进行监督管理。从税收本身来看，无论是税种的设置、税率的高低、纳税环节的确定，以及对企业成本、利润等财务状况的检查，都能对企业的经济活动起监督管理作用。因此，监督管理职能也是税收一个内在属性，是税收的重要职能之一。它在适应市场经济的要求，发挥税收对宏观经济的调节作用，维护正常市场经济秩序，保障公平竞争；严肃财经纪律，加强税收法制监督和遏制各种偷漏税行为，维护国家利益等方面有着重要意义。

四、税收的经济效应

税收作为宏观调控手段之一，在调节经济的效应上主要包括如下几个方面：

（一）调节社会总供求效应

调节社会总供求效应主要通过相机抉择的税收政策和自动稳定的税收机制。即国家根据不同时期的经济形势相机采取扩张性或紧缩性的税收政策，以调节供求，稳定经济。所谓自动稳定的税收机制，即利用税收本身的某种特定机制（主要表现在累进所得税制），促使它能随着经济形势的变化，及时地灵活地作出自动增减反映，从而对总需求的波动产生一种烫平抵消的作用。

（二）调节社会收入分配效应

在国民收入初次分配中由于多种因素的影响，形成了各个社会集团之间、各企业之间以及个人之间收入的或高或低的差别。这种差别保持在适度的范围内是容许的。但收入差别过大，会不利于经济发展和社会的安定和谐。为了协调国家、企业、个人三者之间的分配关系，国家利用税收分配，通过税制主要对企业利润的形成、分配和使用进行引导和调节，使一般企业的正常生产经营都只能获得合理的适度利润，并调节企业之间的收入分配不公的问题。同时，通过累进的综合（或累进、比例的分类）个人所得税调节个人收入分配。

（三）调节产业结构效应

税收调节产业结构，主要运用税收杠杆对物质生产及三产业之间的对比关系和结合状况进行的引导和控制。税收对产业结构的调节包括存量的调节和增量的调节。根据国家一定时期的产业政策，区分亟须加快发展的产业部门或需限制发展的产业部门，通过企业所得税提高或降低该部门的税后利润；对企业开发、引进新技术，节约能源、保护生态环境等活动采取降低税率、减免税、延期纳税、加速折旧和投资抵免等税收政策措施。

（四）调节储蓄与投资效应

税收对储蓄与投资的调节，主要是运用税收杠杆对储蓄和投资所进行的引导和调整。即通过变动税收负担，特别是个人所得税率的高低和征免规定，从而产生“收入效应”或“替代效应”来调节储蓄与投资。

（五）调节消费效应

税收对消费的调节，主要是国家运用税收杠杆对社会消费水平和社会消费结构进行的引导和调控。税收调节消费，总的说来是利用税负与价格的同向变动，及其与消费量之间的反向变动来发挥调节效应的。即主要通过税种在生产、流通、消费环节的设置，消费税税目的列举和税率的合理确定，以及减免税或加成征税等税收政策措施来实现的。

五、税收原则

税收原则是国家建立、改革、调整税收制度和实施、执行税收政策及措施所应遵循的基本准则。它包括制定税收制度所依据的总的税收政策原则，也包含制定税收制度需要建立的一些技术性原则。它集中反映了社会占统治地位阶级的征税意志。在不同社会制度的国家，或在同一社会制度国家的不同历史时期，随着政治经济情况的发展变化，税收担负的使命不同，其税收原则也不尽相同。由于我国社会主义制度和税收的性质，决定了我国社会主义税收原则主要有：

（一）财政原则

财政原则是指以满足国家财政的需要为目标的税制准则。税收是国家取得财政收入的主要手段，担负着筹集社会发展和经济发展所需资金的重要任务，是国家实现其职能的物质保证。在社会主义市场经济体制下，随着社会经济的发展，国家职能无论是广度和深度都有了较大的发展，税收作为国家行使社会职能和经济职能的物质基础，必然要以保证财政收入为基本的职责，相应的建立税收制度也应以确保财政收入为基本原则。古今中外无一不把满足国家财政需要作为税收的重要原则。

财政原则内容大体包括三个方面：①收入充裕，指税收收入必须稳定可靠，着眼于广开税源，满足国家财政需要。②收入弹性，包括经济弹性（税收随经济的升降和国民收入的增减而自然伸缩）、政策弹性（通过修改税法，政策调整使税收增减）。③收入适度，指税制的建立要能照顾纳税人的承受能力，做到取之有度。这就要求在设计税制、制定税收政策，要兼顾需要与可能，不能超越客观的限度，影响经济持续稳定地发展。

（二）公平税负原则。

税收公平指税收要公平对待所有纳税人，公平税负，合理负担，国家征税的比例或数额与纳税人的负担能力相称。公平税负包括横向公平和纵向公平两方面含义。前者指对同等生产经营条件或纳税能力相同的纳税人，应按同等办法征税，使缴纳相同之税收；后者指不同等生产经营条件或纳税能力不同的纳税人，要适当区别，缴纳不同之税收。这样的税负公平合理能促进纳税人在大体相同的外部条件下开展竞争，防止和克服社会各阶层收入的过大差距。可见，税负公平不单是税收本身的绝对数额负担问题，在多数情况下是指不同纳税人之间税收负担程度的比较。从建立公平税制的角度讲，就是如何设计税制，使税制符合公平准则，并使税负的分配有助于公平目标的实现。而这要联系整个分配状况来考察，才能得出正确的判断。同时，要较好地实现公平税负就需要一些前提条件，如：①统一的社会主义市场和合理的价格体系。价格体系不合理，价格与价值严重背离，纳税人的经济效益不能正确、全面反映其改善生产经营的努力程度，即使制定、执行正确、统一的税收制度和税收政策税负也难以公平。②逐步实现税基计算的规范和统一。科学制定成本费用核算，严格划分费用扣除，税基计算的宽严、正确与否是影响纳税人实际税负的一个重要因素。③合理的税收负担水平。确定有利于聚财、生财的宏观、微观税收负担率。④对自然资源条件所产生的级差收入应加以调节。在价格水平和税基统一的条件下，资源的丰瘠和开发条件的差异，在很大程度上决定纳税人实际税负的高低。⑤逐步强化税收法制。坚持以法治税，做到有法必依，执法必严，违法必究，才能确实保证公平税负的实现。

（三）经济效率原则

税收无论是作为组织财政收入的主要手段，还是作为调节经济的重要杠杆，都必须以增进资源的有效配置，提高经济效率为最大目标，矫正和阻止把社会资源（资本、劳动、设备、财产等）引向低效配置的方向或领域。我国的税制改革和税收政策的制定都要讲求效率原则。具体包括两层意义，一是行政效率，指征税过程本身的效率。建立税制不仅要看它对经济的影响如何，还要看在征税过程中，征纳双方支出了多少费用，要求以最小的征收费用或额外损失取得同样或较多的税收收入，最大限度地减少国家征税对生产经营活动的额外负担。因此，它要求规范与简化税制。即税制的总体设计、税制诸要素的确定、税收的征收管理制度等，力求统一、完整、科学；税法尽可能全面、系统、协调、简明、稳定，便于依法执行，省时、省事、省征收费用、便商利民，提高工作效率。二是经济效率，指征税对经济运转效率的影响。一个好的税制不仅能有效地取得财政收入，满足国家行使职能的需要，更重要的是在此基础上，能够促进或不妨碍经济效率的提高，实现经济有效、良性运转，有利于市场经济的发育和生产力水平的提高。经济效率包括宏观效益和微观效益两个层次。税收作为一种重要的再分配工具,可以促使市场在国家宏观调控下优化资源的配置,也可能扭曲资源配置格局;在社会分配上可以促进社会收入分配合理,也可能影响共同富裕的实现。这就要求国家税收一方面按照产业政策,安排税种、税率等方面的结构,发挥差别征税,诱导和控制市场机制的运行,引导投资方向,促进经济结构、资源配置的合理化。另一方面,通过科学、合理的税收制度与政策,正确处理国家、企业、集体、个人之间的利益分配关系,促进平等竞争和微观经济效益的提高。

(四)普遍征税原则

普遍征税原则通常指征税要遍及税收管辖权之内的所有法人和自然人。即对一切从事生产经营并取得收入的单位和个人,并对一切超过一定标准收入的个人,都要普遍进行征税。但国家出于政治、经济等方面的考虑,可给予某些特殊的纳税人以免税照顾。在社会主义市场经济条件下,进行普遍征税,需要把经济活动中的诸多分配关系纳入税收分配范畴之内,即将过去"高税率、窄税基、宽减免优惠、实际低税负",转变为依靠宽广的税基,集中税权,严格控制和缩小减免税范围,涉外税收优惠要适度,使税收在国民经济和社会的各个领域发挥组织收入和调节经济的奖限作用。

(五)中性原则

税收中性的含义是,国家征税使社会所付出的代价应以征税数额为限,不能让纳税人或社会作出其他牺牲或承担额外负担;征税不应扭曲市场信号或对市场机制的有效运行产生干扰,特别是不能超越市场而影响资源配置和经济决策的力量。税收中性原则要确信市场机制在资源配置方面具有充分效率,应起主要作用,税收只能是辅助手段。因此,税收中性原则是以税收不干预经济,平等对待一切纳税人为目标的税收制度准则。我国正处于建立和完善社会主义市场经济体制的过程中,如要税收完全转到中性上来是不现实的。但在改革和完善税制时,可借鉴税收中性原则所包含的合理内容,使税制更符合社会主义市场经济目标的要求。

六、税收负担

税收负担简称税负,一般而言是指由于国家征税而给纳税人带来的利益损失或经济利益转移。它反映一定时期内,社会产品、国民收入在国家与纳税人之间税收分配数量关系和纳税人或征税对象承受税收的量度状况。税收负担作为税收分配范畴的核心问题,是研究税收参与国民收入分配的主要方向和起点,是国家研究制定和调整税收政策的主要依据。适度的税收负担是保证国民经济稳定、协调发展的必要条件。

在一定的社会经济条件下,税收负担水平的确定,既要考虑国家财政需要财政资金的数量,又要考察经济发展和纳税人可以承受的税收负担能力。影响税收负担的因素有四:①社会经济发展水平,这是首要的制约因素。在经济发展水平较低的情况下,人均收入较少,可供国家集中使用的国民收入也较少,税负水平只能很低。只有在经济发展水平较高且人均收入较多的情况下,税负才能达到较高水平。②国家职能范围。税收是以国家为主体的分配,国家职能与提供公共产品的范围必然影响总体税负的高低。一般而论,政府职能与提供公共产品较为广泛,税收承担筹集资金、调节经济任务较重的国家,国民收入税收负担率就要高一些;反之则较低。③经济体制。由于不同国家或同一个国家的不同时期国家财政税收干预经济的广度和深度存在着差异,企业单位财权财力的大小也不相同,因而影响国民收入税收率的水平。④财政收入结构。如有的国家依靠国有企业上交的利润,有的国家过多地依赖债务收入等,在这些国家的税收负担率则表现出不会很高。

(一)税收负担分类

分析考察税收负担可以有不同的分类:

(1)税收负担根据是否可以转嫁,分为直接负担和间接负担。如果经济主体承受的税收负担是直接来自于税法规定的纳税义务,则称其为直接负担。相反,如果经济主体承受的税收负担不是直接来自于税法的规定,而是由其他经济主体转嫁而来,则称其为间接负担。即当纳税人与负税人一致,税收负担为直接负担;即当纳税人与负税人不一致,税收负担为间接负担。

(2)税负可分为名义负担和实际负担。名义负担是指纳税人按税法规定应当缴纳的税款额所形成的税收负担。实际负担是纳税人实际缴纳的税款额所形成的税收负担。由于存在减免税、税基扣除等优惠以及管理的原因,纳税人的实际负担率一般低于名义负担率。

(3)税负包括表象负担与实质负担。表象负担是经济单位及个人的收入因纳税而减少,可以用实物量或货币量确切地计算出来的税收负担。实质负担则是经济单位及个人利益的牺牲,表现为经济单位及个人对收入的依赖程度的变化,一般很难加以确切的计算。

(二)税收负担水平

税收负担是质和量的统一体,既要从质的方面分析影响税收负担的各种因素及其结果,又要从量的方面分析合理负担的客观数量界限。税收负担水平一般可以从总体税负水平分析,即宏观税收负担率或微观税收负担率。

1. 宏观税收负担率

宏观税收负担,是指一国纳税人在一定时期内(通常为一年)整体所缴纳的税额总额占该国同期国民收入或国民(内)生产总值或社会纯收入的比重。这表明一个国家在其国民收入或国民(内)生产总值分配中有多大份额被国家税收集中,即一国税收负担总水平,它表明一国运用税收对整个国民经济进行宏观调控,在客观上可能具有的力度。

新中国成立60多年来,我国宏观税收负担率变化情况如表6-1所示:

表6-1　1952—2011年我国宏观税收负担率变化情况　单位:亿元

年份	税收收入	国内生产总值	税收负担率(%)
1952	97.96	679.00	14.4
1957	154.89	1 068.00	14.5
1965	204.30	1 716.10	11.8
1978	519.28	3 645.20	14.2
1980	571.70	4 545.60	12.6
1985	2 040.79	9 016.00	22.6
1990	2 821.86	18 667.9	15.1
1995	6 038.04	60 793.70	9.9
2000	12 581.51	99 214.60	12.7
2001	15 301.38	109 665.20	13.9

表6－1(续)

年份	税收收入	国内生产总值	税收负担率(%)
2002	17 636.45	120 332.70	14.6
2003	20 017.31	135 822.80	14.7
2004	24 165.68	159 878.30	15.1
2005	28 778.54	184 937.40	15.6
2006	34 804.35	216 314.40	16.1
2007	45 621.97	265 810.3	17.2
2008	54 223.79	314 045.4	17.3
2009	59 521.59	340 902.8	17.5
2010	73 210.79	401 512.8	18.2
2011	89 738.39	472 881.6	19.0

资料来源:根据《中国统计年鉴》(2012)加工而成。

2. 微观税收负担率

微观税收负担率,通常是指税收负担主体中最基本的构成单位实纳税额占其可支配收入的比重,反映国民经济运行中纳税人集团基本细胞的税收负担情况。度量微观税负水平的指标有:①企业税收负担率,指一定时期内企业所缴纳各种税款的总额与同期企业各项收入总额之比。②企业流转税(或所得税)负担率,指企业在一定时期内所缴纳的各种流转税额(或所得税额)与同期企业销售收入(或企业利润总额)之比。③个人所得税负担率,指个人在一定时期内实际缴纳的所得税额与同期个人收入总额之比。

七、税负转嫁与归宿

税负转嫁是指 商品交换过程,纳税人在缴纳税款之后,通过种种途径而将税收负担转移给他人的过程。即最初缴纳税款的法定纳税人,不一定是该项税收的最后负担者,只要某种税的纳税人和负税人非一致,便发生了税负转嫁。税负转嫁的特征是:①税负转嫁是和价格的升降直接联系的,这种价格的升降是由税负转移引起的。②税负转嫁是各经济主体之间税负的再分配,导致纳税人与负税人的不一致,会引起经济利益的转移。③税负转嫁是纳税人在利益机制驱动下的主动行为,以维护和增加自身的经济利益。

所谓税收归宿,就是指处于转嫁中的税负的最终归着点或税收转嫁的最后结果,只要税收的转嫁过程结束,税负总要最后落到负税人身上,便找到了税收归宿。税负的转嫁运动,从纳税人到负税人可以只经一次税负转移,就一次转嫁完成;如其转嫁运动发生两次以上的,可称辗转转嫁。但是税负转嫁也不是无穷无尽的,最终存在一个不可能再转嫁而要负担税款的阶层,主要是消费者。按照税负转嫁的彻底性可分为完全转嫁和部分转嫁。纳税人在纳税后不能将税负转嫁给他人,而由自己负担的,是税收的直接负担:纳税人纳税后可以将税负转嫁给他人,而由别人负担的,是税收的间接负担。凡不能或不易转嫁的税收,就是直接税;凡在形式上具有转嫁可能性的税收,就是间接税。

税负转嫁的基本方式有四种:①前转,又称为顺转,指纳税人通过提高销售价格将税负转嫁给购买者(下一个环节的经营者或消费者)。它与商品的流转方向相一致。纳税人的加价额度与税负额度的相等或不相等,可以实现充分的转嫁或超额转嫁,也可能不完全转嫁。②后转,又称为逆转,指纳税人通过压低商品购进价格将税收负担转嫁给商品供应者。它与商品的流转方向相反,税负逆转给批发商→产制厂商→原料供应者和雇佣工人。③消转,又称税收的消化,是纳税人对其所纳税款,因市场供求条件不允许前转与后转,只能通过自身改善经营管理,改进生产工艺与生产技术,提高劳动生产率,自我消化所纳税款,使纳税后的利润水平不会比纳税前减少。④税收资本化,亦称资本还原,指对某些能够增值的商品(如土地、房屋、股票)的课税,在商品出售时,买主将今后若干年度纳的税额,从所购商品的资本价值中预先扣除。

尽管任何纳税人都存在税负转嫁的愿望,但要实现税负的转嫁则要受很多因素的制约。税负转嫁的基本条件是与商品价格由供求关系决定的自由浮动,所以税负的转嫁就与商品供求弹性有关。税负转嫁还要受税种的不同、课税范围的宽窄等多种因素的制约。如就税种而言,商品(流转)课税较易转嫁。所得(收益)课税一般不能转嫁。因为对企业纯收入或个人财产和劳动所得课征的税收,往往只能影响企业积累或降低个人消费水平。课税范围宽广的较易转嫁,课税范围狭窄的,难以转嫁。同时,商品生产经营者在追求利润目标时,还必须权衡税负转嫁所得与提高销价会使商品销售量减少所带来的损失。所以在税收转嫁问题上,完全可以转嫁或完全不能转嫁的情况基本上是不存在的。较为常见的是一部分的前转,一部分的后转或消转。

第二节　税收制度

一、税收制度及模式

税收制度,简称税制,其基本含义是指一个国家在一定历史时期,根据社会经济发展的需要和国家承担的职能、任务,用立法形式制定征税的各种准则和办法的总称。包括税收法规、条例、施行细则、征收管理办法等,是国家征税的法律依据和工作规程。一个好的税收制度,能随着社会经济的变化而变化,使之反映社会经济结构,体现生产关系的性质和经济发展方向,促进社会生产力的发展,为实现国家社会经济职能提供物质条件,并正确处理国家和纳税人的税收分配关系。

税收制度的模式,指一个国家在一定时期税种的组成。按税制的结构,可以分为单一税制和复合税制。单一税制,就是一个国家在一定历史时期内实行只有一个税种的税制。这种税制在世界上几乎没有一个国家实行过。复合税制,简称复税制。它是指一个国家在一定时期内实行若干税种组成的税收制度。同时在不同的国家所构成的税收制度的税种数目又多寡不一。而不同的税种(或种类)在税收制度中所处的地位和所起作用不尽相同,有主有次、相互配合、相辅相成,构成一个严密的税收制度。由于各国的政治经济制度不同和经济发展水平的差异,配置的主体税种和辅助税种,是有所不同的。现代发达国家的税制结构,有些以所得税为主体税种的税制结构,或以所得税、商品课税并重的税制结构,也有以商品课税为主体税种的税制结构。近些年,我国学术界和实际工作部门在探索税制改革目标模式选择中提出有:以所得税为主体的税制模式;以资源税为主体的税制模式:以流转税为主体的税制模式;以流转税和所得税并重的税制模式。

目前,普遍看法是以所得税为税基的税制优于以消费税为税基的税制。因为前者与纳税人的支付能力有关,资本所得与劳动所得的课税差不多。这种税制对于现在的消费,还是明天消费而储蓄并不会产生扭曲效应。可是由于税收征管上和其他方面的原因,对于应计所得(包括末实现所得)不容易征税,它们等于自动地被免税了。同时,所得和资本不易区别和管理。而且所得税对工作征税、对闲暇不征税,这又有失于公平和效率的优越性。所以,主张以流转税为主体的人认为,所得税影响劳动供给量、劳动质量和劳动生产率;所得税对储蓄两次征税,会降低储蓄的激励,影响储蓄的用途。因此,他们指责所得税制不利于经济增长和发展。总之,我国税收制度模式的选择,应从我国的基本国情出发,分析税源结构和状况,充分发挥税收的职能作用,形成结构合理、有机的税收制度体系。

二、税制构成要素

税收制度的核心是税法。税法是国家向一切纳税义务人征收税款的法律依据,也是调整税收关系的准绳。我国《宪法》第五十六条明确规定:“中华人民共和国公民有依照法律纳税的义务。”为了保证国家和纳税人的合法权益不受侵犯,有必要将征纳双方的权利义务法律化、制度化,同时税法的制定也要符合一定的立法程序使征纳上的一切活动,均有法律根据,实行“依法治税”。税法由税制的基本要素构成,一般包括纳税人、课税对象、税目、税基、税率、纳税环节、纳税期限、减税免税和违法处理等。

(一)纳税人

纳税人是税法上规定的直接负有纳税义务的单位和个人,它是交纳税款的主体。每一种税都有关于纳税义务人的规定,不同税种的纳税人是由课税对象的性质决定的,是解决各种税向谁征收由谁交纳的问题。纳税人可以是自然人,也可以是法人。纳税人和负税人不同,纳税人的划分,还直接关系到税收管辖权问题。因此,纳税人是税收制度构成中最基本和主要的要素之一。

(二)课税对象

课税对象又称征税对象,是征税的客体,指课税的日的物,就是对什么课税。它是国家征税的依据,体现着不同税种征税的基本界限,是一种税区别另一种税的主要标志,也是税收杠杆的作用点。课税对象的全体(集合)即构成该种税的征税范围。征税对象可以是商品、所得、资源、财产,也可以是人身、事实或行为、目的。从国家税收的依据看,征税对象的选择应是被国家所保护的人和财产、行为。从权利和义务角度看,一个国家对被其所保护的人和财产以及行为都有权力进行征税,而被保护的对象均有纳税的义务。然而,一个国家从微观角度,从实际出发,并不需要从每个人身上,或每一份财富,或每一种经济行为都取得税收。因此,选择课税对象,一般应遵循有利于保证财政收入,有利于调节经济和适当简化(节省征税成本和避免税收负担的重复)的原则。

(三)税目

税目是课税对象的具体项目,是课税对象的具体化。税目的划分在于明确征税的具体界限,划分税目的两种基本方法:列举法(即按照每一商品的经营项目分别设计税目),概括法(即以概括的方式规定课税品目)。

(四)税基

税基又称课税基础。它是据以计算应纳税额的基数,有实物量和价值量两类。税基可

以有广义和狭义的理解,广义税基是抽象意义上的税基,包括以国民收入、国民消费支出和社会财富为课税基础。狭义税基即是指计算税额时的课税基础即计税依据,是计算国家税收收入和纳税人税收负担的重要因素。而人们习惯上讲的税基一般是指狭义税基。税基的选择是税制设计的重要内容,包括以什么为税基,税基宽窄,以及税收收入的多少等。

(五)税率

税率是税额与课税对象数额之间的比例,是课税的尺度,反映征税的深度。由于税率高低直接关系国家税收收入和纳税人的负担状况,因此,它是税收制度的中心环节和基本要素。我国现行税制的税率一般分为:①比例税率,是不分征税对象的数额大小,都按统一的比例计算征收税款,它一般适用于对流转额的征税。在具体运用的表现形式上,可分为统一比例税率,差别比例税率和幅度比例税率。②累进税率,是按照征税对象数额的大小,规定不同等级的税率。征税对象数额越大,税率越高。这正如常说的,所得多的多征,所得少的少征。累进税率又可分为全额累进税率,超额累进税率和超倍累进税率等。③定额税率是按征税对象的实物单位,规定一定数量的固定税额,而不采用百分比的形式。

(六)纳税环节

纳税环节是税法规定的课税对象从生产到消费的流转过程中应当缴纳税款的环节。纳税环节的确定主要是为了解决在什么阶段课税和课几道税的问题,这关系对商品的生产、流通是否有利,是否便于征管和国家财政收入能否得到保证。

(七)纳税期限

纳税期限是税法规定纳税人发生纳税义务后向国家缴纳税款的时间期限。纳税期限一般分为按期纳税和按次纳税两种。规定纳税期限体现了税收的强制性、固定性,对保证税收收入的及时稳定,促使纳税人搞好经营管理,认真履行纳税义务有重要作用。

(八)起征点

起征点,是指税法规定对征税对象开始征税的临界数额。征税对象的计税依据达到并超过起征点,就按征税对象的全部数额征税,未达到起征点的不征税。

(九)免征额

免征额,是指税法中规定的课税对象全部数额中免予征税的数额。无论课税对象的数额多大,未超过免征额的,不征税;超过的,就其超过的部分征税。

(十)加征

加征是指为了体现国家的社会经济政策,限制纳税人某些不利于国家和社会的行为,或为了调节收入,平衡税负,除按照税法规定的税率征税外,另视情节轻重和获利大小,加征一部分税款。

(十一)税收减免

税收减免是国家根据经济社会发展的需要,对某些纳税人或课税对象的一种优惠、照顾规定,是税收支出的一种形式。税收制度是根据经济发展的一般情况和社会平均负担能力来确定的,可以适应普遍性、一般性的要求,但不能适应个别的、特殊的要求。因此,在统一税收制度的基础上,需要一种灵活的调节手段来加以补充。减税是指从应征税额中减征部分税款;免征是对应征税款的全部免于征税。减免税的形式,分为税基式减免、税率式减免和税额减免三种。减免税虽然有利于税法的统一性与灵活性相结合,因事制宜,因地制宜,但必须按照税权的划分,保证税法的严肃性,正确对待整体与局部的利益关系,有利于纳税人在市场中的平等竞争。

(十二)违法处理

违法处理是对纳税人不依法纳税,不遵守税收征管制度等违反税法行为而采取的处罚性措施,是税收强制性的一种具体体现,这对保证税收政策、法令制度的贯彻执行具有重要作用。

三、税收分类

税收分类是按照一定的标准对各种税收进行的归类。科学的税收分类,对于研究税收发展演变过程、税制结构、分析税源分布与税收负担,规范税收管理权限等,都有重要意义。

税收分类的标准和方法很多,主要有:

(1)按课税对象的性质,可分为流转税、收益所得税、财产税、资源税和行为税等,这是最基本的分类方法。

(2)依据税收负担的最终归宿,即税负是否容易转嫁为标准,可分为直接税、间接税。凡由纳税人自己承担税负,不发生转嫁关系的税,称为直接税。凡纳税人可将税负转嫁于他人,发生转嫁关系,由他人负担的税称为间接税。

(3)按计税的标准不同,可分为从价税和从量税。从价税是指以征税对象及其计税依据的价格或金额为标准,按一定税率计征的税收。从量税是指以征税对象的重量、件数、容积、面积等数量为标准,采用固定税额计征的税收。

(4)按税收和价格的组成关系,可分为价内税和价外税。凡税金构成价格组成部分,称为价内税;凡税金作为价格之外附加的,称为价外税。与之相适应,价内税的计税依据称为含税价格,价外税的计税依据称为不含税价格。

(5)按税收收入的实体形态为标准,可分为实物税和货币税。

(6)按征税是否构成独立税种,可分为正税和附加税。附加税是指随某种税按一定比例加征的税。

(7)按税收的征收管理权和收入归属支配权的不同进行税收分类。实行分税制的国家必须在中央和地方各级政府之间,根据各自的职权、事权范围划分税源,并以此为基础确定各自的税收权限和税制体系。彻底分税制国家把税收划分为中央税和地方税两类。而不彻底分税制国家把税收分为中央税、地方税、共享税。中央税又称国家税,由一国中央立法机关立法,归中央政府征收、管理和支配的一类税收。地方税是指税收管理权及收入分配归地方政府的一类税收。地方税按税收管辖权的划分,立法权有归属地方的,有归属于中央的。共享税亦称中央地方共享税,指一个国家由中央和地方按一定方式分享收入的一类税收。

(8)以征收的延续时间为标准,可以分为经常税和临时税。即以立法者预期税法生效期长短为依据,预期持续生效的为经常税;反之,则为临时税。

第三节 流转额课税

流转额课税一般是根据商品流转额和非商品流转额征收的税。商品流转额是指商品在流转过程中由于购销活动所发生的货币金额；非商品流转额就是非商品营业额，一般是指一切不从事商品生产和商品交换活动的单位和个人，因从事其他经营活动所取得的业务或劳务收入金额。

流转额征税的特点，一是课征对象普遍。市场经济的交换普遍深入到各个领域和社会生活的各个方面，一种商品从投入流通到最后进行消费之前，每经过一次交易行为，就发生一次对卖者的商品流转额课征流转税的问题。二是具有比例税特点。按销售收入或营业收入征税，税收与价格成正比。在税率既定的前提下，税额的大小直接依存于商品和劳务价格的高低及流转额的多少。计税依据从价定率或从量定额征收，在以产品销售收入额计税，可以选择价内税或价外税，实行比例税。三是具有隐蔽税负的特点。一般而言，流转额课税的纳税人与负税人往往相分离，税负转嫁容易，因而它对负税人有隐蔽性，使实际负税人难以精确地了解自己承受的税收负担。

流转额课税的作用有：①课征普遍，税源广泛，可以保证及时、充分、稳定地获得税收收入。我国2008—2011年各年国内流转税占财政收入的比重分别为72.53%、74%、75.85%和74.57%。②它直接触及社会再生产过程和商品经济活动，可以灵活地、有针对性地调节生产和消费。通过对不同行业、产品制定不同税率，配合价格政策调节企业盈利水平，调节产业结构、产品结构和消费结构，促进资源的优化配置和经济又好、又快地发展。

我国现行流转税主要设置有：增值税、消费税、营业税、关税。

一、增值税

增值税是对生产、销售商品者，就其生产流通或者提供加工、修理修配劳务各个环节实现的增值额为征税对象所课征的一个税种。

增值额从理论上讲，是指企业生产产品过程中新创造的价值，相当于商品价值（C + V + M）扣除在生产上消耗掉的生产资料的转移价值（C）之后的余额V + M部分。这个余额大体相当于这个单位活劳动新创造的价值，即企业所支付的工资、利息、租金及企业利润的总和。增值税实际的计税只就销售额中的增值部分征税，也就是只对销售额中属于本企业创造的尚未征过税的那部分销售额征税，对上一环节已经征过税的转移价值不再重复征税。因此，如就商品生产的全过程而言，某一个商品生产和流通过程各个经营环节的增值之总和，相当于该商品实现消费时的最后销售总值。增值税是对生产经营各个环节实行道道征税，这和一般销售税在多环节课税是完全一样的。但它只对增值额征税，税负不受生产结构、产品结构和生产经营组织结构变化的影响，不论流转环节多少，征增值税多少，始终保持同等的税收含量，避免原来销售税按全值，“道道课税，税上加税”，税负因产品构成的变化而变化，所造成严重的税负累积效应。

从世界各国看，增值税可以分为三种类型：①消费型增值税，允许扣除当期购置用于生产应税产品的固定资产价款作为计税增值额。因就国民经济整体而言，计税依据只包括全部消费品价值,故称为消费型增值税。②收入型增值税,只允许扣除当期应计入产品成本的折旧部分作为计税增值额。③生产型增值税,不允许抵扣任何固定资产价款,只能扣除属于非固定资产的那部分外购生产资料的税额。即以企业的商品销售收入或劳务收入减除用于生产、经营的外购物资价值后的余额为计税增值额。2009 年 1 月 1 日起我国已实现了从生产型增值税向消费型增值税的转变。

增值税的优点:①适应生产经营的社会化和协作化发展,有利于生产结构的合理化,促进生产要素的优化配置。②增值税的课征与商品流转环节相适应,能够保证国家广泛、及时、均衡、稳定地取得财政收入。如我国 2011 年增值税收入达到 24 266. 63 亿元,占同期税收总收入 27. 04% 。③有利于扩大国际贸易往来,出口需要退税的商品,实行“零税率”,能够做到出口退税准确、彻底,鼓励出口;进口征收增值税能够保护国内产品的生产,维护国家利益。④有利于简化征收管理,增强了征管的严密性,可以使相关联的企业在纳税上相互监督,可减少偷漏税。

增值税的征收范围,除农业生产环节和不动产外,对所有销售货物或进口货物都征收增值税,并对工业性及非工业性的加工、修理修配也征收增值税。

增值税的纳税人,凡在我国境内销售货物或者提供加工、修理修配、劳务以及进口货物的单位和个人。

增值税税率, 基本税率为 17% ,低税率为 13% ,出口适用零税率。自 2013 年 8 月 1 日,“营改增”在全国推行,新增了 11% 和 6% 两档税率。

计税方法,我国增值税实行凭进货发票扣税的方法。在计算纳税人的应纳增值税额时,可以凭进货发票按照税法规定的范围,从当期销项税额中抵扣购进货物或应税劳务已交纳的增值税税额(即进项税额)。应纳税额计算公式为:

$$应纳税额 = 当期销项税额 - 当期进项税额$$

销项税额,是纳税人销售货物或者应税劳务,按照销售额和适用税率计算并向购买方收取的增值税额。其计算公式为:

$$当期销项税额 = 当期销售额 \times 适用税率$$

上式中的销售额为纳税人销售货物或者应税劳务向购买方收取的全部价款和价外费用,但不包括收取的销项税额。增值税额不包含在销售价格内,把税款同销售价格分开,鲜明体现增值税价外税,属于间接税的性质,既让企业成本费用及经营效益不受增值税的影响,又能明确增值税的负担者最终是消费者而不是纳税人的经营者。因此,在计算增值税的销售额时,要将含增值税价格的销售额换算为不含增值税销售额。

$$不含税销售额 = \frac{含税销售额}{1 + 税率}$$

进项税额,与销项税额相对应,是指纳税人购进货物或者接收应税劳务随价支付的增值税为进项税额。准予从销项税额中抵扣的进项税额,主要有三种情况:一是增值税扣税凭证上注明的增值税额,包括从销售方取得的增值税专用发票上注明的增值税税额;从海关取得的海关进口增值税专用缴款书上注明的增值税额。二是购进农产品,按照购进农产品收购发票或者销售发票上注明的农产品买价和 13% 的扣除率计算进项税额。三是增值税一般纳税人外购或者销售货物以及在生产经营中所支付的运输费用,根据运费结算单据(普通发票)所列运费金额,依 7% 的扣除率计算进项税额准予扣除。

小规模纳税人销售货物或者应税劳务,按照销售额和征收率(3%)计算应纳税额,不得抵扣进项税额。应纳税额计算公式:

应纳税额=销售额×征收率

纳税人进口货物,按照组成计税价格和规定的税率计算应纳税额,不得抵扣任何税额。计算公式如下:

组成计税价格=关税完税价格+关税+消费税

应纳税额=组成计税价格×税率

二、消费税

消费税是对生产和进口的应税消费品课征的一种税。

消费税有广义和狭义之分。广义的消费税相当于销售税,即对所有的消费行为和消费品征税;狭义的消费税是对特定的消费品和消费行为征收的一种税。现今世界各国征收消费税,一般只选择一部分消费品(消费行为)课以重税。我国古代都曾对盐、茶、酒等消费品征收过赋税。1994年税制改革规范了流转税,对所有的工业品普遍征收增值税,同时对一些特殊消费品再征收消费税。

消费税与其他流转税相比,有其特征:①征税范围具有选择性和灵活性。只是将那些消费量大、收入需求弹性充足和税源普遍的消费品列入征税范围。②宏观调控目标明确。通过消费税的征收与否以及税负的轻重,发挥对社会经济的调控作用。③聚财功能强。④纳税环节集中,便于征管。

消费税的作用:①正确引导消费方向。消费税体现国家的消费政策,调节消费结构、限制某些消费规模,诱导消费行为。因为针对一些特殊消费品的征税,能使消费者明确感受税收对其经济利益的调节,从而达到国家引导、调节、限制消费的目的。②增加国家税收收入。消费税通常采用较高的税率,征收不受产品成本和盈亏因素的影响,消费税收入增长潜力巨大。③调节收入,缓解社会分配不公平现象。由于收入上的差异会导致人们在消费需求上的不同,在对高收入者进行高消费时,通过征收消费税可对其消费支出进行调节。

消费税的征收范围。主要根据我国现有消费水平、消费政策及财政需要,只对生产和进口消费税条例列举的应税消费品征收消费税。包括一些过度消费会对人类健康、社会秩序、生态环境等方面造成危害的特殊消费品,奢侈品、非生活必需品,高能耗及高档消费品。

消费税的纳税人。是指在我国境内生产、委托加工和进口消费税条例列举的应税消费品的单位和个人。

消费税的计税依据。消费税分别采用从价、从量和复合三种计征方法。实行从价计征的应税消费品,计税依据为含消费税而不含增值税的销售额,与增值税的税基保持一致;实行从量计征税的应税消费品,计税依据为从量定额通常以每单位应税消费品的重量、容积或数量。

消费税税率从3%~56%,总共设有14个档次的税率(税额)。

消费税应纳税额的计算公式:

实行从价计征方法计算的应纳税额=销售额×税率

实行从量计征方法计算的应纳税额=应税消费品的销售数量×单位税额

实行复合计征方法计算的应纳税额=销售数量×定额税率+销售额×比例税率

三、"营改增"

营业税是对在我国境内销售应税劳务或不动产的单位和个人征收的一种税。

营业税是世界各国普遍实行的税种,在我国对营业行为的征税有着悠久的历史。现行营业税是以对非商品营业额征税为主。由于营业税的征收涉及面广,与广大人民群众的日常生活息息相关。随着我国第三产业的不断发展,营业税体现国家政策,为促进各行业协调发展,在特定的劳务服务领域发挥调节作用,有重要的经济意义。

营业税征收范围,是指属于交通运输业、建筑业、金融保险业、邮电通信业、文化体育业、娱乐业、服务业有偿提供应税劳务、有偿转让无形资产和有偿转让不动产所有权的行为。所称有偿,包括取得货币、货物或其他经济收益。自己新建建筑物后销售,视同提供应税劳务。转让不动产有限产权或永久使用权,以及单位将不动产无偿赠与他人,视同销售不动产。

营业税的纳税人,凡是在我国境内提供营业税条例规定的劳务、转让无形资产或者销售不动产的单位和个人,均是营业税的纳税义务人。

营业税税率,营业税实行比例税率。对交通运输业、建筑业、邮电通信业、文化体育业为3%;金融保险业、服务业、转让无形资产、销售不动产为5%;娱乐业为5% ~20%。

营业税计税依据,营业税的计税依据为纳税人提供应税劳务、转让无形资产或者销售不动产的营业额(包括向对方收取的全部价款和价外费用)和规定的税率计算应纳税额。

2015 年我国 GDP 增长率降至 6.9%,为了刺激经济增长,需要采取全面减税减费政策,进一步减轻企业税负。2015 年国内增值税(31 109 亿元)、营业税(19 313 亿元)占全国税收收入(124 892 亿元)的比例分别为 24.9%、15.5%,增值税和营业税之和占全国税收收入比例超过 40%。按照科学的财税制度发展要求,将营业税改征增值税(简称"营改增"),有利于完善税制,消除重复征税,有利于社会专业化分工,促进三次产业融合,增强企业发展能力,促进国民经济健康协调发展。全面实施"营改增"是财税领域打出"降成本"组合拳的重要一招,用短期财政收入的"减"换取持续发展势能的"增",为经济保持中高速增长、迈向中高端水平打下坚实基础。

(一)"营改增"历程

1. 自 2012 年 1 月 1 日起,在上海市开展交通运输业和部分现代服务业"营改增"试点。

2. 自 2012 年 9 月 1 日至 2012 年 12 月 1 日,将交通运输业和部分现代服务业"营改增"试点范围,由上海市分批扩大至北京等 8 个省(直辖市)。

3. 自 2013 年 8 月 1 日起,在全国范围内开展交通运输业和部分现代服务业"营改增"试点。适当扩大部分现代服务业范围,将广播影视服务纳入试点。

4. 自 2014 年 1 月 1 日起,铁路运输和邮政业纳入"营改增"全国试点。

5. 自 2014 年 6 月 1 日起,电信业纳入"营改增"全国试点。

6. 自 2016 年 5 月 1 日起,在全国范围内全面推开"营改增"试点,建筑业、房地产业、金融业、生活服务业等全部营业税纳税人,纳入试点范围。

(二)全面推开"营改增"试点的政策文件

1.《财政部 国家税务总局关于全面推开营业税改征增值税试点的通知》(2016 - 03 - 23 财税〔2016〕36 号),该通知包括 4 个附件:

（1）营业税改征增值税试点实施办法

（2）营业税改征增值税试点有关事项的规定

（3）营业税改征增值税试点过渡政策的规定

（4）跨境应税行为适用增值税零税率和免税政策的规定

2.《财政部 国家税务总局关于营业税改征增值税试点有关文化事业建设费政策及征收管理问题的通知》（2016－03－28 财税〔2016〕25 号）

（三）全面推开“营改增”试点的配套操作办法

国家税务总局发布全面推开“营改增”试点的配套操作办法：

1.《国家税务总局关于全面推开营业税改征增值税试点后增值税纳税申报有关事项的公告》（2016－03－31 国家税务总局公告 2016 年第 13 号）

2.《国家税务总局关于发布〈纳税人转让不动产增值税征收管理暂行办法〉的公告》（2016－03－31 国家税务总局公告 2016 年第 14 号）

3.《国家税务总局关于发布〈不动产进项税额分期抵扣暂行办法〉的公告》（2016－03－31 国家税务总局公告 2016 年第 15 号）

4.《国家税务总局关于发布〈纳税人提供不动产经营租赁服务增值税征收管理暂行办法〉的公告》（2016－03－31 国家税务总局公告 2016 年第 16 号）

5.《国家税务总局关于发布〈纳税人跨县（市、区）提供建筑服务增值税征收管理暂行办法〉的公告》（2016－03－31 国家税务总局公告 2016 年第 17 号）

6.《国家税务总局关于发布〈房地产开发企业销售自行开发的房地产项目增值税征收管理暂行办法〉的公告》（2016－03－31 国家税务总局公告 2016 年第 18 号）

7.《国家税务总局关于营业税改征增值税委托地税机关代征税款和代开增值税发票的公告》（2016－03－31 国家税务总局公告 2016 年第 19 号）

8.《国家税务总局关于营业税改征增值税委托地税局代征税款和代开增值税发票的通知》（ 2016－03－31 税总函〔2016〕145 号）

9.《国家税务总局关于全面推开营业税改征增值税试点有关税收征收管理事项的公告》（2016－04－19 国家税务总局公告 2016 年第 23 号）

10.《关于进一步做好营改增税控装置安装服务和监督管理工作有关问题的通知》（2016－04－19 税总函〔2016〕170 号）

（四）全面“营改增”消除重复征税

2016 年 5 月 1 日，在全国范围内全面推开“营改增”试点，历时四年多的“营改增”试点终于进入收官阶段，虽然试点改革的最终完成将以未来增值税立法作为标志，但全面推开“营改增”将结束营业税和增值税并存局面，从而打通增值税抵扣链条，消除重复征税，这在中国税收发展历史上无疑具有划时代的意义。

“营改增”前，增值税与营业税并存，造成重复征税。

（五）“营改增”试点前后税负变化

1. 试点小规模纳税人税负明显下降；

2. 试点一般纳税人适用简易法的税负明显下降；

3. 试点一般纳税人适用抵扣法的税负有升有降；

试点前缴纳营业税，试点后作为一般纳税人适用抵扣法缴纳增值税，税负有升有降；

4. 原增值税一般纳税人适用抵扣法的税负普遍下降；
5. 原增值税纳税人适用简易法的税负不变。

四、关税

关税是对进出国境或关境的货物、物品征收的一种税。

关境又称税境或海关境域，是一个国家的关税法令完全实施的境域。国境是一个主权国家的领土范围。

关税分为进口关税、出口关税和过境关税。进口关税是一国海关对其进口货物和物品所征收的税。它一般是在外国货物和物品直接进入关境或国境时征收，或者当外国货物由自由港、自由贸易区或海关保税仓库等地提出运往进口国的国内市场销售，在办理海关手续时征收，它是国家执行保护关税政策的主要手段。出口关税是当本国货物出境时，由海关对出口货物征收的税。出口关税逐渐被削弱是世界经济一体发展的必然结果，是各国为扩大本国经济竞争实力所遵循一项基本原则。目前一些国家仍旧征收出口关税，一般是基于增加本国的财政收入，限制本国某些产品或自然资源的输出，作为政治或经济斗争的武器的目的。过境税一般指对外国货物通过本国关境时所征收的关税。

各国所采用的关税政策，大体分为财政关税、保护关税两种。财政关税，主要是为了增加国家财政收入而征收的关税。保护关税，主要是为了保护本国工农业生产而征收的关税，保护关税政策主要内容是实行优惠关税和差别关税。

(1)差别关税。是对一种进口货物，由于输出国家或生产国家不同，或输入情况不同而使用不同税率征收的关税。主要是为了增强保护作用而使用比一般税率高的加重关税，也即是一般说的歧视性关税。差别关税包括：①反倾销关税，它是为了对付和抵制进行倾销的外国货物进口而征收的一种临时附加税。②反补贴税或抵销关税。它是对直接或间接领受出口津贴或补贴的外国商品低于正常价格进口时所征收的比一般税率更高的加重关税。③报复关税。

(2)优惠关税。是对待特定的受惠国给予优惠待遇，使用比普通税率较低的优惠税率。它是广义差别关税的一类关税。主要有：①互惠关税。这是两国相互间在关税方面给予对方优惠税率的一种协定关税。即按照规定，相互给予对方的进口货物免征关税或使用比其他国家较低税率的优惠待遇。②特惠关税。这是对有特殊关系的国家，单方面或相互间按协定采用特别低的进口税率甚或负税的一种关税。③最惠国待遇。缔约一方现在和将来给予任何第三国的一切特权、优惠和豁免，也同样给予对方的一种优惠待遇。④普遍优惠制。这是经济发达国家对发展中国家出口货物普遍给予的一种关税优惠制度。⑤过去关税及贸易总协定，现今世界贸易组织成员国间的关税减让。

(3)关税壁垒和非关税壁垒。关税壁垒是一个国家为限制外国产品进入本国市场，对一些商品，远远超过保护本国工农业生产的需要，制定税率极高的超保护关税。非关税壁垒是为了保护本国的经济发展，在关税壁垒之外采用种种行政手段和其他经济手段。例如通过进口配额、许可证、卫生检疫等各种管理制度。

(4)关税的作用。关税的作用主要是：①有利于保护和促进国民经济持续健康发展，保障本国资源的有效利用、市场的充分发展和充分就业，实现经济结构的优化，促进幼稚产业迅速成长和出口贸易顺利发展。通过对进口货物征收关税和规定高低不同税率，提高进口货物成本，削弱其与本国同类商品的竞争力，保护本国生产，同时鼓励某些必需品的进口，限制非必需品或奢侈品的进口；可以调节出口货物的品种和数量，实行零税率，鼓励大部分商品多出口，多创外汇；通过征税又可抑制一些商品的输出，限制本国自然资源的大量外流，调节国内市场供求。②维护国家权益，有利于贯彻对外开放政策。关税作为经济手段，也可以作为国家进行政治、外交关系的工具。③为国家建设积累资金，有利于调节国际收支。2011 年我国进出口贸易总额达 236 402 亿元，全年实现进口税 13 560.42 亿元，占全国同期财政收入 13.05%；同时有利于扩大出口，2011 年外贸出口退税 9 204.75 亿元，占同期流转税额 19.4%。

(5)关税的征税对象，是进出国境或关境的货物或物品。属于外贸进出口的称为货物；属于出入境旅客、运输工具服务人员携带的、个人邮递，以及用其他方式进口个人自用的称为物品。对一般出口货物不征出口关税。

(6)关税的纳税人，是进口货物的收货人、入境物品的所有人(或持有人)、进口邮件的收件人；出口货物的发货人。

(7)关税的税率，根据不同货物和不同国家区别对待的原则，一般采取差别比例税率，税率分为进口税率和出口税率。

进口关税的税率，进口货物按照必需品、需用品、非必需品、限制进口品等分成若干税级分别规定税率，必需品税率最低、限制进口品税率最高。各类同一货物的进口税率又分为最低税率和普通税率两种。对产自与我国订有关税互惠条款的贸易条约或协定的国家的进口货物，按照最低税率征税，对产自与我国未订有关税互惠条款的贸易条约或者协定的国家的进口货物，按照普通税率征税。

我国为适应 WTO 规则的要求，2000 年全面修订了《中华人民共和国海关法》。2004 年实施新的《中华人民共和国关税条例》。我国履行 WTO 关税减让承诺，中国的平均关税水平从加入时的 15.3%，2012 年关税总水平降至 9.8%，其中农产品平均税率为 15.1%，工业品平均税率为 8.9%。

我国对出口应税商品和对个人进口物品是按比例税率征税。

关税税额计算，进出口关税税额的计算公式为：

应纳税额 = 完税价格 × 税率

(8)完税价格。关税是从价征收。进出口货物的价格经货主(或申报人)向海关申报后，经海关审查、估价、确定其完税价格。进口货物完税价格是以该货物运抵我国的到岸价格为依据，出口货物的完税价格为该货物售与国外的离岸价格减除出口关税计算。对个人进口物品征税的完税价格由海关按照物品的到岸价格核定。

第四节　收益额课税

收益额课税是以纳税人的收益额为征税对象的一类税。按收益额征税，既包括对从事营利事业的生产经营取得利润的征税，也包括对利息、股息、红利、工资、劳务报酬、财产租赁转让、专利权、特许权使用费等的各种所得的征税。作为征税对象的收益额可以是总收益额，也可以是纯收益额。

一、收益额课税的特点和作用

(一)收益额课税的特点

1. 量能课税

收益课税是以纯收益或净收益额为依据,所得多的多征,所得少的少征,无所得的不征,较好地体现税负的公平性。

2. 税负明确

它属于直接税,税负不能转嫁,征纳双方关系明确,不存在重复征税问题,所得税的增减变动对物价不会产生直接的影响。

3. 课税有弹性

课税有弹性,按收益额征税,多采用累进税率,也有采用比例税率。

(二)收益额课税的作用

1. 调节社会收入分配,有利于公平分配

对收益额的课税不仅体现量能负担、合理负担的原则且又贯彻普遍征税,体现效率优先、兼顾公平的原则。实行累进课税可以缩小社会个人贫富和企业之间实际收入水平的差距;同时所得课税规定有起征点、免征额,对特殊困难的纳税人给以种种照顾,从而缓解社会矛盾,保持社会和谐。

2. 所得税是稳定经济的重要工具

政府可 以根据社会总供给和总需求的平衡状况,灵活调整税负水平,以抑制或刺激纳税人的投资和消费需求,维持经济稳定。即当经济过热,总需求过大时,可以提高所得税税负水平;反之,可以降低所得税税负水平。这种功能被称为"内在稳定器",在西方国家构成国家财政税收政策的核心内容。

3. 是国家财政收入的重要来源

所得额或收益额来源于剩余产品价值,税源可靠。尽管所得税直接受成本水平的影响,但它能比较准确地反映国民收入的增减变化情况。

4. 有利于维护国家的经济权益

对跨国所得进行征税,维护了主权国家的经济效益。

5. 能促使纳税人建立健全会计核算和经营管理制度

收益额课税的局限性是:①受经济波动和企业经营效益水平的影响,不能保证税收收入的稳定。②所得税的累进课税,运用不当会在不同程度上压抑纳税人的生产经营和工作积极性的充分发挥。③对收益额课税的计征管理比较复杂,需要较强的稽征技术水平,容易造成偷漏税,带来税负的不公平。

二、现行收益额课税的税种

我国现行税制对收益课税的税种有:企业所得税、个人所得税。2007 年取消了农业税。

(一)企业所得税

我国对工商企业征收所得税始于 1950 年。1958 年的工商所得税仅对非国营经济性质企业征收。为适应改革开放的需要,1980 年全国人大制定颁布了《中外合资企业所得税法》,1981 年又制定颁布了《外国企业所得税法》。1983 年利改税,出台了《国营企业所得税暂行条例(草案)》,开始对国营企业征收所得税。1991 年 7 月 1 日起施行《中华人民共和国外商投资企业和外国企业所得税法》。国务院于 1993 年 12 月颁布了《中华人民共和国企业所得税暂行条例》,统一了国营企业、集体企业、私营企业的所得税制度。由此,我国企业形成内资企业、外资企业两套税制。这为吸引外资,发展经济,对外资企业采取有别于内资企业的税收政策,从实际平均税负看,内资企业要高于外资企业。正由于内资所得企业税法、外资企业所得税法差异较大,企业要求统一税收待遇、公平竞争的呼声较高。同时上述企业所得税优惠政策存在较大漏洞,扭曲了企业经营行为,造成国家税款的流失。

2007 年 3 月第十届全国人大五次会议通过的《中华人民共和国企业所得税法》自 2008 年 1 月 1 日起施行。同时废止了以前的两个企业所得税法(条例)。企业所得税“两法”合并改革,对企业税收实现了“四个统一”,即内资企业、外资企业适用统一的企业所得税法;统一并适当降低企业所得税税率;统一和规范税前扣除办法和标准;统一和规范税收优惠政策。这有利于促进我国经济结构优化和产业升级;有利于为各类企业创造一个统一、规范公平竞争的税收法制环境,不仅使国内企业得到实惠,而且有利于提高吸引外资的质量。这是适应我国社会主义市场经济发展新阶段的一项制度创新,是促进经济社会可持续发展战略的配套措施,是我国经济走向成熟的重要标志。

1. 企业所得税纳税人

凡“在中华人民共和国境内,企业和其他收入的组织(统称企业)为企业所得税的纳税人”,不包括个人独资企业、合伙企业。企业分为居民企业和非居民企业。居民企业是指依法在中国境内成立,或者依照外国(地区)法律成立但实际管理机构在中国境内的企业。非居民企业,是指依照外国(地区)法律成立且实际管理机构不在中国境内,但在中国境内设立机构、场所的,或者在中国未设立机构、场所,但有来源于中国境内所得的企业。

2. 企业所得税征税对象

居民企业应当就其来源于中国境内、境外的所得缴纳企业所得税。非居民企业在中国境内设立机构、场所的,应当就其所设机构、场所取得的来源于中国境内的所得,以及发生在中国境外但与其所设机构、场所有实际联系的所得,缴纳企业所得税。而非居民企业在中国境内未设立机构、场所的,或者虽设立机构、场所但取得的所得与其所设机构、场所没有实际联系的,应当就其来源于中国境内的所得缴纳企业所得税。

企业应纳税所得额是按每一纳税年度的收入总额减除不征税收入、免税收入、各项扣除以及允许弥补的以前年度亏损后的余额,为应纳税所得额。

企业收入总额是企业以货币形式和非货币形式从各种来源取得的收入,为收入总额。包括:①销售货物收入;②提供劳务收入;③转让财产收入;④股息、红利等权益性、投资收益;⑤利息收入;⑥租金收入;⑦特许权使用费收入;⑧接受捐赠收入;⑨其他收入。

企业收入总额中的不征税收入,包括:①财政拨款;②依法收取并纳入财政管理的行政事业性收费、政府性基金。

企业收入总额的免税收入,包括:①国债利息收入;②符合条件的居民企业之间的股息、红利等权益性投资收益;③在中国境内设立机构、场所的非居民企业从居民企业取得与该机构、场所有实际联系的股息、红利等权益性投资收益;④符合条件的非营利组织的收入。

企业在计算应纳税所得额时的扣除，是指企业实际发生的与取得收入有关的、合理的支出，包括成本、费用、税金、损失和其他支出。准予在计算应纳税所得额时的扣除还有：①企业发生的公益性捐赠支出，在年度利润总额12%以内部分；②企业按照规定计算的固定资产折旧；③企业按照规定计算的无形摊销费用；④企业发生的已足额提取折旧的固定资产的改建支出、租入固定资产的改建支出、固定资产的大修理支出；⑤企业使用或者销售存货，按照规定计算的存货成本；⑥企业转让资产，该项资产的净值。

企业在计算应纳税额时，还可以对开发新技术、新产品、新工艺发生的研究开发费、企业综合利用资源等加计扣除应纳税所得额。

非居民企业的应纳税所得额的具体计算：①股息、红利等权益性投资收益和利息、租金、特许权使用费所得，以收入全额为应纳税所得额；②转让财产所得，以收入全额减除财产净值后的余额为应纳税所得额。

企业纳税年度发生的亏损，准予向以后年度结转，用以后年度的所得弥补，但结转年限最长不得超过五年。

3. 企业所得税税率

企业所得税的税率为25%。非居民企业适用税率为20%。参照国际通行做法，旨在扶持小企业发展，促进就业，对符合条件的小型微利企业，减按20%的税率征收企业所得税。国家需要重点扶持的高新技术企业，减按15%的税率征收企业所得税。我国确定企业所得税25%税率主要考虑是，对内资企业要减轻税负，对外资企业也尽可能少增加税负，同时要将财政减收控制在可以承受的范围内，还要考虑国际上尤其是周边国家（地区）的税率水平。25%的税率在国际上是适中偏低的水平，有利于提高企业竞争力和吸引外商投资。

4. 企业应纳所得税额的计算

企业应纳所得税额的计算是以企业的应纳税所得额乘以适用税率，减除税收优惠的规定减免和抵免的税额后的余额，为应纳税税额。计算公式如下：

应纳税所得额=收入总额-不征税收入额-免税收入额-各项扣除额-允许弥补以前年度亏损额

应纳所得税额=（应纳税所得额×适用所得税税率）-税收优惠减免税额-抵免所得税税额

税收优惠包括：①国家对重点扶持和鼓励发展的产业和项目所给予企业的所得税优惠；②从事农、林、牧、渔业项目的所得，从事国家重点扶持的公共基础设施项目投资经营的所得，从事符合条件的环境保护、节能节水项目的所得，符合条件的技术转让所得等。

企业取得的下列所得已在境外缴纳的所得税税额，可以从其当期应纳税额中抵免。包括：①居民企业来源于中国境外的应税所得；②非居民企业在中国境内设立机构、场所，取得发生在中国境外但与该机构、场所有实际联系的应税所得；③居民企业从其直接或者间接控制的外国企业分得的来源于中国境外的股息、红利等权益性投资收益，外国企业在境外实际缴纳的所得税税额中属于该项所得负担的部分，可以作为该居民企业的可抵免境外所得税税额。

上述抵免限额为该项所得依照企业所得税法规定计算的应纳税额；超过抵免限额的部分，可以在以后五个年度内，用每年度抵免限额抵免当年应抵免后的余额进行抵补。

企业所得税按纳税年度计算。纳税年度自公历1月1日至12月31日止。

(二)个人所得税

个人所得税是对我国境内居住的个人所得征收的一种税。

个人所得税在世界各国是普遍征收的税种。我国对个人收入的课税起步较晚,但目前已成为主体税种之一。开征个人所得税可以调节收入分配,体现社会公平,有利于社会和谐。个人所得税是针对自然人征收的,具体包括中国公民、外国公民、无国籍人、个体工商户、港澳台同胞等。

1. 个人所得税的纳税人

个人所得税的纳税人包括两个方面,一是在中国境内有住所(指因户籍、家庭、经济利益关系而在中国境内习惯性居住的个人),或者无住所而在境内居住满一年,从中国境内和境外取得的所得的个人;二是在中国境内无住所又不居住或者无住所而在境内居住不满一年,但有来源于中国境内所得的个人,均应按照个人所得税法的规定缴纳个人所得税。

个人所得税的纳税人是按照属地主义(收入来源税收管辖权)和属人主义(居住国税收管辖权)双重税收管辖权来确定,既包括我国境内有所得的居民,也包括从我国境内取得所得的非居民。

2. 个人所得税征税对象

个人所得税征税对象是以纳税人取得的个人所得。由于个人所得的范围很广,税法列举了应纳税所得的项目:①工资、薪金所得(指个人因任职或受雇而取得的工资、薪金、奖金、年终加薪、劳动分红、津贴、补贴以及与任职或者受雇有关的其他所得);②个人独资企业、合伙企业和个体工商户的生产、经营所得;③对企事业单位的承包经营、承租经营所得;④劳务报酬所得(指个人提供专利权、商标权、著作权、非专利技术以及其他特许权的使用权的所得);⑤稿酬所得;⑥特许权使用费所得;⑦利息、股息、红利所得;⑧财产租赁所得(指个人出租建筑物、土地使用权、机器设备、车船以及其他财产所取得的所得);⑨财产转让所得(指个人转让有价证券、股票、建筑物、土地使用权、机器设备、车船以及其他财产所取得的所得);⑩偶然所得(指个人得奖、中奖、中彩以及其他偶然性质所取得的所得)。

3. 计税依据

个人所得税的计税依据为应纳税所得额,即从纳税人收入总额中扣除税法规定的必要费用后的余额。允许从个人收入中扣除的费用大体上可分为两个部分:一部分是必要费用,另一部分是生计费(维持生活所需要的一般生活费,如对工薪收入进行的税前费用扣除)。我国个人所得税采取分项征收制,与此相适应的费用扣除也采取分项计算的方法。具体扣除的方法和数额如下:

(1)工资、薪金所得,以每月收入额减除费用3 500元后的余额,为应纳税所得额。但中国境内无住所而在中国境内取得工资、薪金所得的纳税义务人和在中国境内有住所而在中国境外取得工资、薪金所得的纳税义务人,在减除3 500元的基础上再享受附加减除费用1 300元。

(2)个人独资企业、合伙企业、个体工商户的生产、经营所得,以每一纳税年度的收入总额,减除成本、费用以及损失后的余额,为应纳税所得额。

(3)对企事业单位承包经营、承租经营所得,以每一纳税年度的收入总额(按照承包经营、承租经营合同规定分得的经营利润和工资、薪金性质的所得),减除必要费用(按月减除 3 500 元)后的余额为应纳税所得额。

(4)劳动报酬所得、稿酬所得、特许权使用费所得、财产租赁所得,每次收入不超过 4 000 元,减除费用 800 元;4 000 元以上的,减除 20% 的费用,其余额为纳税所得额。

(5)财产转让所得,以转让财产的收入额减除财产原值和合理费用后的余额为应纳税所得额。财产原值,如有价证券为买入价以及买入时按照规定交纳的有关费用;建筑物为建造费或者购进价格以及有关费用;土地使用权,为取得土地使用权所支付的金额、开发土地的费用以及其他有关费用,等等。

(6)利息、股息、红利所得、偶然所得和其他所得,以每次收入额为应纳税所得额。

4. 税率

个人所得税区别各种所得项目,规定了几种不同税率:

(1)工资、薪金所得,适用超额累进税率,税率为 3% ~45% 。

(2)个人独资企业、合伙企业、个体工商户的生产、经营所得和对企业事业单位的承包经营、承租经营所得,适用 5% ~35% 的超额累进税率。

(3)稿酬所得,适用比例税率,税率为 20% ,并按应纳税额减征 30% 。

(4)劳务报酬所得、特许权使用费所得、财产租赁所得、财产转让所得、利息、股息、偶然所得和其他所得,适用比例税率,税率为 20% 。但对劳务报酬所得一次收入畸高的,实行加成征收(加征五成、十成)。

5. 应纳所得税额的计算

(1)工资、薪金所得,个人独资企业、合伙企业、个体工商户生产、经营所得和对企事业单位的承包经营、承租经营所得,财产转让所得的应纳所得税额,基本计算公式如下:

应纳个人所得税额 = 应纳税所得额 × 适用税率

(2)劳务报酬所得、稿酬所得、特许权使用费所得、财产租赁所得,由于其费用扣除分别采用定额扣除和定率扣除两种方法,所以应纳所得税额也有两种不同的计算公式。

实行定额扣除费用,其应纳所得税额的计算公式为:

应纳个人所得税额 = (每次收入额 - 扣除额) × 税率

实行定率扣除费用,其应纳所得税额的计算公式为:

应纳个人所得税额 = 每次收入额 × (1 - 扣除率 20%) × 税率

劳务报酬所得一次畸高的加征个人所得税额应按上式应纳个人所得税额乘加成率。

(3)利息、股息、红利所得、偶然所得和其他所得按每次收入额征税,不扣除任何费用,适用比例税率。其应纳所得税额的计算公式为:

应纳个人所得税税额 = 每次收入额 × 税率

我国个人所得税法还具体规定了免税所得。

目前个人所得税尚需进一步完善,建立税基、税率合理和有利于征收管理的个人所得税制度。例如实行综合个人所得税税制,纳税单位的确定应以家庭为主等等,以发挥税收调节个人收入的功能。

(三)农(牧)业税(已取消)

农(牧)业税是对从事农(牧)业生产,有农(牧)业收益的单位和个人征收的一个税种。

新中国建立以前革命根据地的农业税在保障革命战争供给上其功不可没。新中国建立初期农民大力支持经济建设,交纳农业税占全国农业实际产量 13% 左右。以后各年度由于农业产量的提高和增产不增税政策，实征农业税占全国农业实产量逐年下降，“九五”时期只占 2.7%。稳定负担的农（牧）业税、农业特产税收入，1990 年 72.1 亿元、1995 年 225.3 亿元、2004 年 242 亿元，分别只占同期全国税收收入总额的 3.4%、4.3%、1%。

纵观近代世界各国的税收制度基本上不专门面向农业单独设立农业税。我国近些年来，在社会主义市场经济体制的建立与完善中，城乡矛盾和农业、农村、农民问题日益突出。为了深化农村税费改革，2004 年部分地区取消了农业税或降低农业税税率。2007 年 3 月第十届全国人大五次会议通过取消农业税、农业特产税。从此宣告我国两三千年“皇粮”的结束。这样不仅完善了税制，全国每年可减轻农民税收负担 300 亿元以上，有利于促进“三农”难题的解决，有利于构建现代市场经济体系，关系到实现国家的长治久安。

第五节　其他税种课税

我国税制是由多税种构成的，从兼顾财政收入与经济调节的需要，除了主体税种还需要一些属于次要地位和发挥辅助作用的一般税种，如资源税类、财产税类、行为税类。

一、资源税类

综观历史与现实，确定以资源为征象对象，一般是基于两个目的：一是选择丰盛的资源，利用资源优势，通过征税来充实国家财政收入。二是运用税收工具，保护和促进资源的及时、合理开发和有效利用。

对资源征税按其课税目的和意义的不同，可以分为级差资源税和一般资源税两种。级差资源税是国家对开发和利用自然资源的单位和个人，就其资源条件的差别所取得的级差收入课征的一种税。一般资源税是国家对国有资源（如城市土地、矿藏、水流、森林等），根据国家的需要，对使用某种自然资源的单位和个人，为取得应税资源的使用权而征收一种税。实际在对同一种资源征税中，对这两类性质的征税是兼而有之。我国对资源征税的税种主要有：资源税、城镇土地使用税、耕地占用税和土地增值税。

（一）资源税

资源税是对在我国境内开采矿产品和生产盐的单位和个人，就其原料产品级差收入课征的一种税。对资源征税是国家作为自然资源的所有者，又是政治权力的行使者，一方面体现了对国有资源的有偿占用性，另一方面对非国家所有的资源则属于税收的特征。我国现行的资源税征税对象既不是全部自然资源，也不是对所有具有商品属性的资源都征税。它具有收益税性质，具有级差收入的特点。

资源税的作用：①调节级差收入，有利于正确评价企业的经济效益。我国的自然资源分布面广，不同地区的同一类资源的丰瘠不同，其地理位置和开发条件差别较大，开发企业间的利润水平相差悬殊。就在同一资源的开发初期、全盛期和后期也各不相同，在不同时期的利润升降也较大。而这些都不能真实地反映开发者主观努力的状况。开征资源税，有利于促进企业在同一水平上开展竞争，不断改善经营管理，提高其经济效益。②有利于加强资源管理，合理有效地利用资源。运用税收经济杠杆，调节级差收入，使在不同资源条件下的开发和生产企业，投入相同的资金和劳动，能取得大致相等的经济效益，控制资源浪费和滥挖乱采的现象。③有利于增加财政收入。开征资源税不仅把属于级差收入部分收归国家所有,而且将属于国有的一般资源实行有偿开采的原则,增加国家财政收入。

资源税的纳税人,包括从事资源税条例规定的矿产品或者生产盐的所有单位和个人。

资源税的征收范围,应当包括一切开发和利用的国有资源,但目前资源税征收的范围狭窄,只包括矿产品(原油、天然气、煤炭、其他非金属矿原矿、黑色金属矿原矿和有色金属矿原矿)、盐(固体盐、液体盐)。

资源税实施"普遍征收,级差调节"的征收原则,分别采用从价定率和从量定额两种计征方法。应纳税额计算公式为:

实行从价计征方法计算的应纳税额 = 销售额 × 比例税率

实行从量计征方法计算的应纳税额 = 课税数量 × 单位税额

2016 年 7 月 1 日起, 我国将全面推行资源税改革,实行从价计征,清理收费基金,突破目前仅对矿产品和盐征税的局限,试点开征水资源税,进一步完善绿色税收制度,理顺资源税费关系,减轻企业负担,有效建立税收与资源价格直接挂钩的调节机制,促进资源节约集约利用,引导企业调整经济结构,引领绿色发展。

(二)城镇土地使用税

城镇土地使用税是对在城镇和工矿区使用土地的单位和个人,按实际占用面积分等定额征收的一种税。

征收土地使用税是配合运用经济手段管理土地,达到合理节约使用土地,提高土地利用效益的目的。通过征收土地使用税还可以调节土地的级差收益,促使对土地使用加强经济核算,改善经营管理,也有利于在平等条件下展开竞争。

土地使用税的征税范围是在城市、县城、建制镇、工矿区内开征。即在开征范围内使用土地的单位和个人,为城镇土地使用税的纳税义务人。土地使用税以纳税人实际占用的土地面积为计税依据,从量定额计算征收。采用定额税率,即采用有幅度的差别税额,按大、中、小城市和县城、建制镇、工矿区分别规定每平方米土地使用税的年应纳税额计算征收。

(三)土地增值税

土地增值税是对转让国有土地使用权及地上建筑物的增值收益所征收的一种税。

为了发挥市场机制在土地资源配置方面的基础性作用,国家有必要加强对土地使用权市场的宏观调控,规范土地、房地产市场交易秩序,合理调节土地增值收益,维护国家权益。在房地产转让过程中,房地产增值的实质是土地使用权的增值(一般地讲,房产基本上不会增值)。而土地增值主要原因是整个社会经济的发展和国家对土地使用外部条件的改善。因此作为土地所有者理应对土地增值收益参与分配。但由于对土地使用权和房屋产权的增值很难截然分开,故定名为土地增值税。

土地增值税的纳税人,是转让国有土地使用权、地上建筑物及其附着物并取得收入的单位和个人。土地增值税的征税对象是转让房地产所得的增值额。增值额的计算,以转让房地产所得的收入减除税法规定的扣除项目金额后的余额为增值额。土地增值税实行四级超率累进税率,最低税率为 30%,最高税率为 60%。土地增值税应纳税额的计算公式为:

应纳税额 = 转让房地产所得的增值额 × 税法规定的适用税率

(四)耕地占用税

耕地占用税是国家对占用耕地的单位和个人,按照规定税额一次征收的税种。

征收耕地占用税的主要目的是运用税收手段,加强对耕地管理,合理利用土地资源。耕地占用税的纳税人是占有耕地建房或者从事其他非农业建设的单位和个人。耕地占用税以纳税人实际占用的耕地面积为计税依据,从量定额征收。耕地占用税采用定额税率,以县为单位,按其人均耕地的多少,规定幅度差别税额。

二、财产税类

财产税是以纳税人所有或属其支配的财产课征的税。财产税按照征税范围宽窄,可分为一般财产税和个别财产税(如房屋、资本等);财产税按照课征时财产所处的状态,可分为静态财产税和动态财产税(如遗产和赠与税)等。财产税可以调节社会成员的收入分配,但由于难以查实纳税人的全部财产,难免有失“公平税负”原则。财产税在收入上弹性小,不能随财政的需要而征多征少,也不可能普及到纳税人的全部财产。财产税可以作为调节社会纯收入分配,有利于防止两极分化,但时至今日尚不能成为世界各国的主体税种。而我国也由于种种原因,目前只开征有房产税、车船使用税(船舶吨税实质上属于一种港务费性质)、契税。适时开征遗产税也是有积极意义的。

(一)房产税

房产税是对城镇、工矿区的房屋,向产权所有人和承典人征收的一种税。

开征房产税可调节财富分配,有利于加强房产管理,促进城市房屋合理利用,也为地方财政收入提供了一个较可靠的收入来源。房产税的征税范围为城市、县城、建制镇和工矿区。房产税的纳税人为开征地区的产权所有人或承典人。房产税的计税依据为房产原值一次减除10% ~30%的余额计算缴纳;房产出租的,以房产租金收入为房产税的计税依据。房产税的税率,依照房产余值缴纳的,税率为1.2%;依照房产租金收入计算缴纳的,税率为12%。

2010年国务院同意国家发展改革委员会《关于2010年深化经济体制改革重点工作的意见》,该《意见》指出将逐步推进房产税改革,至此房产税改革提上日程。2011年1月,上海和重庆开始试点征收房产税。

1. 上海房产税

上海房产税的征收对象,是自2011年1月28日起本市居民家庭在本市新购且属于该居民家庭第二套及以上的住房(包括新购的二手存量住房和新建商品住房)和非本市居民家庭在本市新购的住房。税率二档,0.6%和0.4%。

2. 重庆房产税

重庆房产税的征税对象,是个人拥有的独栋商品住宅、个人新购的高档住房、在重庆市同时无户籍、无企业、无工作的个人新购的第二套(含第二套)以上的普通住房。税率三档:0.5%、1%、1.2%。

(二)车船使用税

车船使用税是对行驶于我国境内的车船,向拥有并且使用车船的单位和个人征收的一种税。车船使用税具有单项财产的特点,实现了财产税和行为税的统一。

征税范围是指在我国境内行驶的车船。凡是在中国境内拥有并且使用车船的单位和个人均属纳税义务人。车船使用税采用从量定额税率,分别按车船的种类、大小、使用性质,对车辆制定不同的有幅度的税额,对船舶统一规定分类分级的固定税额。

（三）契税

契税是对不动产所有权转移登记时，向产权承受人课征的税，属于财产转移课税。契税是一个古老的税种。新中国成立后，1950 年发布了《契税暂行条例》。改革开放后国家重新调整了土地房屋管理政策，1997 年发布了《中华人民共和国契税暂行条例》。

契税的征税范围是买卖、赠与或交换不动产而订立的契约。契税的纳税人是承受中国境内转移土地、房屋权属的单位和个人。契税的征税对象为发生土地使用权和房屋所有权权属的土地和房屋。契税实行 3% ~5% 的幅度税率。

三、行为税类

行为税是以纳税人的某种特定行为为征税对象的税种。这个"特定行为"是指国家通过征税所要加以限制或监督的行为。即通过征税调节某种经济行为，直接体现国家意志的特殊目的性。开征行为税不是通过课税使这种税收的收入不断增长，有时"寓禁于征"反而会导致这种税收收入的不断减少。行为税往往具有临时性或偶然性，有的税种是当其需要就开征，不需要就停征，调节经济发挥"拾遗补缺"的特殊作用。行为税通过税制改革的调整，现有城市维护建设税、印花税。固定资产投资方向调节税已于 2012 年取消。

（一）印花税

印花税是因商业活动、产权转移等行为所立书或使用的凭证征收的一种税。印花税具有凭证税和行为税性质。

开征印花税有利于增加财政收入（征收面广、积少成多），能配合社会主义市场经济秩序的建立，促进提高经济技术合同的兑现率，也有利于提高纳税人的法制观念。印花税的纳税人是指在我国境内立书、领受，在中国境内具有法律效力，受中国法律保护的凭证的单位和个人。印花税征税范围包括经济合同、产权转移书据、营业账簿、权利许可证照和财政部门确定征税的其他凭证。

印花税的税率根据应税凭证的性质，分别规定从价比例税率，即 1‰、5‱、3‱、0. 5‱；或按件固定税额。印花税实行由纳税人根据规定自行计算应纳税额，购买并一次贴足印花税票的缴纳办法。

（二）城市维护建设税

为了加强城市的维护建设，扩大和稳定城市维护建设资金的来源，对从事工商经营，凡缴纳消费税、增值税、营业税的单位和个人，不论是国有企业、集体企业、私营企业、个体工商户均应就其实际缴纳的税额为计税依据，计算缴纳城市维护建设税。

城市维护建设税具有受益性质的行为税，它属于一种附加税，其征税范围较广，所征税款专款专用，要保证用于城市的公用事业和公共设施的维护和建设。

【复习思考题】

1. 社会主义市场经济条件下为什么要充分利用税收？
2. 增值税的优点如何？
3. "营改增"的全面推开对中国经济发展的意义有哪些方面？
4. 为什么说所得税在社会主义市场经济体制下将会发挥越来越重要的作用？
5. 开征个人所得税的现实意义是什么？

第七章 国际税收

第一节 国际税收概述

一、什么是国际税收

(一)国际税收的定义

国际税收是在国家税收的基础上发展起来的,仍然是国家凭借政治权力进行的一种特殊分配。国际税收是一种税收,必然反映着国家与纳税人之间的征纳关系,但是,它已不再是单个国家范围内的征纳关系,而必须同时拥有两个或两个以上的国家,在各自的政治权力管辖范围内的征纳关系。如果这两个或两个以上的国家的征纳关系依然是平行地而不是有所交叉地征税,那么至多是延伸放大了的国家税收,不可能衍化成为国际税收。

显然,国际税收不仅与多个国家有关,而且涉及的纳税人必须是跨国纳税人,而且必须是同一课税对象。

在图7-1中,纳税人由于其经营活动跨出国界,成为跨国纳税人,甲、乙、丙国根据各自的征税权力,都可以对该跨国纳税人征税。这就出现了两层关系:一是甲、乙、丙国各自同该国纳税人之间的关系。这层关系仍然归属于国家税收,但由于纳税人不是一般的纳税人,而是跨国纳税人,所以其成为国际税收关系的基础。二是甲、乙、丙国之间的税收分配关系。

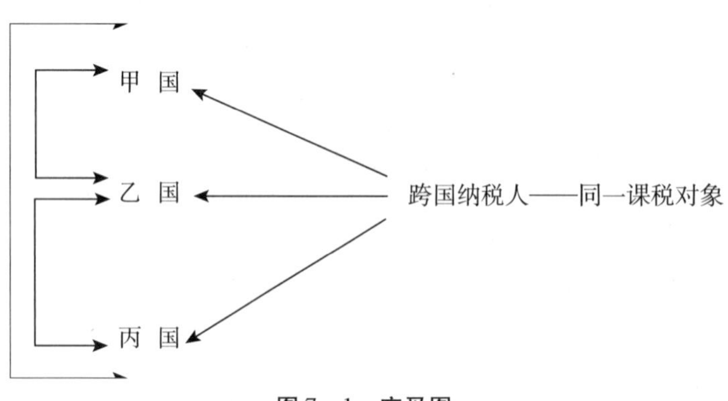

图7-1 交叉图

当这个跨国纳税人的同一笔跨国收入中有一部分或全部既向甲国又向乙国,或既向甲国又向丙国……履行纳税义务时,由于跨国纳税人在它所跨越的几个国家内取得收入所应承担的总税负是一个既定量,如果甲国向跨国纳税人多征了税,就可能影响乙国、丙国;如果乙国向跨国纳税人多征了税,就可能影响甲国、丙国的税收收入,如此等等。这影响到了国家之间的税收权益分配,已超出了一个国家的国家税收权力范围,不是一个国家能独立解决的,必须由有关国家共同去求得解决。这种国家之间的税收分配关系,就成为国际税收。

根据以上分析,我们把国际税收的定义表述如下:国际税收就是指两个或两个以上的国家,在对跨国纳税人行使各自的征税权力而形成的征纳关系中,所发生的国家之间的税收分配关系。其实质是各国在对各自政权管辖范围内的跨国纳税人征税的基础上形成的税收权益分配。

(二)国际税收与国家税收的关系

1. 国际税收与国家税收的联系

(1)国际税收和国家税收都归属于税收范畴。它们必然与国家及其政治权力相关联,必然与一定的征纳关系相联系。

(2)国家税收是国际税收的基础。无论是从历史、现实,还是从逻辑的角度来看,国际税收都是以国家税收为基础的,或者说是国家税收在国际范围的一种延伸,没有国家税收也就无所谓国际税收。

2. 国际税收与国家税收的区别

(1)国家税收只与某一国的政治权力相关,而国际税收则涉及多国的政治权力。任何一个拥有主权的独立国家,都可凭借其政治权力行使征税权,不会屈从于其他国家的政治权力。国际税收反映的是国家税收的国际关系,或国家之间的税收关系,而非"国际"所课征的税收。而且,世界上还没有超国家的"国际"这一政治权力,能够在国际范围内课征税收。国际税收发生的国家之间的税收分配关系,它必然涉及多国的政治权力,自然也只能在各国政治权力机构的协调下处理国家之间的权益分配。

(2)国家税收是某一国家与其管辖下的纳税人之间发生征纳关系,因而有独立的税种、纳税人和征税对象。而国际税收是国家之间的税收分配关系的总称,它不是一个独立的税种,因而只有涉及的税种、纳税人和征税对象。涉及的纳税人和征税对象是国际税收的关键因素,因为只有纳税人和征税对象跨出了国界,才能成为跨国纳税人和跨国征税对象。国际税收主要是在所得税和财产税课征上发生的国家之间的权益关系。

(3)国家税收依靠某一主权国家制定的法律来确定该国与纳税人之间的征纳关系。而国际税收中国家之间的税收分配关系则只能通过国家之间的协议来解决。世界上不存在超国家的、凌驾于各国政府之间的法律机构。各国政府只能在平等互利的原则下,通过谈判、协商,从而制定有关国际税收的协定和条约,处理有关的国际税收关系。

弄清了国际税收的概念,有助于区别外国税收、涉外税收,并对其范围作出恰当的规定。因为,外国税收只不过是外国的国家税收,是一个相对于本国税收的概念。涉外税收只不过是一个国家征税涉及与国际经济活动中的纳税人的征纳关系,是该国国家税收的组成部分,是一个相对于国内税收征纳关系的概念。所以把外国税收、涉外税收简单地视为国际税收的观点是不正确的。但是,国际税收涉及国家之间的税收关系,就会受到各国税收的制约；其涉外税收制度是国际税收存在和发展的基础。各个国家课征涉外税收，最容易引起国际税收问题。加强对国际税收的研究，有助于各国税制建设遵循国际税收的各种准则和规范，有助于本国涉外税收的建设。

二、国际税收的起源和发展

人类的国家税收从最老的税收开始，大体经历了古老直接税阶段、间接税阶段、近代直接税阶段。国际税收的起源和发展，也大体沿袭国家税收的起源和发展的脉络。

（一）古老的直接税阶段——国际税收的史前期

古老直接税是建立在自然经济的客观基础之上的，同时也是建立在土地私有制基础之上的。马克思说："直接税，作为一种最简单的征税形式，同时也是一种最原始最古老的形式，是以土地私有制为基础的那个社会制度的时代产物。"①说它"简单"是由于计税基础粗糙，如人丁税按人口课征，土地税丈量田土面积，房屋税中最简单的为灶税、烟囱税。农业税以土地田亩数、农业劳动力人数或农业家庭户数为计税标准，这都在一国的领土疆域之内。农业和手工业产品主要是为了满足生产者本身的需要，而非为了交换。总之，早期的自然经济以农业生产为主，具有明显的地域概念，是一种封闭型经济，不具备产生国际税收的条件。

（二）间接税阶段——国际税收的萌芽期

到了17～18世纪，关税与消费税等间接税已普遍实行。资产阶级夺取政权以后，资本主义生产方式确立，资本主义社会表现为庞大的"商品堆积"。资产阶级广泛实行商品课税，可达到一箭双雕的目的：一是只要课税商品能按提高的价格出售，资本家即可将税款转嫁给消费者负担，而坐享其利；二是国外进口的工业品和本国生产的高质量工业品，主要的顾主是富裕的贵族和大地主阶级，课以消费税，既可削弱封建势力，又可充实资产阶级政府的国库。

对商品流转额的征税本身，并不会发生国际税收，因为对商品流转额课税就是交易行为税，间接税不仅与交易行为有关系，而且具有不中断的特点，除非已进入消费，否则买方不断转化为卖方，不断发生商品的转手。与之相适应，对交易的课税，就是对交易发生行为的课税，在交易行为发生所在地课税。随着商品流通从国内市场延伸到国际市场，按照间接税对于跨国交易行为应由起点的出口国家对出口商征税，由终点的进口国家对进口商征税。所以，在这种情况下并不会发生国际税收。

由于资本主义政治经济发展不平衡规律的作用，在激烈的国际贸易竞争中，一些先进的资本主义国家为自身利益往往提出"自由贸易、门户开放"政策，后进国家针锋相对地提出保护主义的壁垒政策，相互间展开了激烈的斗争，即所谓关税战、贸易战。从17世纪开始，为减少国家间的矛盾，开始签订国家间的协定，相互给予对等的专利，这些都往往要涉及进出口税则和其他税收事务的调整，但并不直接触及国家间税收权益的调整。总之，这个时期，由贸易而引起的国际税收关系，较为简单，只作为贸易的附加。这个时期，我们称之为国际税收的萌芽期。

（三）近代直接税阶段——国际税收形成期

近代直接税是商品经济高度发展的产物。在商品经济社会里，商品生产受到价值规律

---

① 马克思恩格斯全集：第8卷[M]. 北京：人民出版社，1961：543.

的支配，每个商品生产者都要求他所生产的商品的价值低于商品的社会价值，每个企业所关心的都是毛收入扣除生产费用后的净收入的大小。而所得税这种近代直接税就是对其净收入所课的税，“所得税以不同社会阶级的不同收入来源为前提，就是说，以资本主义社会为前提”①。商品经济一旦进入资本主义社会，它就成为普遍的、占统治地位的经济。因此，所得税在资本主义社会得到迅速发展。

所得税的课税对象是所得，它与流转额是不相同的：①所得不受一国疆界范围的限制。无论是自然人还是法人既可以从甲国取得所得，又可以同时从乙国取得收入，所以，所得有可能横跨国界而带有跨国的性质。②所得不同于商品流通，有明确的跨国交易起点国和终点国的概念，但它没有一个明确的、清晰的概念而可能是跨国家的所得。

近几十年来，国际税收得到了越来越大的发展。特别是第二次世界大战以后，由于科技革命的发展，帝国主义的垄断资本对外扩张达到空前的规模。跨国公司代替了卡特尔，通过资本输出，加速生产的集中和对国际市场的竞争，形成了国际化的生产。国际化的生产必然导致收入国际化，收入的国际化必然导致税收的国际化。对跨国所得征税，必然产生国际税收。

总之，与近代直接税阶段相适应，国际税收概念广泛使用，进入了形成期。

国际税收的发展，经过了上述史前期、萌芽期和形成期这样三个阶段。

第二节　国际税收关系的内容

一、税收管辖权及其类型

税收管辖权并不是在国际税收形成之后才出现的，而是在税收产生的同时就存在了。在国际税收形成以后，出现了两个或两个以上的国家对同一纳税人及征税对象征税，税收管辖权出现交叉重叠现象。这样，税收管辖权问题在国际上也就变得十分突出和复杂。

税收管辖权，是一国政府在征税方面所拥有和行使的管理权力。它具有独立性、排他性两大特征。即依法确定对什么征税、征多少税、怎样征税及由谁纳税的权力。税收管辖权受国家政治权力所能达到范围的制约。一个主权国家的政治权力所能达到的范围，从地域概念来说，包括该国疆界内的全部空间；从人员概念来说，包括该国认定的公民或居民，具体包括本国人、外国人、双重国籍人、无国籍人和法人。与此相适应，按照属地原则确定的税收管辖权，称之为地域管辖权，也叫收入来源地管辖权。在实行地域管辖权的国家，一般对来源于本国的所得行使税收管辖权，予以征税，而不论纳税人是何国公民或居民；对来源于国外的所得，则不征税。按照属人原则确定的税收管辖权，称之为公民或居民管辖权。在实行公民或居民管辖权的国家，一般对本国公民或居民的来源于国内外的全部所得行使税收管辖权，予以征税。一国采用何种税收管辖权，由该国根据其国家权益 、国情、政策和在国际上所处的经济地位等因素决定。一般地说，资本技术输入较多的发展中国家，多侧重维护地域管辖权；；而资本技术输出较多的发达国家，则多侧重居民（公民）管辖权。大

① 马克思恩格斯选集：第3卷[M]. 北京：人民出版社，1972：22.

多数国家为维护本国权益，一般都同时行使两种税收管辖权。在国际上单一行使地域管辖权的国家有文莱、法国、荷兰、玻利维亚等。美国同时行使居民管辖权、公民管辖权和地域管辖权。

那么，用什么标准判定法人和自然人是何国居民呢？

判定法人居民的标准，国际上通行的有两种：一是法律标准，即注册登记地标准。凡在本国各级政府注册的公司、企业，不论其总机构是否设在本国，也不论投资者是何国国籍，都看成是本国企业，对来源于全世界收入都予以征税；不在本国注册的公司、企业，则只对其来源于本国的那部分收入征税。二是户籍标准，即管理机构所在地标准和总机构所在地标准。凡公司、企业的总管理机构设在本国境内，不论其投资者是何国国籍，都看成是本国企业，对其来自全世界的收入都予以征税；总管理机构没有设在本国的，则仅对其来自本国的那部分收入征税。世界许多国家都不是仅采用一个标准，而是同时采纳两种或两种以上的判定标准。如日本不仅采用总机构标准，同时采用注册登记地标准。

判定自然人居民的标准，国际上通行的也有两种：一是法律标准。凡属本国的公民和有各种居留证明的外国侨民，都属于本国居民；其余则为非居民。二是户籍标准（即住所标准）和居民标准（也称时间标准）。凡在本国有永久住所，居住达到一定期限的个人，包括本国公民和外国人，均为本国居民；没有达到居住期限的为非居民。世界各国对居住期限的具体规定是很不一样的，例如美国、日本、法国等定为一年，英国规定为半年。凡是被确定为居民者，一般都要按其世界范围的全部收入纳税，此居民就成为国际税收中的无限纳税义务人。非居民作为有限纳税义务人，仅对其国内所得征税，这已成为国际惯例。

二、国际税收涉及的纳税人和征税对象

（一）国际税收涉及的纳税人

和世界各国税收规定的纳税人一样，国际税收涉及的纳税人也包括法人和自然人，而且是跨国的法人和自然人。

如果一国规定的纳税人，只是在本国地域管辖范围内从事经济活动，那他只与本国政府发生单一的征税关系，则不成为国际税收涉及的纳税人。只有当该纳税人的经营活动跨出出国界，同时成为两个或两个以上国家重复交叉的纳税义务人时，并引起这些国家之间税收分配关系的发生，他才成为国际收涉及的纳税人。例如甲国的某家公司，到乙国去投资建厂，就同时对甲、乙两国都负有纳税义务，这家公司就成为国际税收涉及的纳税人。这样的纳税人，可以是被不同国家交叉管辖权的同一主体的跨国纳税人，也可以是被同一经济渊源所联系起来的不同主体跨国纳税人。

需要指出的是，国际税收涉及纳税人不单纯以国籍为判断依据。尽管国籍是分析判断纳税人的因素，但不是唯一的因素。一个具有外国国籍的纳税人，并不一定就是国际税收涉及的纳税人，而一个具有本国国籍的纳税人，也不一定就不是国际税收涉及的纳税人。国际税收涉及的纳税人，是由有关国家采取的不同的税收管辖权的各种因素共同决定的。

（二）国际税收涉及的征税对象

国际税收涉及的征税对象是对跨国纳税人征税的目的物。包括跨国所得和一般财产价值。其大致可以分为以下四类：

1. 跨国经营所得

跨国经营所得，是指跨国纳税人从事跨国的工业、商业、服务等生产经营活动取得的

所得。

2. 跨国劳务所得

跨国劳务所得，是指跨国纳税人跨越国界，从事设计、讲学、咨询、演出等项劳务取得的所得。其中，独立劳务所得是指自由职业者从事专业性劳务取得的所得，如从事科学、文学、艺术、教育的人员以及医师、律师、工程师、会计师从事独立活动的所得；非独立劳务所得是指雇员或职员取得的工资、薪金和其他报酬等。

3. 跨国投资所得

跨国投资所得，是指跨国纳税人通过投资入股、放贷、转让特许权等活动取得的所得，如股息、利息、特许权使用费等。

4. 其他跨国所得

其他跨国所得，是指上述三种跨国所得以外的跨国所得，如财产所得、遗产继承所得等。

对国际税收涉及的征税对象的概括和分类，世界各国并不完全一致，所以在研究和处理国际税收关系时，必须注意到征税对象可能出现的差别，防止由于对征税对象范围规定不同而出现歧义。

（三）国际上对所得来源的确定

一个国家在行使税收管辖权时，第一步要确定纳税人的居民身份，即判定其是无限纳税义务人还是有限纳税义务人；第二步是确定课税对象，主要就是确定该纳税人的所得来源地，即判定其所得是来源本国境内还是境外，从而行使不同的税收管辖权。一个国家对于本国居民取得的来自本国的所得是比较容易确定的，而对于非居民的所得来源却不易确定，即很难判定某非居民是否来源于本国境内的所得。所以，确定所得来源地，是对该非居民行使所得来源地管辖权的依据和前提。

当今，世界各国确定上述的各类所得来源地的标准不尽相同，这给合理地行使税收管辖权带来一些矛盾和问题。世界各国税法确定“所得”的主要特征：

（1）以合法来源的所得为主。

（2）以连续性所得为主。大多数国家的应税所得是以经营性或连续性收益为主，目前有些国家把凡是财富的增加或经济上的收益，都列为应税所得，如资本利得税、遗产税、赠与税。

（3）以净所得为主。对所得进行征税，首先要对纳税人的所得进行合理扣减后才能征税。但对股息、利息、特许权使用费的征税，目前国际惯例的做法是直接按全部收入征收，不扣除费用，用扣缴预提所得税的办法。

（4）应税所得范围。应税所得是指能够提高纳税能力的所得，是从他人处收到货币金额，而不是包括自有财产的重估价。而且应税所得是货币和实物的所得，而不是精神上的所得，如荣誉、知识的所得和体质上、心理上的收益。

三、跨国关联企业征税

跨国关联企业征税，是指主权国家依据本国法律，参照有关国际税收准则，对跨国关联企业确定计税依据、计征应纳税款的统称。

（一）关联企业的认定

关联企业也称联属企业。确定某些跨国公司之间是否为关联企业，是各国税务当局考虑它们之间的交易是否具有转让定价行为,并对他们的跨国收入与费用进行合理分配的前提。

所谓关联企业,一般是指具有血缘关系的跨国企业,如跨国的母公司与子公司之间、同属于一个母公司的子公司之间、跨国总公司与分公司之间,以及同属于一个总公司的公司之间,都属于关联企业。关联企业除了具有“血缘关系”的公司以外,还包括彼此之间存在着控制与受控制关系的企业。跨国公司之间的控制手段通常有两种,即股权控制和非股权控制。

(二)转让定价的概念

转让定价是指国际关联企业内部基于共同利益的需要,经过人为安排的、背离正常的市场价格的各种内部交易价格和费用收取标准。

转让定价可以进一步划分为公司内部定价和联营公司间定价。转让定价不必等于跨国公司实际的内部成本,它们可以大大高于或低于实际会计成本,在某些情况下,甚至与实际成本没有直接联系。这样,转让定价往往成为跨国公司为达到某种目的,而经常采取的手段。

转让定价产生的原因,总的说来,不外乎是:①降低总公司的税负。跨国公司通过压低在高税负国家的关联企业向在低税负国家的关联企业的商品销售价格或应收费用的办法;或是抬高在低税负国家的关联企业向在高税负国家的关联企业的商品销售价格或应收费用的办法,从而把一部分在高税负国家的关联企业的利润转移到在低税负国家的关联企业中去,达到在总体上降低公司集团税负的目的。②出于国际竞争的需要。如为了支持某个初建的子公司或分公司占领其所在国的市场或击败竞争对手,可以通过压低对子公司或分公司的商品售价或费用,从而降低其成本来使商品的最后出售价格降低。③避免汇率风险。④出于投资灵活性及加速资本周转的需要。⑤逃避外汇管制。

(三)跨国公司收入和费用分配的原则

跨国关联企业经营的一般特点是,经营活动跨国化、经营战略全球化和企业内部管理一体化。跨国关联企业往往利用其经营特点及相关联的企业间经济、财务的紧密联系,来转移利润,达到减少纳税的目的。为矫正其国际收入与费用的分配,缓解有关国家税收权益分配的矛盾,堵塞跨国关联企业逃税的漏洞,对跨国关联企业征税的主要原则是:

1. 独立核算原则

独立核算原则,要求跨国关联企业的所有企业,包括总机构和分支机构,母公司和子公司、孙公司之间的经济业务往来,完全按照无关联关系的独立企业来处理,即按独立企业的经济业务往来中所适用的正常交易价格(按市场标准、组成市场标准或成本标准),核算国际收入、费用和利润。

2. 总利润原则

总利润原则,要求将跨国关联企业的所有企业视为一个整体,汇总其在全世界范围内所取得的全部利润并按一定方法重新进行分配,以确定各个关联企业的利润,分别据以计算征税。

3. 合理原则

合理原则,强调跨国纳税人和税务当局双方对跨国关联企业之间的国际收入、费用和利润都要合理地进行分配。只要这种分配符合所在国税法规定的合理范围,税务当局都应予以认可。

第三节　国际重复征税及其免除

一、国际重复征税

国际重复征税，是指两个或两个以上的国家，在同一时期对同一跨国纳税人的同一征税对象，或对不同跨国纳税人的同一税源，征收同类税收所造成的双重或多重征税。

国际重复征税作为一种特殊的经济现象，必然对国际经济合作与交往产生影响，而且这种影响往往是消极的。

(1)国际重复征税给跨国纳税人造成额外的税收负担，削弱了跨国投资和经营者的竞争能力及筹措资金的能力，损害参与国际经济活动的企业家的积极性。

(2)国际重复征税阻碍国际资本、商品、劳务和技术的自由流动，不利于国际资源的有效利用，也不利于国际技术分工的协作，从而阻碍各国经济发展，特别是发展中国家经济的发展。

(3)国际重复征税违背税收负担公平合理的原则，从外部限制了公平税制的建设和发展。

二、国际重复征税的原因

(一)各国税收管辖权的差别性

如果各国都行使同一税收管辖权，一般就不会发生国际重复征税。例如，世界各国均实行地域管辖权，只就来源于本国地域内的收入征税，而不向本国居民来源于国外的收入征税，就不会发生国际重复征税；世界各国均实行居民管辖权，只对本国的居民征税，也不会引起国际重复征税。当前的实际情况是，世界上大多数国家都同时行使两种税收管辖权，个别国家甚至同时行使三种税收管辖权。这就出现了税收管辖权的交叉，主要表现为：地域管辖权与居民管辖权的交叉；地域管辖权与公民管辖权的交叉；公民管辖权与公民管辖权的交叉。这三种情形表明，税收管辖权中的任何两种，若同时对同一跨国纳税人的同一所得征税，都会发生国际重复征税。

同一税收管辖权有时也会出现交叉，这是由于在国际税收实践中，许多国家对一些概念的理解和判定标准不同，所以在行使同一税收管辖权时，也会发生国际重复征税。

总之，世界各国税收管辖权的差别性，就隐含着国际重复征税的可能性。

(二)所得税制在各国的普及化

20世纪初，世界上实行所得税的国家还不多，国际重复征税还只是偶然的、个别的现象。第一次世界大战后，实行所得税制度的国家才开始增加，特别是第二次世界大战后，所得税制度在世界范围内普及开来，这就为国际重复征税提供了税制方面的条件，使国际重复征税的可能性大大增加了。

(三)跨国纳税人的出现和所得的国际化

随着社会生产力的发展，形成了国际分工，跨国的生产经营活动成为普遍的现象。从事跨国经营活动的纳税人，其所得也具有国际化的性质，对有关的两个或两个以上的国家负有纳税义务。如果没有这一条件，即使是存在税收管辖权的差别性和所得税制度的普及化，所得税的征收也就限于一国的地域范围之内。跨国纳税人的出现和所得的国际化，而有关国家又行使不同的税收管辖权对同一跨国纳税人的同一所得征税，从而使国际重复征税产生的可能性成为现实。

国际重复征税的产生是历史的必然，它是由上面三个因素的结合所决定的。国际经济活动的发展，跨国纳税人和跨国所得的出现，是国际重复征税产生的决定性因素。只有税收管辖权的差别性，也才使有关国家在行使税收管辖权时出现冲突。而这个冲突对同一跨国纳税人的同一所得征收所得税时，就不可避免地发生了国际重复征税。

三、国际重复征税的免除

国际重复征税的免除，世界各国普遍接受地域管辖权为优先征税的权力，其他税收管辖权从属行使，借以减除国际重复征税。从世界各国的实践考察，主要有以下方法：

（一）扣税法和低税法

扣税法是指居住国政府在实行居民（或公民）税收管辖权时，允许在跨国纳税人来源于国外的所得中，扣除该所得所负担的外国所得税税款，就扣除后的余额计征所得税，以免除国际重复征税的一种方法，其计算公式为：

居住国应征所得税税额 =（居民的总所得 - 国外已纳所得税）× 适用税率

低税法是指居住国政府对居民（或公民）来源于国外的所得，单独制定较低税率，借以减轻国际重复征税的方法。

扣税法和低税法，不能完全免除税收管辖权交叉而造成的国际重复征税，其给予跨国纳税人扣除一部分税款或实行低税率，只能对国际重复征税起一定的缓解作用，不能妥善地解决国际重复征税问题。

（二）免税法

免税法是指居住国政府对本国居民（或公民）来源于国外的跨国所得，单方面免予征税，借以消除国际重复征税的一种方法。这种方法实质上是居住国政府单方面放弃了居民（或公民）税收管辖权，不仅承认地域税收管辖权的优先地位，而且承认其独占地位。在所得税普遍采用累进税率的条件下，由于实行免税法采用的税率不同，免税法又分为全额免税法和累进免税法。

全额免税法是指居住国完全不考虑居民（或公民）在国外的所得，仅按国内所得额确定适用税率征税的方法。其计算公式如下：

居住国应征所得税税额 = 居民的国内所得 × 适用税率

累进免税法是指居住国对居民（或公民）来源于国外的所得不予征税，但国内所得额计征适用的税率，由国内外所得汇总为依据为确定，这种免税法就称为累进免税法。其计算公式如下：

$$\text{居住国应征所得税税额} = \text{居民的总所得} \times \text{适用税率} \times \frac{\text{国内所得}}{\text{总所得}}$$

采用免税法的国家，有法国、澳大利亚等少数国家。

（三）抵免法

抵免法是指居住国在本国税法规定的限度内，允许本国居民（或公民）用在国外已缴纳的所得税税额，来冲抵应缴本国所得税税额的一种免除国际重复征税的方法。它是目前世界各国普遍采用的一种方法。其基本的计算公式如下：

居住国应征所得税税额 = 居民总所得 × 适用税率 − 允许抵免的已缴国外税额

抵免法又可分为直接抵免和间接抵免

1. 直接抵免

直接抵免是直接对本国居民（或公民）在国外已经缴纳的所得税的抵免。它一般适用于统一核算的经济实体的抵免。例如，对个人在国外缴纳的所得税和公司、企业的国外分支机构缴纳的所得税的抵免，就属于直接抵免。

允许抵免已缴国外所得税税额。由于对其处理的不同，直接抵免又分为全额抵免和限额抵免。全额抵免是指用在国外已缴纳的所得税的全部数额来冲抵的抵免。限额抵免是允许抵免的税额，最高不超过其国外所得额乘以本国法定税率计算出的数额。

2. 间接抵免

间接抵免是允许母公司将其子公司已缴国外的所得税中，应由母公司分得股息承担的那部分税额，来冲抵母公司应纳税额的抵免。它一般适用于公司、企业的国外子公司所缴纳的所得税的抵免。其一般的计算公式和步骤如下：

（1）计算属于母公司的外国子公司所得：

$$\text{属于母公司的外国子公司所得} = \frac{\text{母公司来自外国子公司的股息额}}{1 - \text{外国子公司所得税税率}}$$

（2）计算应由母公司承担的外国子公司已缴纳所得税：

$$\begin{array}{l}\text{母公司承担的外国}\\\text{子公司所得税}\end{array} = \begin{array}{l}\text{外国子公司}\\\text{所得税}\end{array} \times \frac{\text{母公司来自外国子公司的股息额}}{\text{外国子公司税后所得}}$$

（3）计算抵免限额：

抵免限额 = 属于母公司的外国子公司所得 × 母公司所在国税率

（4）计算允许抵免限额：

用（2）和（3）相比较，取值小者为允许抵免的所得税税额。

（5）计算母公司所在国应对母公司征收的所得税税额：

应征税额 =（母公司所得额 + 属于母公司的外国子公司所得额）× 适用税率 − 允许抵免的子公司已缴税额

由于抵免法既承认了地域管辖权的优先地位，又行使了居民（或公民）的管辖权，并且起到了免除国际重复征税的作用，所以被世界上大多数国家所采用。

3. 税收饶让

税收饶让是指一国政府对其纳税人从国外得到优惠减免的所得税税款，视同已纳税款，从而准予抵免的一种特殊抵免措施。

目前，发展中国家为了吸引外国资本到本国投资和引进先进技术，往往在税制上特别是对所得税给予许多减免税优惠待遇。如果资本输出国作为居住国不给予税收饶让，那么非居住国给予的减免税，就会转化成居住国的税收收入，从而使非居住国的优惠措施失去作用。为了使税收优惠落实到纳税人的身上，非居住国要求居住国政府，将给予纳税人优惠减免的税收，视同于已缴纳给外国政府的税额进行抵免。

对税收饶让，世界各国所持的态度不同，有些国家赞成，有些国家反对。在赞成的国家中，各国出于各自国家利益的考虑，在准予饶让的范围上也是不尽相同的。一般都是通过有关国家之间签订国际税收协定来加以规定。

第四节　国际避税和反避税

一、国际逃税

国际逃税又称国际偷漏税，即跨国纳税人利用国际税收管理工作的困难和漏洞，以种种非法手段逃避或减轻纳税义务的行为。国际逃税产生的原因和后果与国际避税基本相似。两者的根本区别在于，国际避税不属于违法行为，国际逃税属违法行为。但两者的目的和动机都是一样，都是为了少缴或不缴纳税款。

国际逃税的方式主要有：①隐报应税收入、应纳税所得。跨国纳税人还往往利用某些国家严格的银行账户保密法，把大量的应税收入转到国外银行而使国内税务部门无法侦察。②虚增投资数额，多列折旧、多分股息。③假报资金来源渠道，虚增利息支出。④乱列费用，虚增成本，等等。

二、国际避税

（一）国际避税的概念

国际避税是跨国纳税人利用各国税法规定的差异，在不违反税法规定的前提下，以种种合法手段，利用税法的漏洞以及意义不明确之处，跨越税境，而规避或减轻税负的行为。

所谓税境，是指一国税收管辖权能够有效发挥作用的界限，是有关税收管辖权实施范围的理论概括。当国际避税行为发生时，就意味着纳税人或征税对象从一个国家税收管辖权的控制范围转移到另一个国家税收管辖权的控制范围。而在后一个税收管辖权控制范围之内，为他或它提供的更为良好的税收待遇，使之承受的税收负担为零或低于在前一个范围内承受的税收负担。因此，国际避税一般认为是"合法"地减少其税收负担的行为，这是国际上通用的定义。但具体到某个国家，对什么叫"合法"、什么叫"不合法"的理解是不同的，只有根据与当事人有关的国家税法规定才能判定。

（二）国际避税的常用方法

根据税收管辖权原则，一个自然人或法人要进行国际避税，无非包括两个方面：一是逃脱居民（公民）管辖权的约束，避免成为一国的纳税人；二是逃脱地域管辖权的约束，使自己的所得和财产避免成为一国的课税对象。

在世界各国出现的避税方法非常多，常见的方法有：①通过居所转移迁居国外来改变居民身份，或设法成为无国籍人；利用各国对居住时间长短的规定不一致，避免在任何一个国家中成为居民。②虚构避税地营业。③转让价格。④将收入和财产在国际间转移，以避重（税）就轻（税）。⑤选择有利于避税的企业组织形式。⑥公司居所的选择。⑦避免成为常设机构。⑧"虚假信托资产"。⑨在避税港设立受其控制的公司借以避税。⑩不合理保留利润等等。

（三）国际避税地

国际避税地，亦称"避税港"或"租税乐园"，是指为跨国投资者取得所得或财产提供免税或低税待遇的国家和地区。自由港是指不设海关管辖,在免征进口税、出口税、转口税的情况下,从事转口、进口、仓储、加工、组装、包装、出口等项经济活动的港口或港区。自由港主要以免征关税为特征,也可以减免所得税;而避税港则主要以减免所得税或财产税为特征。自由港可以同时是避税港,如香港;但自由港也不一定就是避税港,如汉堡自由港贸易区。避税地和自由港由于可为投资者提供少纳税、多获利的好处,对外商引诱力巨大,故在利用外资发展本国经济方面作用显著。同时,被跨国投资者作为避税基地,通过设立种种“招牌公司”将其他地方收入转到避税地用以避税;但也有可能因为资本输出国单方面采取反避税措施,而使税收优惠部分抵消,甚至不能发挥作用。

三、反国际避税、逃税的措施

由于国际避税、逃税活动的存在,会使不同跨国投资者的竞争条件处于不公平的状态,同时还会对相关国家的税收收入造成不利的影响。因此,各国政府主要是运用法律手段,在立法和执法上下功夫打击避税逃税,并寻求在更大的国际范围内进行反避税、逃税的多边合作。国际上常见的反避税、逃税的措施主要有:

(1)单方面制定反避税、逃税法。其主要内容通常有:①规定跨国纳税人负有延伸提供税收情报的义务,以此取得跨国纳税人的国外活动资料。②规定跨国纳税人负有就某些交易行为事先取得政府同意的义务,以此对某些有可能导致避税和逃税的行为进行有效控制。③规定跨国纳税人负有对国际逃税案件事后提供证据的义务。④制定各种反避税、逃税条款,以此对国际避税、逃税活动进行全面系统的防范。

(2)单方面加强税务行政管理,通过税务调查、税务审计和加强与银行合作,打击国际逃税活动。

(3)签订双边或多边税收协定。通过国际合作,交换税收情况,共同堵塞国际逃税途径。

(4)调整转让定价。调整转让定价,是指以独立交易原则进行符合商业常规和相互独立的市场价格标准的税务调整。调整转让定价的方法包括传统价格交易法和新兴利润交易法两大类,前者包括可比非受控价格法(CUP)、转售价格法(RPM)、成本加成法(CPM),后者包括交易净利润法(NPM)、利润分割法(PSM)等。

(5)推广预约定价。为了解决调整转让定价的困难,一些国家的法律允许采用预约定价的方法,即关联公司在进行跨国业务之前,通过事先与主管税务机关和多国税务利益当局的协调,对内部作价或者关联企业之间定价做出安排,获取征纳双方的一致认同,减少纳税人的税务成本和风险。

第五节 国际税收协定

一、国际税收协定的必要性

国际税收协定,是指两个或两个以上的主权国家,为了消除或减轻国际重复征税,协调处理跨国纳税人有关税收分配关系,本着对等原则,经由政府间通过谈判而签订的一种具有法律效力的书面协议。国际税收协定的产生和发展有其必要性。

（一）国际经济的发展需要国际税收协定

国际重复征税使纳税人承担双重或多重的税收负担，严重影响着国际经济的正常发展。而国际经济的发展是历史发展的必然趋势，所以，避免国际重复征税，签订国际税收协定，以适应国际经济发展的需要，已成为有关国家的一致要求。

（二）各国税制的差异需要国际税收协定

为了避免国际重复征税，促进国际经济的发展，有关国家不能继续停留在早期于一国范围内，通过国内税法单方面作出权宜处理国际税收分配关系而采取的一些措施上。由于各国的政治经济不同和受经济权益的驱使，其税收制度存在着一定的差异，所以一国单方面采取的措施，不可能解决各国税制之间出现的重复征税和避税、逃税问题。因此，有关国家就选择了双边或多边的国际税收协定，用以协调有关国家税收制度的差异。

（三）维护国家主权和经济利益需要国际税收协定

国际经济活动的发展，产生了国家之间的税收分配关系，涉及有关国家的税收权益。如果国家之间的税收分配关系处理不当，影响到有关国家的权益，这些国家就会采取某些保护性措施，以至于可能阻碍相互之间的国际经济交往。而且，世界各国经济发展的不平衡性，导致发达国家的资金技术单向流动至发展中国家，使国际税收更加复杂。同时，签订国际税收协定是争取实现税收饶让和抵免的需要，并且有利于消除税收歧视和防止国际偷漏税的需要。所以，为了平等互利地解决国家之间的税收分配关系，促进国际经济合作，缔结法律性的书面协议很有必要。

二、国际税收协定的主要内容

多少年来，各国都尝试通过自己的立法规定与国际条约解决国际税收问题。从1843年比利时和法国签订国际上第一个税收协定，到1983年的140年里，世界上签订的各种国际税收协定已达1 316个。在过去相当长的时期内，各国所缔结的国际税收协定的内容颇不一致，甚至某些协定的内容相互抵触，所以，如何协调国际税收协定的内容，成为国际税收研究中亟待解决的问题。

为此，由美、英、法、日等24个发达国家组成的“经济合作与发展组织”，于1963年提出了一个国际税收协定范本草案，经过修改，于1977年通过并颁布了《关于对所得和资本避免双重征税的协定范本》，简称为“经合组织范本”。这个范本为其各成员国缔结国际税收协定提供了一个范例。但是这个“范本”所拟定的规范和方法，反映了发达资本主义国家的利益，遭到发展中国家的反对。为了协调发达国家与发展中国家之间避免国际双重征税事务，联合国组织发达国家和发展中国家的税务专家组成国际税收专家小组，经过反复研究和讨论，并参照“经合组织范本”，于1979年制定颁布了《联合国关于发达国家和发展中国家间双重征税的协定范本》，简称“联合国范本”。它的形成，标志着国际税收关系的调整进入了成熟阶段。它比“经合组织范本”更注重地域管辖权，易于为发展中国家接受，同时也易于为条件不同的国家所接受。

这两个范本的内容并不完全一致，甚至某些政策原则有较大差异，但基本内容和格式是一致的，为世界各国缔结国际税收协定所参照。

概括来说，一般国际税收协定包括以下主要内容：

（一）确定纳税人的范围

在纳税人方面，一切双边税收协定只适用于缔约国双方境内的居民，凡系居民都要受协定的约束，同时享有协定所规定的权力。确定纳税人身份的标准问题，两个范本完全一致，即“缔约国一方居民这一用语，是指按照该国法律，由于住所、居住时间、管理机构或任何其他类似性质的标准，负有纳税义务的任何人”。

（二）明确所得和税种范围

缔结国际税收协定必须确定各方都认可的所得概念及各类所得的概念。一般说来，协定中涉及的所得都是纯所得，即扣除成本项目以后的经营和劳务净收入。

国际双边税收协定必须明确税种范围。缔约国只能在协定所列的税种范围内，参与权益的分享和应尽的义务，纳税人享有相应规定的税种待遇。各缔约国在其签订的国际税收协定中，所确定的税种范围不尽一致，涉及的税种包括所得税、财产税、社会保险税和遗产税等，但一般国家倾向于仅仅签订所得税方面的双边税收协定。

（三）协调缔约国之间的税收管辖权

由于重复征税是由各国政府同时行使居民（或公民）管辖权和地域管辖权引起的。为了解决这一问题，必须在协定中明确各缔约国行使税收管辖权的范围，如规定确切的地理概念等，以免在执行协定中发生争议。在协定中，也要确认在各缔约国行使税收管辖权的范围内，对哪些所得允许优先行使地域管辖权，对哪些所得限制优先行使地域管辖权等。

（四）确定消除重复征税的方法

对于国内税法中未规定免除双重征税方法的国家，必须在协定中确定免除双重征税的方法，以保证该国投资者在国外缴纳所得税后，能够得到本国政府的税收抵免。对于国内税法中规定有抵免、免税等免除双重征税方法的国家，也必须在协定中加以确认，保证双方协调一致。另外，在国际税收协定中，还要明确缔约各方是否同意税收饶让。

（五）规定无差别待遇和情报交换

双边税收协定中规定的无差别待遇，就是国民待遇，即缔约国双方各自对本国国民和对方国家的国民一视同仁，要求对方国家的国民所承担的税收义务同本国国民相等或不高于本国国民所承担的税收负担，避免和防止税收歧视。

签订双边税收协定的缔约国双方，各自均有义务将协定所涉及的有关税种的国内法律规定，包括协定生效期间内有关税法的修改或变化，向对方提供。尤为重要的是相互提供防止偷漏税的情报，加强双方税务当局的税务行动协助，以堵塞偷漏税和减少避税行为的发生。

三、签订国际税收协定必须遵循的原则

由于国际税收协定的签订，涉及国际法、国际经济、双方国家的权益等多方面的问题，而且，不同的国家强调的原则也不尽相同，所以，在税收协定的谈判、签订过程中，必须遵循以下几个原则：

（一）独立自主

独立自主是国际社会中处理国际事务的一个基本准则。根据这个准则，有关国家在谈判签订国际税收协定的过程中，要相互尊重对方的国家主权，不得发号施令，将某些条款强加给对方。

（二）平等互利，友好协商

平等互利是缔结国际税收协定的基本出发点，它要求有关国家都处于完全平等的地位，反对一方只享有权力而不承担义务，而另一方只承担义务而不享有权力。同时，要使各方都有利可得，并且利益相当。由于各国国情的差异，真正做到完全平等互利是不容易的，所以在具体签订协定时，只能通过友好协商，在相互尊重对方的权益的前提下，恰当地处理双方的利益。

（三）维护国家利益

在签订国际税收协定时，要注意维护本国的利益。在国家的利益中，就税收利益而言，凡属于本国征税权力范围内的税收，应尽量征收入库。同时还须特别注意国家的长远利益。许多发展中国家，给外国投资者某些税收优惠，以部分税收利益的损失来换取经济发展的长远利益，在税收协定中签订税收饶让条款就属于此。

（四）尊重国际惯例

国际税收协定关系到签约国的切身利益，从其各自的立场出发，必然会出现各种各样的矛盾。解决这些矛盾的主要出路，在于有关国家共同尊重国际惯例。在国际税收中，国际惯例主要表现为经合组织范本和联合国范本。因此，绝大多数的国际税收协定，都是根据这两个范本起草和签订的。

四、国际税收协定签订的程序

国际税收协定是重要的法律文件，有关国家为签订税收协定而进行的谈判签约活动，是非常严肃的。为了保证税收协定的严肃性，协定的签订需要经过一定的程序。根据国际惯例，这个程序包括以下几个阶段：

（一）谈判阶段

一般参加谈判的人员，是当事国政府财政税收主管部门的代表，有时也是特派全权代表。

通过谈判，对税收协定的内容达成协议，最终形成一个税收协定草案。这个草案可以由双方共同起草，也可以由一方先行拟出，然后双方对此展开谈判。

（二）签字阶段

在协定文本草签后，经缔约国国家核准，即可安排正式签字。签署协定是国家的大事，也是谈判签约过程中的关键程序。协定的签字仪式通常是很庄严的，代表国家签字的双方人员级别一般是对等的。

（三）批准阶段

国际税收协定作为法律文件，在正式签字后，还需由国家批准。批准意味着国家对协定内容的确认，愿意接受协定的约束。对协定的批准，有的国家是由国家元首批准，有的是由议会批准。我国是由全国人民代表大会常务委员会批准。

（四）互换批准书阶段

税收协定批准后，双方还要互换批准书。批准书是国家批准协定的证明文件，在批准书中要声明该协定已经审查并获批准，正式宣布予以执行。

【复习思考题】

1. 如何理解国际税收与国家税收的关系?
2. 为什么会出现国际重复征税？有哪些减除方法?
3. 在改革开放形势下,研究国际税收有何现实意义?

第八章 非税收入

非税收入就是指除税收以外的一切财政收入。但是随着各国债务收入数量的不断增加以及债务收入在作用和管理上的独特性与复杂性，一般都将债务收入作为一个单独的范畴加以研究而不包含在非税收入的研究之中。因此，本章对非税收入的研究主要包括国有资产收入、国有资源收入和政府收费收入这三部分。

第一节 国有资产收入

一、国有资产收入的含义

国有资产收入是指由政府投资形成的各种工商金融资产所产生的盈利性收入。在政府直接组织企业进行经营的情况下，国有资产收入又称为国营企业收入；而在实行产权分离，资产国有、企业自主经营的情况下，就称为国有资产收入。

二、国有企业的分类

由于我国经济体制变化较大，国有企业的组织经营方式在不同的体制下有很大的不同，因而国有企业收入的内容和分配方式在财政收入中的变化也是很大的。国有企业从收入研究的角度看，有以下两种分类。

（一）国有企业按经营企业中的国有资产组织形式划分

1. 独资国有企业

这类企业可以是中央政府独资的，也可以是地方政府独资的，还可以是中央与地方或地方与地方合资的。但无论其资产属哪级政府管理，企业的全部资产都是属于国有的。

2. 合资国有企业

这类企业以国有资产为主，适当吸收各类非国有投资主体的资产加入，如外商投资、社会团体投资、个人投资等。

3. 控股国有企业

这类企业是指按股份制方式组建的，国有资产作为股份加入其中并拥有决策控制权的企业。

4. 国家参股企业

这类企业以非国有资产为主，有一定数量的国有资产参入其中。企业资产组织形式的不同,会对国有资产的经营方式和国有资产收入的数量与分配方式产生影响。

(二)按国有企业的资产经营方式划分

1. 产权合一、国有国营的国有企业经营方式

在这种经营方式中,政府投资形成国有资产,其归属产权和经营产权都由政府这一主体所拥有,直接组织企业进行生产经营活动,并直接进行管理。这种经营方式下的国有企业又可称为国营企业。

2. 产权分离、自主经营的国有企业经营方式

将国有资产的归属产权与经营产权适当分离,让其分属于两个或两个以上的独立主体,由不同的主体按各自拥有的产权权力和承担的责任彼此负责、相互约束、独立经营的资产经营方式。

三、国有企业与财政分配关系

(一)国有资产收益

国有企业是运用国有资产从事社会生产和流通的经济单位,国有企业资产经营的目的是要取得一定的经营成果,包括物质形态的产品和价值形态的经营收益两个方面。国有资产收益从其来源构成考察,主要有两类不同性质的收入:一类是经营收益,是生产经营业务的产品销售、提供劳务所实现的利润;另一类是投资性收益,如出售股本、变卖资产的溢价收益,对外投资入股、购买债券、股票所取得的利息、股息、红利等收入。

(二)财政参与国有企业收益分配的依据与意义

国有资产应归属代表全体人民的国家所有。企业经营者以其全部法人财产依法自主经营、自负盈亏、照章纳税,并对出资者承担资产保值增值的责任,而出资者应按投入企业的资本额享有所有者权益。所有权的核心是支配权,包含财产的最终处置权和收益权。国有资产收益权的分配是国家所有权在经济上的实现。因此,国家对国有资产收取投资经营收益,有着重要意义。

四、财政参与国有资产收益分配的制度

财政参与国有资产收益分配的制度,作为整个经济体制的一个有机组成部分,它的变革始终受制于经济体制的变革,是整个经济体制变革在分配领域中的体现。新中国成立以来,我国国有企业利润分配制度经历了多次变革。尽管这些变革形式多样,但按国有资产经营方式的变化大致可以划为两个阶段。

(一)产权合一、国有国营资产经营方式下的国营企业收益分配

在产权合一的国有国营经济方式中,政府通过财政投资形成国营企业的资产,并对企业的生产经营活动进行直接管理,因此在 1983 年前,国营企业收入分配上,政府具有较大的权力,通常采用直接分配利润的方式。在这种利润分配方式下,我国先后实行过:

1. 统收统支的分配方式

1978 年前,国营企业实现的利润,不征收所得税,基本上全部上交国家,同时企业国有资产折旧费也不同程度地交给国家。企业要扩大生产追加投资或更新改造,则必须通过统一的国家预算由财政拨付资金。因此,这种分配方式被称为统收统支。这是由当时的高度集中的计划经济体制所决定的。当然,由于各个具体历史时期经济发展的具体情况及政治

环境的变化,即使都是实行统收统支的体制,其统收统支的程度和具体实现形式也是不断变化而略有不同的。

2. 企业基金制

1978 年推行经济体制改革后,政府为了调动国营企业生产经营的主动性与积极性,开始在利润分配上对国营企业实行企业基金制。基本做法是:企业在完成国家规定的经济指标后,可按工资总额的一定比例提取企业基金,用于职工福利和奖金,但绝大部分实现利润仍然以上缴利润的方式交给国家。

3. 利润留成制

随着经济体制改革的进行,国营企业生产经营上的自主权开始扩大,从 1979 年开始,国营企业利润分配逐步推行了利润留成制度。其做法是:将企业经济利益和经济效益挂钩核定利润留成基数,效益越好,企业留利的比重也就越高。企业留利被确定用于建立职工福利基金、职工奖励基金和生产发展基金。同时国家逐步取消了对企业折旧基金的分配,这样企业留利形成的生产发展基金与企业折旧基金,共同构成企业自有基金,成为企业扩大生产、更新改造的资金来源。

4. 利改税

我国城市经济体制改革是从调整国家与国有企业的权责利关系起步,并从国家与企业的分配入手的。为了配合经济体制改革对政企分开的要求,同时也是为了克服利润留成制度中财政收入减少弹性大,增加弹性小的问题。1983 年,政府开始对国营企业利润分配制度进行"利改税",其实质内容是对国营企业开征所得税。经过 1984 年调整后形成的利润分配格局的基本内容是:①国家对企业销售收入先征流转税;②对实现利润征收国营企业所得税:大型企业税率为 55%,小型企业实行八级超额累进税率;③对税后留利较高的企业再征一次利润调节税;④对大中型企业正常留利仍可以征收一定的旨在调节经济的特殊税种(或基金)。

利改税是为了用税收的形式来确定政府与企业的分配关系,但新的分配制度却混淆了政府作为公共权力代表所具有的课税权和政府作为资产所有权代表所具有的收益分配权,将这两种权力合为一种去分配国营企业的利润,使这种分配税不像税,利不像利。

在上述产权合一国有国营的国有经济经营方式中,随着利润分配制度上的变化,企业实现利润中上交给国家的比例逐步降低,而留利比例则逐渐增加。虽然企业自主财力不断扩大,但国营企业始终没有成为真正独立的经营者,也不具备完整的法人财产权利。当然,国营企业也不对自己占用的国有资产承担保值增值的责任,没有破产的压力,经营没有动力,不能自负盈亏。盈利时可以作为全民的一员与国家争利,亏损时又以全民一员的身份向国家要补贴。在这种经营方式下的分配制度,被人们形象的称为"大锅饭"。财政收入虽然主要来自国营企业收入,但整个国有经济的效益却并不好。

5. 承包经营责任制

这是我国 1987—1993 年在国营企业中实行一种经营管理制度。指企业在坚持全民所有制的基础上,按照所有权与经营权适当分离的原则,以承包经营合同形式,确定国家与企业之间的权责利关系。主要内容是:包上交国家利润,包完成技术改造任务,实行工资总额与经济效益挂钩。其特征是:"包死基数,确保上交,超收多留,歉收自补"。国家与国营企业收入分配格局的基本内容是:①企业依法向国家缴纳各种流转税后的收入余额,构成企业实现的利润总额。②国家以企业利润为对象征收国营企业所得税,作为企业上交的承包利润。③核定企业合理留利,实际留利要随着企业完成承包任务的情况而增减变化。④国家以企业留利为对象征收一定比例的“两金”(能源交通重点建设基金和预算调节基金)。

(二)产权分离、自主经营方式下的国有企业收益分配

我国经济体制改革的基本取向是逐渐打破传统僵化、高度集中的计划经济体制,向市场经济体制转变。改革初期,国有企业改革的目标是放权让利,却忽视了企业机制的转换,更没有从根本上解决国有企业产权问题。随着市场经济运行方式的建立,对国有经济提出了新的要求,一方面要保持国有资产的全民所有性质;另一方面又要求赋予国有资产经营企业作为独立市场主体的自主权,通过市场调节、市场竞争去提高国有经济的效益。对此我国对国有资产管理制度进行了根本的改革并根据各类企业的行业特点、生产技术特点以及资产规模和组织形式的不同,形成了多种产权分离、自主经营的国有资产经营方式,国营企业成为了国有企业。

1. 与国有企业相关的产权主体及其各自的权利与职责

根据政企分开、产权分离的要求,我国建立了三个层次的与国有资产有关的产权主体,它们是:

(1)国有资产管理局。国有资产管理局是国家为实现政企分开而专门建立的国有资产所有权代表机构,并按政府的行政级次设立。国有资产管理局拥有资产的最终所有权,其产权的权力包括:对国有资产的监督管理权、收益分配权和最终处置权。其职责包括:制订国有资产法律、法规和各种有关的管理制度;参与国有资产经营的总体处置方式和国有资产结构调整与总量控制的宏观政策的制定。

(2)中介性资产经营机构。中介性资产经营机构包括:国有资产管理局所属的各种投资公司、控股公司、股份公司;企业集团核心公司;行业总公司等。这些中介机构都是经营实体,通过国有资产管理局的直接委托或授权,对有关的国有资产进行经营与管理。中介机构位于国有资产管理局和基层企业之间,它们与国有资产管理局的关系是资产经营者与资产所有者的关系,拥有国有资产的经营产权,同时也就承担了保证国有资产价值完整和不断增值的职责。中介机构又主要是通过直接或间接的投资,对国有资产进行经营,因此中介机构与基层企业的关系又是出资者与资产经营者的关系,拥有出资国有资产的所有权,可以对相关的国有资产行使监督控制权、收益分配权和资产处置权。

(3)基层企业。基层企业是国有资产的生产经营者,是独立的市场经济主体,对所占有的国有资产拥有独立经营的权力,即有权自主决定国有资产的具体使用方式,负有运用国有资产按市场需求进行商品生产和流通活动的职责,并通过生产流通活动创造利润来保证国有资产的增值和资产所有者应获得的利益。

2. 国有企业的经营形式

由于国有企业在产权分离方式上的差异,使其投入营运的组织方式有所不同,因而形成了许多种经营方式:

(1)直接委托经营。国有资产管理局将一部分国有资产直接委托给一些重要行业的主管部门,或地方政府,或中介性投资公司、控股公司,由它们负责对被委托国有资产进行经营和管理,国有资产管理局只对其经营管理状况进行监控并参与经营收益的分配。

(2)授权经营。由国有资产管理局将一定的国有资产授权给大型企业集团的核心企业

或联合企业的总公司,由其对授权资产进行自主经营,并派出产权代表进行监控和收益分配。

(3)股份制经营。国有资产管理局将部分国有资产折股加入股份制公司,由股份公司负责对资产的自主经营,国有资产管理局派出国有股的代表进入董事会对资产的经营状况进行监控,并以国有股分红的方式参与收入分配。

(4)承包经营。由国有资产管理局将小型全资国有企业直接以承包合同的方式交给承包人自主经营,并以有法律效力的承包合同去规范承包人的行为和参与收入分配。

(5)租赁经营。由国有资产管理局将一些小型的微利或亏损的国有企业,用租赁合同的方式交给承租人自主经营。

3. 国有企业收益分配的基本格局

在新的国有资产管理体制形成后,政府主要以税收形式参与各类企业的利润分配,形成两个层次的分配格局,即首先缴纳流转税,企业流转税后的利润再按统一的税率向政府交纳企业所得税。所得税以后的利润又在与资产有关的各产权主体间进行分配,大致包括三个方面:

(1)基层企业以资产经营权获得经营者应得的收益。

(2)中介性资产经营机构以出资者所有权获得出资者应得的收益。

(3)国有资产管理部门获得资产最终所有权应获得的收益。

4. 国有企业税后利润上交的具体形式

(1)直接上缴利润。在国有资产直接委托和授权经营的方式下,各行业主管部门、投资公司、控股公司、企业集团总部都应从自己获得的国有资产收益中拿出一部分,以上缴利润的方式直接交给国有资产管理局。

(2)国有股分红。在国有资产的股份经营中,股份制公司的税后收益一般以国有股分红的方式分配给国有股的股权代表。与国有资产管理局直接有关的股份公司将红利直接交国有资产管理局;与中介机构有关的股份企业则将红利上交中介机构成为它的资产经营收益。

(3)上交承包费和租金。在国有资产承包经营和租赁经营中,承包企业和租赁企业应按合同规定,将资产收益的一部分以承包费和租金的形式交给国有资产管理局。凡是由国有资产管理局获得的国有资产收入,都要纳入国库成为财政收入的一部分,并作为国有资产增量投资的资金来源。

需要指出的是,国有资产税后收益的相当部分被留在基层企业和中介机构,这些收益除少数部分用于增加这些经济实体内部职工的福利收入外,绝大部分作为新的投资形成新的资产。对此,国有资产管理局必须注意两点:一是对新增投资的规模和结构要从宏观上给予指导;二是及时明确新增资产的国有性质。

五、国有企业进一步改革与发展的趋势

我国要构建真正的市场经济制度,就必须形成众多真正经营自主的、适应市场竞争的、充满着活力的经营主体。为此,必须进一步加快推进国有企业改革。由于国有企业数量众多、国有资产所有权代表特殊,以及在产权分离的企业制度下必然会产生各种风险等问题,因此进一步改革与发展的趋势主要表现为:

从战略上调整国有经济的布局，将其同产业结构的优化升级和所有制结构的调整完善结合起来，坚持有进有退，有所为有所不为。国有经济应主要控制涉及国家安全的行业、自然垄断行业、提供重要公共产品和服务的行业，以及支柱产业和高新技术产业中的骨干企业。

而在竞争性领域中，则要坚持“抓大放小”的原则，着力培育实力雄厚、竞争力强的大型企业和企业集团；同时采取改组、联合、兼并、租赁、承包经营和股份合作制、出售等多种形式，放开搞活国有中小企业，建立和完善现代企业制度。

第二节　国有资源收入

一、国有资源的含义

（一）资源的概念

资源在这里是指由自然界形成的可供开发利用的物质条件，如山川、河流、海洋、湖泊、土地、森林、矿藏等等，因此通常也称为自然资源。

（二）资源的资产性和有价性

一般我们把投资形成的并可以不断加以利用、产生收益的财富积累称为资产。但从广义的角度看，凡是能够带来收益的东西都可以称为资产。资源作为一种自然形成的物质条件，一般是不包含人类劳动价值的，但由于以下原因使资源成为有价值和有价格的东西：①资源的开发利用可带来收益（资产性）使它具有了价值，并由于人们对其投资改造而增加价值。②随着人们在资源利用上对资源支出的增加，资源的资产性就更加突出，如人工营造的森林、人工改良的土地等等。③资源是有限的，并且有许多是不可再生的，这种有限性使最劣等的资源也会具有价值，并使得优劣程度不同的资源产生价格差异。资源的资产性和有价性说明资源的所有者不仅可以通过开发利用资源而源源不断地来获承收益，并且也可以通过出租和出售资源去获得收益。

（三）资源的国有性

由于资源具有的资产性和有价性，使得资源的产权归属成为一个十分重要的问题。就一国范围内的资源而言，不外乎有三种归属形式：一是归国家所有；二是归集体所有；三是归私人所有。在我国，按《宪法》第九条规定：“矿藏、水流、森林、山岭、草原、荒地、滩涂等自然资源都属于国家所有，由法律规定属于集体所有的森林、山岭、草原、荒地、滩涂除外。”《宪法》第十条还规定：“城市的土地属于国家所有，农村和城市郊区的土地，除法律规定属于国家所有的以外，属集体所有。”在《矿产资源法》中还进一步明确规定：“矿产资源属国家所有”，不因其地表所依附的土地所有权和使用权的不同而改变。由此可知，我国绝大部分自然资源是属国家所有的。世界各国虽制度有所不同，但大多数国家的自然资源也都大多数属国家所有。

资源国有的理由有三：①自然资源是与国家领土相联系的，是与国家主权及国家的领土管辖权相一致的；②自然资源中绝大部分是由自然力形成的，而天然形成的资源交由国家代表全社会来占有显然是最合理的；③现代生产的社会化发展要求自然资源的开发利用也应具有社会化的特征,从而能在一国范围内得到最合理的利用。显然,自然资源归国家所有,由国家来统一布局和有计划地开发利用也是最经济合理的。

综上所述,我国的国有资源是指按宪法等法律规定属于国家所有的各类自然资源,这些资源中那些具有资产性和有价性的资源正是产生国有资源收入的基础。

二、国有资源收入的内容及形式

(一)国有资源收入的性质

国有资源收入作为一种特殊的财政收入形式是区别于国有资产收入的。资源作为一种具有资产性和有价性的物质生产资料、资源的所有者可以从中获得收益,其中自己不经营而凭借对自然资源所有权获取的收益被称为资源的产权收益,又可叫做地租收益,包括以下类型:

1. 绝对地租收益

绝对地租收益是指凡开发利用自然资源获取盈利的经营者,无论其使用的资源优劣程度如何都要向资源所有者交纳的收益。

2. 级差地租收益

级差地租收益是指由于资源天然禀赋不同而带给开发利用优质资源经营者的超过同类资源产品收益的超额收益部分,这部分收益由于是资源带来的,显然应为资源所有者的收入;另一种级差收益是由于资源所有者改造资源、提高其生产能力而生产的,它也是一种应归资源所有者收取的资源产品的超额收益。

3. 垄断地租收益

垄断地租收益是指某些珍稀资源(如金刚石、物质矿泉水等)的开发利用由于无竞争,其产品的价格可以大大高出价值而形成的高额垄断收益,这种收益形成珍稀资源所有者的垄断地租收益。

上述性质国有资源收入的具体收入方式,又是同国有资源开发利用的经营形式相联系的。

(二)国有资源的经营形式

1. 国家所有,国家直接经营

这是一种资源所有权与经营权高度统一的资源经营方式,其经营的主要对象是珍稀资源和具有战略意义的重要资源。

2. 国家所有,行业包干经营

国家直接将某资源交给行业主管部门包干经营(如石油、煤炭、有色金属等)。这同国有资产的直接委托经营相类似。

3. 国家所有,集体或个体经营

国家通过办理开采许可证的方式,将资源交由集体或个体经营者去经营。

4. 国家所有,合资经营

将国有资源作为股份同其他非政府出资者以股份制方式合资开发经营资源产业的一种方式。

5. 国家所有,中外合作开发

这是一种通过与外资签订有限的合同(最长为 30 年),彼此在期限内按契约规定的方式投资和进行收益分配的资源开发方式。

6. 国家所有,出让使用权

这是一种将某一区域内的国有资源(土地)依据国家法律和合法的协议形式,将其使用权有偿出让给投资经营者,并依据协议到期收回使用权的资源开发经营形式。目前主要适用于对土地使用权的出让,出让期限最长不超过70年。

(三)国有资源收入的形式

与国有资源经营形式相联系,国有资源收入的形式主要有以下几种:

1. 直接分配利润

在国有国营、行业包干和中外合作开发等资源经营方式中,国有资源的产权收益是同国家的投资收益以及经营收益混在一起的。

2. 按股分红

在股份制经营方式中,国有资源被作为股本入股,其资源收益就表现为国有股的红利。

3. 收取管理费

在集体在和个体开发经营的资源经营方式中,国有资源收益是以许可证收费和征收开发管理费的方式取得的。

4. 转让使用权收益

在我国,国有资源收入还有一种重要的形式,就是征收资源税,虽然这种收入方式被命名为税,但实质上却是一种资源产权收益。

应当指出,为了使国有资源得到长远的保护和合理的开发利用,许多可再生资源必须投资进行涵养和再造,可改造资源也必须不断增加投资去提高生产能力。因此国有资源收入的绝大部分应该专设预算,成为资源保护再生和改造的资金来源。要做到这一点,从长远来看,国有资源收益就应从性质上严格同国家投资资产的收益和一般税收收入分开,直接以资源地租的方式来收取。

第三节 政府收费收入

由于我国通常将政府建立的公共机构区分为行政机构和事业单位两种,与此相适应,政府收费收入也可划分为行政性收费收入和事业性收费收入。

一、行政性收费收入

(一)行政性收费收入的含义

行政性收费收入,是指政府各类行政机构在实施社会经济管理时借助于行政服务和行政手段所取得的收入。

(二)行政性收费收入的内容

行政性收费收入的主要内容有:

1. 规费收入

规费收入,是指政府行政管理机关在为居民或单位提供某些特殊行政服务时所收取的手续费和工本费,如工商执照费、商标注册费、户口证书费、结婚证书费、商品检验费以及护照费,等等。国家征收规费的目的主要不在于获取收入,而是为了对某些行为进行管理和统计。

2. 罚没收入

罚没收入,是指工商、税务、海关、公安、司法等国家管理部门,按规定依法处理违法行为时所获得的罚款收入、没收品收入,以及追回的赃款收入,罚没的目的主要是为了对违法行为进行惩处,以维持社会秩序。

3. 特别课征

特别课证,是指政府为了某项特定的任务或工程的需要而临时课征的收入。这种课征可以是按受益原则在部分社会成员中征收,如西方各国开征的工程受益费(按工程完成后的不同受益状况由受益者分摊),我国地方政府征收的道路建设资费(由机动车主分摊);也可以在一定范围内进行较为普遍的征收。特别课征一般是通过行政机构用行政手段来征收的,并且是不固定的,因此不同于税收。

4. 特许金

特许金,是指政府对某种行为给予特许时收取的费用,如车船行驶权、某些特种行业经营权等。特许金收费与规费相比,大大超过了办理特许证时所应收取的工本费用手续费。特许金与税收的区别在于征收不固定,并且是由各特定的行业管理部门来征收的。

二、事业性收费收入

(一)事业性收费收入的含义

事业性收费收入,是指各级政府所属的事业单位在为社会和居民提供服务时所收取的收入。所谓事业,主要是指文化、教育、科学、卫生以及公共交通、通讯、环境保护等公共事业。各国政府为了提高本国居民的素质、保证科学技术的发展、促进社会的文明进步,主要由政府出资来发展这些事业,因而这些事业单位为社会提供的各类服务大多数是免费的。但为了促进人们合理节约地消费这些公共服务,政府也允许事业单位在提供服务的同时收取一定的费用,这样就形成了政府财政的事业性收费收入。

(二)事业服务的收费标准

根据事业单位提供服务的公共性差异,事业服务的收费标准大致可归纳为两种:

1. 象征性收费

对于以追求公平和强制为目标的公共服务,一般采用免费或象征性收费的原则。如义务教育、强制防疫、文化宣传、广播电视等,在提供服务时一般不收费,或只收取很少的费用(如报名费、挂号费、低价门票等)。

2. 成本性收费

成本性收费也可称为平价收费,是以提供事业服务所耗费的成本作为收费标准的,如公共交通、公共供电、供水等。

两种方式的收费,虽然标准不同,但都不同程度地可获得一定的事业收入。在市场经济条件下,政府举办的事业服务应主要用以弥补由市场缺陷产生的供应不足,因而公共事业服务单位所提供的事业服务是不能以盈利为目的的。

三、完善行政事业收费

许多发达市场经济国家的公共收费(政府收费),数量最多的是使用费。使用费是政府向特定公共设施或公共服务的使用者收取的费用。使用费在付费和从政府获得服务之间建立了一种直接的联系,付费者就是服务的受益者。因而支付使用费获得政府的特定服务是受益原则的体现。20 世纪 80 年代以后,西方兴起的新公共管理学派,强调公共服务的效率,主张把竞争和市场机制引入部分公共物品和服务领域,这为通过使用费筹资提供了理论基础。当地方政府的税收权限和增加转移支付的可能性较小时,收取使用费成为地方政府一种重要的筹资途径。但在法治国家中,收费同样必须要受到法定程序的控制和约束,无论是收费项目的选择和收费标准的确定都有规范的管理制度。

我国在经济体制的转型过程中,在政府收费方面还存在着很多问题需要我们进一步的改进和规范。

【复习思考题】

1. 应如何认识国家与国有企业之间的分配关系?
2. 目前国有资产收益分配的基本格局和具体形式是什么?
3. 什么是资源的资产性和国有性?
4. 应该如何看待政府收费?

第九章
公　债

第一节　公债概述

一、公债的概念

(一)公债的界定

公债是政府凭借信用权力获取财政收入的一种特定方式,是一种特殊的财政活动。一般来说,公债又可称为国债。当代各国大都在法律中规定:当政府在确实有必要时,有权以债务人的身份向个人、企业、社会团体、金融机构及他国政府借款。借款所取得的收入构成了政府的债务性收入。债务性收入既是政府的一种收入,又是政府的一种负债。政府必须按借款时的约定方式向债权人支付利息和偿还本金。因此,在整个公债活动中,形成了政府与公债持有者之间稳定的债权债务关系。一般而言,债权债务关系是一种双方自愿的交易关系,完全不同于税收分配关系中的强制性和无偿性。

(二)公债与国家信用

国家信用是指政府凭借信用权力进行的财政活动,又称政府信用或财政信用。通常,国家信用由中央政府信用和地方政府信用组成,它包括两个方面:一是政府作为信用关系的债务人而进行的公债活动;二是政府作为债权人所进行的财政资金有偿运用的活动。由此可见,公债是国家信用活动的一部分。当然,无论从国家信用的产生还是从现代各国国家信用的实践活动来看,国家信用活动的绝大部分内容都表现为公债活动。

(三)公债与公债券

政府借公债时与债权人之间形成的借贷关系,可以通过两种方式来建立。一种是通过借款合同向金融机构或外国政府直接借款;另一种是通过发行记有固定债务面额的书面凭证向社会公众借款,这种书面凭证就是公债券。由此可见,公债券是公债的一种基本形式。随着现代化交易系统的出现,凭证式的有形公债券已逐步被记账式无形债券所代替。

二、公债的产生与发展

(一)公债产生与发展的条件

公债的产生与发展必须具备三个基本的条件:一是作为债务人的政府要有借债的需求,即政府的经常性财政收入无法抵补必不可少的财政支出,因而必须寻找新的资金来源。

二是社会上必须要有可供政府借贷的资金存在。从历史的角度看,正是随着国民财富的增长与积累,政府借债才成为可能。三是信用制度的产生、发展与完善。早期公债是受私人信用(高利贷信用)的启发才得以产生的,而现代公债则无论发行、流通、偿还还是各种调节功能的发挥都与现代信用制度和信用体系密切相关。

(二)早期公债——公债的萌芽期

早期公债建立在奴隶社会和封建社会的经济基础之上,属于公债发展的第一个历史阶段。早期公债具有两个特点:第一,早期公债具有国家和君主个人借债相统一的特点;第二,早期公债时断时续,兴废无常,尚未确定为经常性的公共信用制度,因而不具有连续性,而具有波动性。

(三)近代公债——公债的形成期

近代公债产生于封建社会末期,建立在资本主义经济基础之上,属于公债发展的第二个历史阶段。近代公债具有四个特点:第一,近代公债对封建国家的国家信用制度进行改革,把公债制度建立在资本主义经济基础之上;第二,近代公债改进了财政预算制度,制定了发行公债以及公债还本付息的相关规定;第三,国家不轻易举债,且债信较好;第四,公债成为了政府弥补财政赤字的主要手段。

(四)现代国债——公债的发展期

19 世纪末 20 世纪初,公债发展进入了第三个历史阶段,即现代公债阶段。现代公债建立在发达的商品经济基础之上,具有四个特点:第一,公债形式复杂多样;第二,公债不仅是弥补财政赤字的手段,而且是国家有意识地调节经济的重要杠杆,即公债功能的发展性;第三,公债有一套相对独立的管理体系,收入和支出讲究对称性和周转性;第四,公债和预算收支、银行信用紧密联系,既相对独立,又相互制约和协调,具有联动性。

中国具有现代意义的公债始于清朝末期,而且外债先于内债。根据不完全统计资料显示,1853—1894 年,清政府共计举借外债 43 次,外债金额折合银元约 6 900 万元。中国正式发行国内公债则是在光绪二十年(1894 年),清政府为应付甲午战争军需向国内举借的“息借商款”,以及光绪二十四年(1898 年)发行的昭信股票。辛亥革命胜利以后的南京临时政府、北洋军阀政府和国民党政府都曾依赖发行国债方式筹集资金,解决财政困难,以维持国家机器运转。

新中国成立后,我国公债的发展经历了三个不同的发展阶段。第一阶段是从新中国成立到 1950 年,政府为了保证解放战争的胜利和恢复国民经济,发行了“人民胜利折实公债”;第二阶段是 1954—1958 年,为国家经济建设需要发行了“国家经济建设公债”;第三阶段是改革开放以来,政府为了适应体制变化后所面临的财政困难、重点建设资金需求量大以及市场经济下宏观调控的需要,从 1979 年开始举借外债,并于 1981 年开始发行国库券。截至 2011 年年底,我国中央财政债务(含内债和外债)余额达到了 7. 2 万亿元[1]。

三、公债的分类

(一)内债与外债

按公债的发行地域,可将公债分为国内公债和国外公债。国内公债(即内债)是指政

---

① 资料来源:《中国统计年鉴》(2012)。

府向本国境内的自然人和法人发行的公债。国外公债(即外债)是指一国政府向外国政府、国际金融机构和境外的自然人或法人发行的公债。国内公债和国外公债的区别,一方面体现为两者的发行地域不同,另一方面则体现为二者对国内资金总量的影响不同。国内公债收入主要来自国内资金,表现为资金总量在政府部门与非政府部门之间的一种再分配;而国外公债的资金来源于国外,所形成的债务收入将增加一定时期内本国可支配的资金总量。

（二）中央公债与地方公债

按公债的发行主体,可将公债分为中央公债和地方公债。中央公债是指中央政府凭借信用权力对内和对外举借的债务。按照“谁受益谁负担”的市场经济原则,中央公债的发行收入往往由中央政府支配,相应的公债本息由中央政府负责偿还。地方公债是指地方政府凭借信用权力举借的债务,其收入由地方政府支配,本息由地方政府负责偿还。

（三）货币公债与实物公债

根据公债的本位,可将公债分为货币公债和实物公债。货币公债是以货币为债务本位发行的公债,债权债务关系以货币计值来表示。现代各国发行的公债基本上都是货币公债。其中,内债一般以本国货币计值,而外债则一般以外国货币计值。

实物公债是以实物作为债务本位发行的公债。其中,直接借实物还实物的公债称为直接实物本位公债,以一定的实物购买量作为依据进行货币折算的公债称为折实公债。直接实物本位公债的代表是我国解放战争时期革命根据地发行的以稻谷为本位的“胜利公债”,而折实公债的代表是我国政府在 1950 年所发行的“人民胜利折实公债”。实物公债可以避免货币贬值给债权人带来的损失,一般在通货膨胀率较高的情况下采用。

（四）短期公债、中期公债与长期公债

按照债务期限,可以将公债分为短期公债、中期公债与长期公债。

短期公债是指一年期以内的政府债务。短期公债包括政府向中央银行的直接短期借款、透支及短期债券等。短期公债的目的在于弥补财政资金的季节性余缺。

中期公债是指一年以上十年以内的政府借款。中期公债资金可根据期限长短的不同将其用于不同的财政支出项目,是弥补年度预算赤字的主要手段。

长期公债是指十年期以上的政府借款。长期公债的期限可长达二三十年。长期公债一般多用于特定的公共支出项目融资。

除上述有期公债外,政府还可发行不定期公债,不规定债务的时间期限,持有债权的人可以定期凭息票获得政府的利息支付。

（五）强制公债与自由公债

根据债权债务关系的自愿性,可将公债分为强制公债和自由公债。强制公债是指政府通过强迫的方式让人们认购的公债。强制公债一般以分摊方式发行。第二次世界大战时,英国政府发行的强制公债,就是要求人们在交税时按一定比例认购。我国在 20 世纪 80 年代发行国库券时,曾采用过分摊公债指标的发行方法。自由公债是指人们自愿认购的公债。现代各国的公债一般都是自由公债。

（六）固定利率公债与浮动利率公债

根据公债利率的变动性,可将公债分为固定利率公债和浮动利率公债。固定利率公债是指利率在发行时确立后不再变动的公债。浮动利率公债是指利率随物价指数或市场利息率的变动而进行调整的公债。通常，在通货膨胀比较严重或通货膨胀预期较高时，采用浮动利率公债有利于公债的顺利发行。

（七）可流通公债与不可流通公债

根据公债的流通性，可将公债分为可流通公债和不可流通公债。可流通公债，又称上市公债，是指可在证券市场上自由流通和转让的公债；不可流通公债，又称不可上市公债，是指不能在证券市场上自由流通和转让的公债。通常，长期公债大多属于不可流通公债。

（八）特种公债与一般公债

根据公债的特定目标和用途，可将公债分为特种公债和一般公债。特种公债是指具有特定的认购对象、发行方式及专门用途的公债。一般公债是指对认购对象、发行方式及用途没有特别规定的公债。我国曾经有两次发行特种公债，一是 1998 年财政部发行的 2 700 亿元特别国债，所筹集的资金全部用于补充国有独资商业银行资本金；二是 2007 年财政部发行的 1.55 万亿元特别国债，所筹资金用于购买约 2 000 亿美元外汇，作为国家外汇投资公司的资本金。

四、公债的基本功能

（一）弥补财政赤字，平衡财政收支

从历史上看，公债是与财政赤字相联系的经济范畴，是作为弥补财政收支差额的资金来源而产生的。因此，弥补财政赤字是公债最原始的功能，而公债的其他功能则是在此基础上派生出来的。

在各国的年度财政收支中，各种难以预料的原因都有可能使财政出现收不抵支的问题，而随着国家职能的扩大和社会事务的增加，即使是正常的财政活动也会导致财政赤字不断扩大。为了弥补财政赤字，政府通常可以采用三种方法：第一是增加税收，第二是增发货币，第三是举借债务。但是，第一种方法在面对经济衰退、国民收入减少的情况下是很难实施的；第二种方法则很容易引发通货膨胀。因此，弥补财政赤字最好的方法是举借债务，以有偿的方式动员社会闲置资金。举借债务既容易为民众所接受，又有利于迅速而有效地弥补财政赤字。

（二）为非经常性重大支出需要筹措资金

非经常性重大支出最典型的表现是战争引起的支出。当一个国家面临战争时，军费支出会急剧上升，使政府财政支出的规模可能迅速扩张，加上战争期限的不确定性，更加大了军费需求的变化。仅靠相对稳定的税收来筹集资金，显然难以满足其需要。因此，根据战时需要向社会发行公债则成为一种较好的选择。而公债所具有的有偿性和战争所产生的民族向心力都有助于公债的顺利发行。从西方各国的公债发展史来看，20 世纪 50 年代以前公债的每一次急速增长几乎都是与战争和军费的膨胀直接相关。

在和平时期，非经常性重大支出通常表现为规模较大的基础设施工程项目支出或重大灾害的重建支出。基础设施工程项目和灾后重建对资金的需求十分巨大，各国政府通常会考虑在正常收入以外通过公债为其筹措资金。这不仅可以使公债的使用被限定在某资本项目上，而且可以通过公债负担的转移，使财政支出更合理地在更多的受益者之间分担。

（三）执行经济调节政策

公债是政府执行经济调节政策所必不可少的重要手段。一般认为，公债的发行可以作为政府"反衰退"的财政政策工具。经济衰退时期,社会有效总需求不足,因而可以通过扩大财政支出来实现社会总需求的扩张。如果用增加税收的方式来增加财政支出,尽管一方面增加了政府的支出,但另一方面却减少了私人的消费。公债动员的主要是社会闲置资金,并且常被认购者看成个人的金融资产,因而公债发行对私人投资和消费的影响较小。因此,学界通常将公债发行看成一种扩张性财政活动。实际上,当公债活动频繁发生并始终存在的情况下,公债的发行、流通、使用和偿还的整个过程都可以被政府作为调节经济的工具。政府通过调整债务规模、改变债务期限、选择债务使用方向等手段来贯彻松紧不同的财政货币政策及结构调整政策。

第二节　公债的发行与偿还

一、公债的发行规模、期限与利率

(一)公债发行规模

公债发行的规模是指一国政府在一个财政年度里可以发行的公债数额。公债发行规模的大小是由社会经济发展水平决定的,即社会经济发展水平能够承受多大的债务负担,或者说社会发展能够承受的公债限度。要注意的是,在公债余额管理的条件下,公债发行规模的控制不再成为决策层关注的核心问题,而公债余额才是决策层关注的核心。

(二)公债期限

公债期限是指公债发行之后的还款期限。公债期限不仅影响到公债的发行对象、发行范围、发行方式及流通能力,而且直接关系到公债的筹资效果。通常,政府在选择公债期限时需要考虑以下因素:

1. 公债收入的用途

通常,如果公债是为长期支出项目筹资,则债务期限较长;如果公债的发行是为了满足短期需要,则债务期限较短。当然,长期债务使政府在安排使用方向上有更大的选择余地,因此政府通常更愿意举借长期公债。

2. 社会资金的闲置状况

政府能举借债务的期限取决于国内外资金的闲置期限。如果国内外资金的闲置期较短,则政府举借公债的期限就比较短;而如果国内外资金的闲置期较长,则政府举借公债的期限则可延长。

3. 公债利率水平

由于长期公债的利率通常高于短期公债利率,因此从减少利息支付的角度考虑,政府应发行短期公债。在存在通货膨胀的情况下,固定利率的长期公债尽管名义利率比较高,但实际利率可能接近或低于短期公债利率,因而发行长期公债对于政府更合算。

4. 财政货币政策

由于短期公债主要是在货币市场上融资,对资本市场的影响较弱,从而对私人投资的抑制作用较小。同时,短期债务多为可流通债务,且利率较低,对货币流通量的影响亦较弱。长期债务的利率较高,对私人投资和货币流量将产生双重的抑制作用。因此,在扩张性的财政货币政策下，政府多选择短期债务；而紧缩性财政货币政策下，政府大多选择长期债务。

此外，借债程序的控制程度和公债流通市场的状况等都会对政府债务期限的选择产生影响。从总体上评价，实行多种期限的债务结构比单一期限的债务结构对政府的公债发行、流通及偿还更为有利。

(三)公债利息率

公债的利息率是指公债利息占公债本金的比率。通常，政府确定公债利息率需要考虑以下因素：

1. 市场利息率

市场利息率反映了当前的资金供求状况，是资金供应者进行投资选择的基本依据。政府公债利率的确定可以高于或低于市场利率，需要以市场利率作为确定公债利息率的基础。

2. 公债期限

公债期限是影响公债利息率的重要因素。由于不同期限的公债面临的风险水平是不同的，因而要求的风险回报存在一定的差异。通常，公债期限长，其风险相对较高，故利率水平相应较高；而公债期限短，其风险相对较低，故利率水平相对较低。

3. 政府信用

通常，利率水平与信用水平呈负相关。如果信用水平低，面临的风险较高，则利率较高；而信用水平较高，面临的风险较低，则其利率相应降低。通常，公债由政府税收作为后盾，信用比较有保障，故其利率水平一般低于同期市场利率。当然，不同国家及不同层级的政府信用水平也有一定的差别，其利率回报要求也有一定的差异。比如，经济发达国家的政府信用水平一般高于低收入国家，而中央政府的信用水平一般高于地方政府的信用水平。

4. 财政货币政策

在经济衰退期，社会资金大量闲置，政府推行扩张性财政货币政策，发行公债大多选择较低的利息率。在经济高涨期，社会资金供应紧张，政府推行紧缩性财政货币政策，发行公债大多选择较高的利息率。

此外，政府公债的用途、政府对资金需要的紧迫程度等都会对公债的利率产生影响。

二、公债的发行价格和方式

(一)公债的发行价格

政府在确立了公债发行的规模、期限和利息率之后，一般要按不同期限确定公债的票面额。公债的票面额是确立公债发行价格的基础。按发行价格与票面额之间的关系，公债发行价格可分为三种：一是平价，即公债的发行价格与债券的票面额一致，平价发行的公债利息率一般与市场利率比较接近。二是折价，即公债的发行价格低于债券的票面额，而公债到期后政府仍按债券的票面数额偿还本息。因此，折价发行的实质是提高公债的实际利率，一般在公债法定利率较低时，或政府发债困难又急于筹到资金时采用。三是溢价，即公债的发行价格高于债券的票面额。溢价发行的实质是降低公债的实际利率，一般在政府债信很高，或者公债法定利率较高时采用。

（二）公债的发行方式

公债的发行方式是指作为公债发行主体的财政部门代表政府与公债投资人之间进行的公债推销与购买的方式。公债的发行方式主要有：

1. 直接发行

所谓直接发行是指由财政部门直接向社会公众及相关部门发售公债。直接发行比较典型的做法有三种：一是由各级财政部门直接销售公债，这在20世纪80年代我国刚恢复公债发行时常采用；二是运用行政手段向城乡居民及有关企事业单位摊派，也出现在我国20世纪80年代前期；三是定向私募，即向特定的机构投资者推销公债。

2. 代销发行

所谓代销发行是指财政部委托有关金融机构代为发售公债。在经历直接销售和行政摊派之后，我国于20世纪80年代后期开始采用该方式发售公债。代销发行一方面减少了财政部门的工作量，提高了公债发行的效率，使财政部门更加专注于财政资金的安排与调度；而另一方面则提高了金融机构的参与度，也为金融机构提供了一笔稳定的代销手续费。

3. 承购包销发行

所谓承购包销发行是指由大型机构投资者直接向财政部承购一定数额的公债，再由机构投资者向普通投资者销售公债；如果机构投资者无法将其所承购的公债全部销售出去，则由承购包销者用自有资金将其消化。

4. 招标拍卖发行

招标拍卖发行是指由财政部在公债市场上通过公开招标推销公债的发行方式。公债的发行条件通过招标决定，即认购者对准备发行的公债的收益和价格进行投标，推销机构根据预定发行量，通过决定中标者名单，被动接受投标决定的收益和价格条件。招标拍卖发行可分为：价格投标，即发行机构按投标价格及购买数额由高到低依次出售；利率投标，即发行机构根据投标利率的高低由低到高依次出售；竞争性出价，即发行机构按认购者自报的价格和利率，或从高价开始，或从低利率开始，依次决定中标者。

三、公债的付息与偿还

（一）公债的利息支付

公债的利息支付通常有三种方法：一是在公债还本时一次性付息，多用于中期债券的利息支付。一次性付息可以降低公债付息的成本。二是在公债发行后，每年按期向公债持有者支付利息。每年支付利息的方式一般适用于长期债务的利息支付，可以减轻还本时一次性付息的财政压力。三是不付息，而由政府在债券市场进行回购时支付较高的价格间接支付，该方法适用于一年期以内的短期债券。

（二）公债的偿还

公债偿还的方法通常依照公债发行时的契约或法律规定条件来进行，可选择的偿还方法主要有：

1. 直接偿还法

直接偿还法是指政府直接向公债持有人兑付本金和到期利息。直接偿还法既可以对到期债务进行一次性全部偿付，又可以分期偿还到期债务。直接偿还的操作，一般借助于金融机构的服务能力来实现。

2. 市场购销法

市场购销法，又称购销偿还法，是指政府在债券市场上对即将到期的公债，在行市有利时买进并清偿的方式。市场购销法适用于可流通公债，且主要是短期公债。在采用市场购销法的情况下，政府通常通过中央银行的公开市场业务买卖公债以维持债券价格的相对稳定，从而降低政府还本付息支出。

3. 调换偿还法

调换偿还法是指政府以新债调换到期旧债的债务偿还法。调换偿还法一般采用自愿的方式。但在特殊时期，政府也可采用强制的方式要求债权人必须用新债替换旧债。公债调换的实质是在不改变债权人情况下的债务延期。

第三节　公债的负担与限度

一、公债的负担

（一）公债负担的含义

所谓公债负担是指公债发行、流通、使用、偿还活动造成的负面影响。通常，公债负担包含三个层次：第一是公债对国民经济活动的负面影响，称为国民经济负担；第二是公债对政府财政收支的负面影响，称为财政负担；第三是公债对公众福利的影响，称为公众负担。

（二）公债的国民经济负担

在公债执行经济调节政策时，政府发行公债有利于稳定经济活动，熨平经济发展周期，因而对国民经济的发展是有利的，不存在国民经济负担。当公债为重大非经常性项目融资时，政府发行公债有助于解决重大的公共危机，或有助于缓解经济发展中的重要瓶颈和矛盾，能够在一定程度上增进社会福利，不存在国民经济负担。但是，如果政府通过发行货币来还本付息，则会产生通货膨胀，严重的通货膨胀将导致国民经济的崩溃。

（三）公债的财政负担

如果政府的还本付息额较大，难以通过现有手段筹措到足额的资金，这时将会产生公债的财政负担，即影响财政活动的运行。在政府还本付息额度不大、融资条件宽松的条件下，公债活动不会引起财政运行的困难，不会引起财政负担。具体来说，如果政府将债务收入投资于存在直接收益的项目，并以其收益建立偿债基金用于还本付息，那么公债发行将不会增加财政负担。如果通过增加税收来还本付息，那么公债发行也不会增加财政负担。如果通过发行新债来偿还旧债，则短期不会产生财政负担。但是，如果公债投资项目的收益率低于公债利率、增加税收的数量低于公债还本付息额、发行的新债少于旧债的本息，那么公债活动将会引起财政负担，恶化财政收支环境。

（四）公债的公众负担

如果政府将债务收入投入于存在直接收益的项目，并以项目的收益建立偿债基金来还本付息，那么公债活动将不需要增加公众的税收负担。如果政府通过发行货币来还本付息，将会产生“通货膨胀税”，降低民众的货币资产价值。其中，债券持有人将会因本金和利息的贬值而遭受更大的损失，因此公债持有人的负担相对更大。

如果政府通过增加税收来还本付息，那么将会产生代际分配和代内分配两种效应。在公债利率与银行利率一致、公债用于公共产品项目的条件下，公债的代际分配与代内分配表现为：①如果短期公债用于短期投资项目，并以增加当代人的税收来还本付息，项目投资的收益直接由当代人享受，因此不存在代际分配的问题，但却存在代内分配的问题。其原因在于，现代税收的大部分内容不是按照受益原则来征收的，而是按照能力原则来征收的，纳税能力强的人需要多缴税，因而承担的项目成本较多但其从项目投资中获取的收益却与其他人基本相同，从而导致纳税能力强的人向纳税能力弱的人进行了再分配。换句话说，公债收益在公众之间是均匀的，而量能纳税决定了税负在公众之间的不均衡，即公债收益与税负之间的不匹配。②如果长期公债用于长期项目，则存在代内分配而不存在代际分配。③如果长期公债用于短期项目，则存在代际分配，即需要为当代人的收益项目向后代人增加税收，导致从后代人向当代人的再分配。

如果政府以借新债还旧债的方式来还本付息，实质上是延长了公债期限，即将短期公债变成长期公债。借新债还旧债对公众负担的影响如下：①如果以公债收益作为还本付息的最终资金来源，则不会导致公众负担。②如果以发行货币作为还本付息的最终资金来源，则不仅会产生代际分配，而且会产生代内分配。原因在于，当代人从项目投资中获益，但后代人却遭受通货膨胀所害，从而存在后代人向当代人的再分配；而在后代人中，公债的持有人将遭受更大的损失，从而存在公债持有人向债务人及其他公众的再分配。

二、公债的限度

公债的限度一般是指公债年度发行的适度规模及国家债务余额的最高限额，包括两个层面的内容，一是年度公债发行的限度，二是公债累积余额的限度。

（一）年度公债发行的限度

政府每年发行多少公债，一般取决于政府当年财政政策所决定的财政收支对比，财政支出大于收入的部分即是当年公债发行的数额。如果政府以借新债还旧债的方法来偿债，财政支出中包含的还本付息需求会进一步增大开支，导致债务发行规模不断扩大。在实践中，政府年度公债发行的限度主要受两个客观因素的约束：

1. 私人闲置资金的约束

当一个社会存在私人闲置资金（储蓄）时，说明这个社会的投资需求和消费需求不充分，政府通过发行公债来启动该闲置资金有助于实现总供给与总需求的均衡。因此，私人闲置资金的数量是当年政府公债发行的最高限度。如果超过这个限度，则会造成私人投资的萎缩，形成公债的“挤出效应”。

2. 公共物品有效供应的约束

政府发行公债最终表现为政府可支配资源的增加，而政府部门的主要任务是提供公共物品，因此，政府通过公债筹集到的资金最终都会被用于公共物品的供应。在社会资源一定时，公共物品的供应并非越大越好，而必须与私人产品供应相协调并实现公共产品与私人产品之间的产品组合效率。公债发行超过一定额度，就不可避免地造成资源配置的效率损失。因此，为了保证公共物品的有效供应，必须对政府年度公债发行额进行约束。

（二）债务累积额的限度

随着国家发行公债的规模不断增加，导致公债余额不断上升。从一个长期的趋势看，各国债务累积余额均呈增长趋势。人们常用公债负担率,即债务累积余额占年度国民生产总值的比重来说明一个国家债务累积的程度。按国际货币基金组织2006年的测算,美国、德国、法国、加拿大、意大利的公债负担率分别达到62.5%、68%、64.5%、79.6%和107.5%,而日本更高达182%。

从理论上来分析,债务累积余额的增长有无限度,取决于债务累积余额对于政府和社会公众的影响。从政府来看,只要能借新债还旧债,就不存在还本之忧。因此,债务累积额的增长对政府的压力就主要是利息支付额的增加问题。对于政府而言,能否维持高的债务余额,关键是看其能否在年度财政支出中安排足够的利息支付。从社会公众来看,只要政府能遵守信用(债信好),按期还本付息,他就不会在意还本的钱是怎么来的。同时,只要政府守信用,政府的债券也就永远会有人购买,而不会去考虑政府到底已借下了多少债,但社会公众却必须承担政府为支付利息而增加的税收。当然这种税收的增加只要是在现实既定的税制下取得的,公众也不会产生反感。因此,从理论上看,一般认为一国新增国民生产总值能否承受财政支出增长中的利息支付是判断一国债务余额规模能否继续增长的标准,只要国民生产总值在不断增长,新增的财政利息支付在这个增长范围之内,政府的债务余额就可以继续扩大。当然在实践中,人们普遍认为控制一国的债务累积余额是十分必要的。

(三)公债限度的衡量指标

(1)赤字率。赤字率是指年度财政赤字在年度国民生产总值中的比重。赤字率越低,表明一国经济对公债的承受余地越大。公式为:

$$赤字率=\frac{赤字额}{年度\ GDP}\times 100\%$$

(2)公债负担率。公债负担率是指公债余额占年度GDP的比重,反映了一国经济对公债的负担程度。公债负担率越低,表明一国经济对公债的承受余地越大。公式为:

$$公债负担率=\frac{公债余额}{年度\ GDP}\times 100\%$$

(3)偿债率。偿债率是指财政所安排的还本付息额占当年财政收入的比重,反映了财政的偿债能力。偿债率越高说明财政的偿债能力高,具有借债的潜力。公式为:

$$偿债率=\frac{还本付息额}{年度财政收入}\times 100\%$$

(4)公债依存度。公债依存度是指公债发行额占当年财政支出的比重,反映了当年财政支出对公债发行的依赖程度。公式为:

$$公债依存率=\frac{公债发行额}{年度财政支出}\times 100\%$$

第四节　公债市场

一、公债市场的概念与功能

（一）公债市场的概念

公债市场是指公债发行和流通的场所，通常包括发行市场和流通市场。公债发行市场，又称公债的一级市场，是指政府为筹措资金而发行公债，将公债出售给投资人所形成的市场。公债流通市场，又称公债的二级市场，是指已经发行的公债买卖与转让的场所。

（二）公债市场的功能

1. 发行和偿还公债

有了公债市场，公债就可以通过一定的方式在公债市场交易中完成发行和偿还。这可以使政府公债活动更加市场化，使公债的发行和偿还更加顺畅有效。流通市场的存在还为公债的投资者提供了更加灵活的投资选择机会，反过来又可以促进公债的发行，保证公债为财政筹资融资的效果。

2. 调节社会资金的运行

公债流通市场的存在为政府通过中央银行买卖公债调节货币流通量提供了可能。由于可流通的公债与不可流通的公债对资金运行的影响具有一定的差异，使政府能够根据不同的目标来确定可流通公债的种类和规模，以及可流通公债与不可流通公债的比例，从而实现调节社会资金运行的目的。

二、公债发行市场

（一）公债发行市场的组成

公债发行市场是公债交易的初始环节，公债发行市场由政府、中介机构和公债投资者三方组成。在多数情况下，公债发行市场是政府与证券承销机构之间的交易，其作用就是完成公债的发行，保证政府财政筹集到足额资金，为资金的富余者提供投资并获取收益的机会。

（二）我国公债发行市场的建立与发展

我国真正意义上的公债发行市场始于 1991 年，并于 1993 年建立了一级自营商制度。所谓一级自营商是指具备一定条件并由财政部认定的银行、证券公司和其他非银行金融机构，可以直接向财政部承销和投标竞销公债，并通过开展分销、零售业务，促进公债发行，维护公债发行市场顺畅运转。1996 年开始采用招标发行方式，通过竞价确定公债价格，市场化程度大为提高。

我国目前公债发行的市场结构是：以差额招标方式向一级承销商出售可上市公债；以承销方式向承销商销售不可上市公债；以定向私募方式向社会保障机构和保险公司等机构出售定向公债。

（三）我国公债发行市场的改革方向

1. 进一步改进公债发行方式

我国公债发行方式应走以公募拍卖为主、其他方式为辅的多样化发行模式。为此，我国可采取两个步骤:先采用公募拍卖和承购包销结合的方式;在条件成熟时,采用完全以公募拍卖取代承购包销的发行方式。

2. 完善公债一级自营商制度

建立完善的公债一级自营商制度,是公债市场走向规范化和现代化的重要标志。我国于1993年首次建立一级自营制度,但目前一级自营商的权利义务关系不对称,示范作用不明显,需要进一步完善。

3. 建立和完善规范化的记账和托管系统

由于无纸化发行与转让已经成为公债市场发展的方向,必然要求建立规范的记账系统,保证全国计算机联网操作。同时,必须建立和完善全国统一的托管系统,防止承销机构开具空头代保管凭证,避免公债交易风险。

三、公债流通市场

(一)公债流通市场的组成

公债流通市场通常由承销商与公债投资人构成,有时政府也参与公债流通市场交易。公债流通的交易方式主要有现货交易、期货交易、回购交易和期权交易等。公债流通市场可分为场内交易市场与场外交易市场。

场内交易市场是指证券交易所内的交易,是公债流通市场最基本、最规范的形式,是公债流通市场的中心。其特点是:①有集中固定的交易场所和交易时间;②交易只能委托具有证券交易所会员资格的经纪商进行;③交易实行竞价制;④交易所有特定的交易制度和规则;⑤有完善的交易设施和较高的操作效率。

场外交易市场,又称店头市场或柜台交易市场,是指证券经纪商和自营商不通过证券交易所,而是在证券商之间或证券商与客户之间直接进行的证券分散买卖市场。场外交易市场是一个无形的市场,通常采用协商议价方式进行交易

(二)我国公债流通市场的建立与发展

1988年我国首先允许7个城市进行国库券流通转让的试点,允许1985年和1986年的国库券上市。1988年6月,国务院批准54个大中城市进行国库券的转让试点。这时的交易均由证券中介机构进行,属于场外交易。

1990年12月上海证券交易所开业,有会员26家,挂牌证券40种,至此场内交易市场开始形成。1991年全国400个地级以上城市开放公债流通和转让,场外市场进一步扩大。

场内交易市场由于管理相对规范,信誉良好,市场统一性强,市场交易量迅速增加。1996年,由上海证券交易所、深圳证券交易所、武汉公债交易中心和全国证券交易自动报价中心构成的场内交易市场控制了整个公债交易量的90%,从而形成了我国公债流通市场以场内交易为主、以证券经营网点场外交易为辅的基本格局。

(三)我国公债流通市场的改革方向

1. 打通银行间市场和交易所市场,建立统一的公债市场

目前公债市场的分割格局不利于公债功能的进一步发挥,是公债市场进一步发展的阻碍。建立统一的公债市场,关键是要实现公债在两个市场的连通和自由流动,即统一两个市场的后台系统,上市交易的公债均在中央公债登记结算有限责任公司进行统一托管和结算;所有投资者均可自由出入两个市场进行债券买卖。

2. 有计划、有步骤地引入公债衍生产品

公债品种的多样化是增强公债流动性的重要途径,是公债市场进一步发展的前提。目前我国的公债主要是现券品种,衍生产品只有回购。实际上,债券衍生工具对于规避市场风险、发现价格以及提高市场流动性都具有非常重要的意义。目前,我国公债品种单一的现状不利于公债市场流动性的提高和公债功能的发挥。因此,在保证公债市场健康发展的基础上,应该有计划、有步骤地引入公债衍生产品。要适时开办公债远期交易和公债期货交易。

3. 完善公债余额管理,优化公债期限结构

公债余额管理是指立法机构不再直接批准公债发行的额度,而是规定公债余额的规模。在余额管理的条件下,政府可以根据需要灵活调整公债发行的品种和期限结构。我国于2006年开始实行余额管理制度,目前尚待进一步完善。目前,我国公债以中期公债为主,长期公债与短期公债的比重均比较低。单一的期限结构不仅使公债市场的流动性降低,而且使中央银行公开市场业务的开展受到制约,需要进一步调整和优化期限结构。

第五节　地方公债及其风险控制

一、地方公债的概念

所谓地方公债,是指地方政府凭借信用权力,按照有偿原则筹集财政性资金的一种信用方式,是一种特殊的财政活动,简称地方债。狭义的地方公债是指地方政府通过债券市场发行的债务,作为地方政府筹措财政收入的一种形式而发行的债券,其收入列入地方政府预算,由地方政府安排调度。中义的地方公债是指地方政府作为债务人按法定条件和合同约定,向债权人筹集资金并承担偿付义务的债务。广义的地方公债是指地方公共部门(包括地方政府及其相关部门、地方融资平台公司等)借款、提供担保、回购等信用支持而形成的债务。

地方公债可以划分为显性债务和隐性债务两种类型。显性债务主要是指外国政府与国际金融组织的贷款、国债转贷金、农业综合开发借款、解决地方金融风险专项借款、拖欠工资、国有粮食企业亏损新老挂账、拖欠企业离退休人员基本养老金等。隐性债务则包括地方政府担保债务(含内债和外债)、地方金融机构的呆坏账、社会保障资金缺口等。

二、西方国家地方公债

(一)西方主要国家地方公债的产生与发展

美国是发行地方公债较早、规模较大的国家。19世纪初纽约州首次采用发行债券的办法筹集开凿伊利运河所需的经费,开创了美国地方政府依靠发债进行基本建设的先河。美国地方政府主要通过发行市政债券、银行借款和融资租赁等形式进行债务融资,其中市政债券是地方政府支持基础设施项目建设的重要融资工具。随着人口增加和城市规模的扩大,地方政府公用事业迅速发展,基础设施建设大量增加,市政债券的规模也随之扩大,到2010年达到历史最高点4 331亿美元。

日本早在明治初年就开始发行地方债①,20 世纪 90 年代以后进一步发行了大量以筹集经常性经费为目的的地方赤字债。截至 2012 年年底,日本的地方债发行余额为 185.1 万亿日元,约占当年日本 GDP 的 38.9%。日本的地方债分为地方公债和地方公企业债两种基本类型,地方公债是真正的政府直接债务,地方公企业债兼具政府债券和企业债券双重性质,是政府的或有债务,两者比例大致为 5:1。

德国属联邦制国家,实行联邦、州、地区三级管理,相应建立分级管理的财政体制。各级政府均有独立预算,分别对各自议会负责。联邦、州和地区政府都可发行债券,其中,州和地区政府发行的债券统称为地方债券。原则上,德国州和地区政府只能发行筹集投资性经费的地方公债,但经济不景气时也可以破例发行赤字债。截至 2011 年,德国各州政府债券存量累计达 2 751.27 亿欧元,占政府债券存量的 21%。

(二)西方国家地方公债的管理模式

各国地方公债管理模式可以分为四种,即市场约束模式、制度约束模式、行政控制模式和合作管理模式。

1. 市场约束模式

市场约束模式是指利用资本市场对地方政府举债进行约束管理,中央政府在整个过程中不干涉地方公债的发行,地方政府自行决定借债规模、借债对象和借债用途。当然,地方政府会制定一些政策对其自身活动进行约束管理。采用该模式的国家,其市场充分自由和开放,地方政府与其他举债者一样没有任何特权;中央政府也不给地方政府任何违约担保的希望和机会,由地方政府在市场条件下自行承担发行债券的一切风险。

瑞典是市场约束模式的代表国家。传统的地方分权体制是瑞典发行地方公债的基础,其地方政府具有完全的自主权,原则上可以自由发债,发行的债券资金用途并没有明确的规定。瑞典的地方公债完全依靠市场运作,由市场机制加以约束。瑞典的地方政府有一个共同的筹资机构——瑞典地方金融公社。该机构由地方政府自发出资创立,凭借自身信用筹集资金,并以此资金为运营资本,向各个地方政府、公营企业提供贷款及财务顾问服务。

2. 制度约束模式

制度约束模式主要是指通过法律法规对地方政府借债实行管理和控制。这种管理模式的优点是公开透明,具有一定的可预测性,并在一定程度上消除了政治因素的控制。当然,与所有的法律制度一样,这种基于法律的管理模式也存在缺乏灵活性的问题。

美国是制度约束模式的代表国家。在美国,多数州政府及地方政府具有举债权,可直接参与资本市场发行债券。一般情况下,美国地方政府借债很少受到上级政府的管制,拥有相对的自由权。地方政府发行债券主要受到一套较为完善的法律法规的约束。这些监管法律体系主要由《证券法》(1933)、《证券交易法》(1934)、《实业控股公司法》(1935)、《信托债券法》(1939)、《投资公司法》(1940)、《投资顾问法》(1940)等六个联邦证券法案及后续补充性法规构成。这些法律对地方政府发债权限、规模和监管等都做出了明确规定。美国的州、地方政府发债虽然不用上级批准,但上述法律制度对地方政府发债做出了严格的限制,要求州和地方政府不得随意发债。如果要发行一般责任债券,必须经当地公民全体投票或者议会表决同意。

① 日本的地方债与地方公债的概念不能等同。

3. 行政控制模式

行政控制模式是中央政府运用行政手段直接管理地方政府债务,包括确定地方公债的期限、规模及单笔借款限制等,对借债行为进行检查和授权。行政控制模式的约束力很强,可以通过中央审批和检查控制地方政府发债的规模,防止地方政府不负责任的借债行为发生。当然,由于中央政府对地方政府的借债行为实行严格的审批制度,在一定程度上增加了借债融资的不确定性,不利于地方政府制订长期的投融资计划。由于债务完全由中央政府管理,风险由中央政府控制,地方政府缺乏压力和动力改进其财政管理,地方公债的预算软约束情形比较普遍。

日本是行政控制模式的代表国家。日本地方债券的发行受到中央政府的严格控制,地方债的审批权由中央政府控制,由中央政府的监管部门制定发行条件,决定发行规模。日本的《地方自治法》第二百五十条规定:"发行地方债以及变更发债、偿债方法、调整利率时,必须根据政府规定经自治大臣或都道府县知事批准。"所谓都道府县知事批准是针对市町村债券而言的,实际上,市町村发债必须经所属都道府县知事同意后报中央政府,故而所有地方债发行的批准权都在中央政府。

4. 合作管理模式

合作管理模式是指联邦与地方政府对地方债券的发行等事宜进行协商,共同制定控制地方政府发债行为的规则。在合作管理模式下,地方政府能够积极参与宏观经济目标和财政目标的管理,能够加强各级政府之间的交流。该模式主要适用于人口少、地方政府数量少的国家,对人口多、地方政府层级多、数量大的国家不大合适;对财政纪律良好的国家较适用,而对市场秩序较差、中央对地方管理薄弱的国家不适用。

澳大利亚是合作管理模式的代表国家。澳大利亚规定:经财政部长批准,地方政府可以通过透支、贷款或其他方式举借债务。地方政府通过举债所筹资金一般用于基础设施等资本性项目。为保障地方政府及时偿还所借债务,地方议会在举债时需要提供相应的担保。

三、中国地方公债

(一)中国地方公债的产生与发展

新中国地方公债的产生与发展大致可以分为四个阶段。

1. 计划经济时期的地方公债(1949—1978 年)

新中国成立以后,我国社会经济面临价格飞涨、战后重建等艰巨任务。为了抑制通货膨胀,充实财政实力,扩大建设资金,确保重点建设项目的投入,新中国成立初期发行了两次地方公债。一是 1950 年发行的东北生产建设折实公债,募集资金 3 000 万分①。二是 1958 年 4 月 2 日,中央做出了《关于发行地方公债的决定》,允许各省、市、自治区、直辖市在确有必要的时候,发行地方经济建设公债。同年 6 月 5 日,全国人民代表大会常务委员会通过并颁布了《中华人民共和国地方经济建设公债条例》,制定了各地发行公债的基本管理制度。该条例颁布之后,江西、东北、安徽等省区根据本地实际发行了一批地方经济建设公债。

---

① 注:"分"为新中国成立初期旧币之货币单位,相当于后来的"元"。

随着中央政府牢牢控制国家经济命脉，国家财政实力不断加强，经济建设的资金保证日渐稳定；同时，由于政治的“左”倾，党和政府对公债的认识也越发狭隘，出现了对公债的意识形态仇视，地方公债与中央公债于1968年还清之后暂时退出了历史舞台。

2. 改革开放初期的地方公债（1978—1992年）

改革开放之初，为了迅速摆脱我国经济停滞的局面，我国大幅加快基本建设，但受到国内资本严重不足的困扰。为了筹集大量经济建设资金，我国于1981年开始恢复举借公债，并实行规模管理。在“放权让利”和“分级管理”的体制下，多个地方政府开始尝试通过举借债务投入基础设施建设，并希望借助于未来的税收增长偿还债务。

3. 市场经济建设时期的地方公债（1993—2008年）

1993年开始，我国经济体制开始向市场经济体制转轨，相关财政经济法律法规开始逐步完善。1993年4月11日国务院颁发《关于坚决制止乱集资和加强债券发行管理的通知》，要求“不得发行或变相发行地方政府债券”。1995年施行的《中华人民共和国预算法》则进一步规定：除法律和国务院另有规定外，地方政府不得发行地方政府债券。

但事实上，各地方政府自行举债或变相融资等现象十分普遍，地方公债规模随着经济社会发展逐年增长。1998年为应对东南亚金融危机，中央政府决定实施以国债投资为主的积极财政政策，并将部分国债资金转贷地方政府使用，转贷给地方的国债资金还本付息由地方政府来承担责任。此外，地方投融资平台作为地方政府举借债务的重要工具开始形成并发展起来。

4. 经济建设新时期的地方公债（2009年至今）

为应对2008年全球金融危机，加快汶川灾后重建，我国于2009年初推出了过渡性的地方公债融资制度，由财政部以地方政府的名义发行地方公债，并由地方政府负责偿还。2011年10月财政部制定了《2011年地方政府自行发债试点办法》，在国务院的批准下，在上海市、浙江省、广东省、深圳市进行地方政府自行发债试点。同时，地方融资平台得到了更为迅速的发展，由2009年的3 800多家发展为2011年的10 468家，平台贷款余额达到了9.1万亿元。

（二）我国地方公债存在的风险

1. 地方公债余额巨大，债务构成复杂

截至2010年年底，全国地方公债余额为10.71万亿元，其中：政府负有偿还责任的债务6.71万亿元，占62.62%；政府负有担保责任的或有债务2.33万亿元，占21.80%；政府可能承担一定救助责任的相关债务1.67万亿元，占15.58%。规模如此巨大的地方公债，如同一把达摩克利斯之剑，悬在各级政府的头顶，构成了地方财政运行的巨大风险。同时，我国地方公债构成相当复杂，表现形式多种多样，既有纳入财政预算的地方公债，又有不纳入财政预算管理的地方公债；既有直接债务，又有三角债和连环债等间接债务。

2. 地方公债隐蔽性强，透明度低

由于国家《预算法》不允许地方政府举债，而地方经济建设（特别是基础设施建设）又需要大量资金，故而地方政府“创新”了不少方式来绕开限制进行举债。实际上，各地竞相发展的融资平台公司就是为规避《预算法》及相关法律法规而设立的机构。各地的融资平台公司凭借国有资产做抵押，通过银行取得授信，投融资规模大，监管缺位。另外，地方政府为规避监管，还巧立各种借债名目，导致各级政府及相关部门难以有效掌握地方公债的实际情况。总体来看，地方公债的隐蔽性较强，透明度较低，监管相对困难。

3. 地方公债偿还能力低，缺乏风险预警机制

由于地方政府举借债务的主要目的是兴办扶持国有企业、建设市政基础设施，经济效益相对较差，呆账死账较多，回收难度大，导致偿债能力较低。在较低的偿债能力下，各地以贷还贷、以贷还息、拖欠工程款等现象非常普遍，甚至有地方干脆赖账。根据国家审计署的公布数据，截至2010年年底有148家融资平台公司存在逾期债务80.04亿元，逾期债务率平均为16.26%，违约风险已初步显现。目前，我国尚未建立完善的地方公债风险预警机制，中央政府对地方公债的掌握和控制能力有限，难以有效监管形式多样、隐蔽性强的地方债务，增大了地方公债的隐性风险。

（三）我国地方公债的风险控制

1. 修改和完善相关法律规定，赋予地方政府一定的举债权

现行法律不允许地方政府发行赤字债，也不允许地方政府直接向银行贷款，堵住了地方政府两个重要的融资渠道，使得地方政府不得不通过融资平台公司、政府担保等方式来解决融资问题，由此产生了一系列问题。为此，我国需要在修改和完善相关法律法规的条件下，赋予地方政府必要的举债权，规范地方政府的举债行为。

2. 各级地方政府要增强对地方公债的风险意识，从思想上高度重视政府债务管理

各级政府及相关部门要把握“适度举债，加强管理，规避风险”的原则，从全局、长远、战略的高度，通盘研究发展的要求与可能，合理规定政府负债规模，严格举借程序，设立相应的偿债准备金。

3. 进一步明确赋予财政部门管理职能，切实加强地方公债的归口管理

要进一步明确财政部门在地方公债管理中的主体地位，禁止政府各部门、单位直接举债或者间接承担偿债责任，尽快扭转多头举债、分散使用、财政兜底的局面。要配备专门的机构和管理人员，制定地方公债会计核算制度，研究科学的债务风险评价指标，对地方公债的规模、结构和安全性进行动态评估和监测，夯实债务管理基础。

【复习思考题】

1. 如何认识公债的基本功能？
2. 决定公债利息率的因素有哪些？
3. 如何理解公债的限度指标？
4. 如何看待我国地方公债的风险，你认为应如何控制？

第十章
国家预算

第一节 国家预算的特点及其体系

一、国家预算的概念

在现代国家制度中，国家预算是政府为实现自身的政治经济目标进行规范性的分配和再分配财政资金的重要工具。通过国家预算的编制、执行，使政府按照国家整体发展的需要对部分社会资源进行有效地配置，以满足国家职能实现的需要，因此，国家预算必然反映着政府活动的范围、方向和国家的政策，并对整个社会各方面的发展产生深远的影响。

国家预算作为实现国家职能的重要工具，受一定的国家制度的约束而为不同性质的国家服务。我国社会主义国家预算是国家为实现其职能的需要，有计划地筹集和供应国家集中性财政资金的基本财政计划。其表现形式由预算收入和预算支出组成。

我国是建立在公有制基础上的社会主义国家，国家的基本职能是：一方面保证国家在政治上的独立稳固，保障全体人民的共同利益不受侵害，打击和防止外来侵略，保卫国家的安全；另一方面是实现对国家经济建设事业的组织领导，发展社会主义的生产力。为实现国家职能，必须有计划地筹集和分配一部分社会产品和国民收入作为财力保证，国家预算则是实现这种分配的基本形式。预算收入反映我国经济发展和积累水平，也反映国家财政的集中程度。预算支出体现国家为实现一定时期内的政治经济目标对部分社会资源的配置及对国民经济发展中的各种比例关系如何安排的政策取向。因此，国家预算是从宏观上对国民经济和社会发展计划的实现发挥作用，成为财力上保证国家职能实现的重要分配工具和经济杠杆，是国家的基本财政计划。

二、国家预算的特点

国家制度的性质决定国家预算的性质和特点。我国是社会主义制度国家，这从根本上决定了我国的国家预算具有以下特点：

(一)我国国家预算的人民性

我国社会主义制度下，劳动人民既是国家的主人，又是社会物质财富的创造者，国家通过国家预算参与国民收入的分配，取得预算收入形成全国集中性的财政资金。我国国家预算支出以巩固社会主义公有制，发展社会主义经济和不断提高劳动者的物质文化生活水平的需要为根本出发点。从而使我国的国家预算收支充分体现了国家与广大劳动人民利益上的一致。正如马克思所指出的:“从一个处于私人地位的生产者身上扣除的一切,又会直接或间接地用来处于社会成员地位的这个生产者谋福利。”①

(二)我国国家预算的计划性

新中国建立以来为了尽快建立我国的工业基础,加快国家经济发展速度,国家通过制订每一时期的国民经济计划来规范经济发展的方向和要求,在此过程中,国家预算通过预算收支为国民经济计划的实现服务。在建立社会主义市场经济过程中,尽管社会资源的配置首先要由市场来选择,但整个社会经济的协调发展和适应宏观经济调控需要的社会资源的有效配置却不是市场本身能解决的。如与国家管理部门,科学、教育、文化、卫生等部门发展的合理比例,需要国家通过对部分社会资源的分配和调节才能实现,我国预算收入的计划性表现在:①预算收入总量一经确定批准,就必须千方百计去完成,而且应在可能条件下超额完成,这是保证国家实现财政年度任务的前提和基础;②每一预算收入项目的确定要有计划,国家每一年都要根据不断变化的经济情况和宏观调控的要求预先确定具体的预算收入项目,为组织预算收入提供制度上的保证;③对每一预算收入项目的数量要切合实际地进行预先计划,使预算收入的增长和实现与经济发展可能提供的财源有效地结合起来。

我国预算支出的计划性表现在:①要求在计划收入实现的条件下有计划地安排支出总量;②合理确定每一支出项目及其数量,以保证国家在经济发展和社会发展方面的计划的实现;③为保证年度预算收支按计划完成,在预算执行过程中的日常组织管理工作也是十分重要的,而当每一预算年度结束后,还应认真分析研究预算执行中的问题和经验,为以后年度预算的计划编制更切合实际创造条件。

(三)我国国家预算的稳定性

新中国成立后,我国在预算编制和执行中,一直坚持收支平衡,略有结余的原则,反对搞赤字预算和预算赤字,以避免由财政预算赤字引起的国民收入超分配和通货膨胀对国民经济产生不利影响,为社会和国民经济的稳定发展创造条件。因此,在正常情况下,国家预算的编制要求收入和支出都要留有余地,使预算收入略大于预算支出,不要在计划上留缺口;在预算年度结束后的决算表上,也要求实际的收入执行数要略大于支出执行数。应当说,在过去我国实行单式预算的条件下,坚持这一原则对保证预算收支平衡,以预算的稳定为国民经济稳定发展服务发挥了十分重要的作用。我国的《预算法》规定:在编制复式预算的基础上,“中央政府公共预算不列赤字”,“地方各级预算按量入为出,收支平衡的原则编制,不列赤字”,而为了增强国家财政对经济建设的宏观调控和促进其发展的能力和作用,《预算法》还规定:“中央预算中必需的建设投资的部分资金,可以通过举借国内和国外债务等方式筹措,但是借债应当有合理的规模和结构。”这些都充分反映出国家预算坚持收支平衡以保证预算稳定的原则,即使是为满足经济建设需要的借债也应当是适度的,因此从长远看,国家为经济建设全局和长远发展而适当负债,并不是将债务作为一般社会消费来处理,因此也是有利于国民经济长期稳定发展要求的。

(四)我国国家预算的法律性

国家预算关系到国家和全体人民的根本利益,为保证国家预算按预定目标实现,我国

① 马克思恩格斯选集:第3卷[M].北京:人民出版社,1972:10.

宪法规定,国家预算经全国人民代表大会审查批准后,即成为具有法律效力的文件,作为各级人民政府,各部门、企业、事业单位比照执行的依据。1994 年3 月22 日我国颁布的《中华人民共和国预算法》对国家预算的组成、管理职权、收支范围、预算的编制、审批、执行、调整、国家决算等有关问题作出了详细的规定,这更进一步地从法律上强化了国家预算的分配和监督功能,对健全国家预算管理,加强国家宏观调控,保障经济和社会的健康发展提供了法律保证。

三、国家预算体系的构成

我国国家预算体系的设计是与我国政权结构和行政区域的划分相适应的。《中华人民共和国预算法》(以下简称《预算法》)规定:"国家实行一级政府一级预算。"设立中央;省、自治区、直辖市;设区的市、自治州;县、自治县,不设区的市、市辖区;乡、民族乡、镇五级预算,习惯上又将省及其以下的各级预算称为地方预算,加上中央预算则使我国预算体系由中央预算和地方预算两个环节,中央、省、市、县、乡五个级次所构成,在这个体系中,要求在中央的统一领导下,实行中央和地方预算的分级管理。我国预算体系构成如图 10 – 1 所示:

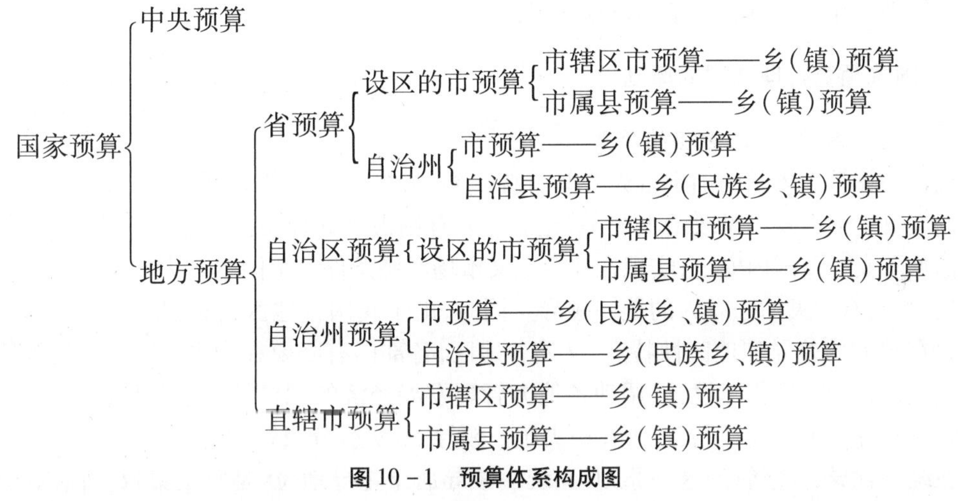

图 10 – 1　预算体系构成图

在国家预算体系中,中央预算与地方预算的地位作用不同:

(1)中央预算是中央政府的预算,由中央各部门的单位预算和中央直属企业的财务收支计划组成。中央预算根据中央国家机关的职能实现要求主要承担的任务是:①承担具有全国意义的科学文化、国家管理、国防外交、重点建设及援外支出;②根据全国各地区的经济发展水平和地方政府职能实现的要求,调剂地方预算收支;③支援经济不发达地区、民族地区的发展。由于中央承担着事关全局和促进国家经济协调发展的资金安排,客观上要求中央预算应集中国家预算资金的主要部分,这必然使中央预算在国家预算体系中居于主导地位。

(2)地方预算指地方各级政府的预算,是省级预算及其所属各级预算的总称,是国家预算的重要组成部分。地方各级政府根据中央统一领导的要求实现各级政府职能,并负责管理所属区域内的经济文化建设事业,与此相适应,地方预算主要承担的任务是:①按国家确定的预算管理权限组织本级预算收入,并承担国家规定的代上级预算组织收入的任务。从较长时期看,我国国家预算的大部分收入都是由地方预算来组织的,同时,也负责管理和落实上级预算安排的预算支出以及中央财政对地方财政的转移支付资金的分配。②为地方经济文化建设的发展,地方社会经济资源的开发利用及产业结构的合理化提供资金支持并促进地方公益事业的发展。③从资金和政策方面为地方农业的发展创造条件,在少数民族地区,地方预算还承担着贯彻党的民族政策促进民族地区经济发展的任务。因此,地方预算在组织全国预算收支,贯彻党和国家的政治经济政策,促进地方经济发展方面起着十分重要的作用。

第二节　国家预算管理体制

一、国家预算管理体制的概念

国家预算管理体制是国家为有效地处理各级预算的财政分配关系,根据国家的政权结构及各级政府的职责事权,在各级预算之间划分预算管理权限和资金收支范围的制度。它是预算管理工作顺利进行的基本依据和保证。

二、国家预算管理体制的原则

(一)统一领导,分级管理的原则

我国预算管理体制的确定首先要坚持统一领导,分级管理的原则,这是由我国的政治经济制度决定的。我国是政治上统一、经济上公有制占主导地位的社会主义国家,为保证国家的独立安全及国内安定,实现在社会主义市场经济条件下全国生产力的合理布局和协调发展,必须有中央的强有力的统一领导。同时,由于我国各地区的自然环境和经济发展水平存在较大的差异和地区性特点,又使各地区,各部门有必要在中央统一的方针政策前提下因地制宜地来进行建设,以调动各地方管理发展经济的积极性。与此相适应,国家在划分预算管理权限方面,则表现为在中央统一领导下,实行分级管理。

在统一领导,分级管理这一原则中,统一领导居于主导地位,是解决集权方面的问题,要求全国性的各项财政方针政策,全国性的财政计划及基本的财政规章制度,必须由中央统一制定,各地方必须贯彻执行,不得违反。分级管理是解决分权的问题,即在中央统一领导的前提下,给地方适当的财政管理权限和财力,主要包括:地方对本级总预算有适当的调剂权;地方有支配和使用本地区机动财力的权力;地方有根据中央政策法令,结合本地区的实际情况制定具体执行办法和实施细则的权力。由此可见,统一领导分级管理原则反映了国家预算管理中统筹兼顾全面安排的要求,也是民主集中制原则在预算管理体制中的具体体现。

(二)财权与事权相统一的原则

国家预算管理体制的实质是解决中央与地方各级政府在财政预算管理方面的权限问题,最终表现为确定各级政府财权财力的大小,这一问题的合理解决关系到各级政府职能实现的物质条件。因此预算管理体制关于财权财力的划分也就必须建立在明确划分中央政府与地方政府的职责事权的基础上。确定事权是确定财权的前提,即"办多少事花多少钱”,财权是实现事权的财力保证。为了保证各级政府职责的实现,我国宪法对中央政府与地方政府的事权作了总体上的划分,如国防、武警、外交、外援、债务还本付息,支援不发达地区,特大自然灾害救济,国家物资储备等支出由中央政府承担,城市维护建设、支援农业,一些地方性的社会事务等方面支出由地方政府负担,并明确规定各级政府承担的行政管理费和社会科学文化教育卫生事业费等方面支出的责任。

应当说,中央与地方政府在政治、社会、文化教育等方面的事权和财政是较容易划分清楚的,而较难划分的事权主要是各级政府应承担的经济建设方面的任务,这一问题解决不好,就难免造成中央困难挤地方,地方困难挤中央的现象,或造成预算体制为适应各方面的要求经常调整的不稳定性,为各级政府的财力安排造成困难。因此,预算管理体制的确定要使各级政府的需要得到基本保证,除了明确划分政治、社会、文化教育等方面的事权外,还必须对各级政府应承担的经济建设方面的任务进行划分。一般而言,全国性的重点建设支出,如全国性的铁路、公路交通、能源建设、大江大河治理,重要的原材料开采及工业基础建设等等应由中央政府承担,而地方政府则主要承担地区性的经济建设和资源开发任务,如地方城市建设,基础设施,地方公用事业,地方性的能源、交通、原材料和农田水利等方面的投资,为地方经济发展提供条件。只有明确划分了各级政府在各方面的事权范围,财权的划分才会有客观依据。

(三)兼顾中央与地方利益的原则

在我国,中央政府与地方政府从根本上讲并没有相互冲突的利益,各级政府都是为实现国家和人民的整体利益服务的。但各级政府在实现其职能的过程中,由于职责任务的不同,也存在相对独立的利益。中央政府职责任务的实现关系到全国上下的整体利益和长远利益,关系到全国生产力的合理布局和社会经济协调发展,并担负着协调地方政府之间关系的职责,是国家政治上安定经济上实现繁荣的保证。因此,在全国的财政资金的分配中,客观上要求中央掌握足够的财力,特别是在建立社会主义市场经济的过程中,中央政府对经济保持有力的调控能力是市场经济健康发展的重要条件。在现代市场经济国家中,一般讲中央政府掌握的财政收入占全国财政收入的比例都在50%以上。因此,要保证中央对全国的强有力的领导,必须首先保证中央政府在财政资金分配中主导地位,提高中央财政收入占全国财政收入的比重。当前,分税制的推行对这一目标的实现有积极的作用。在坚持中央政府掌握足够财力的同时,也必须重视照顾地方的财政利益。这是由于地方政府作为一级政权层次,负有中央规定的政治经济任务的要求所决定的,地方政府的财力大小,关系当地经济发展和人民生活水平提高的要求,地方经济又是全国经济发展的基础。在财力分配上,应充分注意地方的利益,给予地方作为一级政权所必须具有的财权财力,并划给一定的主体财源,这样才能调动地方当家理财的主动性和积极性,也才能使国家经济发展和财政收入的增长,财力的有效使用建立在坚实的基础上。

(四)兼顾公平与效率的原则

社会主义市场经济的建立,客观上要求社会经济的发展建立在效率的基础上,这不仅表现在生产流通领域,也表现在分配领域,从财政预算管理角度看,这也将成为一个十分突出的问题。预算管理体制的实质是要正确处理中央与地方政府在财政分配和财权财力上的集权与分权问题,但这必须建立在各地区经济发展的基础上。为了促进经济的发展,以增加财力基础,预算管理体制的设立应首先考虑各地区经济效率提高的要求,使各地在发展市场经济的过程中有相应的物质条件，并承认各地在经济发展方面的差别，使提高效率成为各地区发展经济改善财政状况的目标，这就是经济发展所需要的效率优先原则。但我国各地经济发展不平衡，如果仅仅考虑提高效率则会加大地区之间经济发展和人民生活的差距，甚至会影响社会稳定，并最终影响全国经济的均衡发展。所以，在处理国家预算管理体制中的集权和分权问题时，也必须充分考虑和兼顾社会公平的要求。这就必须通过中央财政的宏观调控，使全国财政收支在各地区的实现保持一定的均衡，控制地区间的差距，对低财政收入地区的公共服务要实行保护性政策，对贫困地区要给以必要的扶持，最终体现公平与效率的有效结合。

三、现行的预算管理体制

为适应市场经济建立的需要，国家决定从 1994 年 1 月开始实施新的预算管理体制——分税制。

（一）分税制的基本含义

分税制是通过对税收收入的划分来处理中央与地方各级政府之间财政分配关系的财政预算管理体制。当代世界各国，在处理中央与地方政府的财政分配关系中，分税制已被广泛采用。我国实行的分税制应具有符合我国国情的特点。为建立一个适应社会主义市场经济需要的财政运行机制，这就要求在改革完善我国税制的基础上，以合理划分中央与地方事权为依据，通过对不同税种收入的划分，实现各级政府财力分配的科学化、规范化，使各级政府在国家税收法律和政策保障下，按照预算管理体制的基本原则实现自主管理，以充分调动各级政府的积极性。

（二）实行分税制的意义

（1）实行分税制对我国社会主义市场经济的建立发挥积极的推动作用。建立市场经济的基本要求是运用价值规律调节经济，并要求企业经济组织按市场要求进行生产经营，同时也要求形成国内的统一市场，保护公平竞争，反对地区封锁。分税制的实施：①有利于国家与企业的行政隶属关系，真正实现政企分离，促使企业不再依靠行政领导而自觉按市场要求经营企业；②分税制的逐步完善将促使税收，价格体制的改革和完善，有利于形成社会主义市场经济正常运行所需要的公平竞争环境；③实行分税制有利于推动税制改革的完善，有利于我国的国际合作与对外开放，有利于国内市场与国际市场的对接，为我国经济的发展开辟更广阔的空间。

（2）分税制的实施有利于加强中央对国民经济的宏观调控能力，为我国经济改革和经济的迅速发展创造条件。客观地讲，前期实行的财政包干体制使中央掌握运用的财力受到削弱，影响了中央的宏观调控力度，使中央对地方企业因财权财力增加造成的财力分散和投资的盲目性、实现社会公平和安定等问题的调控受到一定影响，也给改革的深化带来一些困难。实施分税制后，通过税制改革和规范，不仅使各级政府都有可靠的财力保证，也使中央集中了税基宽，数量大的税种，并掌握了绝大部分财政收入增量，中央的财力明显增强，更有利于维护国家整体利益和中央宏观调控的作用。

（3）分税制有利于我国分级财政的真正建立。我国财政预算管理体制改革的方式经历过多种模式，但最终目标是要建立真正的分级财政，使各级政府在中央的统一政策领导下，真正独立地实现自身的事权，这首先要求建立独立的分级预算。推行分税制后，中央与地方财力划分日益清楚,随着分税制的完善,各级财政支出也将明确划分,各级政府各收其税,各管其事,并同时建立中央对地方的转移支付制度,以实现中央对地方的调控,这样,就为地方预算的真正独立,及实现一级政权,一级财政,一级预算的分级财政的实现创造了条件。

(三)现行分税制的主要内容

我国从 1994 年开始实施分税制,这一体制的建设以预算管理体制原则为依据,在划分各级政府事权的基础上,进行了政府间财权的划分,并通过政府间转移支付制度的建设,为各级政府职责的实现提供了重要的制度保证。

1. 政府预算支出的划分

(1)中央政府的预算支出。根据我国现行政策规定,中央财政主要承担国家安全外交和中央国家机关运转所需经费,中央在调整国民经济结构,协调地区发展,实施宏观调控方面的支出,中央直接管理的事业发展支出。与此相适应,分税制体制规定,中央政府预算支出包括中央财政承担的本级各部门经济、社会事业发展支出,中央对地方的税收返还支出,中央对地方的专项拨款补助支出,中央对地方的特殊拨款补助支出。

(2)地方政府预算支出。地方财政主要承担本地区政权机关运转所需支出以及本地区社会经济、事业发展所需支出。按分税制体制规定,地方财政应承担地方本级的行政事业与地方经济发展的相关支出,地方上级财政对下级财政的税收返还支出以及对下级财政的各项补助支出,地方财政应上解中央财政的支出等方面。

2. 预算收入的划分

与各级政府职责相适应,分税制体制规定了中央与地方政府主要财力的划分,并通过现行税种来划分中央与地方的预算收入。从现行税种收入的归属考察,可以大体表现为中央税、地方税、中央与地方的共享税,在实践中,中央预算的固定收入由中央税与共享税中划归中央的税收比例组成,地方预算的固定收入则由地方税与共享税中划归地方的税收比例组成。其具体内容如下:

(1)中央税。中央税主要指全部划归中央的各项税收,由消费税(含进口环节海关代征的部分),车辆购置税,关税,海关代征的进口环节增值税等构成。

(2)地方税。地方税主要指全部划归地方的各项税收,由城镇土地使用税,耕地占用税,土地增值税,房产税,城市房地产税,车船使用税,车船使用牌照税,契税,屠宰税(已停征),筵席税(已停征),农(牧)业税(已停征)等构成。

(3)中央与地方的共享税。在现行税制中,增值税、营业税、各类所得税、资源税、城市维护建设税、印花税均为中央与地方政府的共享收入。目前各税分享规定为:①增值税(不含进口环节由海关代征的部分):中央政府分享 75%,地方政府分享 25%;②营业税:铁道部、各银行总行、各保险总公司集中缴纳的部分归中央政府,其余部分归地方政府;③企业所得税、外商投资企业和外国企业所得税:铁道部、各银行总行及海洋石油企业缴纳的部分归中央政府,其余部分中央与地方政府目前按 60% 与 40% 的比例分享;④个人所得税:储蓄存款利息所得的个人所得税归中央,其余部分的分享比例与企业所得税相同;⑤资源税:海洋石油企业缴纳的部分归中央政府,其余部分归地方政府;⑥城市维护建设税:铁道部、各银行总行、各保险总公司集中缴纳的部分归中央政府,其余部分归地方政府;⑦印花税:证券交易印花税收入的 97% 归中央政府,其余 3% 和其他印花税收入归地方政府。为保证中央税和地方税的征管,我国在实施分税制的同时分设了国税局与地税局,中央税和共享税由国税局负责征收,共享税中地方分享的部分,由国税局直接划入地方金库,地方税由地税局负责征收。

3. 分税制中的转移支付

1994 年实行的分税制,是在全国按统一的制度设计重新划分了中央财政与地方财政收入的比例,这使中央财政收入占全国财政收入的比重明显提高,中央政府的宏观调控能力得到增强。在全国财政收入一定的条件下,地方财力占全国财政收入的比重也将相应下降。因此,分税实施后,为了实现保障地方政府的基本财力需要,分税制相应调整了政府间财政转移支付的数量和形式。除保留了原体制中中央财政对地方的定额补助、专项补助和地方上解外,还重新建立了中央对地方的税收返还制度,以保障地方利益,从而实现了新体制的平稳过渡。其基本做法为:中央财政对地方税收返还数额以 1993 年为基期核定。按 1993 年地方实际收入以及税制改革和中央与地方收入划分情况,核定 1993 年中央从地方净上划的收入数额(即消费税 + 75% 的增值税 - 中央下划收入)。1993 年中央净上划收入,全额返还地方,保证现有地方既得财力,并以此作为以后年度中央对地方税收返还的基数。1994 年以后,税收返还额在 1993 年基数上逐年递增,递增率按本地区增值税和消费税增长率的 1:0.3 系数确定,即上述两税每增长 1%,中央对地方的税收返还增长 0.3%。如果 1994 年以后中央净上划收入达不到 1993 年基数,则相应扣减税收返还基数。

在分税制实施过程中,对转移支付办法又进行了一些调整,目前我国中央对地方转移支付的方式有六种,即税收返还、原体制补助、专项补助、过渡期转移支付补助、各项结算补助和其他补助。

我国的分税制改革采取了整体设计、逐步推进的方式,实施近 20 年来在规范中央与地方政府间的财政分配关系方面成效显著,但由于各级政府的职责事权的确定还未能全面反映政府职能需要,我国税收制度本身也还有一个不断改革完善的过程,使我国的分税制基本上还是一种初步的分税制。因此,我国的分税制还需要配合我国经济体制的转换和政治体制的改革,最终科学地界定各级政府的职责事权,并按照财权与事权统一的原则,通过税收收入的合理划分,进一步完善预算调剂方法,建立科学的转移支付制度,以有效解决中央与地方政府之间的财力分配问题。与此同时,还应加快对省以下的财政体制的改革,解决现行分税制中存在的省级政府调节省以下政府财力不平衡的不足,各地区普遍存在省以下横向和纵向财力不平衡,以及部分地方基层财政困难日益突出的问题,研究分税制体制在省以下的政府财力分配中的运行方式,使分税制能真正成为各级公共财政职能实现的重要制度保障,这样,才能有效实现分税制的目标,分税制也才能日臻完善。

四、转移支付制度

(一)转移支付制度的含义

在财政分配中,转移支付是政府为实现特定的社会经济目标,利用财政资金向社会成员、经济组织、社会集团进行的一种无偿性地资金转移,也包括政府间的财政资金的转移。但一般意义上的转移支付制度,是指为均衡各级政府间的财力与实现公共服务的均等化而进行的政府间的财力转移,并主要表现为上级政府向下级政府进行的财力转移。在分税制财政体制条件下,中央与地方的财权财力是以税种作为划分的依据。而由于各地区的社会经济条件存在客观上的差异，这使各地区能实现的税收在数量上也将产生很大的差别，进而造成各地区财力分配上的差异。特别是经济落后地区，在体制确定的分税中往往表现为财力不足，甚至不能保证地区政府职能实现的需要，这客观上要求通过政府间的财力转移来解决这一问题。在实践中，政府间的财力转移即是通常所说的转移支付制度，并主要是指在财政体制中确定的中央向地方政府的转移支付。这一制度，既是分税制改革的重要组成部分，又对正确处理中央与地方的财力分配关系，保证各级政府职能的实现，为各地区社会经济的发展，实现国家的宏观经济政策及促进全社会公共服务水平的均等化起着十分重要的作用。

(二)转移支付制度的形式

根据转移支付制度实施的目标与特点，可将其分为几种主要类型：

1. 一般性转移支付

一般性转移支付是指上级政府根据不同级次的政府在税收能力、支出需求及资源、人口、贫富等方面存在的差别，按照统一的法定标准或按公式计算出应给予下级政府的补助数额的转移支付形式。这类转移支付主要通过有关法律制度进行约束和管理，对其投向并不加以明确的限制，而由下级政府自主地决定其使用方向。一般性转移支付又主要分为收入分享转移支付和均衡性转移支付，前者用于消除政府间的纵向不平衡，后者则主要用以消除各地方政府间存在的税收能力与其基本需求开支的横向不均衡，以促进各地区社会公共服务水平的基本一致性。

2. 特殊性转移支付

特殊性转移支付是指上级政府为实现特定的目的，将财政资金转作下级政府的财力，用以支持地方政府实现对一些有利于地方社会经济的发展，有利于周边区域或全国社会经济发展的项目的建设。由于这类转移支付能体现中央政府或上级政府的政策取向，有利于实现政府的宏观调控目标，因此这类转移支付也具有重要作用。在实施过程中，特殊性转移支付又可分为配套性转移支付与非配套性转移支付，前者要求下级政府在取得上级政府的特殊转移支付时要提供一定比例的配套资金，后者则不必提供。

在我国，新中国成立后政府间的转移支付制度是与一定时期的财政管理体制相适应的，中央政府通过转移支付对我国各地区，特别是落后地区社会经济的发展产生了重要的推动作用。地方政府(主要是经济较发达地区的地方政府)对中央政府的财力上缴也对中央财力的增强发挥着重要的影响。但是，我国转移支付制度的实施具有较明显的传统体制特征，突出表现在以基数法作为确定转移支付的主要依据，这种作法使我国的政府间转移支付不能科学合理地加以确定。因此，随着分税制财政体制的健全完善，我国政府间的转移支付制度还要进一步改革，需要在科学界定各级政府事权的基础上，以逐步实现公共服务均等化为目标，确定影响公共服务水平的基本因素，来考虑一般性转移支付制度的建设。同时，在特殊性转移支付的安排上，则应充分考虑国家在一定时期内的社会经济目标与建设重点，并建立健全必要的制度和民主决策程序来加以控制与约束，以保证特殊性转移支付的合理性与科学性。

第三节　国家预算的编制执行和国家决算

一、国家预算编制的原则

（一）贯彻、执行党和国家的路线、方针、政策的原则

国家预算的编制过程，就是科学、准确地预计每一财政年度的预算资金的筹集和供应情况，规定预算收入的来源和去向的过程，必须以党和政府在一定时期内的路线、方针政策、政策作为编制的依据。因为党和政府的路线、方针、政策，是适应我国各个时期的政治经济任务的要求而制定的，并集中体现了我国社会主义制度的巩固和不断发展的要求，体现了全国人民共同利益实现的要求。通过预算资金的合理计划和安排处理好各种比例关系，安排好重点项目的资金需要，使国家预算成为党和政府的路线方针政策得以实现的重要财力保证。当然，根据党和政府提出的逐步建立和完善社会主义市场经济的要求，配合分税制的实施，国家预算的编制必将适应这种变化进行调整，如复式预算的推出和新的预算管理办法的出台及预算收支内容的调整都无不体现党和政府对国家预算的政策约束。

（二）正确处理国家预算与国民经济和社会发展计划的关系

为了保证国家经济的迅速发展和实现资源的有效配置，无论在典型的计划经济条件下还是在推行社会主义市场经济的条件下，国家都有必要制定国民经济和社会发展计划来实现对经济的组织和领导。国家预算的资金安排则是实现这种计划的重要财力保证。因此，国家预算编制中，必须根据经济的发展和可能，预计预算收入的总量和构成来有效地集中财政资金，同时根据国民经济和社会发展的需要，求得资金供需的平衡，努力处理好国家预算与国民经济和社会发展计划的关系。在二者关系之中，应明确预算收支指标主要是根据国民经济和社会发展计划所涉及的经济指标和事业指标确定的，但国家预算又能在一定程度上对国民经济和社会发展计划起反映、检查和监督作用，并制约其实现程度。

（三）坚持预算收支平衡，略有结余的原则

编制国家预算要坚持收支平衡，略有结余，即指当年的预算支出数应在预算收入数的基础上来安排，在编制预算时，对预算收入的安排要在实事求是的基础上努力增加收入，在预算支出的安排上要充分考虑预算收入的可能，兼顾各方面的需要，必须安排的支出要打足，不留缺口，留足预备费和必要的周转金，这样，实现预算收支平衡，略有结余才有可靠的基础。

编制预算坚持收支平衡，略有结余的原则，体现了我国预算资金分配上的量力而行的指导思想。背离了这一基本原则要求，则难以避免出现财政赤字，造成社会总供需的不平衡及通货膨胀，物价上涨，给整个国民经济的正常发展造成不良影响。

二、国家预算编制的基本要求

（一）编制国家预算的准备工作

编制国家预算是一项政策性强的业务工作和复杂细微的技术性工作，必须在一系列准备工作的前提下来进行，其内容如下：

1. 对本年度预算执行情况的预计和分析

我国预算的编制要以上一年的预算执行情况为基础，如我国过去一般在每年 10 月即开始对本年度的预算情况进行总结，这就需要各级财政部门将本年度1 ~9月的实际预算执行数与对后三个月的预算执行情况的预计结合起来进行分析，供编制下一年度的预算时参考。但随预算编制周期的改革，我国年度预算执行情况的预计和分析时间将提前，一些地方甚至试行提前到每年的 1 月。

2. 拟订计划年度预算控制指标

在正式编制计划年度国家预算之前，财政部在对本年度预算执行情况的预计和分析基础上，根据党和国家的方针政策要求和计划年度国民经济和社会发展计划的要求，拟定主要收支项目的控制数，经国务院核定后下达全国各省（自治区、直辖市），作为地方总预算编制的主要依据。

3. 统一颁发编制国家预算草案的提示和规定

我国国家预算是由中央预算与地方预算组成的统一的计划体系，预算的编制必须保持统一性、完整性和正确性。因此，每年国务院及财政部都要向各地区、部门发出编制预算草案的指示和要求，包括编制预算的方针、任务；编制各项收入和支出预算的要求；各级预算收支划分和地方机动财力的使用范围；预算编制的方法，程序，报送份数和报送时间等。

4. 修订预算科目和预算表格

预算科目是国家预算收支的总分类及其明细分类。预算表格是预算收支指标体系的表现形势，根据国家财政管理体制和行政管理机构变化的要求，财政部每年要对预算收支科目和预算表格进行修订，以统一颁布发下达供各级预算编制时采用。

（二）国家预算的编制

1. 中央预算与地方预算的编制

国家预算是由中央预算和地方各级预算汇编而成，因此，正确编制中央预算和地方预算是正确编制国家预算的主要环节。在实践中，中央预算由财政部负责编制并由中央各部门及其直属单位的预算组成。中央预算收入包括中央本级收入与地方上缴收入，中央预算支出由中央本级支出和中央补助地方支出构成，其收支的对比关系则体现中央财政的平衡、结余与赤字。但我国《预算法》规定：中央政府的公共预算不列赤字，建设性预算可通过适度的借债来平衡收支。

地方预算的编制由各省、直辖市、自治区及所属各级政府逐级编制，从下到上逐级汇总为地方各级的总预算。地方各级总预算一般由本级政府预算和汇总的下一级预算组成。地方各级政府预算通常由本级各部门预算组成，本级各部门预算又由所属的各单位预算组成，这里所指的单位预算指列入部门预算的国家机关、社会团体和其他单位的收支预算。地方预算收入主要包括本级直接筹集的财政、税收收入，上解上级的收入，从上级取得体制补助收入等。其支出主要包括地方本级各部门的预算支出，补助给下级财政的预算支出。

2. 部门预算的编制

部门预算的编制是指按照一个部门一本账来编制每一部门的预算收支的方法。在实施中由财政部预算司一个口子对外，统一接收和批复部门预算，中央每一个部门所有的收入和支出都在一本预算中得到反映。在部门预算中，既要反映财政部门直接安排的预算拨款，又要反映国家有预算分配权的部门安排的资金。因此，实行部门预算有利于预算编制的统一性。同时,通过部门预算的编制使以往因预算编制过程进度不一,许多经费预算都难以在法律规定的时间内批复到有关预算单位的问题得以解决,从而有利于各部门预算按计划实现,有利于维护预算的严肃性。部门预算的编制改变了以往按"基数"编制预算的方法,能有效地克服由于基数的不合理所造成的部门之间、支出项目之间苦乐不均的问题。实行部门预算后,一个部门的所有各项收支都在一本预算中反映,从而能对部门各项开支进行科学、合理的核定,这对科学合理地确定预算支出,规范部门收入,实现预算管理的规范化均有十分积极的意义。

三、国家预算的执行

(一)预算收支的执行

国家预算经批准后,即成为全国上下各级政府执行预算的依据。预算收入的执行,由财政部门统一负责组织,并分别由财政部门和各主管收入的专职机关负责征收管理,中央负责管理的收入由国家税务局征收,地方固定收入与其他资源税由地方税务局征收,预算支出则由各个预算支出机关具体负责执行。一般是由财政部门根据主管部门的申请,按计划分月拨给主管部门,再由主管部门按照隶属关系层层下拨到基层用款单位,财政部门负责具体组织与监督预算支出的执行。

(二)预算执行中的调整

预算在执行过程中由于受国民经济中各种因素变化的影响,可能造成预算收支的变化,这客观上要求在执行预算的过程中不断进行必要的调整,组织新的平衡。

在实际操作中,可通过一些调整预算的具体措施来促进预算收支的平衡,这些措施一般包括:①预算科目之间的经费流用,即按国家制度规定在一定范围内,通过部分改变资金用途,形成资金的再分配,以调整预算支出的余缺。②动用预备费,预备费是各级预算按预算体制规定提取,但事前并未安排具体用途的那部分预算资金,其设置目的是用以解决预算执行过程中难以预料的急需开支提供追加资金的来源。在必要时动用预备费,可以为预算收支平衡提供条件。③预算的追加减,是指在预算执行中,由于客观经济条件变化必须增加或减少原核定的收入或支出预算,但追加追减必须按规定程序办理。④预算的划转,指由于行政区域或企事业单位隶属关系的改变,将预算收支在地区或部门之间进行的调整。

四、改革财政资金缴拨方式,实施国库集中支付制度

国库集中支付制度是我国近年来完善预算管理制度的一项重要改革,对我国预算收支计划的实现有直接的影响。在我国财政分配中,由于普遍存在的多头开户与分级拨付的支出方式,长期以来造成财政拨款环节过多、管理分散、截留、挤占、挪用财政资金的问题十分严重,不仅使财政收入不能及时入库,而且还造成财政支出的严重失控,损害国家利益,影响预算的严肃性。实行国库集中支付制度,通过大力清理各部门银行账户,取消一切收入过渡账户,按照政府预算级次,由财政在中国人民银行开设国库单一账户,所有财政性资金逐步纳入各级政府预算统一管理,财政收入直接缴入国库或财政指定的商业银行开设的单一账户,财政支出均从国库单一账户直接支付给商品和劳务的供应者,这样,不仅能有效地解决财政支出多头开户造成的问题,而且能通过严格控制财政支出,尽可能地合理安排和

节省财政支出,达到提高财政支出的整体效益的目的。同时,实行国库集中支付制度后,可首先实现对制度外的财力的合理整顿,并在条件成熟时将预算外的财力逐步纳入预算内,这样,我国预算的完整性与统一性也将最终得以实现。

五、国家决算

国家决算是反映年度国家预算执行结果的年度会计报告。根据国家《预算法》规定,各级政府、各部门、各单位在每一预算年度终了后按国务院规定的时间编制决算,正确及时地对预算执行情况进行总结。

由于国家决算是国家预算执行的结果,又是国家经济活动在财政上的集中反映,因此国家决算的编制对检查预算执行情况,检查党和政府有关方针政策的贯彻落实,检查预算资金的使用效果,总结预算设计管理及执行中的经验教训,为国家决策机关提供制定政策的依据及编制以后年度的国家预算提供重要参考等方面都有十分重要的意义。

我国的国家决算与国家预算相适应,由中央级总决算和地方级总决算组成,决算的编审,是从执行预算的基层单位开始,采取自下而上的编制程序,并逐级审核汇总,最后由财政部根据送报的各省(自治区、直辖市)总决算汇编成地方总决算,再加上财政部编制的中央级总决算最后汇编为国家决算。

国家决算编成之后,由财政部报送国务院审查通过,最后与国家预算草案一起提请全国人民代表大会审查批准。地方各级总决算,则由地方财政部门报送同级人民政府审查后,提请同级人民代表大会审查批准。

第四节　复式预算

一、复式预算的概念

复式预算是指为全面反映国家预算年度内性质不同的预算收支活动,支部由两个以上相对独立的预算组成的一种预算形式复式。复式预算是在单式预算的基础上发展演变而形成的一种经济分析预算。国家预算自产生以来,世界各国在很长时间内都实行单式预算,直到 20 世纪 30 年代,北欧的丹麦和瑞典才率先将预算收支按经济性质分编为两张收支表,从而产生了复式预算。

二、单式预算与复式预算的区别

(一)单式预算与复式预算的形式不同

单式预算是将所有的财政收支全部列入统一的表格中,复式预算则将财政收支按不同性质分别编入两个或两个以上的表格中,形成两个以上的相对独立的预算。西方国家中采用的典型的复式预算通常划分为经常性预算和资本预算,发展中国家又常划分为经常性预算和发展预算。

(二)单式预算与复式预算的内容不同

单式预算列入全部财政收支,收大于支则为预算结余,收不抵支则为预算赤字。复式预算是按财政收支的不同经济性质划分为两个或两个以上的预算，各个预算各有收支项目，相互之间资金不挤占，经常性预算一般不列赤字，资本预算可以用债务弥补赤字。

（三）单式预算与复式预算的收支处理方式不同

单式预算收支项目包括一切正常财政收支及债务收支。西方复式预算中的经常性预算只列债务利息支出，不列债务本金，而资本预算则与债务收支直接相关。

两种预算形式的上述区别使单式预算和复式预算在具体运用中各有特点。单式预算具有全面性和综合性，却难以明确反映收支结构和建设资金的投资效益，但比较简便，项目设置清楚，编制、审批比较容易。复式预算的总体功能较弱，但预算功能划分较科学，对收支结构和经济建设支出效益反映较明显，有利于对财政收支的控制，更有利于政府分析掌握财政活动。因此，复式预算在实践中为不少国家所采用。

三、中国实行复式预算的必要性

新中国成立后，国家预算一直采用单式预算的编制方法，将全部财政收支统一编制在一个预算之中，预算结构比较简单，编制方法也比较简便。尽管我国预算收支中建设性部分一直占有较大比例，但在计划经济体制下，财政的主要职能就是为经济建设筹集供应资金。同时，我国在很长一段时间中没有债务收支或占的比重很小，所以单式预算已可以满足预算管理需要。随着经济体制改革的深入发展，我国国民收入的分配格局发生了很大变化，在建设资金投资方面，投资主体多元化，投资渠道增多，从而改变了以财政拨款为主的局面，财政收支结构也发生了很大变化，债务的发行、还本付息和使用及财政赤字的控制和管理也都成为财政收支管理的重要内容，在此情况下，单式预算的不足日益突出，主要表现在：①现行单式预算及预算范围已不能全面、准确地反映政府活动和国家对经济建设的投入规模和资金来源。②不能明确划分各项财政收支的性质，从而不能如实地反映预算赤字形成的原因和债务收入用途。③不能对各项财政性资金进行有效的管理和监督，使政府难以对国民经济进行有效的宏观调控。为增强政府的宏观调控能力，健全财政职能，国务院决定从 1992 年开始，中央预算和部分省市预算开始采用复式预算的编制方法，1994 年颁布的《预算法》又规定："中央预算和地方各级政府预算按照复式预算编制。"这样，复式预算编制方法在我国全面实施。在我国社会主义市场经济下，实行复式预算的必要性在于：

（一）实行复式预算有利于国家双重职能的实现

在我国社会主义制度下，国家具有社会管理和经济建设双重职能，反映在财政分配上，即一方面要为国家的安全稳定，社会事业发展和人民生活的提高进行分配；另一方面，国家要通过政府的财政投资促进经济建设的发展和实现宏观调控。实行复式预算后，各项财政收支按不同经济性质区分为经常性预算和建设性预算，前者主要为国家实现其社会管理职能服务，后者主要服从国家经济职能实现的需要，这将更有利于国家双重职能的正确实施。

（二）实行复式预算有利于加强对预算收支的约束和预算管理

复式预算把不同性质的财政资金划分开来，并建立起相应的收支对应在关系，经常性预算不能列赤字，必须实现收支平衡略有结余，建设性预算则必须在可能的条件下实现国家经济建设的协调发展保持合理的投资规模和结构，债务收支也必须以服务于国家经济建设需要为目的，这种预算收支的明确分工和规定性必将有效地约束预算分配不公，也为根据各类预算收支的特点制定不同的管理制度创造了条件，从而有利于预算管理水平的提高。

(三)实行复式预算有利于国债的管理

实行复式预算后,通过建设性预算可以准确地反映国债的数量和使用情况,特别是要求国债必须用于经济建设以保证债务的使用效果和按期偿还,这使国家能在掌握国债总量的前提下,研究由此产生的社会的和经济的效果及国家的偿债能力,并将国债规模控制在一定的范围内。

(四)实行复式预算有利于我国经济体制的改革和向社会主义市场经济过度

实行复式预算客观上要求投资体制、财政体制、企业体制改革的配套,从而促进我国经济改革的发展。而建立市场经济,必然出现投资主体多元化和投资渠道的扩展,国家通过复式预算的实施将有利于对社会投资的引导(如通过向社会各界的举债融资),这既肯定了市场经济条件下各投资主体的利益和各自的市场行为,又有利于国家在调控市场方面的政策的推行。

四、中国复式预算的组成

我国目前实行的复式预算,是从我国国情出发设计的,不同于西方国家和其他发展中国家的复式预算模式。其基本结构的组成服从于国家社会管理职能和经济建设职能相区别的要求,目前由一般预算(公共预算)、基金预算、国有资本经营预算三部分组成。

一般预算与原经常性预算相同,收入主要是税收,支出主要是维持政权运行,公用事业发展和社会保障等支出。基金预算主要由政府性基金收支和专项收支构成。国有资本经营预算主要由国有资本经营收支构成,具体包括上交的国有资本收益如上交的国企利润、国有股利、股息,国有资产转让收入、清算收入;国企资本性支出、费用性支出和其他支出等。

五、零基预算

零基预算是指在预算的编制中,对每一预算收支项目的确定都是以零为起点,不受以往年度预算收支基数的约束,而是根据计划年度的实际情况来确定预算收支指标的一种预算编制形式。在实践中,由于零基预算否定了过去的预算与计划年度预算的连续性,因此又可称为不连续预算。零基预算的采用,侧重于对政府预算支出的控制,其目的是将一些不重要或可有可无的支出项目予以取消,以节省政府支出。但这一方式的采用,要以成本效益分析方法作为决策的基础,对每一支出项目的科学性与合理性进行全面的分析研究,因此编制预算的成本较高。但这种方式的有效采用,对提高财政支出的使用效益有积极的作用,特别是在进行政府行政部门与机构的改革调整后,采用零基预算作为预算编制的方法则更具实践意义。

零基预算形式可以在各种预算层次编制预算时采用,但零基预算本身并不能避免各部门夸大预算开支的可能,同时在实践中,要完全不顾及以往年度的投资也是不可能的,因此政府可以根据不同的预算管理目标来考虑是否加以采用。

【复习思考题】

1. 简述我国国家预算的特点?
2. 怎样理解国家预算管理体制的原则?
3. 试述实行复式预算的必要性。

第十一章
金融概论

第一节　金融的构成

一、金融的含义

什么是金融？一般地说，金融是指货币资金的融通，即货币、货币流通、信用以及直接相关的经济活动。货币资金的融通按有无媒介体作用其间划分为直接金融和间接金融两个大类。直接金融是在没有金融媒介体参加的条件下的一种融通资金方式，比如融资双方直接协商买卖有价证券，预付和赊销商品等。间接金融则是通过金融媒介体，比如银行、保险公司参加的融通资金的方式。在这种方式下，货币资金的融通，是通过各种金融机构来进行的。由此可见，金融这一概念的含义涉及货币、信用和银行三个既相互区别又密切联系的经济范畴，所以人们通常把同货币、信用和银行有关的一切活动，诸如货币的发行和回笼，各种存款的吸收和提取，各类贷款的发放和收回，以及各种证券的发行和转让都归属于金融活动的范围。组织这种活动的机构则是银行和其他金融机构。

金融是商品经济发展的产物，在封建社会，货币资金的融通主要是依靠经营金银货币各种形式的借贷活动来实现的。随着商品经济的发展和资本主义生产关系的出现，金融活动的范围才随之扩大到货币兑换、保管和汇兑业务方面，到资本主义生产方式确立后的自由资本主义时期，商品经济进一步发展，这种与货币有关的经济活动便迅速发展到以信用为中心的货币和货币资金的流通。

二、金融的构成

金融的构成是指金融活动中直接相关的各个相对独立的组成部分，主要包括货币、信用和银行三个方面的内容。为了更好地理解金融的内涵，我们必须弄清楚同金融活动有着内在联系的货币、信用和银行三个经济范畴的基本特征。

（一）货币

货币是社会经济生活中接触最多的一个经济范畴。货币到底是什么？关于这个问题，马克思在《政治经济学批判》中明确指出："它（指货币——引者注）是商品交换价值的结晶，是商品在交换过程本身之中造成的……为了彼此以交换价值的资格见面，它们就必须采取新的形式规定，发展为货币。”[①]马克思在《资本论》中进一步指出：“货币结晶是交换过程的必然产物，在交换过程中，各种不同的劳动产品事实上彼此等同，从而事实上转化为商品……随着劳动产品转化为商品，商品就在同一程度上转化为货币。”[②]可见，货币不是别的什么，它是在交换发展过程中，从商品界自发地分离出来作为一般等价物的特殊商品。

把货币的本源认定为商品，这是马克思主义货币学说的基本点。远在原始公社时期，社会生产力极其低下，人类社会没有商品生产，没有交换，社会产品在公社氏族成员之间的分配是直接参与进行的。后来由于社会大分工，出现了私有制，社会生产力的发展，劳动生产物作为商品生产和商品交换的规模和范围日益扩大，客观上要求有一种商品从商品界分离出来作为其他所有商品的一般等价物。如中国历史上的牲畜、兽皮、贝壳、布帛等等都起过一般等价物的作用。“随着商品交换日益突破地方的限制，从而商品价值日益发展成为一般人类劳动的化身，货币形式也就日益转到那些天然适于执行一般等价物这种社会职能的商品身上，即转到贵金属身上”[③]。这表明，货币本来就是商品。

（二）信用

信用是货币或商品以偿还为条件的让渡，通俗地说，就是指商品的延期付款和货币的借贷运动。在商品货币经济条件下，信用活动一方面表现为债权人贷出货币或赊销商品，另一方面债务人则按照双方约定的日期和条件偿还款项，支付一定的利息。所以，马克思指出：“这个运动——以偿还为条件的付出——一般地说就是贷和借的运动。”[④]正因为如此，人们把信用这一概念总是简括为以偿还为条件的价值的特殊运动形式。马克思的精辟指示明确告诉我们，信用具有偿还性，支付利息和价值形式单方面转移的特征。把握了信用的这些特征，就能正确区分金融活动中信用与其他经济范畴的界限。

在商品货币经济条件下，信用之所以得到广泛的发展，是由于商品或货币在持有者之间分布的不均衡性所决定的。因为在商品经济的社会中，一定时期内经常都会有大量的商品所有者需要出售商品，而商品购买者又不一定有足够的货币，使商品交换无法实现。为了解决这个矛盾，购销双方有必要通过赊销或购买者先向他人借入货币购买商品的方式来实现商品的让渡，最后由购买者偿还欠款或借款。这表明信用从根本上讲是一种借贷行为。当然也要指出，信用借贷行为在不同的社会反映着不同的生产关系。

（三）银行

银行是经营货币借贷业务的经济组织。它是在前资本主义的货币经营业的基础上逐步发展而形成的。马克思在《资本论》中把银行称为特殊的资本主义企业。这种企业之所以特殊，在于银行经营的对象不是普通商品，而是特殊商品——货币。银行经营业务的范围必然是同货币商品相联系的货币信用领域。在资本主义制度下，银行通过接受存款、办理放款、汇兑和储蓄，充当资本家之间的信用中介，并发行货币为资本家生产剩余价值和实现剩余价值服务。在社会主义制度下，由于生产资料公有制是我国社会主义政治制度和经济制度的基础，货币发行由国家垄断，社会各单位的货币收付一般都通过银行办理，使银行成为全国的信贷、结算和现金出纳中心，成为国家管理金融市场，调控经济，促进社会发展

① 马克思. 政治经济学批判[M]. 北京：人民出版社，1957：22.

② 马克思. 资本论：第1卷[M]. 北京：人民出版社，1975：105.

③ 马克思. 资本论：第1卷[M]. 北京：人民出版社，1975：107.

④ 马克思. 资本论：第3卷[M]. 北京：人民出版社，1975：390.

的重要工具。

三、金融工具

(一)金融工具及其特征

金融工具是指以书面形式发行和流通,借以证明债务人的义务或债权人权利的证书。这种以确立和清偿债权债务关系的证书,人们通常称之为金融工具或叫做信用工具。我国社会主义市场经济中的现有金融工具,主要有商业汇票、债券、股票、支票和银行券。随着市场经济的发展和完善,金融工具将会愈来愈现代化和多样化。

金融工具一般都具有以下基本特征:

1. 偿还性

偿还性是指金融工具除股票外,一般都具有到期偿还的特点,即各种金融工具的发行和流通均载明有到期偿还的义务和期限。

2. 流动性

流动性是指金融工具可以在金融市场上买卖、转让。流动性越大的金融工具,变现性也就越强。

3. 安全性

安全性是指投资于金融工具如股票、债券的本金的风险程度,具体体现在收回本金和取得收益的安全程度和保障程度两个方面。

4. 收益性

收益性是指投资于金融工具,能给投资者所带来的收益能力。

金融工具的上述四个基本特征是作为一个群体来考察的。具体到每一种金融工具来讲,很难使四个特征统一于一身是常有的现象。例如流动性越强的金融工具,如果购买者多,求过于供,这种金融工具出售、转让的价格就有可能上扬,结果会导致投资者收益降低,风险大。这表明金融工具的各个特点之间有一种替代关系,投资者究竟需要拥有哪种金融工具,必须从本身的实际情况出发,择其优而用之。

(二)我国主要的金融工具

1. 商业汇票

商业汇票是一种以合法商品交换为基础所产生的信用支付工具。我国《银行结算办法》明确规定禁止签发无商品交换的汇票。因为没有商品交换做后盾的商业汇票,缺少实物价值保证,汇票到期可能出现支付困难,影响企业生产和资金的良性循环。十分明显,如果允许签发的无商品交换商业汇票,其结果必然不利于国家加强对商业信用的管理,助长企业的投机行为,而且还会导致信用膨胀。

商业汇票的运行过程,一般都要经过签发、背书转让、承兑和付款的处理程序(详见第十八章我国的非现金结算)。

2. 债券

债券是债务人向债权人出具的一种债务证书。即政府、金融机构、公司为了筹集资金,按照法定程序发行,在指定时间内支付一定利息和偿还本金的有价证券。债券的基本要素由面值、利率和还本期三个部分构成。

债券的种类繁多,按发行主体为标准划分,大体上可分为:政府债券、公司债券、金融债券和国际债券四个大类：

(1)政府债券，是国家根据信用原则举借债务的借款凭证，它由国家债券和地方债券两部分组成。凡是中央政府发行的债券叫做国家债券，又称公债或国库券。凡是由地方各级政府发行的债券，叫做地方债券或称地方公债。

(2)公司债券又叫做企业债券，是公司或企业为筹集资金而发行的债务凭证，即由发行债券的公司为筹措资金，公开举债而发行的一种契约证书。债务发行公司对债券持有人作出承诺，在一定时期内按债务票面金额和约定利率偿还本息。公司债券的风险较政府债券风险大，利率也较高。

(3)金融债券，是银行或其他金融机构为筹集中长期资金而向社会发行的一种借债凭证，以扩大信贷资金的来源。金融债券在大多数情况下，都是由信用度较高的大金融机构发行，利率略高于同期银行存款利率，期限为 1 ~ 5 年不等。我国从 1985 年开始发行金融债券，金融债券的发行对象只限于社会公众个人，不对企业和团体发行，利率较高，风险小，收益较好，颇受公众青睐。

(4)国际债券，是政府或企业在国境以外发行的债券。例如甲国在乙国发行的乙国货币债券；甲国在乙国发行的丙国货币债券都统称为国际债券。

3. 股票

股票是股份公司发给股东(出资者)证明其投资入股，并有权取得股息收入的凭证。股票的拥有者就是股份公司的所有者，既有分享公司利益的权利，也有承担公司的责任和风险的义务。股票不是劳动生产的物质，本身没有价值，不是真实的资本，而是一种虚拟资本。但是，股票代表着取得一定收入的所有权证书，可以当作商品在金融市场上进行买卖转让，股票又有价格，成为一种有价证券。股票价格又叫做股票行市，也就是在证券市场上买卖股票的价格。股票的市场价格是变动的，一般取决于股息收入的多少和当时存款利息的高低。

股票可以根据需要，从不同角度进行分类。按股东的权利为标准，股票一般分为普通股和优先股两类。按股票票面形态为标准，股票可以分为记名股票和无记名股票，有面额股票和无面额股票四类。按股票持股主体为标准，股票可以分为国家股、单位(法人)股和个人股三类。

4. 支票

支票的基本形式为现金支票和转账支票两种。现金支票可以从银行提取现金，转账支票只限于划转存款。支票具有适用范围广，结算过程简单，使用方便、灵活的特点，是金融工具中使用量较多，通用性最强、涉及面最广的一种信用工具。

5. 银行券

银行券，俗称钞票。它是由银行发行的一种信用货币。最早的银行券出现于 17 世纪，开始由各商业银行分散发行，后来逐渐固定在国内信誉较高的大银行发行。到 19 世纪中叶各资本主义国家最后都集中由中央银行垄断发行。我国的人民币，从根本上讲也是银行券，是中国人民银行发行的一种信用货币。

第二节 信用的职能和形式

一、信用的产生和发展

(一)信用的产生

信用是同商品货币关系密切联系的,随着商品货币关系的产生而产生,随着商品货币关系的发展而发展,是从属于商品货币经济的经济范畴。

在生产力水平十分低下的原始公社时期,人们劳动是共同的集体劳动,劳动产品为全体公社成员共同享有。在那个时期没有剩余产品,没有商品交换和货币,产品分配在公社成员之间是直接的平均分配,可以说人们不知道商品货币为何物。可是,当人类社会进入原始公社末期,情况就大不一样了。生产力的发展带来了畜牧业与农业的第一次大分工,以及随后手工业与农业的第二次大分工,产生了直接以交换为目的的商品生产和生产资料的私人占有制,于是在原始公社内部发生着愈来愈大的财富两极分化,一些家族凭着自己的某些优越条件,依靠职权占有公地,掠夺公共财富,逐步拥有大量的货币财富,而另一些家庭的经济地位极其脆弱,一旦发生任何意外,比如战争、歉收、瘟疫等天灾人祸,便会使自己处于破产境地而无法生活下去。贫穷家庭为了生存不得不以高昂代价求助于富裕家庭,向富有者借贷,这样就产生了信用。人类社会最古老的信用形式——高利贷信用,就是在原始公社制度末期,生产力有了发展,出现了社会分工和生产资料私人占有制的基础上产生的。

(二)信用的发展

1. 高利贷信用

高利贷信用是前资本主义社会最基本的信用形式,高利贷信用贷款的对象主要是:①贷给奴隶主或封建主,供奴隶主和封建主任意挥霍浪费,以维持这两个剥削阶级穷奢极欲的寄生生活。②贷给小生产者,用来维持其濒于破产的经济,购买生存所必不可少的消费品,偿还地租和向国家缴纳捐税。在奴隶社会和封建社会,高利贷者不论把货币贷放给谁,他们取得的利息收入归根到底都是来自农民和手工业者所创造的剩余产品,甚至是一部分必要产品。高利贷者榨取农民和手工业者的高利收入,是对小生产者劳动成果露骨的直接占有。而来自奴隶主、封建主的高利收入,不过是剥削小生产者剩余劳动的转化形态而已。

在前资本主义社会大量小生产者的存在是高利贷信用赖以存在的经济基础。小生产者如自耕农和小手工业者经济的极端不稳定,奴隶主阶级和地主阶级骄奢淫逸、寻欢作乐的需要,使高利贷信用获得了广泛的发展。

在奴隶社会和封建社会,高利贷信用一方面促进着自然经济的解体和商品货币关系的发展,另一方面又破坏旧的所有权形式,使生产力衰退。因为高利贷者通过货币投放,重利盘剥,加速了财富分化过程,造成贫者更加赤贫,富者愈益巨富,特别是封建社会末期,高利贷者的残酷剥削,小生产者往往会倾家荡产,成为一无所有的无产者,他们为了维持起码的生活需要,被迫出卖自身的劳动力。货币财富的大量集中,劳动者贫困破产,这就为资本主义生产方式的产生创造了条件。正如马克思说的那样:“高利贷有两种作用:第一,总的说来,它同商人财产并列形成独立的货币财产;第二,它把劳动条件占为已有,也就是说,使旧劳动条件的所有者破产,因此,它对形成产业资本的前提是一个有力的杠杆。”①但是,高利贷信用又是保守的,落后的,它和当时的商业一样,是剥削已有的生产方式,而不是创造新的生产方式。由于旧的生产方式使高利贷者发财致富,因此,高利贷者力图直接维持这种生产方式,以便不断进行剥削。残酷的剥削必然导致生产力衰退,使社会再生产更加困难。由于奴隶主和封建主在债务重压下破产后,高利贷者会代之而成为新的奴隶主和封建主。小生产者破产后会沦为奴隶、债务农奴,所以,高利贷只有在资本主义生产方式其他条件已经具备的地方,才会成为促进资本主义前提条件形成的杠杆。

高利贷信用的利息是不受任何限制的,利率一般都为年利的 20% ~40%,有的高达 100%、200%。由于高利贷者贷出的货币资本利息特别高,期限短,获利丰厚,决定了高利贷者不愿意把集中起来的货币财富向产业资本转化,而宁愿像寄生虫那样,紧紧地贴在小生产者身上,无止境地吸吮着他们的膏脂,过着不劳而获的寄生腐朽的生活。随着资本主义发展,古老的高利贷信用,越来越不适应资本主义的发展对货币资本的需要,而成为社会生产力发展的严重阻碍,这样,就产生了新兴产业资本的发展与落后的高利贷信用关系的矛盾,产生了新兴资产阶级反对高利贷的斗争,产生了建立资本主义银行的迫切需要。斗争的结果,通过高利贷性质的银行的演变或者按照资本主义原则,以股份公司的形式建立了资本主义银行,从而产生了资本主义信用。

2. 资本主义信用

资本主义信用是借贷资本的运动形式,是以贷放生息的资本运动,是生息资本在资本主义条件下的表现形式。资本主义信用的基本形式是商业信用和银行信用。而商业信用又是资本主义信用制度的基础,它的对象是商品资本。

商业信用一般都是短期性质的信用。由于商品买卖延期支付,无需要现款,而是出一张票据在约定时间内把赊欠款付给商品出售者,因而票据就成了商业信用通行的工具。商业信用的票据分期票和汇票两种。期票是一种定期付款的票据,由商品购买者发出,到期付款。在未到期以前,经债权人签字,可以流通,用来购买商品或清偿债务。汇票又分为商业汇票和银行汇票。商业汇票由商品出售者签发,经购买者签章承兑,于到期之日把款项付给持票人。银行汇票是一种汇款凭证,由银行发出,交由汇款人寄给异地收款人,凭以兑取汇款。在资本主义制度下,票据可以流通,起流通手段和支付手段的作用,但是,它只局限在彼此有经济往来,而且又相互了解的资本家之间的范畴以内。

商业信用的存在,对于加速资本主义商品流通起着一定的作用,同时又加深了资本主义市场的盲目性,投机倒把,买空卖空,掩盖了生产过剩危机,使资本主义经济危机日益尖锐化。

商业信用所贷出的资本是处在产业资本循环过程中的商品资本,它的借贷规模受到各职能资本家的资本数量、资本归流和商品流转方向的限制,带有一定的局限性。比如某资本家只有 1 万元的商品资本,他就只能在 1 万元的范围内提供信用,而不能超过这个界限。为了满足资本主义扩大再生产的需要,促进资本主义的顺利发展,在商业信用的基础上,还

① 马克思. 资本论:第 3 卷[M]. 北京:人民出版社,1975:689 - 690.

需要有另一种形式的信用,即银行信用。资本主义的银行信用是银行以贷款形式向职能资本家提供的信用。银行信用所贷出的资本是从产业资本中分离出来的暂时闲置的货币资本,它不受个别资本家所拥有资本数量的限制,可以在任何方向上把货币资本贷出去,因而,存在于商品信用那样的局限性就被银行信用完全克服了。

3. 社会主义信用

我国社会主义制度下,信用存在的客观必要性,是由商品货币关系存在决定的。列宁早就指出社会主义阶段不能消灭货币。他说:“我们不能一下子废除货币。我们说,货币还要暂时保留下来,而且在从资本主义旧社会向社会主义新社会过渡的时期,还要保留一个相当长的时间。”①既然社会主义建设阶段不能消灭货币,那么在商品货币关系基础上建立和发展起来的信用就成为完全必要了。因为社会主义再生产过程的运动,必须借助于货币周转才能实现,而信用为社会再生产服务,是实现社会再生产不可缺少的重要条件。由于社会再生产中物资和资金运动的特点,无论从国民经济各部门还是从企业来看,任何时候、任何地区都会经常出现货币资金的不平衡状况。在同一时间、同一地区内,总有一些部门和企业会有暂时闲置不用的资金,而另一些部门和企业又急需短期补充资金,这些矛盾的存在是不可能采取财政方式解决的。为了充分发挥资金的作用,变闲置资金为生产资金,提高资金使用效益,加快社会主义建设,国家有必要利用信用,通过信用形式动员一切闲置资金,并在有借有还的原则下,有计划地加以再分配,以调剂余缺,满足各方面的需要。在我国现阶段,还由于存在着以公有制为主体,多种所有制经济共同发展的各种经济形式,这些不同所有制的经济形式都是社会主义商品生产的经济实体,实行独立核算,自负盈亏。所有制性质不同,经济利益不完全一样,它们之间经济关系的处理只能按照商品经济的原则,实行等价交换,因而国民经济各部门,企业在商品生产和交换过程中发生的一系列经济往来,也必须借助于货币信用才能实现。比如全民所有制企业与集体所有制企业、民营企业之间,集体所有制企业、民营企业和个体经济之间的货币结算和资金余缺调剂;全民所有制经济各企业之间的货币结算和资金余缺的调剂;国家、集体、劳动者个人之间的货币结算和资金余缺的调剂等等都离不开信用。所以社会主义制度下,信用必然成为国家管理经济,协调生产和流通关系,加强企业经济核算,提高企业管理水平的重要手段,是集中社会闲置资金,调剂余缺,促进社会主义生产建设发展的有力杠杆。

二、信用的职能

信用在社会再生产过程中处于分配环节,对社会生产力的发展起着巨大的推动作用。在现代经济生活中,信用的这种积极作用,通过信用再分配资金和创造流通工具两个职能得到了最充分的体现。

(一)再分配资金的职能

社会主义市场经济条件下,社会再生产过程中社会总产品的分配,是通过价值形式的分配来实现的。社会总产品实现为货币后,不管是在企业范围内进行的初次分配,比如企业把货币收入分解为支付垫支的补偿基金,支付职工的劳动报酬,向国家交纳税利和企业用于扩大生产规模的积累,还是企业初次分配基础上进行财政再分配所形成的积累基金和

① 列宁全集:第29卷[M].北京:人民出版社,1956:321.

社会消费基金，从整个社会资金循环的规律来看，总会经常出现资金的彼余此缺现象。通过信用再分配资金的功能，吸收存款、组织储蓄，便可以把社会再生产过程中暂时闲置的资金集中起来，然后又以发放各种贷款的形式，用于满足国民经济发展的需要，有力地推动着生产的稳定发展，促进商品流通不断扩大。

需要指出，信用与财政都具有再分配资金的功能，两者虽然有着紧密的联系，但是它们之间又是有着明显区别的。就资金的来源和运用考察，财政再分配资金除国家信用采取有偿原则外，基本上都是无偿性的、转变资金所有权的一种永久性的分配。而信用再分配资金则完全是以偿还为条件的让渡，只改变资金的使用权而不改变资金的所有权，是资金所有权与使用权的暂时分离。

（二）创造流通工具的职能

信用同货币流通有着不可分割的联系。这种联系表现在信用分配的对象不仅是货币，而且在分配和提供货币的过程中能够创造流通工具，以代替货币流通。体现在商业信用方面，商品生产者通过赊销方式出售商品实现了商品交换，实质上就是一种以信用形式来代替货币流通，即不需要现实的货币支付。至于在商业信用基础上所产生的商业票据，经过“背书”以后，可以作为购买手段和支付手段使用，用于购买商品，这样“背书”流通的票据便起着代替银行信用货币流通的作用，相应地节约了货币流通。信用创造流通工具的功能，体现在银行信用领域就更为明显。例如银行创造使用支票、汇票、汇兑、委托收款等金融工具，采用非现金结算办法来转移单位间的债权债务关系，使单位间的债权债务关系相互抵销，从而缩小了货币流通范围，减少了市场现金流通量。

三、信用的基本形式

现阶段，我国社会主义信用的主要形式有：商业信用、银行信用、国家信用、消费信用、民间信用和国际信用。

（一）商业信用

商业信用是企业之间赊销商品和预付货款形式所提供的信用。在资本主义制度下，商业信用是资本主义信用制度的基础，对资本主义生产和流通起着促进作用。同时又加深了资本主义的经济危机。在我国社会主义制度下，为了加强国民经济的计划管理，在过去一个较长的时期内，国家对商业信用规定了严格的限制，实践证明，这种过严的限制，不利于搞活经济。为了适应我国现阶段商品经济发展的需要，把宏观控制和微观搞活结合起来，商业信用在直接为商品流通服务，加速商品流通，调节企业之间的资金余缺，提高资金使用效益等方面发挥着积极作用。但是，由于商业信用的授信能力、信用方向、信用范围和信用期限的局限性，这就决定了商业信用不可能成为现代经济中信用的主要形式。

（二）银行信用

银行信用是银行以货币形式对企业和个人提供的信用。在我国，信用集中于银行，银行通过信贷、结算业务吸收社会闲置资金，根据经济社会发展需要发放贷款，用于扩大再生产，监督各部门、企业合理使用资金，对于加强企业经济核算，提高企业经营管理水平起着积极作用。由于银行信用具有间接信用、为信用客体提供单一形态的货币资本、授信能量大、作用范围广和创造信用的功能的特点，从而克服了商业信用存在的局限性，使银行信用在现代经济信用体系中必然居于主导地位，成为动员和分配社会资金的中心。

(三)国家信用

国家信用是以国家为主体所发生的信用。国家信用的基本形式是公债。国家在国内举借的公债叫做内债。国家在国外举借的债款和在国外发行公债举借的债款叫做外债。我国社会主义建设中,国家利用国家信用形式筹集建设资金作为财政资金的补充,对于平衡财政收支,保证重点建设起着重要作用。

(四)消费信用

消费信用是企业、银行或其他金融机构对消费者直接购买消费品所提供的信用。消费信用的形式有分期付款、消费贷款、信用卡三种。分期付款是指企业用赊销方式向消费者推销商品,比如出售高档耐用消费品采取先提货,再分期付款等。消费贷款则是指银行和农村信用合作社向居民个人提供的购买消费品贷款。信用卡是银行和企业联合向消费者提供的信用。消费者凭卡可以在指定的单位购买商品和支付劳务,定期与银行结算。消费信用在我国运用的范围不广,数量很小。

(五)民间信用

民间信用是城乡居民个人之间,以货币或实物形式所提供的一种直接借贷活动。例如农村居民之间借款购买农业生产用生产资料,城镇个体经济和私营经济为发展生产、方便群众生活经营贩运业务筹集资金。民间信用的存在,有利于调剂居民个人之间的资金余缺,特别是对于发展农村经济有一定的积极作用。但是,民间信用的利率较高,且带有很大的盲目性,国家必须加强管理和引导。

(六)国际信用

国际信用是指国与国之间的政府、企业、经济组织、银行以及国际金融机构相互提供的信用。国际信用的主要形式有:出口信贷、银行信贷、国际租赁、补偿贸易、国际间政府贷款和国际金融机构贷款,比如国际货币基金组织、世界银行向其成员国提供的贷款等。国际信用对于国际贸易和国际间的经济交往起着重要的促进作用。

第三节　银行概述

一、银行的产生

银行同高利贷信用的出现一样,也是商品货币经济发展的产物。在历史上,商品货币经济的发展,市场交换规模和范围的不断扩大,各国之间、各个地区之间的经济交往日趋频繁。由于各个国家流通着不同的货币,即使是在一个国家内,各地区之间铸币的重量、成色往往也不尽相同,阻碍着国家之间、地区之间物资交换的顺利进行。为了适应市场需要,方便买卖,客观上要有一个职能部门能发挥支付中介作用,在这种情况下,从商人中便分离出一种从事铸币兑换业务的货币兑换商,出现了货币经营业。开始他们为商人保管货币,或将各种名目不同,成色各异的货币,兑换成便于商品交换支付清算的货币。随着商品交换的进一步发展,这些兑换商又为商人办理支付和兑换业务,并发放贷款。于是,货币兑换商就逐渐发展成为办理存、放、汇业务的银行,不过这一时期出现的银行属于高利贷的性质,而不是资本主义性质的银行。1580 年在意大利威尼斯成立的银行,就是这类性质银行的代表。

二、银行的发展

银行的出现，对商品经济的发展起了一定的促进作用。但是，旧式金融业信用能量小，加上又具有高利贷的性质，决定了它不可能有较大的发展，最后必然为资本主义性质的银行所取代。因为资本主义生产关系的确立，资产阶级为了扩大生产规模，不仅对信用需求量大，而且要求贷款的利息不能过高，以便自己有利可图，显然，在封建社会成长起来的具有高利贷性质的银行，远远不能适应资本主义经济发展需要。新兴资产阶级为了扩大贷款来源，迫切需要建立起资本主义性质的银行，这就产生了新兴资产阶级反对高利贷的斗争。通过斗争，迫使高利贷性质的银行发生变化，或者按照资本主义原则，以股份公司的形式建立了资本主义的银行。例如 1694 年在英国伦敦建立的英格兰银行就是在英国政府帮助下，由资本家合伙开办的。英格兰银行的出现，标志着资本主义信用制度的建立。

三、银行在社会主义经济中的作用

（一）集聚和再分配资金，促进社会主义经济的发展

我国社会主义现代化建设需要大量资金，没有足够的建设资金，我们就不可能实现工业、农业、国防和科学技术的现代化，就不可能在本世纪把我国建设成为具有高度物质文明和高度精神文明的社会主义强国。我国社会主义政治经济制度决定了建设资金的积累和筹集，必然是走自力更生为主，争取外援为辅的道路，依靠自己国家内部来解决。而广大劳动人民与国家利益的一致性，他们生产建设热情的不断高涨，为社会增加财富创造更多的积累提供了可能性。但是，各部门劳动者创造的积累、各部门、企业之间资金余缺的调剂，不可能采取行政手段集聚和分配。而最适宜于信用方式集中和再分配。正如马克思所说，银行把社会上“一切阶级的货币积蓄和暂时不用的货币”集中起来“结合成为巨额，就形成一个货币力量”，这“是银行制度的特殊作用”①。银行以灵活方式把分散的社会闲置资金集中起来，用于支持工农业生产和商品流通扩大需要，多次为生产和商品流通服务，这样，就把闲置的“死钱”变为“活钱”，充分发挥了社会资金促进国民经济发展的作用。

（二）调节货币流通

根据货币流通规律调节货币流通，使流通中的货币量保持与商品流通需要量相适应，稳定市场金融物价，是国民经济健康发展和安定人民生活的重要条件。我国人民银行是全国货币的唯一发行机关，各商业银行在社会主义经济中执行信贷结算，现金出纳职能。人民币发行的高度集中统一，保证了人民币的投放和回笼，如人体血液循环通过心脏。国家银行就像闸门一样，掌握控制着全国货币流通，自觉调节着货币流通与商品流通相适应。

（三）促进物资和资金加速周转

国家规定各部门、企业的商品买卖除小额零星支付以外，都要通过银行办理非现金结算，用划拨转账方式了结双方的债权债务关系。银行执行全国结算中心的职能，就能够最大限度地便利各部门、企业间的商品交换，缩短商品买卖时间，加速购销双方的资金周转，节约现金使用。

---

① 马克思. 资本论：第 3 卷[M]. 北京：人民出版社，1975：453 - 454.

（四）反映和监督国民经济活动

银行是国民经济的综合部门之一，具有反映情况及时、灵敏、全面的特点。社会再生产过程中的物资周转，不管多么纷繁复杂，千变万化，都可通过价值运动，从银行的货币信用业务中反映出来。银行作为全国的公共簿记、核算和调节机关，把社会再生产各个环节、国民经济各方面的活动紧密连接成为一个有机整体。银行通过信用业务不仅可以了解个别企业的经济活动情况，而且能够反映一个地区，甚至全国的经济发展。例如生产企业产销状况良好，资金周转正常，银行就能按期收回贷款。反之，产品质次价高，货不对路，库存积压，企业便会发生支付困难，多占用信贷资金。又如，通过货币投放、回笼数据同商品生产、商品流通情况分析，可以了解市场货币流通量与商品流通需要量是否相适应。通过国民经济主要部门贷款比重变化的分析，可以了解各部门间的比例关系是否平衡协调。这一切说明，只要商品货币关系存在，信用集中于银行，银行便必然成为反映和监督国民经济活动的重要工具。当然，也要看到，银行反映的情况有一定的局限性，它只是揭露矛盾发现问题的一种综合动态，起到发出信号，提出问题的作用，而不是揭示出现问题的根本因素。要解决社会经济生活中出现的复杂问题，还必须进行调查研究，找出产生问题的实质，才有可能作出正确的判断。

（五）发展对外金融关系，为国内现代化建设服务

对外开放是我国坚定不移的国策。随着国家对外政治、经济和文化交往日益发展，我国对外金融关系，如国际间的货币结算、汇兑、存款和贷款等信用业务也将不断扩大。因而发展对外金融关系，做好银行对外信用业务，对于促进我国对外经济联系，发展进出口贸易和利用外资有着重要意义。在我国对外金融关系中，银行执行着国际结算、外汇信贷和外币出纳的业务，发挥着外汇收支管理和监督的积极作用，我们必须把银行作为发展对外金融关系，广泛吸收外汇存款和外援的桥梁，充分利用一切有利的外资，为现代化建设服务。

第四节　市场经济条件下的利息

一、利息和利息率

什么是利息？通俗地说，利息就是指货币所有者因贷出货币或货币资本，而从借款人（债务人）手中取得的报酬。经济学上有时也称之为借贷资金的“价格”。当然，所谓借贷资金的“价格”，并非马克思所指商品价值的货币表现的价格，而是一种借用，是借贷资金市场上，因资金的供求状况而形成的资金“市场价格”。

利息率是指一定时期内，利息额和贷出的货币资金额的比率，习惯上简称利率。在资本主义社会，利息率的高低，取决于平均利润率。在正常情况下，利息率随平均利润率的升降而升降。与此同时，还要受到借贷资本供求状况的影响。假定平均利润率一定，如果借贷资本供过于求，利息率就下降，反之就上升。但是利息率的波动上限不能超过平均利润率，下限也不能低于零。我国社会主义市场经济条件下，利息率的变动，除受到平均利润率和借贷资金供求状况的影响外，还要受到国家利率政策的制约。

$$利息率=\frac{利息额}{本金}$$

利率通常有年利率、月利率和日利率之分。年利率按本金的百分之几计算，如年利率6厘，可写成6%，月利率按本金的千分之几计算，如月利率6厘，可写成6‰，日利率通常按本金的万分之几计算，如日利率6厘，可写成6‱，目前我国的存款均以月利率计算。月利率×12就换算成了年利率。

二、利息的本质

利息属信用经济的范畴，反映着一定的生产关系。在人类历史上，由于社会制度不同，利息所体现的生产关系不同，利息的本质有着根本区别。

在奴隶制和封建制生产方式占统治地位的奴隶社会和封建社会，奴隶主占有全部生产资料和奴隶，封建地主阶级占有基本生产资料（土地）和不完全占有农民，在此基础上，信用活动的利息必然体现着高利贷榨取生产者的剩余劳动，甚至是一部分必要劳动。在资本主义生产方式占统治地位的资本主义社会，一切劳动产品和工人的劳动力都成为商品。资本主义生产的目的和动机是为了获得剩余价值。资本家雇佣工人，以工资形式所支付的劳动报酬，实质上不过是工人必要劳动所创造的劳动力价值，工人剩余劳动创造的价值则被资本家无偿占有，利息体现着资产阶级剥削无产阶级的剥削关系。在资本主义制度下，借贷资本家把货币资本贷给职能资本家所取得利息，是剩余价值的一部分，体现着职能资本家和借贷资本家共同瓜分剩余价值的经济关系。可见，资本主义的利息是剩余价值的一种特殊转化形态。

在以生产资料公有制为基础的社会主义社会，占主导地位的生产关系性质不同，利息的本质发生了根本变化。国家银行和其他金融机构对社会主义经济中的全民所有制企业、集体所有制企业、合资企业和其他经济成分发放贷款收取利息，是企业纯收入的一部分，是金融机构参与国民收入的再分配。银行和其他金融机构吸收单位存款、城镇居民储蓄存款所支付的利息，是社会主义积累在企事业单位和城乡居民个人之间的再分配。可见，社会主义条件下，银行和其他金融机构发放贷款取得的利息收入和吸收存款所付出的利息支出，最终都来源于企业的纯收入，来源于生产过程中劳动者为社会劳动创造价值的一部分，是凭货币资金借出的所有权参与国民收入的再分配。谁拥有货币资金越多、借出的数量越大，在国民收入再分配中所占有的份额也就愈大。从这个角度讲，可以说社会主义利息是按资分配的一种形式，基本上不具有剥削性质。但要说明，我国社会主义市场经济条件下，多种经济成分和形式并存，利息的来源比较复杂，利息收入中也不排除某些资本主义因素，辩证唯物主义者，应当实事求是，具体问题具体分析，不要一概而论。

三、利息的作用

（一）有利于促进企业改善生产经营管理

利息是劳动者为社会劳动创造产品价值的一部分，是企业纯收入的一种扣除。社会主义国有企业，集体企业和其他经济单位借入货币的资金都必须支付一定数额的利息。借款单位利息的付出，不管是列入生产成本还是企业分配后的留利列支，对利润的形成发生着直接联系。如果企业经营管理不善，借入货币资金过多，利率较高，所付出的利息数额必然越多，企业最终所能获得的利润就会减少。相反，企业经营状况良好，资金周转较快，获得的利润便会越多。在企业经济效益同企业和职工物质利益密切挂钩的条件下，利息使企业既有外部压力,又增添了内部动力。为了取得较好的经济效益,企业就必须努力改善经营管理,提高资金使用效益,减少资金占用,加速资金周转。

(二)有利于协调国家、集体和个人三方面的经济利益关系

随着经济的发展,我国城乡居民收入不断增加,他们除用一部分货币收入满足自己的即期需要而外,尚有相当大的一部分暂时闲置的资金,国家根据一定时期内的经济政策要求,运用利息杠杆,制定合理利率,能引导消费,鼓励居民把暂时不用的货币收入存入银行,使其转化为生产建设资金,用于满足国民经济发展最急需的项目建设。城乡居民把钱存入银行,从利息收入中取得一份报酬,也有利于进一步改善自己的生活。社会再生产过程中,资金运动的不平衡性,会经常出现一些企业暂时资金不足,另一些企业部分资金闲置不用的现象。银行通过利息杠杆,对借款者收取利息,对存款者支付利息,一方面满足了资金短缺单位的需要,有利于促进生产的发展,增加积累。另一方面也使资金有余的企业获得了必要的收入。可见,正确发挥利息的经济杠杆作用,有利于处理好国家、集体和劳动者个人三方面的经济利益关系,为国家建设聚集更多的资金。

(三)有利于国家调控宏观经济运行

党的十四届三中全会指出:建立社会主义市场经济体制,就是要使市场在国家宏观调控下对资源配置起基础作用。毫无疑问,市场机制下,市场在分配资源中的作用是巨大的。但是市场机制运行实践反复证明,资金的最优分配,只简单依靠“看不见”这只手的作用是难于达到预期目的的,还必须有“看得见”这只手与之相配合,需要有国家干预,即需要国家进行宏观经济调控。利息恰好是国家调控宏观经济运行的一个重要杠杆。银行根据国家产业政策需要,对不同部门、不同地区、不同行业,按照“区别对待,择优扶植”的原则,实行差别利率。例如对农业、能源、交通等部门采取低利率政策,对某些部门的长线产品采取高利率政策,而对经营管理不善,效益低下,逾期不归还贷款企业实行加息罚息政策,这样做的结果,就有利于引导资金流向,节约资金使用,实现国家的产业政策,调整经济结构,使社会资源得到合理配置。

四、利率的类别

利息率有多种多样。为适应不同的信用行为对经济所发挥的调节作用,可以根据需要进行不同的分类。各类利率之间的相互关系和所占的比重就构成利率结构。目前我国利率的类别主要有:

(一)统一利率

统一利率是指国家在全国范围内,对同一类、同一期限的存款和贷款规定的统一利息率。我国各银行机构吸收的存款和发放贷款都实行国家统一规定的利率。

(二)差别利率

差别利率是指银行根据国家政策要求,对不同地区、不同部门、不同期限和不同用途规定不同的存款和贷款利息率。例如在基准利率基础上,各银行实行的优惠利率、浮动利率、加息、罚息等。差别利率是贯彻国家区别对待政策,用经济办法管理经济的重要经济手段,对贯彻执行国家的产业政策,引导资金流向,调整经济结构起着重要作用。

(三)市场利率

市场利率是指在国家统一规定的利率以外,借贷双方根据资金的供求状况,相互协商

自行确定的利率。我国银行同业拆借、信托机构的存贷款和民间个人借贷基本上都属于市场利率。

（四）名义利率和实际利率

名义利率又叫做货币利率，即以货币为标准计算的利率。实际利率则是指以名义利率加物价降低指数或减除物价上涨指数的利率。其计算公式为：实际利率 = 名义利率 ± 物价下降上涨指数。实际利率只有在保持正值的情况下才有利于银行吸收存款和保护存款者的利益。

第五节　中国的金融体系

一、什么是金融体系

金融体系是指一定的历史时期和社会经济条件下，各种不同的银行和金融机构所形成的不同层次和系统及其相互关系的组织体系。一个国家在一定历史时期内建立的金融体系，是由这个国家同一时期的商品经济发展水平和经济管理体制模式决定的。

世界各国所建立的金融体系，大体上可以区分为复合银行体制和单一银行体制两种类型。

（一）复合银行体制

复合银行体制是一种多种银行体制，这种类型的金融体系以中央银行为核心，以商业银行为主体，多种金融机构并存和分工协作。西方资本主义国家的金融体系多属于复合银行制类型。

（二）单一银行体制

单一银行体制是将中央银行的职能和商业银行的职能集中于单一的国家银行。其特点是银行的各种金融活动交织在一起，即既掌管货币发行、制定和执行金融政策，检查、监督各金融机构的业务活动，又办理商业银行的存放款业务。另外，也建立几家专业性的银行，如储蓄银行、外汇银行。

现代市场经济国家的金融体系，一般都由中央银行、商业银行、专业银行和非银行金融机构四大部分构成。

二、中国金融体系的建立与发展

我国社会主义金融体系是在 1948 年 12 月 1 日中国人民银行成立后，逐步建立和发展起来的。经过党的十一届三中全会以来的改革和发展实践，现在已基本上形成了以中国人民银行为中央银行，商业银行为主体，包括政策性金融机构、股份制商业银行、其他非银行金融机构并存，分工协作的金融体系。其发展过程大致经历了三个主要阶段。

（一）1948—1978 年阶段

这一时期内，我国基本上只有中国人民银行一家国家银行。在长达 30 年的社会主义建设中，曾先后建立过中国农业银行和中国人民建设银行。由于“左”的思想干扰，中国农业银行分设后，在很短的时间内又被撤销了，没有发挥什么作用。中国银行一直都是中国人民银行的一个隶属机构,经营范围局限在办理一些涉外业务。中国人民建设银行分设后虽未被撤销,但隶属于各级财政部门,实际上是财政部门办理基本建设投资拨款,进行财务监督的一个内部机构,这一时期我国的金融体系完全是一种单一的国家银行体系。

(二)1979—1983 年阶段

中国农业银行正式恢复,中国银行单设,两行隶属于国务院领导,业务上受中国人民银行指导。1980 年起,基本建设拨款改为贷款体制,中国人民建设银行办理固定资金信贷业务。这样,我国过去长达三十年的单一国家银行体系,通过初步改革,逐步形成了一种多元混合型的国家银行体系。

(三)1984 年至今

随着经济体制改革的进一步深化,为适应商品经济发展需要,国务院于 1983 年 9 月决定,中国人民银行从 1984 年起专门行使中央银行的职能,领导和管理全国金融事业。同时决定成立中国工商银行,承办原来由中国人民银行办理的工商业信贷和储蓄业务。

除此以外,为适应改革开放的新形势,我国先后还建立了银监会、证监会、保监会、中国投资银行、中国国际信托投资公司、交通银行、中国农业发展银行、中国进出口银行和国家开发银行等金融机构,形成了我国的社会主义金融体系。

三、中国现行金融体系构成状况

我国现行的社会主义金融体系由以下金融机构组成:

(一)中央银行

中国人民银行是我国的中央银行,专门行使中央银行的职能,享有货币发行的垄断权,是发行银行,在我国社会主义金融体系中居于中心地位,是国务院领导和管理全国金融事业的国家机关,在国务院领导下,制定和执行货币政策,防范和化解金融风险,维护金融稳定,依法独立履行职责,不受地方政府和各级政府部门的干预。中国人民银行总行设在北京,在全国设分支机构作为总行的派出机构,负责本辖区的金融监管工作。人民银行总行设行长 1 人,副行长若干人。总行行长人选,根据国务院总理提名,由全国人民代表大会决定,由中华人民共和国主席任免,副行长由国务院总理任免,实行行长负责制。中国人民银行总行设立的货币政策委员会,其职责、组成和工作程序,由国务院规定,报全国人民代表大会常务委员会备案。

(二)商业银行

商业银行是以经营存款、放款和办理转账结算为主要业务,以盈利为主要经营目标的金融企业。商业银行同其他金融机构相比,具有吸收活期存款,创造货币的显著特征,被人们称之为存款货币银行,是金融体系的主体。商业银行根据《中华人民共和国商业银行法》的规定,以安全性、流动性、效益性为经营原则,依法经营规定的业务,实行自主经营,自担风险,自负盈亏,自我约束,不受任何单位和个人的干涉。商业银行对其分支机构实行全行统一核算,统一调度资金,分级管理的财务制度。各商业银行的业务范围由商业银行章程规定,报国务院银行业监督管理机构批准。现阶段我国股份制等商业银行主要有:

1. 中国农业银行

中国农业银行是国务院的直属局级的经济实体,业务上接受中国人民银行的领导。

中国农业银行以开办农村信贷业务为主,组织制编和执行农村信贷计划,筹集和管理农村信贷资金,办理农村各项存款、贷款业务;办理结算和单据贴现;组织农村的货币投放和回笼;办理批准的外汇存款、贷款、外汇汇款和进出口贸易结算;受中国人民银行委托,领导和管理农村信用合作社。随着体制改革的深化,中国农业银行改造成为股份制商业银行后,在城市淡化了传统专业银行分工,经办着各类存、放、汇业务,2010 年成为上市公司。

2. 中国工商银行

中国工商银行成立于 1984 年 1 月 1 日,是国务院领导的直属局级的经济实体,在业务上接受中国人民银行的领导、管理和监督,2006 年成为上市公司。

中国工商银行的基本职能是,根据国家的金融政策筹集社会资金,加强信贷资金管理,支持工农业生产发展和扩大商品流通,推进技术进步和企业的技术改造。

中国工商银行以办理人民币业务为主,同时兼营外汇业务。其内容主要有:办理城镇储蓄、工商企业存款和机关、团体、学校等单位存款;办理国有工商企业、城镇集体工商企业和个体工商企业的流动资金贷款;办理技术改造贷款;办理科技开发贷款;办理结算业务和外汇业务。

3. 中国银行

中国银行过去是经营外汇业务的专业银行,党的十一届三中全会以后,在体制上进行了重大改革,1979 年 3 月,经国务院批准,中国银行从中国人民银行分离出来,成为国务院领导的直属局级的经济实体,业务上接受中国人民银行的领导和监督,2006 年成为上市公司。

中国银行的主要业务是:办理外币存款和与外汇业务有关的人民币存款、进出口贷款和外汇贷款,三资企业的信贷业务;办理与利用外资有关的国际结算业务;办理国际汇兑和侨汇业务,经营外汇、黄金买卖业务;办理国内商业银行所经营的业务;在国外投资,合资经营银行、财务公司、发行有价证券,办理信托和咨询业务;根据国家授权,发行外币债券和其他有价证券等。

4. 中国建设银行

中国建设银行是国务院领导的直属局级的经济实体,业务上接受中国人民银行的领导、管理和监督,2007 年成为上市公司。

中国建设银行过去很长一个时期内具有财政和银行的双重职能。主要任务是:贯彻执行国家的方针、政策,管理基本建设、地质勘探的预算支出;办理基本建设、技术改造拨款和贷款;筹集融通社会资金;办理银行信贷和结算业务;管理建筑安装企业财务;实施财政和信贷监督。随着专业银行向商业银行转化,中国建设银行已不再是专门办理有关基本建设财政预算支出方面的专业银行,而成为名副其实的国家商业银行,按照商业银行经营原则和管理方法,办理商业银行的一切业务。

5. 中国投资银行

中国投资银行于 1981 年 12 月 23 日经国务院批准正式成立,是我国政府指定向国外筹集建设资金,办理投资信贷的专业银行,是中国建设银行的直属金融企业,实行独立核算,自负盈亏。它的主要业务是:向国外筹集中长期外汇资金;对国内企业发放投资贷款,对象主要是中外合资企业、国内企业的中、小型项目发放投资贷款等。

6. 交通银行

1986 年重新组建的交通银行,是国务院直属局级的经济实体,是我国实行改革开放后成立的第一家以公有制为主体,全国性的股份制性质的综合性商业银行。在业务上接受中国人民银行的领导、管理和监督,2007 年成为上市公司。

交通银行的业务范围不受专业分工限制,它既可以经营人民币业务,又可以经营外币业务;既可以经营各商业银行的业务,又可以经营非银行金融机构的业务。在管理体制上,实行董事会领导下的总经理负责制。交通银行的资本金为人民币 20 亿元,国家控股 50%,总管理处设在上海。

7. 中信实业银行

中信实业银行是在中国国际信托投资公司(集团)业务日益发展壮大、银行体制深化改革的新形势下,于 1987 年经国务院批准建立起来的全资附属于中国国际信托投资公司的综合性商业银行。注册资本为人民币 8 亿元。主要经营外币和人民币存款和放款;办理国内和国际银行间存款、贷款、拆借和贴现业务;办理贸易和非贸易国际结算;发行债券、股票和经营有价证券买卖;办理国内外融资租赁业务;接受国家和人民银行委托交办的其他金融业务。2007 年成为上市公司。

8. 招商银行

招商银行是在招商局集团有限公司及所属企业投资基础上建立起来的经济实体,实行独立核算,自主经营,自负盈亏,自担风险,自求平衡的经营原则。在业务上受中国人民银行的领导、管理和监督。其业务范围主要是:吸收企业和居民的人民币存款和外汇存款;办理国内外结算和汇兑;办理各种人民币贷款和外币贷款;办理国际和国内投资、租赁业务;经营外汇、有价证券买卖等。2002 年成为上市公司。

9. 广东发展银行

广东发展银行于 1988 年 6 月经中国人民银行批准正式成立。注册资本为人民币 15 亿元。在业务上受中国人民银行领导、管理和监督。广东发展银行的业务范围主要有:办理人民币和外币存款业务;办理流动资金、固定资产贷款和票据承兑、贴现业务;办理国内结算、汇兑和外汇买卖业务;参与国际、国内联合贷款和银行团贷款业务。

10. 深圳发展银行(现平安银行股份有限公司)

深圳发展银行是适应深圳经济特区改革开放发展需要,在吸收特区内 6 家农村信用合作社资金基础上,由深圳市投资管理公司等 11 个单位和中国公民入股成立起来的股份制商业银行。1987 年 6 月开始试营,12 月正式开业。实行独立核算、自主经营、自负盈亏的经营原则,业务上受中国人民银行领导、管理和监督。2012 年与平安银行合并,更名为"平安银行股份有限公司",为上市公司。

11. 福建兴业银行

福建兴业银行是在福建省福兴财务公司的基础上,于 1988 年根据福建经济发展需要,由福建省福兴财务公司,福建投资企业公司,福建华兴投资公司联合发起,向社会公开招股,经中国人民银行批准成立的股份制商业银行。股东由 17 个单位组成,注册资本为人民币 15 亿元,业务上受中国人民银行领导、管理和监督,2007 年成为上市公司。

12. 邮政储蓄银行

中国邮政储蓄银行经国务院批准,于 2007 年 3 月 20 日在北京宣布成立,其业务范围主要是从事对个人的存款、贷款、汇兑、结算,代办保险及其他批准的特殊业务。中国邮政储蓄银行的成立,必将进一步促进我国银行业的发展和银行体系的完善,加快推进我国社会主义新农村建设和支持社会各项事业的发展。

13. 外资银行与中外合资银行

外资银行和中外合资银行，是指依据我国法律规定，经国家批准在中国境内设立和营业的金融机构。经中国人民银行批准经营的业务范围主要是：外汇存款和放款；外汇票据贴现；经批准的外汇投资；代理外币和外汇票据兑换，经批准的人民币业务。

（三）政策性银行

我国于1994年组建了国家开发银行、中国进出口银行和中国农业发展银行三家政策性银行。这三家政策性银行都是以贯彻国家产业政策和区域发展为目的，而不以盈利为目标的金融机构。

1. 国家开发银行（现为国家开发银行股份有限公司）

国家开发银行成立于1994年3月17日，是直属国务院领导的政策性金融机构，注册资本为500亿元人民币。其业务范围主要是：按照国家的法律、法规和方针政策筹集和引导社会资金，支持国家基础设施、基础产业和支柱产业大中型基本建设和技术改造等政策性项目及其配套工程的建设，从资金来源上对固定资产投资总量进行控制和调节，优化投资结构，以提高投资效益。

2. 中国进出口银行

中国进出口银行成立于1994年7月1日，是直属国务院领导的政策性金融机构，实行自主、保本经营和企业化管理。注册资本为33.8亿元人民币。主要任务是：执行国家产业政策和外贸政策，为扩大企业机电产品和成套设备等资本性货物出口提供政策性金融支持。

3. 中国农业发展银行

中国农业发展银行建立于1994年11月18日，是直属国务院领导的政策性金融机构，实行独立核算、自主、保本经营、企业化管理的经营原则，业务上接受中国人民银行的指导和监督，注册资本为200亿元人民币，其主要任务是：按照国家的法律、法令和方针、政策，以国家信用为基础，筹集农业政策性信贷资金，承担国家规定的农业政策性金融业务，代理财政性支农资金的拨付，为农业和农村经济发展服务。

（四）非银行金融机构

我国的非银行金融机构主要有：

1. 保险公司

中国人民保险公司是负责办理国内外各类保险和再保险业务的国家保险公司，是国务院直属局级的经济实体，业务上接受中国人民银行的领导和管理。

中国人民保险公司在国内的主要业务是：办理各种所有制的企业的财产保险，各种物资运输保险，各种运输工具保险以及个人财产保险；办理各种人身保险。在国外的主要业务是：办理进出口物资的运输保险；远洋船舶保险；国际航线上的飞机保险与外侨有关的各种财产保险，各种国际再保险等。通过办理保险和再保险业务建立补偿基金，同时为国家聚集必要的资金。

为了适应市场经济体制建立的需要，加快保险业改革步伐，1993年以后，中国人民保险公司完成了财产险、人寿险和再保险业务的分离工作，改组设立了中国人民保险（集团）公司，包括中保财产保险公司，中保人寿保险公司和中保再保险公司三家子公司。

太平洋保险公司与交通银行脱钩，改制成为独立的股份制商业保险公司；平安保险公司取消了六家子公司的独立法人地位，将其改成为直属分公司。截至2012年年底，全国保险公司已增加到165家，保费收入达1.55万亿元，保险服务已延伸到国民经济的各个领域。①

2. 信托投资公司

信托投资公司是一种以受托人的身份，代人理财的金融机构，是经营金融投资业务的专业公司，是适应经济体制改革和商品经济发展需要建立起来的一种独立核算、自负盈亏的经济实体，各公司之间没有上下级的隶属关系，业务上接受中国人民银行领导、管理和监督。

信托投资公司的业务范围有信托业务（信托存款、贷款）；投资业务；咨询业务和代理业务，以及经中国人民银行批准可以经营的租赁和证券业务，但不得办理银行存款业务。为适应信托业务发展需要，1979年10月4日，成立了中国国际信托投资公司，作为国家对外经济联系的一个重要窗口。

中国国际信托投资公司经营金融、贸易、技术、服务等综合性业务，是直属国务院的部级公司，注册资本为30亿元人民币。

中国国际信托投资公司的宗旨是：按照国家的法律、法规和方针、政策，通过吸收和运用外资，引进先进技术和管理经验，开展国内外经济技术合作，从事国际、国内的金融活动，办理国内外投资业务，为我国现代化建设服务。

3. 证券机构

证券机构是指从事证券业务的非银行金融机构，包括证券公司、证券交易所、证券登记结算公司、证券投资咨询公司、基金管理公司和证券评估公司等。各类独立的非银行金融机构，在证券市场上从事不同的业务，起着不同的作用。

4. 财务公司

我国财务公司是由企业集团内部各成员单位入股，向社会募集中长期资金，为企业技术进步服务的金融股份有限公司。财务公司实行自主经营、自负盈亏、自求平衡、自担风险，独立核算和照章纳税的经营原则。在业务上受中国人民银行的领导，行政上隶属于企业集团。

5. 信用合作组织

信用合作组织由农村信用合作社和城市信用合作社组成，简称信用社。它是城乡居民集资联合组成的合作金融组织。1978年以来，在改革开放方针指导下，我国农村和城市经济获得了巨大发展。适应经济发展的需要，城乡信用合作社也得到了迅速的发展和壮大，尤其是农村信用合作社目前已成为农村金融的主体，是合作经济不可分割的一个重要层次。

信用合作社的自有资金，主要来源于农村和城镇居民个人投入的股金，这就决定了信用合作社在组织上必然具有群众性、管理上的民主性和业务经营上的灵活性，并实行按照股金多少分红的分配制度。中国农业银行通过正确制定方针、政策和组织执行，发挥自己在农村金融中的主导作用，从而促使信用合作社沿着社会主义方向前进。

---

① 项俊波. 截至2012年年底全国保费收入1.55万亿元[OL]. 2013-07-15.

农村信用合作社的主要业务是:办理农村个人储蓄、办理集体经济组织的存款、贷款,代理中国农业银行委托的各项业务;协助集体经济管好用好资金。信用合作社实行独立核算,自负盈亏,民主管理的原则。银行委托办理的业务,要付给手续费。

城市信用合作社现已逐步改为城市合作银行、城市商业银行或农商银行,其主要业务是:办理城市集体企业,民营企业,个体经济的存款、贷款、结算业务;办理城市个人储蓄存款;代理人民银行批准的证券业务和代收代付的其他金融业务。实行独立核算,自负盈亏,民主管理,为社会提供信用服务。

(五)金融监管机构

1. 银监会

银监会是中华人民共和国银行监督管理委员会的简称。是国务院直属事业单位。2003 年 4 月 28 日正式履行职责。

银监会的职责有 17 条,归纳起来就是:①管风险,即坚持以风险为核心的监管内容,通过对银行业金融机构的现场检查和非现场监管,对风险进行跟踪监控,对风险早发现、早预警、早控制、早处置;②管法人,即坚持法人监管,重视对每个银行业金融机构总体金融风险的把握、防范和化解,并通过法人实施对整个系统的风险控制;③管内控,即坚持促进银行内控机制的形成和内控效率的提高,注重构建风险的内部防线;④提高透明度,即加强信息披露和透明度建设,通过加强银行业金融机构和监管机构的信息披露,提高银行业金融机构经营和监管工作的透明度。

银监会监管的目的是:通过审慎有效的监管,保护广大存款人和消费者的利益;通过审慎有效的监管,增进市场信心;通过宣传教育工作和相关信息披露,增进公众对现代金融的了解;努力减少金融犯罪。

2. 证监会

证监会是中华人民共和国证券监督管理委员会的简称。是国务院直属事业单位。1992 年 10 月成立。

证监会的职责有 13 条,归纳起来就是:依照法律、法规和国务院授权,统一监督管理全国证券期货市场,维护证券期货市场秩序,保障其合法运行。具体地说,①建立统一的证券期货监管体系,按规定对证券期货监管机构实行垂直管理;②强化对从事证券期货交易的机构(交易所、上市公司、证券期货经营机构、证券投资基金管理公司、证券期货投资咨询和从事证券期货中介业务的其他机构)的监管,提高信息披露质量;③加强对证券期货市场金融风险的防范和化解工作。

3. 保监会

保监会是中华人民共和国保险监督管理委员会的简称。是国务院直属事业单位。1998 年 11 月 18 日成立。

保监会职责有 11 条,归纳起来就是:①拟订保险业发展的方针政策,制订行业发展战略和规划,起草保险业监管的法律、法规,制订业内规章;②对从事保险和非保险的机构的设立、合并、分立、变更、解散、破产、清算进行监管;③审批关系社会公众利益的保险险种、强制保险的险种和新开发的人寿保险险种等的保险条款少保险费率;④制订保险行业信息化标准,建立保险风险评价预警和监控体系,跟踪分析、监测、预测保险市场运行状况。

【复习思考题】

1. 试述金融工具的基本特征？
2. 市场经济条件下利息有哪些作用？
3. 中国金融体系的构成状况是怎样的？

第十二章
货币和货币流通

第一节　货币的本质和职能

一、货币的本质

货币是同商品相联系的经济范畴，是商品交换发展的必然产物。考察货币的本质必须从货币的形式和内容两个方面去认识。

(一)从货币的形式上看

货币是充当一般等价物的特殊商品。大家知道，货币的本质是由货币的职能来体现的。货币的价值尺度、流通手段、贮藏手段、支付手段和世界货币五个职能，它所体现的最本质的东西，归结到一点便是货币在商品交换过程中充当一般等价物的作用。货币作为一般等价物的质的规定性，是由货币与商品的内在联系决定的，是不以人的主观意志为转移的客观存在。因为货币本身就是在商品交换发展中，从商品界分离出来的一种商品。货币是商品，它就必然和普通商品一样，具有价值和使用价值两重属性。但是货币一旦从商品界分离出来，却又与普通商品相区别而成为一种特殊商品，即商品的使用价值两重化了。货币除了具有它原有的自然属性的使用价值，能满足人们的需要，如黄金可以镶牙，做装饰品外，又增添了一层使用价值，这就是人们通常所谓的一般的、社会的使用价值，直接体现着社会劳动，成为价值的一般代表，起着一般等价物的作用，可以用来购买任何商品。货币商品的一般等价物作用的这种形式特征，在任何社会形态下都是共同的，是被历史发展反复证实的客观事实，如果否认这一点，货币就不成其为货币了。可见，从形式上看，货币的本质只能是固定充当一般等价物的特殊商品。

(二)从货币的内容上看

货币既然是从商品交换过程中分离出来的一种特殊商品，并在商品界独占了一般等价物的特殊地位，其他一切商品的价值只有通过货币才能衡量和实现，货币自然就成为表现商品生产者之间的生产关系的物质形式。十分明显，在不同社会形态下，货币所体现的生产关系必然有着不同的阶级内容。如果不抓住这一点，就无法理解不同社会制度下货币的阶级本质。

货币同其他经济范畴一样，不能抽象地离开一定的社会经济条件而孤立的存在。商品生产是在一定的社会经济制度下进行的，以商品生产和商品交换为基础的货币运动必然依存于一定社会的经济制度，体现着该社会的生产关系。在资本主义制度下，生产资料和劳动生产品归资本家私人占有，劳动力转化为商品，货币转化为资本，这就决定了资本主义的货币必然反映着资本家对广大劳动者的剥削关系，即资本对劳动的剥削关系。反之，在社会主义制度下，货币反映的是社会主义的生产关系，也就是劳动人民在利益根本一致的基础上，相互协作的关系，这与资本主义货币反映阶级剥削关系有着根本性质的区别。

（三）我国货币的本质

我国社会主义生产关系的性质，决定了我国货币的本质是为社会主义建设和不断提高劳动者的物质文化生活水平服务的。我国货币的这种社会主义性质，表现在货币交换的目的是为了保证社会再生产的顺利进行，以尽可能多地增加社会财富，满足人民群众的需要。在我国社会主义公有制为基础的条件下，广大人民群众生产商品的劳动二重性（具体劳动和抽象劳动、个别劳动和社会劳动）以及商品的二重性（使用价值和价值）之间均不存在着对抗性的矛盾，从而商品与货币之间也不存在着对抗性的矛盾，这就使我国社会主义货币与资本主义货币从根本性质上区别开来了。

但是，不能由此就认为，我国社会主义生产商品的劳动二重性、商品二重性，商品与货币之间就不会有任何非对抗性矛盾存在。因为，在我国现阶段还客观地存在着社会生产以公有制为基础的多种经济成分和经济形式，以及在此基础上所形成的各种不同的交换关系。这一事实本身就说明我国生产商品的具体劳动和抽象劳动，个别劳动和社会劳动，以及商品的使用价值和价值之间还存在着某些非对抗性的矛盾，而这些矛盾只有通过货币，才能获得外在的表现，同时也只有借助于货币才能统一起来。这就是说，通过货币形式来衡量社会劳动的质量和数量，把整个社会劳动所创造的产品，按照等价原则，在国民经济中有计划地组织流转，用以满足社会主义扩大再生产和满足人民物质文化的需要。

二、货币形态的演变

货币作为商品交换和劳务结算的支付工具，随着社会生产力的发展，商品交换的扩大，在不同的历史时期货币的表现形态也是不断发展变化的。从世界范围看，货币从产生以来，其形态的演变大致经历了：实物货币、金属货币、代用货币、信用货币和电子货币几个演变过程。

（一）实物货币

实物货币是指以某些商品为媒介表现的货币，又叫做商品货币。这种货币是人类社会最古老的货币形态。在历史上，有不少商品都起过一般等价物的作用，例如我国古代的牲畜、粮食、贝壳、布匹等都充当过货币，其中尤以贝壳表现的货币形态流通时间最长。

（二）金属货币

金属货币是指以贵金属金、银、铜等为材料表现的货币。金属货币是在实物货币基础上演进而来的货币形态。由于实物货币自身存在着体积大，量重，质地不均，不便携带和运输等缺陷，不能适应商品经济发展需要，古老的实物货币必然为体积小，耐磨，易于分割，便于携带的金属货币所取代。

（三）代用货币

代用货币是指政府或银行发行的，作为金属货币代用品的纸币。这种纸币代表与其面额相同数量的金属货币，充当交易媒介在市场上流通。代用货币存在于金属货币流通阶段，克服了金属货币作为流通手段的诸多缺点，降低了发行成本。但是代用货币的流通必须有充足的金属货币作准备，只有与金属货币自由兑换挂钩的条件下，才能以它所代表的一定单位的金属货币量发挥流通手段作用。

（四）信用货币

信用货币是指不代表任何贵金属，而是以发行者（如政府或银行）自身的信用作为发行依据的货币。信用货币是代用货币的进一步发展，它脱离了金属货币而成为本身没有内在价值的货币符号。信用货币以信用为基础，体现着一种债权债务关系。当代世界各国主要的信用货币形式是各国中央银行依据政府法令发行的纸币、辅币和银行存款货币。纸币发行量多少，取决于一国经济发展的需要量，纸币发行过多过少都不利于经济发展和稳定币值。

（五）电子货币

电子货币是指银行体系运用电子资金传送系统来处理货币的流通，以取代现存形态的货币流通。电子货币的出现，使货币的交易媒介职能和支付职能为电子计算机系所行使。这样，经济交往中的货币收付，不仅同城，而且异地乃至国际间的资金传送，均可以借助电子计算机系统来完成，给人们支付结算提供了极大的方便，大大节约了时间和在处理现金、支票及其他凭证的成本耗费。

三、货币的职能

如前所述，货币在商品交换中起着一般等价物的作用，这种作用是通过货币的职能来表现的，那么，货币到底有哪些职能呢？货币的职能有：价值尺度、流通手段、贮藏手段、支付手段和世界货币五个职能，其中价值尺度职能和流通手段职能是货币五个职能中的两个基本职能。

（一）价值尺度

价值尺度职能是货币的基本职能之一，这个职能的核心在于货币是衡量和表现一切商品价值的尺度。任何商品的价值都是由生产商品所消耗的社会必要劳动时间决定的。但是商品本身并不直接体现它所消耗的社会劳动，不能直接反映自身的价值，只有当它在交换过程中表现为一定数量货币的时候，人们才知道这种商品的价值有多少。可见，商品的价值是价格的基础，价格则是价值的货币表现。然而作为一般等价物的货币却能直接体现生产商品所花费的社会必要劳动，把各种商品的价值表现为同一名称量（如人民币元、德国马克、法国法郎等），从而使它们在质的方面相互同等，在量的方面可以相互比较。比如50千克大米值100元，50千克菜油值500元，一丈棉布值20元，等等。各种商品通过交换都表现为一定数量的货币，商品生产中所凝结的社会劳动也就便于比较了。

货币之所以能够发挥价值尺度职能作用，这是因为货币本身也是商品，具有价值。自身没有价值的东西是不能衡量和表现其他商品价值的。正如没有刻度的尺子是无法量出其他物品长度的道理一样。

应当指出，货币的价值尺度职能，不是说在执行这一职能的时候，一定要有现实的货币。例如百货商店的各种商品的价格就不需要在它的旁边放着等质等量的现实货币，而是在商品上用货币表示标一个价就行了。由此可见，货币的价值尺度职能是作为观念上的货币来执行的。

(二)流通手段

流通手段职能是货币的又一个基本职能。货币作为流通手段,在商品交换中起着媒介作用,它与货币作为价值尺度职能相比,有着自身的特点。这些特点概括起来就是:

(1)货币作为流通手段,必须是现实的货币,没有现实的货币在市场上是买不到任何商品的。而货币作为价值尺度职能则是观念上的货币,是以想象的货币来发挥作用的。

(2)货币作为流通手段,不需要足值的货币,甚至可以用没有内在价值的价值符号代替。因为商品通过货币实现交换,在商品运动中货币发挥着短暂的转瞬即逝的作用,人们手中拿到货币的目的是为了购买需要的商品,关心手中的货币能否买到等值的商品,而不是货币本身的价值。这就出现了不足值的货币或完全没有价值的价值符号代替货币流通的可能性。比如当今世界各国发行的纸币就是一种没有价值的货币符号,货币作为价值尺度职能,则必然是足值的货币,不足值的货币会带来物价波动。

货币作为流通手段,把原来直接的商品交换(物物交换)改变成了商品——→货币——→商品的间接交换,使商品的买和卖在时间上、空间上分裂成了两个独立的过程。商品生产者就有可能只卖不买,或多卖少买。卖和买不一致,买卖脱节,必然孕育着经济危机。

(三)贮藏手段

货币退出流通领域,作为社会财富的一般代表而被储存起来,就是货币的贮藏手段职能。货币之所以能够发挥贮藏手段的职能作用,是因为货币是起着一般等价物的商品,本身就有价值,人们拥有货币,实际上就拥有财富,就能够在任何时间、任何地点购买任何商品,所以人们总是想方设法贮藏货币。

货币作为贮藏手段职能,与货币作为价值尺度职能和流通手段职能是不同的。作为价值尺度职能的货币,必须是足值的,但可以是观念上的货币。作为流通手段职能的货币必须是现实货币,但又可以用价值符号代替。而作为贮藏手段职能的货币,不仅是足值的货币,而且是现实的货币,这种情况表明,能发挥贮藏手段职能的只能是金属货币。

货币作为贮藏手段的职能,自发的调节着货币流通量。比如当市场上出现货币流通量过多,引起商品供给和需求之间的矛盾,物价上涨,货币持有者就自动地把货币贮藏起来;反之,则自动把货币投入流通。货币的贮藏手段职能使货币就像蓄水池一样,自发地调节着流通中的货币需要量。

(四)支付手段

用货币来作为清偿债务或支付租税、利息、工资等,货币就执行着支付手段职能。货币作为支付手段职能起源于商品的赊销和预付。随着商品经济的发展,交换范围扩大,这一职能就由商品的赊销、预付为中心的流通领域,扩展到支付租税、利息、工资等各个方面。在生产资料私有制条件下,货币的支付手段职能,使商品买卖可以采取赊欠延期付款的方式进行,这就便利了商品交换的实现,加速了商品流转。同时也扩大了商品经济的矛盾,特别是在资本主义制度下,商品生产者之间经常发生着大量的频繁的债务关系,一旦某些商品生产者发生困难,无法偿还欠款就会引起连锁反应,造成整个支付关系混乱,出现信用危机,加深资本主义生产过剩的危机。

(五)世界货币

货币突破了国内流通的界限,在国际上发挥一般等价物作用时,货币就执行着世界货币的职能。作为世界货币职能的货币必须是贵金属黄金和白银,而不能是没有价值的价值符号。

世界货币的作用是:

(1)作为一般的支付手段,用来清偿国际间的债务,平衡国际收支差额。

(2)作为一般的购买手段,用来购买国际市场上的各种商品。

(3)作为社会财富的一般代表,由一个国家转向另一个国家。

四、中国的货币商品

如前所述,货币是作为一般等价物的特殊商品出现的,那么,究竟哪种商品最适宜于充当一般等价物呢?这就要看商品的天然属性是否同货币的社会属性相符合。在历史上,由于种种原因,各种各样的商品都先后起过一般等价物的作用,但是最后都被贵金属黄金所代替。这是因为货币商品黄金本身具有体积最小、值大、耐火、轻便,可以任意分割、随意合并起来的特点,便于流通和贮藏。在社会主义制度下,我国的货币商品是什么?新中国成立以来,在学术界一直是有着争议的重大理论问题,众说纷纭。我们认为,我国的货币商品仍然是贵金属黄金,人民币是黄金的价值符号。这是因为:

(一)我国的物价体系是在一定的金属货币的基础上形成的

例如我国清朝时代的货币商品是银,货币名称是"银两",当时的物价体系就是以"银两"为单位而形成的。辛亥革命后物价体系就继承了银两单位的物价体系。1933 年民国政府实行"废两改元"和 1935 年所谓的"币制改革",禁止白银流通,明文规定伪法币一元等于英镑的一先令二点五便士,就表明了旧中国的货币商品在名义上已经由白银过渡到了黄金。新中国成立后,1955 年 3 月我国实行新人民币,规定新旧人民币的兑换率为一比一万,实际上就是把新人民币所代表的金量在当时的基础上提高了一万倍,这说明我国社会主义的物价体系明显地带有历史继承性的印记。

(二)黄金在我国是作为货币商品而生产和储存的

国家积极鼓励黄金生产,并责成中国人民银行收兑黄金和禁止黄金出口,这正是为了加强黄金的集体储备,作为保证我国货币稳定的因素之一。货币商品的储备不同于普通商品的储备,前者主要是作为货币对外汇价稳定的保证,后者主要是作为国内物价稳定的保证。

(三)黄金是当今世界各国通行的货币商品

中国是一个发展中的社会主义大国,同世界上绝大多数国家保持着广泛的密切的政治经济联系和文化联系,这就在客观上要求我国的货币商品也必须是黄金,以便充分发挥我国货币的世界货币职能。

必须指出,黄金虽然是我国的货币商品,但是在国内没有必要把货币符号兑换成黄金或使之在市场上流通。马克思说:"全部现代产业史都表明,如果国内的生产已经组织起来,事实上只有当国际贸易平衡暂时遭到破坏时,才要求用金属来结算国际贸易。国内现在已经不需要使用金属货币了。"①我国虽未明文规定货币单位——人民币的含金量,然而

① 马克思.资本论:第 3 卷[M].北京:人民出版社,1975:585-586.

人民币一直都作为唯一的黄金符号,在全国范围内稳定地行使其价值尺度的职能,这正是马克思所指出的,我国生产已经是有计划地组织起来的必然结果。

黄金是我国的货币商品,人民币是我国的货币符号,各种商品的价值用货币表现就是各种商品的价格。由于人民币是黄金的符号,因而用人民币来表现商品的价值,实际上也就是间接地用黄金来表现商品的价值。我国人民币之所以能同商品建立交换价值的关系,关键就在于它代表黄金而执行货币的价值尺度职能。

第二节　货币流通与货币流通渠道

一、货币流通与商品流通的关系

什么叫货币流通,简言之,货币流通就是由商品流通过程所产生的货币运动。即货币作为流通手段和支付手段不断地离开出发点,从一个商品所有者手里转到另一个商品所有者手里的货币运动。这是因为货币流通是商品流通的反映,是为商品运动而服务的。商品运动的变化要求货币与它相互对立和相互换位,从而引起商品与货币成为完全相反,价值完全对等的运动。只要有商品生产,有商品流通,商品由卖者转入买者之手的同一个行动中,货币就必然由买者转入卖者手中,商品与货币之间的这种相互对立、相互交换位置的运动就不会停止。所以马克思说:“商品流通直接赋予货币的运动形式,就是货币不断地离开起点,就是货币从一个商品所有者手里转到另一个商品所有者手里,或者说,就是货币流通。”①由此可见,货币流通是由商品流通引起的,商品流通是货币流通的基础,货币流通不过是商品流通表现的形式而已。

二、货币流通渠道

在我国社会主义制度下,由于商品生产客观存在,商品的运动必须借助于货币来进行,因而形成了广泛、复杂的货币关系。与商品运动相联系,国民经济中的一切货币活动,即货币运动,就可划分为国家机关、企业、事业单位之间的货币运动和有关居民个人收付的货币运动两大领域,表现为现金流通和非现金流通(或称转账结算、存款货币流通)两种形式。

直接用钞票进行的货币收付运动,就是现金流通。不直接用钞票,而是通过银行将款项从一个单位的账户划到另一个单位的账户的货币收付运动,就是非现金流通,以非现金流通表现的存款货币流通,是我国货币流通的主要形式。现金流通(包括活期存款)属狭义的货币流通范畴。现金流通和非现金流通则属广义的货币流通,即国民经济中统一的货币流通。

(一)现金流通渠道

由于中国人民银行是国民经济中的货币发行和现金出纳中心,是现金流通的起点和终点,我国现金流通的渠道必然是从国家银行投放出去,然后又回到国家银行,货币的这种投

---

① 马克思.资本论:第1卷[M].北京:人民出版社,1975:134.

放和回笼是通过商业银行来实现的。根据国家现金管理办法的规定,我国通过商业银行投放和回笼的现金流通渠道主要是:

1. 现金投放渠道

(1)工资和对个人的其他支出。工资和对个人的其他支出,是指国家机关、企业、事业单位、城镇集体经济组织,从银行领取现金支付给职工的工资、奖金及其对个人的其他现金支出,例如支付某种劳动报酬、学生助学金、社会保险等,这是银行在城镇投放现金的主要渠道,约占银行现金投放总额的一半以上。通过工资和对个人的其他支出,形成劳动者的个人收入,用来购买消费品、支付劳务费用或用于储蓄。

(2)采购支出。采购支出,是商业、粮食、供销社及其他指定的收购单位,对城乡中小企业,农户采购农副产品或手工业品的现金投放,这是银行向农村投放现金的主要渠道。

(3)财政信用支出。财政信用支出,是国家财政部门用于支援农村的财政投资,财政救济拨款、有价证券买入和还本付息支出。银行、信用社(农商银行)用于居民储蓄存款的现金支出,发放农业贷款、预购定金,以及用于重点户、专业户的贷款等。这些支出的大部分除按规定实行转账结算外,对社会个人的财政信贷支出一般都使用现金。

(4)行政企事业管理支出。行政企事业管理支出,是指城、乡行政管理单位,企业、事业单位,按照国家现金管理规定用于管理方面的现金支出。例如差旅费、会议费、管理费等现金支出。

(5)其他支出。其他支出,是指上述(1)~(4)条现金流通渠道以外的其他现金支出,例如用于受自然灾害地区的财政援助,以及对烈士家属或因公负伤人员的补助等等。

2. 现金回笼渠道

(1)商品销售收入。商品销售收入,是指商业部门通过出售各种商品而回收的货币,又叫做商品回笼。按照国家规定,凡是出售商品的单位,其收入的现金都必须及时送存银行,因而,这项现金收入就成为国家银行回笼货币最重要的渠道。据测算,商品销售收入的现金,大约占银行现金收入总额的80%~90%。

(2)服务事业收入。服务事业收入,是指服务部门通过向广大群众提供各种服务所收回的货币。例如出售车、船票款、电影、戏剧票款以及居民缴纳的房租、水电费等,所以又叫做服务回笼。

(3)居民税款收入。居民税款收入,是指国家依据税法规定,向居民个人征收的各种税收收入,例如个人所得税、车船使用牌照税、屠宰税等,这些货币收入属于财政资金的性质,所以又叫做财政回笼。

(4)信用收入。信用收入,是指银行通过各种方式吸收的居民储蓄存款和收回的农村贷款,比如收回农村个体经济的贷款等。随着工农业生产的发展,城乡人民生产生活水平的逐步提高,居民储蓄存款在银行信贷资金来源中,将越来越占重要地位。

(5)其他收入。上述现金流通渠道,如图12-1所示。

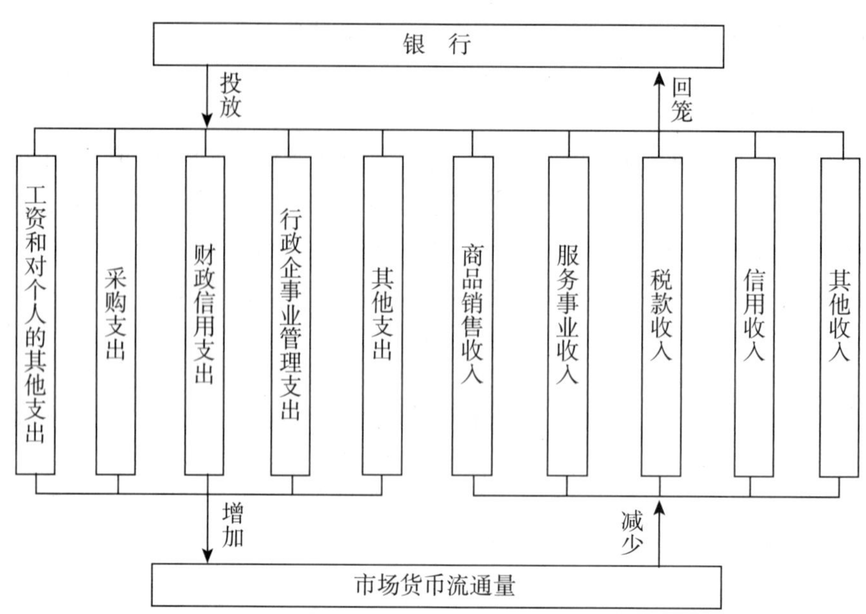

图 12－1　现金流通渠道

从现金投放的起点到现金回笼的终点，可以清楚地看出票子是怎样从银行投放出去，最后又是怎样回到银行的。在这里，国家银行成为现金流通的中枢。为此，国家可以通过银行实行全国范围的现金周转监督，促使各单位按照现金管理的规定用途使用现金，并保证现金及时回到银行，这就为党和国家进行有计划地组织和调节货币流通创造了有利条件。

（二）非现金流通渠道

我国的非现金流通是与现金流通相互联系，又相互区别的另一种货币流通。它是采取划拨转账的办法来实现各单位在银行存款的转移，从而代替现金流通，所以又叫做转账结算或存款货币流通。非现金流通范围主要是：

国有企业之间的商品和劳务供应；国有企业与集体企业、民营企业之间，集体企业之间的商品买卖和劳务供应；国家机关、团体之间的劳务供应；国家财政部门、银行部门对财政、信用资金的发放和收回；主管部门与所属单位之间的资金上缴下拨等。这些单位间的转账结算，尽管每一笔款项收付都有不同的经济内容，但是，归结起来，不外是：商品交易和劳务供应结算；财政款项的分配和再分配，以及银行信贷的投放和收回；主管部门与所属单位间的资金上缴和下拨三种类型，也可以叫做三条非现金流通渠道。非现金流通在我国统一的货币运动中占有极为重要的地位，正确组织社会主义经济中的非现金结算，对促进生产发展，加速商品流转有着巨大的意义。

三、中国的货币制度

（一）货币制度的含义及其内容

货币制度，简称“币制”是指一个国家或地区以法律形式规定的该国或地区货币流通的结构、体系和组织形式。货币制度的基本内容有：

1. 选定货币币材

选定货币币材是指选定以何种材料来制作货币，这是一个国家或地区建立货币制度的基础。例如选用金为制作货币材料的货币制度叫金本位制,选用银为制作货币材料的货币制度叫银本位制,选用无内在价值的纸为制作货币材料的货币制度叫纸本位制。

2. 确定货币单位

确定货币单位是指规定一国币货单位的名称与其所含的货币金属重量。例如美国的法定货币单位名称为美元,1934 年的法令规定 1 美元纸币的含金量为0.888 671克纯金。瑞士的法定货币单位名称是法郎。我国的法定货币单位名称是人民币元。

3. 规定本位币和辅币的铸造、发行和流通程序

本位币亦称"本位货币",是一个国家法定作为价格标准的主要货币,是国家计价、结算的唯一合法的货币单位。辅币则是本位货币单位以下的小额通货,又叫"辅助货币"。主要为日常零星交易和找零之用。在纸币流通条件下,纸币的发行权集中于中央银行,由国家垄断。

4. 建立准备制度

建立准备制度是指货币发行时,必须建立以某种金属或某些资产作为发行货币的准备,使货币发行与所确定的金属或资产相互联系和相互制约。在金属货币流通条件下,国家就用法律规定货币发行必须以贵金属金或银作为准备。在现代纸币流通条件下,多数国家则采用以外汇储备和黄金做准备,以用于国际购买、国际支付和国际转移的最后手段。

从货币制度变迁的历史进程看,世界各国货币制度都经历了金属货币本位制和信用货币本位制的演变过程。其中金属货币本位制又细分为银本位制、金银复本位制和金本位制。信用货币本位制又叫做纸币本位制,采取信用程序投放,国家用法律规定强制赋予其无限法偿的能力。

(二)我国货币制度的建立

我国社会主义货币制度,是在解放区特定的历史条件下建立和成长起来的。早在民主革命时期,各个革命根据地为了战胜国民党的军事进攻和经济封锁,发展根据地经济,支援战争需要,建立了自己的工农银行,并发行了本地区的货币。例如陕甘宁边区发行的边区币、山东根据地的北海币、苏浙根据地的江南币,等等。随着解放战争的不断胜利,解放区迅速扩大,那种分散的货币制度,显然远远不能适应形势发展的需要。1948 年 12 月 1 日成立了中国人民银行,同一天开始发行全国统一的货币——人民币。人民币的发行标志着我国社会主义货币制度的建立。以后人民币的流通范围很快扩大到全国城乡各地。1955 年适应大规模经济建设的需要,国家决定用 1:10 000 的比价以新的人民币收兑全部面额大的人民币。从此,我国社会主义货币制度得到了进一步健全和完善。

(三)我国社会主义货币制度的基本内容

(1)国家规定人民币是我国唯一合法的货币,在全国范围内流通,行使货币的各种职能。我国的货币单位为"元",即元为本位币。人民币的辅币为元以下的角和分。现行的主币有 1 元、2 元、5 元、10 元、20 元、50 元和 100 元七种,辅币为 1 分、2 分、5 分、1 角、2 角和 5 角六种。国家授权中国人民银行发行人民币,取得资金来源是国家银行的一种负债,对国家和银行来讲,处于债务人的地位,而人民币的持有者则是债权人,这说明,我国人民币是在银行信用基础上发行的,其性质是一种信用货币。

(2)人民币由中央银行——中国人民银行集中统一发行,国家明令规定,任何地区、任何部门都不得发行货币、变相货币或货币代用品。

(3)国家授权人民银行掌握管理货币发行事宜,集中管理发行基金,未经国家批准,任何地区、单位和个人都无权动用。

(4)国家通过银行的信贷计划和现金计划,对货币流通实行计划管理。

(5)黄金、外汇储备由中国人民银行集中掌握,作为国际支付的准备金,统一调度。外汇汇率由国家外汇管理局统一制定,每日公布。

四、人民币的发行原则和程序

(一)人民币发行原则

我国人民币的发行实行高度集中统一,发行权集于中央,由国家垄断。其发行原则是:

(1)集中统一发行的原则。国家委托中国人民银行总行根据国家的经济政策,提出货币发行计划报国务院批准后,统一组织发行货币。

(2)坚持经济发行的原则。人民币的发行有两种类型:一种是经济发行,另一种是财政发行。经济发行是适应生产发展和商品流通扩大需要而增加的货币投放,符合马克思揭示的货币流通规律的客观要求,它有着可靠的物质基础,不会引起物资供求紧张和物价上涨的现象。财政发行则会破坏正常的货币流通。

(3)坚持计划发行的原则。人民币的投放要根据经济发展和商品流通扩大需要的实际情况,在国民经济综合平衡的基础上,有计划地发行。

(二)人民币的发行程序

我国人民币的发行工作是通过各级人民银行的发行库和商业银行的业务库来进行的。每年由国务院核定批准发行额度,交中国人民银行总行统一管理和组织执行。

(1)发行库。发行库又叫做发行基金保管库,是保管国家发行基金的机构。它的主要任务是:根据国务院核定的货币发行额,统一调度发行基金;办理货币发行工作和损伤票币的回收销毁工作;调剂市场各种票币的流通比例;办理发行业务的会计核算,正确地、全面地反映市场货币投放与回笼情况。由发行库保管的人民币,叫做发行基金。它是国家已经印刷完成尚未发行的人民币票券,属于调节市场货币流通的准备金。发行基金的动用权属于总库,各地分、支库所保管的发行基金只是总库的一部分。下级库只能凭上级库核定的出库额和调拨命令办理出库,不准擅自动用发行基金。发行基金在各地发行库之间调拨,是采取逐级负责的办法进行的。即总库负责分库之间的调拨,分库负责辖区内中心支库之间的调拨。发行基金在上下级库或同级库间的调拨,目的在于使国家的发行基金摆布合理,以适应市场需要,有计划地调剂货币流通。

我国发行库是比照中国人民银行的机构来设置的。人民银行总行设立总库。省、市、自治区分行设立分库。地区中心支行设立中心支库。市、县支行设立支库。自人民银行与中国工商银行分设后,没有人民银行机构的市、县,国家的发行基金由中国工商银行设专职干部代管。

(2)业务库。业务库是办理日常业务的现金收付金库,原来设立在中国人民银行各基层行。自人民银行与中国工商银行分设后,业务库的工作就由工商银行等商业银行基层行负责。

业务库保存的现金是流通中货币的一部分,经常处于周转状态之中,但是,在未投放到市场之前,实际上并不直接参加市场的货币流通,而是作为银行业务收付的一种备用金。

(3)现金调拨。现金调拨就是发行库与业务库之间钞票调拨。各级银行的业务库都要根据营业需要,核定一个保证日常现金收付业务最低需要量的库存限额。超过限额的,必须及时缴回发行库,叫做货币回笼。业务库存现金不足支付时,要按规定程序上报计划,在上级发行库批准的出库限额以内办理出库手续,一次或分几次把发行基金拨入业务库,叫做出库,又称货币发行。通过业务库把票子投放到市场上,就增加了市场的货币流通量。

第三节　货币流通规律与纸币流通规律

一、货币流通规律

货币流通规律,就是决定商品流通过程中货币需要量的规律。它是商品经济中的一条重要的客观经济规律。不管社会形态如何,只要存在着商品经济,存在着货币和货币流通,货币流通规律就必然发生作用。马克思指出:"流通手段量决定于流通商品的价格总额和货币流通的平均速度这一规律。"①马克思所揭示的货币流通规律告诉我们,一定时期,商品流通过程需要的货币量决定于以下三个最基本因素:

(1)参加流通的商品量。由于货币流通是商品流通引起的,而商品进入流通领域又总是带着一定价格的。流通中的商品如果没有价格,就失去了商品的意义。货币参加流通是为了实现商品的价格,因此,在商品价格不变,货币流通速度不变的条件下,流通中的商品数量越多,商品流通需要的货币量就越多。反之,流通中的商品数量越少,商品流通需要的货币量也就越少。

(2)商品价格水平。我们知道,待实现的商品价格总额是由商品总量和各种商品的价格水平决定的。在市场经济条件下,商品的价格水平总是受到商品的供求关系所制约。如果货币流通速度不变,商品总额不变,不论商品价格上涨或下跌,都同流通中的货币需要量成正比的变化。

(3)货币流通速度。一定时期货币流通速度的快慢,对流通中的货币需要量多寡也起着重大的影响。因为货币参加流通是为商品运动周而复始的循环服务的。当某种商品进入流通领域,实现交换,退出商品界以后,货币并不因此就停止运动,而是继续为其他商品流通服务,也就是说同一枚货币可以多次参加商品流通,因而在商品价格总额不变的条件下,商品流通必要的货币量,与货币流通速度成反比的变化。即货币流通速度越快,流通中的货币需要量就愈少;反之,便愈多。假定某一时期内,参加商品流通的商品价格总额为50万元,同一时期内的货币周转次数为一,那么,这一时期流通中的货币需要量就是50万元。如果同一时期的货币周转次数为二,这一时期流通中的货币需要量只要25万元就够了,可见,货币流通量同货币流通速度是成反比关系变化的。

根据马克思揭示货币流通规律各个因素之间的关系,用公式来表示就是:

$$\text{流通中的货币必要量} = \frac{\text{商品价格总额}}{\text{货币流通速度}}$$

① 马克思.资本论:第1卷[M].北京:人民出版社,1975:142.

参加流通的商品量，商品价格水平和货币流通速度三个因素之间的关系是互相依存、相互制约的辩证统一关系，其中一个因素发生了变化，就会影响其他因素发生不同程度的变化。一般说来，商品价格总额的变化起着主导作用。

综上所述，我们可以清楚地看出，货币流通必须与商品流通相适应，流通中的商品价格总额是决定货币必要量的基础，货币必要量与商品价格总额成正比的关系，而与货币流通速度成反比的关系，这就是货币流通规律的基本点。

随着商品经济和信用关系的发展，在商品交换过程中，大量的商品买卖采取了赊销的办法，一连串的债权债务关系，又可以互相冲销。因此，在决定一定时期里流通中所需要货币量的时候，要从商品价格总额中减去赊卖的那一部分商品的价格总额，加上这一时期到期的支付总额，再减去到期支付总额中互相抵销的债务总额。全部商品的价格总额，经过这三种增减以后，就是这一时期需要用现金来帮助流通的全部商品价格总额。这时，计算流通中货币必要量的公式便是：

$$\text{流通中的货币必要量}=\frac{\text{全部商品价格总额}-\text{赊销商品价格总额}+\text{到期支付总额}-\text{互相抵销的支付总额}}{\text{同一单位货币的平均流通次数}}$$

货币流通速度实际上就是指在一定时期内，同一单位的货币平均周转次数，能在一定程度上弥补流通中货币数量的不足。其计算公式是(指现金)：

$$\text{货币流通速度(次数)}=\frac{\text{现金周转总额}}{\text{流通中平均货币量}}$$

二、纸币流通规律

纸币流通规律是指纸币的流通量决定于它所代替的流通中所需要的金属货币量。它是在金币流通的基础上派生出来的一个经济规律，是货币流通规律在纸币流通条件下的特殊表现形式。马克思指出："纸币流通的特殊规律只能从纸币是金的代表这种关系中产生，这一规律简单说来就是：纸币的发行限于它象征地代表的金(或银)的实际流通数量。"[①]可见，没有内在价值的货币符号纸币，只是代替金(或银)而执行流通手段和支付手段的职能，因此纸币流通的必要量也只能在金币流通必要量的限度以内。纸币流通，如果超过了它所代替流通的同名的金币量，不论这种纸币带着什么招牌进入流通，结果必然会导致货币符号的贬值，物价上涨，造成通货膨胀，比如某一年内，流通中的商品价格总额为100亿元，货币流通速度为一，流通中的货币必要量就是100亿元，在货币符号代替金币流通情况下，国家发行的纸币，如果同商品流通需要的金币量相一致也是100亿元，那么，每张票面额1元的纸币便能代表1元的金币价值同商品相交换。如果国家发行的纸币超过这个限度，增加到200亿元，则原来每张票面额1元的纸币，就只能代表0.5元金币的价值同商品相交换。这时商品的价格就会随着纸币的过量发行而上涨一倍。所以，纸币流通不能离开它所代表的金量。

马克思揭示的纸币流通规律的基本原理，用公式表示为：

$$\text{单位纸币所代表的金属货币量}=\frac{\text{流通中需要的金属货币量}}{\text{流通中的纸币总量}}$$

① 马克思.资本论：第1卷[M].北京：人民出版社，1975：147.

这个公式表明，纸币流通规律从属于货币流通规律，它所表示的是价值符号与金属货币的关系，纸币流通必要量直接受到金币流通必要量的制约，间接地才受商品流通必要量的制约。纸币进入流通以后，不论多少数量都能被流通过程所吸收，而不会自动地退出流通界，不过纸币的价值将随着发行量的增加而相应减少。纸币的发行只能限制在它所代表的金币需要量以内，才能充分发挥纸币流通的职能作用，促进经济的发展。这是任何类型的国家都必须遵守的一条真理。

马克思所揭示的货币流通规律及其从属于货币流通规律的纸币流通规律，在我国社会主义制度下是完全适用的。我们党和国家能够自觉地利用货币流通规律为我国社会主义建设服务，造福于广大人民群众。

三、货币供给量的层次划分

货币供给量与货币定义的界定直接相关，是货币供给理论中一个最基本问题，西方国家学术界迄今争论不休。有些学者把货币只看成是一种交易媒介或支付手段的通货，货币的内容就应该包括通货和活期存款。而另一些学者则认为信用工具中的信用卡、旅行支票等现代信用工具也经常起着交易媒介的作用，货币的内容还应该包括一些信用工具。国际货币基金组织的定义，把货币供给分为货币与准货币两大部分。货币包括了银行之外的所有储备货币及活期存款。准货币包括了储蓄存款、定期存款和居民的外币存款。而美国联邦储备委员会的定义，把货币供给划分为三个总量指标，一个流动性指标和一个债务指标。即 M_1、M_2、M_3、L 和 Debt。M_1 包括硬币、纸币、旅行支票，及其他使用最为广泛的交换手段。M_2 包括 M_1、一般储蓄存款、小额定期存款等。M_3 包括 M_2、大额定期存单。L 包括经济中的流动资产，Debt 指经济中非金融部门债务。① 可见，货币供给量的层次划分与所选择的货币定义有着密切联系，世界各国货币供给量的计算口径也不完全一致。

由于金融是国家实施货币政策调控宏观经济运行的重要手段，而调控的对象又是货币供应量。即在某个时点上全社会承担流通手段和支付手段职能的货币总额，也就是一般通称的全社会总的购买力。为了保持币值稳定，防止通货膨胀，实现促进经济发展的货币政策目标，有必要对货币供给范围与层次进行划分。

按照货币流动性的特点，我国将货币供应量划分为以下三个层次：

M_0 = 流通中现金

M_1 = M_0 + 企事业单位活期存款

M_2 = M_1 + 企事业单位定期存款 + 居民储蓄存款

上述货币供应量的三个层次中，M_0 与消费物价水平变动密切相关，是流通性最强、最活跃的货币，一直是中央银行调节货币供应量的重要目标。M_1 通称为狭义的货币供应量，是反映企业资金松紧的重要指标，流动性仅次于 M_0。M_2 通称为广义的货币供应量，流动性最弱，但反映着社会总需求的变化，在国家宏观调控中也具有重要意义。

四、通货膨胀与通货紧缩

（一）通货膨胀

通货膨胀是与纸币流通密切联系在一起的，实质上是纸币发行过多，引起纸币贬值，一

① 胡代光，高鸿业. 现代西方经济学辞典[M]. 北京：中国社会科学出版社，1996：453.

般物价普遍上涨的一种经济现象。为此,可以把通货膨胀的含义归结为一般物价价格持续上涨的一种过程,或者是货币不断贬值的一种过程。那么,我们用什么方法来衡量通货膨胀呢?世界各国最常用的方法是一个国家消费价格指数变化的百分率,或者是国民生产总值指标扣除通货膨胀因素指数变化的百分率。

造成通货膨胀的因素是多方面的。通常是货币的财政过量发行,信用过度扩张、企业过量投资和消费需求膨胀所致。从表面现象看,通货膨胀似乎短期内能在一定程度上缓和生产和消费的矛盾,有助于市场繁荣。但是从根本上讲,通货膨胀对生产和市场机制起着破坏作用。为此,世界各国都十分重视通货膨胀的治理。

新中国成立以来,曾经出现过多次通货膨胀,主要有20世纪50年代初期、50年代末到60年代初、1979—1980年、1988—1989年、1994—1995年五次。每次引起通货膨胀的原因虽然不一,但是,造成通货膨胀最直接的原因不外是:①由于财政赤字,信用膨胀,投资膨胀和消费膨胀导致的社会总需求膨胀。②国民经济比例关系失调。例如社会生产两大部类之间的比例失衡;积累与消费之间的比例关系恶化;产品结构失调。不管是何种原因引起的通货膨胀,归根到底都是货币供应量过多,使社会总需求超过社会总供给的结果。也就是说有支付能力的货币购买力超过有效的商品可供量。为此,治理通货膨胀就必须从控制需求,增加供给两个方面入手才能产生积极的效应。

(二)通货紧缩

通货紧缩是指从流通中回笼一部分过多的货币,是一种货币流通量被压缩的经济过程。通货紧缩一般都具有以下几个显著的基本特征:

1. 商品价格持续下跌

通货紧缩过程中,商品价格持续下跌,不仅存在于个别部门与部分商品的价格下跌,而且存在于整个社会物价总体水平较长时期内的普遍下降和劳务价格的持续下跌。

2. 货币供给量相对不足

通货紧缩是针对通货膨胀而采取的对应措施。这种对应措施不是自发产生的,而是政府实施相应政策及其贯彻执行政策的结果。例如实施从紧的财政政策和货币政策,严格控制集团购买力,削减公共支出规模和信贷规模,提高存款、放款利息,扩大商品销售,以回笼货币等。这样就会导致通货紧缩,市场货币供给量不足。

3. 经济增长乏力

通货紧缩,物价总水平持续下降,产生价格不断下跌,市场萧条,使生产企业利润减少,甚至出现亏损,被迫减产、停产,大大抑制了生产者的积极性,导致整个社会经济增长速度缓慢或下降的局面。

通货膨胀与通货紧缩两者既相互对应,密切联系,又是相互可以转化的经济过程。治理通货膨胀和通货紧缩的主要对策是政府部门实施双紧、双松,或一紧一松的财政政策和货币政策。即当出现通货膨胀时,通过财政政策、货币政策的合理配合,适当紧缩通货。反之则通过两个政策的配合扩张通货,从而使流通中的货币与商品流通达到平衡,稳定物价,推动经济健康持续发展。

第四节　现金管理

一、什么是现金管理

什么叫做现金管理？现金管理就是国家银行根据国家的方针政策和有关规定，管理、监督各单位的现金收入、支出和库存。它是我们国家组织领导经济、管理经济的一项重要的财经制度。按照1988年9月12月中华人民共和国国务院令第12号关于《现金管理暂行条例》和中国人民银行1988年9月23日银行(1988)288号文关于《现金管理暂行条例实施细则》规定：凡在银行和其他金融机构开立账户的机关、团体、部队、企业、事业单位和其他单位，都必须依照暂行条例和实施细则的规定收支、使用现金，接受开户银行的监督。中国人民银行总行为现金管理的主管部门。各级人民银行必须严格履行金融主管机关的职能，负责对开户银行的现金管理进行监督和稽核。

开户银行负责现金管理的具体执行，对开户单位的现金收支和使用行使现金管理权，进行监督管理。

二、国家实行现金管理的意义

现金是货币供应量的重要组成部分，是最活跃的一个货币供应层次，同消费需求有着十分密切的联系，直接影响到零售物价指数，因此，控制现金投放总量，抑制通货膨胀，促进经济稳定发展具有重要意义。

(一)有利于有计划地组织货币的投放和回笼，为现代化建设创造条件

我国有计划地发展国民经济，要求银行自觉地运用货币流通规律，有计划地组织和调节市场货币流通。实行现金管理，国有企业，事业单位和集体经济组织的一切现金收支集中于银行，使银行成为全国的现金出纳中心，这就为银行根据国民经济发展需要调节货币流通提供了可能性。银行通过现金管理，严格控制现金投放，掌握各单位现金收付动向，有计划地组织货币回笼，自觉主动地使市场上的票子与商品可供量之间保持经常的平衡关系，维护金融物价基本稳定，必然有利于社会主义经济的发展。

(二)有利于扩大信贷资金来源，支持国民经济的发展

实行现金管理，全民所有制的国有企业、事业单位、机关团体和集体所有制经济组织的一切现金收入，都必须及时送存银行，这样，就把分散在社会主义经济中暂时闲置的大量资金，集中于银行，成为信贷资金来源的一个重要方面。银行把集中起来的资金通过贷款，支持国民经济各部门生产和商品流通扩大需要，从而有力地支持着各部门生产建设的发展。

(三)有利于维护国家的财政经济纪律，堵塞经济生活中的漏洞，保护国家财产安全

在我国现阶段，货币仍然起着一般等价物的作用，是物质财富的体现，各单位和居民个人，只要拥有货币就可以用来购买各种商品。在商品经济的条件下，一些单位和个人企图利用现金进行各种非法活动总是难以完全避免的。通过实行现金管理，银行能够从现金的收付活动中把好口子，堵塞各方面的漏洞，一经发现问题，也便于协同有关部门进一步调查追究，及时进行打击不法分子的犯罪活动，维护财经纪律，保护社会主义公有经济的安全。

三、现金管理的主要内容

根据国家有关现金管理的规定，现金管理的主要内容是：

（一）核定合理的库存现金限额

凡是实行现金管理的单位，都必须由银行核定一个合理的库存现金限额，以用于日常业务开支或工作中的零星需要。库存限额是指银行对实行现金管理的单位核定保留现金的最高额度。库存现金的限额原则上以开户单位3~5天的日常零星开支为限，离银行较远的边远地区和交通不便的开户单位的库存现金限额，可以适当放宽，但最多不得超过15天的日常零星开支需要。

对没有在银行单独开立账户的附属单位也要实行现金管理，必须保留的现金要核定限额，其限额应包括在开户单位的库存限额之内。

商业和服务行业的找零备用现金也要根据营业额核定定额，但不包括在开户单位的库存现金限额之内。

各开户单位的库存现金限额，由于生产或业务变化，需要增加或减少时，可向开户银行提出申请，经批准后再进行调整。

（二）明确规定现金使用范围

根据国家有关规定，各开户单位只能在下列范围内使用现金：

（1）职工工资，各种工资性津贴。

（2）个人劳务报酬，包括稿费和讲课费及其他专门工作报酬。

（3）支付给个人的各种奖金，包括根据国家规定颁发给个人的各种科学技术、文化艺术、体育等各种奖金。

（4）各种劳保、福利费用以及国家规定的对个人的其他现金支出。

（5）收购单位向个人收购农副产品和其他物资支付的价款。

（6）出差人员必须随身携带的差旅费。

（7）结算起点以下的零星支出。

（8）确定需要现金支付的其他支出。例如因采购地点不确定、交通不便，抢险救灾以及其他特殊情况，办理转账结算不够方便等，必须使用现金，开户单位应向开户银行提出书面申请，由本单位财会部门负责人签字盖章，经开户银行审查批准后，可以支付现金。

按照现行制度规定，结算起点金额为1 000元，结算起点的调整，由中国人民银行总行确定后，报国务院备案。

（三）规定单位现金收支办理的程度

（1）各开户单位收入的现金必须于当日送存开户银行。距离银行较远，交通不方便的单位，如果当天送存银行确有困难，可以根据具体情况，同开户银行协商，由开户银行确定送存时间。

（2）开户单位支付现金，可以从本单位库存现金限额中支付或者从开户银行提取，不得从本单位的现金收入中直接支付（即坐支）。如因特殊情况需要坐支现金，应事先报经开户银行审查批准，由开户银行核定坐支范围和限额。坐支单位必须在现金账上如实反映坐支金额，并定期向开户银行报送坐支金额和使用情况。

（3）开户单位根据《现金管理暂行条例》第五条和第六条的规定（即开户单位现金使用

范围和开户单位支付给个人的款项,超过使用现金限额的部分确需全额支付现金的),从开户银行提取现金,应当写明用途,由本单位财会部门负责人签字盖章,经开户银行审核批准后,予以支付。

(四)对个体工商户、农村承包经营户发放贷款和异地采购贷款的现金管理

(1)个体工商户、农村承包经营户的贷款,应当通过转账方式支付。对确实需要在集市使用现金购买物资的,由承贷人提出书面申请,经开户银行审查批准后,可以在贷款金额内支付现金。

(2)在银行开户的个体工商户、农村承包经营户异地采购的贷款,应当通过银行以转账方式进行结算。由于采购地点无法确定,交通不方便而必须携带现金的,由客户提出申请,开户银行根据需要,予以支付现金。

(3)未在银行开户的个体工商户、农村承包经营户异地采购所需货款,可以通过银行汇兑方式支付。凡加盖"现金"字样的结算凭证,汇入银行必须保证支付现金。

我国现行的现金管理条例,对单位的现金收支由于作出了上述的明确规定,这就能够充分发挥银行管理现金,组织货币投放和回笼的作用,有利于加强国家的现金监督,稳定市场货币流通。

【复习思考题】

1. 简述货币的价值尺度职能。
2. 什么是货币流通规律?
3. 什么是纸币流通规律?
4. 导致通货膨胀的主要因素有哪些?如何治理通货膨胀?

第十三章
中央银行

第一节 中央银行的发展概况

中央银行是银行制度发展过程中,以社会生产力的发展为基础,与商品货币市场经济发展相适应,从商业银行独立出来的一种特殊的金融机构。

一、中央银行的起源与建立

(一)中央银行的起源

中央银行起源于垄断货币发行的需要,并因其背景、实力和信誉,逐步演变形成现代意义的中央银行。

300多年前,货币是由商业银行发行的。商业银行发行的货币是一种信用货币,银行一旦倒闭,则其发行的货币就如同废纸,无法购买任何东西。在19世纪的美国,就有1 600多家银行竞相发行货币,有3万多种货币进入市场流通。这些货币良莠不齐,很多根本无法兑现,无形中劫掠了平民百姓的财富。混乱的货币秩序使人们意识到,需要由一家银行垄断货币的发行权。于是,许多国家纷纷通过法令,将发行货币的特权集中到本国的一家银行。如1844年英国通过的银行法,结束了英国279家银行都发行货币的局面,英格兰银行成为唯一的发行银行。早期的中央银行由此演变而成。

许多国家成立的中央银行同时承担了为政府筹资、代理政府理财的功能,由于政府背景和垄断货币发行的特权,使得其实力和信誉远远超过其他商业银行。因此,当有商业银行发生资金周转困难或者濒临倒闭时,中央银行就会拿出资金予以帮助,承担了"最后贷款人"角色。同时,为防范风险,保障商业银行稳健经营,中央银行又掌管了监督其他银行的职能,并利用各类工具调控国家经济。现代意义的中央银行由此演变形成。

(二)中央银行的建立

中央银行的形成有两种途径,一是由其他银行机构逐步演变而成,如英格兰银行;二是在成立之时就直接定位为中央银行,如美国联邦储备系统。虽然从演变过程难以准确界定商业银行转为中央银行的时间,但中央银行的成立高潮则集中在下面两个阶段:

第一阶段:从19世纪到第一次世界大战时期,中央银行随资本主义经济金融发展出现第一次成立高潮。1848年法兰西银行垄断了全法国的货币发行权,逐步向中央银行过渡;德国于1875年把原来的普鲁士银行改为国家银行,开始集中和垄断货币发行权;1913年美国联邦储备系统建立，形成中央银行制度。

第二阶段：第一次世界大战后，面对世界性的金融危机和严重通货膨胀，1920 年在布鲁塞尔召开的国际金融会议上，决定凡未建立中央银行的国家，应尽快设立中央银行，以共同维持国际货币体制和经济稳定。在国际压力推动下，各国中央银行普遍建立，形成又一次成立高潮。自布鲁塞尔会议后的十年中，世界各国新成立中央银行 31 家，如澳大利亚联邦银行、旧中国国民政府的中央银行等。一批经济较落后的国家在摆脱了宗主国或殖民者的统治获得独立后，也把中央银行的建立视为巩固民族独立和国家主权的标志，纷纷建立本国中央银行。

二、最具代表性的中央银行

（一）英国的中央银行

英格兰银行是英国的中央银行，是历史最悠久的中央银行。

英格兰银行成立于 1694 年 7 月 27 日，由伦敦城的 1 268 位商人合股出资组建。成立初衷主要是可以向政府提供贷款，筹措资金，满足庞大的战争开支需要。

英格兰银行最早只是一般性商业银行，与其他商业银行一样，主要办理发行货币、吸收存款、发放贷款业务。由于英格兰银行一开始就与政府维系着一种特殊而密切的关系，提供政府贷款，负责筹集与管理政府国债，并逐渐掌握了绝大多数政府部门的银行账户，因而其实力与声誉迅速超越其他银行。1837 年，英格兰银行不仅安然挺过当年的银行危机，还拿出大笔资金，帮助有困难的银行渡过难关，开始充当“最后贷款人”角色。1844 年，英国议会通过《银行特许法》，让英格兰银行在发行货币方面享有许多特权，英格兰银行逐渐退出一般性商业银行业务，专注于货币发行，并开始承担英国金融市场稳定和监督其他商业银行的职能。1928 年，英国议会通过《通货与钞票法》，使英格兰银行垄断了在英格兰和威尔士地区的货币发行权。1946 年，英国议会通过《英格兰银行法》，赋予其更为广泛的权力，使其可以按照法律对商业银行进行监督和管理（后此项职能移交 1997 年 10 月成立的金融服务局），英格兰银行终于名正言顺地成为英国的中央银行。

英格兰银行的最高权力机构是董事会。英格兰银行在 1946 年被国有化，政府成为银行的最大股东。现在，银行的董事们均由政府提名、女王任命。董事会每周、每月举行例会，讨论并制定相关的重大战略和政策。日常事务主要由执行董事负责。

英格兰银行的发展历程，就是中央银行发展历史的真实写照。

（二）美国的中央银行

美国联邦储备体系（简称美联储）是美国的中央银行。美联储与传统中央银行不同，具有鲜明的美国式制衡特色。

美联储诞生之前，1791 年的第一合众国银行、1816 年的第二合众国银行都曾经尝试过履行中央银行职能，但由于其不受洲特许银行的欢迎，加之美国人对中央集权的强烈恐惧，在 20 年特许期过后，随即寿终正寝。其后的 70 多年里，美国没有中央银行，先后爆发过 6 次全国性银行危机，迫切需要建立一家中央银行，充当最后的贷款人，稳定金融市场，恢复公众信心。20 世纪初，美联储终于产生。

美联储的制衡思想，主要体现在其机构设置、职位安排、成员任期及人事任免等方面。美联储包括联邦储备委员会、联邦公开市场委员会和 12 家地区性的联邦储备银行。联邦储备委员会是美联储的最高机构，负责制定货币政策，发挥中央银行的职能。联邦公开市场委员会具体负责制定货币政策中的利率目标。12 家联邦储备银行持有美联储的资产，银行的股份掌握在各自会员银行手中。

美联储与传统的、单一的集权制中央银行的不同之处，主要体现在它没有垄断货币发行的权力，而是授权 12 家联邦储备银行发行美元纸币。

美联储的建立与发展，对美国乃至全球经济有着重要的影响力。

（三）欧元区的中央银行

欧洲中央银行是欧元区的中央银行，是世界上独一无二的大型跨国中央银行。

在欧洲中央银行成立之前，欧元区的成员国都有各自的中央银行，发行各自的货币，制定各自的货币政策。第二次世界大战后，为防止战争悲剧重演，为欧洲再度崛起，欧洲各国走上联合自强道路。1991 年 12 月，《欧洲联盟条约》获得通过，政治家们为“大欧洲”描绘了美好的未来：一个经济货币联盟，一个统一的大市场，一个要在政治、经济、军事和外交上“用一个声音说话”的巨型实体。条约为未来欧洲货币联盟作了创造性规划：货币联盟内只有一家中央银行，一种单一的能与美元、日元相抗衡的欧洲货币。

1998 年 7 月 1 日，欧洲中央银行在德国法兰克福正式成立，成为世界上第一个管理超国家货币的中央银行，垄断着欧元现钞的发行。2002 年 1 月，欧元纸币正式在欧元区成员国流通。截至 2012 年，欧元区已经拥有 18 个成员国，包括德国、法国、意大利、荷兰、比利时、卢森堡、爱尔兰、希腊、西班牙、葡萄牙、奥地利和芬兰等。

欧洲中央银行的组织机构包括管理委员会、执行董事会和扩大委员会。管理委员会负责制定货币政策，由执行董事会和 18 个欧元国的中央银行行长组成。执行董事会只有 6 名成员，包括行长和副行长在内，负责维持日常工作。扩大委员会则由欧洲中央银行的正副行长及欧盟所有成员国的中央银行行长组成，负责保持联盟内欧元国与非欧元国的接触。

欧洲中央银行超然于欧元区成员国之上，坚定不移地奉行“保持价格稳定”的货币政策目标。短短几年，欧元已经成为可以与美元比肩的国际货币，欧元国成功抵御住了各种政治经济冲击，实现经济稳定增长，欧洲中央银行在欧元区内发挥着巨大影响力。

三、中国的中央银行

（一）旧中国的中央银行

旧中国中央银行的产生和运行具有三大特点：一是数家中央银行并存，共同执行中央银行职责；二是任何一家中央银行都没有而且也不可能全面执行中央银行职责；三是中央银行的主要任务是发行钞票、支持财政、支持战争。

1. 户部银行

甲午战争以后，清政府为整理币制，推行纸币，解决当时财政困难，于 1905 年在北京成立官商合办的户部银行。清政府授予户部铸造货币、代理国库，发行纸币统一币值的特权，使户部银行具有中央银行的性质，成为我国最早的中央银行。1908 年，户部银行改名为大清银行。

2. 中国银行和交通银行

辛亥革命后，在大清银行的基础上，改组成立中国银行。中国银行的资本为官商合股，它除经营一般银行的存款和放款外，主要代理国库，经理公债，发行钞票，铸造银币。由清政府邮传部于 1908 年设立的交通银行，在 1913 年取得了货币发行权，1914 年开始代理金库，兑付公债本息和代收税款。中国银行和交通银行成为当时为北洋政府提供财政支柱的两个中央银行。

3. 国民党政府的中央银行

1927 年蒋介石在南京成立国民政府。为了官僚买办军事独裁政权的需要，1928 年颁布了《中央银行章程》，成立国民党政府中央银行。该行额定资本 2 000 万元，全部为政府资本。授予该行经理国库和发行钞票的特权，并在全国各地设立分支机构，行使中央银行职责。1935 年颁布《中央银行法》，进一步明确规定中央银行为国家银行，享有发行纸币、铸币、代理国库的特权。1942 年又规定取消中国银行、交通银行、中国农业银行的货币发行权，由中央银行集中办理法币发行；各银行上交存款准备金，一律转存中央银行；中央银行集中办理票据交换和再贴现。

4. 中共苏维埃共和国国家银行

1931 年中华苏维埃共和国临时中央政府在江西瑞金成立，1932 年成立中共苏维埃共和国国家银行。国家银行除经营一般银行业务外，由政府授予发行钞票的特权，同时代理国库，代理发行公债及还本付息。从土地革命、抗日战争，一直到中华人民共和国诞生前夕，人民政权被分割成彼此不能连接的区域。各根据地建立了相对独立、分散管理的根据地银行，并各自发行在本根据地内流通的货币。

（二）新中国的中央银行

中国人民银行是中华人民共和国的中央银行。中国人民银行成立至今，在体制、职能、地位、作用等方面，都发生了巨大而深刻的变革。

1. 初创时期的国家银行体系（1948—1952 年）

1948 年 12 月 1 日，中国人民银行在河北省石家庄市宣布成立。以华北银行为基础，合并北海银行、西北农民银行组建的中国人民银行，发行的人民币在华北、华东、西北三区统一流通，所有公私款项收付及一切交易，均以人民币为本位货币。1949 年 2 月，中国人民银行由石家庄市迁入北平。1949 年 9 月，中国人民政治协商会议通过《中华人民共和国中央人民政府组织法》，把中国人民银行纳入政务院的直属单位系列，接受财政经济委员会指导，与财政部保持密切联系，赋予其国家银行职能，承担发行国家货币、经理国家金库、管理国家金融、稳定金融市场、支持经济恢复和国家重建的任务。

国民经济恢复时期，中国人民银行在中央人民政府领导下，着手建立统一的国家银行体系。1952 年国民经济恢复时期终结时，一是建立了全国垂直领导的国家银行组织机构体系；二是建立了独立统一的货币体系，人民币成为境内流通的本位币；三是对各类金融机构实行了统一管理；四是充分运用货币发行和货币政策，实行现金管理，开展"收存款、建金库、灵活调拨"，运用折实储蓄和存放款利率等手段调控市场货币供求；五是按照"公私兼顾、劳资两利、城乡互助、内外交流"政策，配合工商业调整，灵活调度资金，支持国营经济快速成长，适度增加对私营经济和个体经济贷款，便利城乡物资交流，为人民币币值稳定和国民经济的恢复与发展做出了重大贡献。

2. 高度集中的国家银行体制（1953—1978 年）

计划经济体制时期，中国人民银行作为国家金融管理和货币发行的机构，既是管理金融的国家机关，又是全面经营银行业务的国家银行。自上而下的人民银行体制，成为国家吸收、动员、集中和分配信贷资金的基本手段。

1953 年建立的集中统一的综合信贷计划管理体制，实行的“统存统贷”管理办法，使得中国人民银行总行统一掌握了全国信贷资金。银行信贷计划纳入国家经济计划，成为国家管理经济的重要手段，为大规模经济建设提供全面的金融监督和服务。直到 1978 年，基本保持着长期资金归财政、短期资金归银行，无偿资金归财政、有偿资金归银行，定额资金归财政、超定额资金归银行的体制格局。

3. 初具形态的中央银行体制(1979—1992 年)

1979 年后，出现了金融机构多元化和金融业务多样化的局面，包括恢复中国农业银行，加强对农村经济的扶植；改革中国银行体制，使之成为国家指定的外汇专业银行，同时设立国家外汇管理局；恢复国内保险业务，重建中国人民保险公司；各地相继组建信托投资公司和城市信用合作社。

1984 年 1 月 1 日起，国务院决定中国人民银行成为国务院领导下统一管理全国金融的国家机关。中国人民银行不再办理针对个人和企业的金融业务，而是专门负责稳定人民币币值和管理金融的机构，专门行使中央银行职能。人民银行过去承担的工商信贷和储蓄业务由新设的中国工商银行专业经营，人民银行分支行的业务实行垂直领导，设立中国人民银行理事会作为协调决策机构，建立存款准备金制度和中央银行对专业银行的贷款制度。中国人民银行在改进计划调控手段基础上，逐步运用利率、存款准备金率、中央银行贷款等手段，控制信贷和货币供给，以求达到“宏观管住、微观搞活、稳中求活”的效果，在制止信贷膨胀、经济过热、促进经济结构调整过程中，初步培育了运用货币政策调节经济的能力。

4. 逐步完善的现代中央银行制度(1993 年至今)

1993 年，按照国务院《关于金融体制改革的决定》，中国人民银行进一步强化金融调控、金融监管和金融服务职责，划转政策性业务和商业银行业务。

1995 年 3 月 18 日，全国人民代表大会通过《中华人民共和国中国人民银行法》(以下简称《中国人民银行法》)，首次以国家立法形式确立了中国人民银行作为中央银行的地位，标志着中央银行体制走向了法制化、规范化的轨道，是中央银行制度建设的重要里程碑。1998 年，按照中央金融工作会议部署，改革人民银行管理体制，撤销省级分行，设立跨省区分行，同时成立人民银行系统党委，对党的关系实行垂直领导，干部垂直管理。

2003 年 12 月 27 日，第十届全国人民代表大会常务委员会审议通过的《中国人民银行法(修正案)》，将中国人民银行对银行、金融资产管理公司、信托投资公司及其他存款类金融机构的监管职能中分离出来，转交给新成立的中国银行业监督管理委员会。中国人民银行成为国务院领导下制定和执行货币政策、维护金融稳定、提供金融服务的宏观调控部门。职能调整后的中国人民银行，强化了与制定和执行货币政策有关的职能，转换了实施对金融业宏观调控和防范与化解系统性金融风险的方式，增加了反洗钱和管理信贷征信业两项职能。中国人民银行在宏观调控中的作用更加重要。

第二节 中央银行的职责定位

中央银行的发展过程说明,中央银行是商业银行与国家政权相结合的产物。在初创时期,中央银行主要是为政府解决财政困难和抑制通货膨胀的权力机构;在现代社会,中央银行已发展成为代表国家管理金融的特殊银行。

一、中央银行的特殊职责

(一)发行的银行

发行的银行是指中央银行垄断货币的发行权。中央银行独家控制货币发行权,是区别于商业银行和其他金融机构的显著特征。

中央银行垄断货币发行权,第一,有利于通货形式的统一,避免货币流通混乱,保证经济金融稳定;第二,有利于根据经济发展的客观需要,制定和执行货币政策,合理调节市场流通中货币的数量,保持币值稳定。

(二)国家的银行

国家的银行是指中央银行代表国家从事金融活动,为政府提供服务。中央银行与政府其他部门之间存在一种相互分离、相互制约、相互配合、相互作用的关系,在各自职能范围内,为国家提供服务。

中央银行作为国家银行的基本职责表现为:

(1)经理国库,替政府办理国家预算收入的缴纳、划分和留用,办理预算收支的拨付及其他有关国库的事务。

(2)为政府融通资金,解决政府财政临时需要的资金。如:直接向政府提供贷款,直接购买政府公债、向财政透支、协助推销政府公债。

(3)代替政府处理金融事务。包括为财政办理国家公债的发行及还本付息;替政府管理黄金和外汇储备;代替国家对储备资产加以有效地运用。

(4)代表政府参加各种国际金融组织及活动。

(5)为政府进行经济金融决策提供必要的资料、数据和方案,充当政府的金融政策顾问。

(三)银行的银行

银行的银行是指中央银行作为商业银行及其他金融机构的最后贷款人,向银行提供服务。中央银行通常情况下不直接面对工商企业和个人,只与商业银行和其他金融机构保持业务往来关系。

其基本职责表现为:

1. 集中保管银行存款准备金

中央银行保持全国银行存款准备金,最初目的是维护商业银行的清偿力。现代中央银行保持存款准备金,则是调控社会货币量,保障商业银行稳定运行的一个最有力的手段。

2. 全国金融机构资金清算中心

各金融机构在中央银行存款并开立活期存款账户,它们彼此交换票据产生的资金往来差额，可通过在中央银行的活期存款账户进行清算，以缩短清算时间，减少清算费用，加速资金周转，同时，有利于中央银行通过清算系统了解各金融机构的资金运行情况。

3. 充当银行业的最后贷款人

当发生金融危机，或者商业银行和其他金融机构暂时出现资金周转困难时，中央银行向需要用钱的金融机构提供流动资金，以保护银行免于倒闭。商业银行一般通过再贴现和再抵押等形式从中央银行取得贷款。中央银行作为最后贷款人向商业银行融通资金，加强了整个信用体系的弹性和清偿力。

4. 主持外汇头寸调剂，谋求外汇收支平衡

中央银行为商业银行提供资金的融资便利，替商业银行办理外汇买卖业务，借以监督和维持国际收支平衡。

（四）监管的银行

监管的银行是指中央银行对商业银行和其他金融机构的业务活动进行监督和管理。目的在于促进与保证各类金融机构遵守法律，促进金融机构以及金融服务市场有序竞争、高效运行、安全稳定。

有些国家，中央银行还承担着监督管理商业银行的职能。2003 年后，中国人民银行监督管理银行业的职能，已移交中国银行业监督管理委员会承担。

二、中国人民银行的主要职责

中国人民银行为国务院组成部门，是中华人民共和国的中央银行，是在国务院领导下制定和执行货币政策，防范和化解金融风险，维护金融稳定，提供金融服务的宏观调控部门。中国人民银行全部资本由国家出资，属于国家所有。

中国人民银行的主要职责为：

（1）拟订金融业改革和发展战略规划，承担综合研究并协调解决金融运行中的重大问题、促进金融业协调健康发展的责任，参与评估重大金融并购活动对国家金融安全的影响并提出政策建议，促进金融业有序开放。

（2）起草有关法律和行政法规草案，完善有关金融机构运行规则，发布与履行职责有关的命令和规章。

（3）依法制定和执行货币政策；制定和实施宏观信贷指导政策。

（4）完善金融宏观调控体系，负责防范、化解系统性金融风险，维护国家金融稳定与安全。

（5）负责制定和实施人民币汇率政策，不断完善汇率形成机制，维护国际收支平衡，实施外汇管理，负责对国际金融市场的跟踪监测和风险预警，监测和管理跨境资本流动，持有、管理和经营国家外汇储备和黄金储备。

（6）监督管理银行间同业拆借市场、银行间债券市场、银行间票据市场、银行间外汇市场和黄金市场及上述市场的有关衍生产品交易。

（7）负责会同金融监管部门制定金融控股公司的监管规则和交叉性金融业务的标准、规范，负责金融控股公司和交叉性金融工具的监测。

（8）承担最后贷款人的责任，负责对因化解金融风险而使用中央银行资金机构的行为进行检查监督。

(9)制定和组织实施金融业综合统计制度,负责数据汇总和宏观经济分析与预测,统一编制全国金融统计数据、报表,并按国家有关规定予以公布。

(10)组织制定金融业信息化发展规划,负责金融标准化的组织管理协调工作,指导金融业信息安全工作。

(11)发行人民币,管理人民币流通。

(12)制定全国支付体系发展规划,统筹协调全国支付体系建设,会同有关部门制定支付结算规则,负责全国支付、清算系统的正常运行。

(13)经理国库。

(14)承担全国反洗钱工作的组织协调和监督管理的责任,负责涉嫌洗钱及恐怖活动的资金监测。

(15)管理征信业,推动建立社会信用体系。

(16)从事与中国人民银行业务有关的国际金融活动。

(17)按照有关规定从事金融业务活动。

(18)承办国务院交办的其他事项。

中国人民银行的上述职责,表现出三个特点:

一是强化了与制定和执行货币政策有关的职能。包括:①大力提高制定和执行货币政策的水平,灵活运用利率、汇率等各种货币政策工具实施宏观调控;②加强对货币市场规则的研究和制定,对货币、外汇、黄金等金融市场的监督与监测,密切关注货币市场与房地产、证券、保险等市场之间的关联渠道、有关政策和风险控制措施,疏通货币政策传导机制。

二是转换了实施对金融业宏观调控和防范与化解系统性金融风险的方式。由过去主要通过对金融机构的设立审批、业务审批、高级管理人员任职资格审查和监管指导等直接调控方式,转变为:①对金融业的整体风险、金融控股公司以及交叉性金融工具的风险进行监测和评估,防范和化解系统性金融风险,维护国家经济金融安全;②综合研究制定金融业的有关改革发展规划和对外开放战略,按照我国加入 WTO 的承诺,促进银行、证券、保险三大行业的协调发展与开放,提高我国金融业的国际竞争力,维护国家利益;③加强与外汇管理相配套的政策的研究与制订工作,防范国际资本流动的冲击。

三是增加了反洗钱和管理信贷征信业两项职能。由人民银行组织协调全国的反洗钱工作,指导、部署金融业反洗钱工作,承担反洗钱的资金监测职责,并参与有关国际反洗钱合作。由人民银行管理信贷征信业,推动社会信用体系建设。

这些新特点,进一步强化了人民银行作为我国的中央银行,在实施金融宏观调控、保持币值稳定、促进经济可持续增长、防范化解系统性金融风险中的重要作用。

三、中国人民银行的组织形式

中国人民银行实行行长负责制,并设立货币政策委员会。中国人民银行的总行设在北京,负责履行中央银行的主要职责;上海总部承担中国人民银行的部分职责,并负责上海地区人民银行的有关业务;中国人民银行根据履行职责的需要设立分支机构,对分支机构实行统一领导和管理,分支机构根据中国人民银行的授权,维护本辖区的金融稳定,承办有关业务。中国人民银行还在东京、纽约、伦敦、法兰克福和悉尼等地设有代表处,负责研究国际金融问题,并与世界主要国家中央银行进行联系和协调。

中国人民银行的组织机构设置情况如图 13－1 所示：

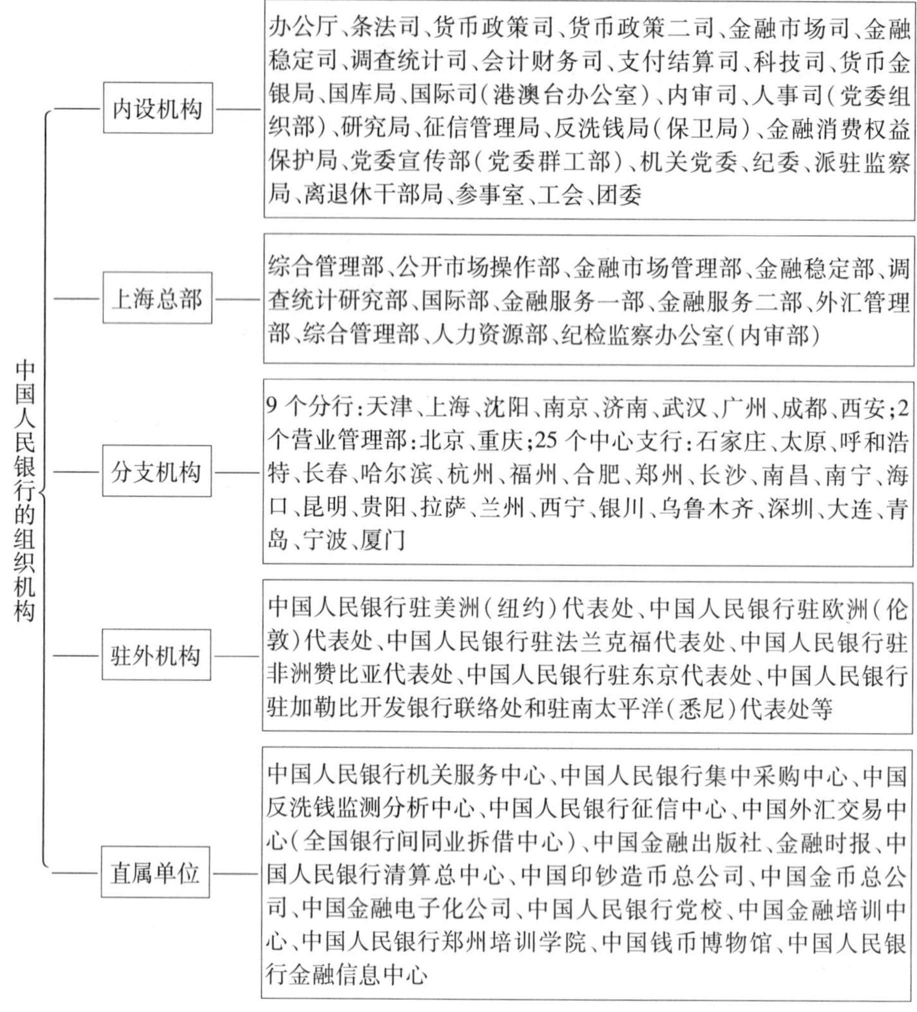

图 13－1　中国人民银行的组织机构设置图

第三节　中央银行的货币政策职能

货币政策是指中央银行为实现特定的经济目标而采取的一系列调节货币供应量的举措的总称。包括政策目标、政策工具、政策作用机制、政策中介目标和政策效果五大要素，其中，最基本最重要的是货币政策目标和工具的选择。

货币政策的主要任务，一是维持适度的货币供给，以防止因货币不足或过多出现经济萧条和经济过热，保持经济稳定发展；二是为国民经济稳定协调发展提供一个良好的货币金融环境。

一、货币政策的目标与工具

(一)货币政策的目标

通常,一个国家的宏观经济目标包括稳定物价、充分就业、经济增长、国际收支平衡四个方面。中央银行正是通过制定和执行货币政策,妥善处理经济发展与稳定通货的关系,实现国家的宏观经济目标。

1. 稳定物价

物价水平基本稳定是社会经济发展的前提。因为通货膨胀导致了投资资金分配的社会性低效率,引起社会成员收入和财富的重新分配,带来一系列不确定性和不安全性因素,从而导致人们对政府,以及一般社会条件的公平性和合理性丧失信心。中央银行可以实施货币政策,有效控制货币供给量,使一般物价水平在短期内或在相当长的时期内不发生显著的、急剧的波动。

2. 充分就业

充分就业是指社会劳动力的充分利用,或者说需要就业者均能找到适当的工作。充分就业并不意味着失业率等于零,而是指失业率维持在一个合理比率或一定限度内。中央银行通过货币政策调控,增加货币供给量,刺激总需求增加,促进企业扩大生产,从而创造更多的就业机会。

3. 经济增长

经济增长即是国民生产总值或国民收入的增长。影响经济增长的因素有投资储蓄增加,社会劳动力增加、资本产出比率提高等等。货币政策的主要作用,是为影响经济增长的资源合理配置创造一个良好的金融环境。

4. 国际收支平衡

国际收支平衡是指在一定时期内(通常为一年),一国居民(包括政府、个人、企业和非营利机构)与外国之间经济交易的全部货币收入和货币支出持平、略有顺差或逆差。中央银行通过货币政策的实施干预外汇市场,以便限制或平稳货币汇价波动,或者增加国际储备资产持有额。

货币政策各项目标之间的关系比较复杂,实际操作过程中,有的目标有时会互相排斥,难以兼顾。①充分就业与经济增长之间呈正相关关系,即经济增长,就业增加;经济下滑,则失业增加。②稳定物价与充分就业之间存在突出矛盾。澳大利亚经济学家菲利普斯研究了1861—1975年英国的失业率与物价关系,发现失业率与物价上涨率之间存在着一种此消彼长的关系,即在物价上涨率高的时候,失业率则较低;相反物价上涨率低时,失业率较高。③稳定物价与经济增长之间短期可能发生抵触。一些学者对许多国家近一百年来经济增长时期的物价资料的分析发现,凡在经济正常增长时期,物价水平都呈上升趋势,经济增长大多伴随着物价上涨。④经济增长与国际收支平衡之间存在矛盾。经济增长通常会增加对进口商品需求,造成商品进口增长快于出口增长,导致出现贸易逆差。

处理货币政策之间冲突的方法有两个:一是侧重于统筹兼顾,力求协调;二是侧重于权衡或选择,视经济环境的需要而突出重点。目前,大多数国家的中央银行都把维护币值稳定作为货币政策的主要目标,同时适当兼顾其他目标。因为只有实现了币值稳定,才可能为实现其他三个目标奠定基础。德国的中央银行几十年来一直致力于防止通货膨胀,把维护币值稳定作为唯一目标,重中之重。而美国的货币政策目标则出现过不同时期变换不同重点的情况。

(二)货币政策的工具

货币政策目标是通过货币政策工具的运用来实现的。货币政策工具通常划分为一般性货币政策工具、选择性货币政策工具、直接信用管制工具和间接信用管制工具四大类。

1. 一般性货币政策工具

一般性货币政策工具主要通过对货币总量的调节,影响整个宏观经济。通常所说的“三大法宝”即属此类,包括存款准备金政策、再贴现政策和公开市场业务政策。

(1)存款准备金政策。存款准备金是指金融机构为保证客户提取存款和资金清算需要而准备的资金;存款准备金率是指金融机构按规定向中央银行缴纳的存款准备金占其存款总额的比例。美国是世界上最早以法律形式规定商业银行向中央银行缴存存款准备金的国家。存款准备金制度的初始作用是保证存款的支付和清算,之后逐渐演变成为货币政策工具,而且是中央银行最基础、最重要的调控手段。中央银行通过调整存款准备金率,影响金融机构的信贷资金供应能力,从而间接调控货币供应量。

(2)再贴现政策。贴现是指持票人在票据到期之前,为获得现款而向银行贴付一定利息所作的票据转让。再贴现是指商业银行或其他金融机构以贴现所获得的未到期票据向中央银行所作的票据转让。中央银行通过制定或调整再贴现利率,干预和影响市场货币供求,从而调节市场货币供应。

(3)公开市场业务。指中央银行在公开金融市场上,与指定交易商进行有价证券和外汇交易,借以调节货币供应量,实现货币政策调控目标。是中央银行吞吐基础货币,调节市场流动性的主要政策工具。

2. 选择性货币政策工具

在传统的一般性货币政策以外,如果需要对某些特殊领域的信用进行调控,则可以运用到消费者信用控制、不动产信用控制和证券市场信用控制等选择性货币政策工具。

(1)消费者信用控制。指中央银行对不动产以外的各种耐用消费品的融资予以控制的行为。其主要内容包括:①规定用分期付款购买耐用消费品时第一次付款的最低金额;②规定用消费信贷购买商品的最长期限;③规定可用消费信贷购买消费品种类,对不同消费品规定不同信贷条件等。在消费信用膨胀和通货膨胀时期,中央银行通过提高第一次付款最低金额和缩短分期付款的期限,控制消费信用,抑制消费需求和物价上涨。

(2)不动产信用控制。指中央银行对金融机构房地产放款的限制措施,以抑制房地产投机。如对金融机构的房地产贷款规定最高限额,最长期限及首次付款和分期还款的最低金额等。

(3)证券市场信用控制。是中央银行对有关证券交易的各种贷款进行限制,目的在于抑制过度投机。如规定一定比例的证券保证金率,并随时根据证券市场的状况加以调整。

3. 直接信用控制

直接信用控制是从质和量两个方面,以行政命令或其他方式,直接对金融机构尤其是商业银行的信用活动进行控制。主要手段有利率最高限额、信用配额、规定流动性比率和直接干预等。

(1)利率最高限额。它指中央银行规定商业银行的定期及储蓄存款所能支付的最高利率。目的是为了防止银行用抬高利率的办法竞相吸收存款,或为谋取高利而进行风险存贷。控制利率最高限额既有利于银行的安全经营,又可以影响利率结构,还可通过利率结构的调整改变银行资金来源与投向,从而控制银行的放款能力。

(2)信用配额。它指中央银行根据金融市场状况及客观经济需要,分别对各个商业银行的信用规模加以分配,限制其最高数量。在大多数发展中国家,由于资金供给相对于需求严重不足,这种办法被广泛采用。

(3)规定流动性比率。流动性比率是指流动资产对存款的比重。一般说来,流动性比率与收益率成反比。为保持中央银行规定的流动比率,商业银行必须缩减长期放款,扩大短期放款和增加应付提现的资产。

(4)直接干预。它是指中央银行直接对商业银行的信贷业务、放款范围等加以干预。如对业务经营不当的商业银行拒绝再贴现或采取高于一般利率的惩罚性利率等。

4. 间接信用管制

间接信用管制是指中央银行通过道义劝告、窗口指导等办法,间接影响商业银行的信用创造。

(1)道义劝告。它即中央银行利用自己在金融体系中的特殊地位和威望,通过对商业银行劝告,影响其放款的数量和投向,达到控制和调节信用的目的。中央银行道义劝告不具有强制性,只是将货币政策的意向与金融状况向商业银行通报,并提出某种意见,说服它们予以实行。

(2)窗口指导。它即中央银行根据产业趋势、物价行情和金融市场动向,规定商业银行每季度贷款的增减额,并要求其执行。如果商业银行不按规定增减对产业部门的贷款,中央银行可削减向该银行贷款的额度,甚至采取停止提供信用等制裁措施。虽然窗口指导没有法律约束力,但对商业银行却具有很大的影响力。

(三)货币政策的传导

中央银行无论采取何种货币政策工具,都是通过对货币供应量的调控,借以实现既定的货币政策目标。

货币供应量主要包括流通中现金和银行存款(M0、M1、M2)。货币供应量的源头来自于中央银行发行的货币,即基础货币。中央银行通过一定渠道,如向商业银行发放贷款,购入社会公众或商业银行持有的国债或外汇,等等,将基础货币注入市场,向社会投放一定数量的现金。但是,由此形成的社会流通的货币,远不止这些现金,而是借助这些现金创造出来的更多的货币。

商业银行创造存款的简要过程是:中央银行向社会投放一定数量的现金(如 100 万元);商业银行吸收了居民 100 万元现金存款(称为原始存款),商业银行根据经验只需保留 10% 的现金应付提款(准备金),剩下的 90 万元贷给企业;企业又把钱继续存在银行(这种由于发放贷款而形成的新的存款,称为派生存款),银行又提取 10% 的准备金,剩余的 81 万元再一次贷放出去……如此循环往复,银行最终可以发放 900 万元贷款以赚取利息。这样,最初只有居民存入的 100 万元,最后变成了居民和企业的总存款 1 000 万元,商业银行的存款大大增加。因此,只要有现金,商业银行就总是可以进行存款创造。

商业银行创造存款的过程,就是货币供应量的形成过程。我们可以通过下面的流程图,了解货币供应与货币回笼的简要过程。(见图 13 - 2)

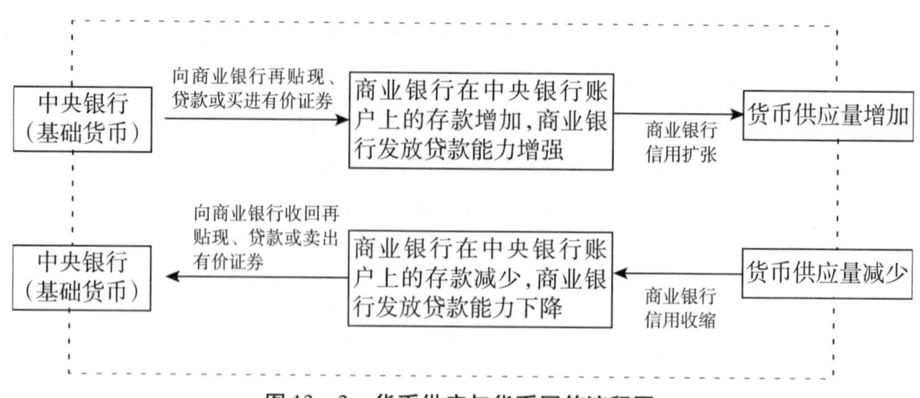

图 13－2　货币供应与货币回笼流程图

中央银行可以通过向商业银行买、卖国债等,实现基础货币的投放或回笼,可以通过法令形式规定商业银行必须向中央银行缴存存款准备金的比率(即法定存款准备金率),或者商业银行向中央银行再额外多交存的存款(即超额存款准备金),调节商业银行扩张信贷规模的能力,最终实现货币供应量的增减变化。

二、货币政策的三大法宝

(一)法宝之一:公开市场操作

中央银行运用公开市场操作调控货币供应量,是通过影响商业银行的准备金来实现的。

公开市场操作是通过中央银行与指定交易商进行有价证券和外汇交易,实现货币政策调控目标。基本方式是:中央银行若要增加货币供应量,便在市场上买进一定数量的有价证券。如果从商业银行购买国债,则商业银行手中的资金立即增加;如果从社会公众手中购买国债,则公众又会把收到的现金存入商业银行。当商业银行的基础货币增加后,经过商业银行的存款创造机制,货币供应量便成倍扩张。反过来,中央银行若要减少货币供应量,便在公开市场上卖出一定数量的有价证券,商业银行或者社会公众则要付给中央银行相应的现金,最终货币供应量成倍减少。

公开市场操作最早出现在美国,最初只是美联储用来创收的一种工具,而非货币政策工具。1913 年,美国建立的联邦储备体系由于得不到国会的拨款支持,只好通过向会员银行发放贴现贷款赚取利息。1920—1921 年间的经济衰退,使得贴现贷款数额急剧减少,美联储于是开始购买债券赚取利息。久而久之,美联储发现,当它从商业银行买进债券时,商业银行持有的准备金就增加了,经过存款创造机制作用,存款规模成倍扩张,货币供应量则随之增大。到 20 世纪 20 年代末,这一工具已经成为美联储的重要法宝。目前,它也是各个中央银行最常用的调节货币供应量的一个简单而有效的货币政策工具。

公开市场操作与其他货币政策工具相比,具有以下独特优点:①它能对货币供给量进行微调,而不像存款准备政策那样,对货币供给量及经济产生振动过大的影响;②根据货币政策的需要,中央银行可以主动出击,而不像再贴现政策那样处于被动地位;③中央银行可以根据金融市场情况的变化,灵活地运用,并进行经常性、连续性地操作,而不像其他两种政策那样,易引起公开告示的负效应。因此,公开市场业务被认为是一种最具有效力的法宝。

（二）法宝之二：再贴现政策

中央银行运用再贴现政策调控货币供应量，是通过影响商业银行的超额准备金及市场利率来实现的。

再贴现是中央银行对金融机构持有的未到期已贴现商业汇票予以贴现的行为。一般来说，再贴现政策包括两方面内容：①调整再贴现率，以此影响商业银行的超额准备金及市场利率，达到影响社会资金供求目的。当中央银行降低再贴现率时，商业银行发现从中央银行再贴现借款更有利可图，就会更多地申请再贴现。这样，中央银行的基础货币投放增加，货币供应量自然也会增加。而且，再贴现利率的降低，也会最终带动其他利率水平的下降，直到刺激投资和增长的作用。反之，则会实现相反的意图。②规定向中央银行申请再贴现的票据种类，以此调整商业银行及全社会的资金投向。前者主要着眼于短期，即中央银行根据市场的资金供求状况，随时调低或调高再贴现率（紧缩银根时调高再贴现率，放松银根时调低再贴现率），以影响商业银行借入资金的成本，刺激或抑制资金需求，从而调节货币供应量。后者着眼于长期，对要再贴现的票据种类和申请机构加以规定，如区别对待，可起抑制或扶持的作用，改变资金流向结构。

再贴现最初也不是一种货币政策工具，而是用于帮助商业银行周转资金的。渐渐地，再贴现变成中央银行的一大法宝。

再贴现政策效果体现在两个方面：①再贴现率的变动反映了中央银行的政策意向，有一种告示效应。如提高再贴现率，意味着告诉投资大众现在市场过热，政府有紧缩意向；反之，降低再贴现率则意味着有扩张意向；②通过影响商业银行的资金成本和超额准备金，来影响商业银行的融资决策。因此，再贴现政策相对于其他政策工具而言，调控的力度比较温和，不会对经济行为产生猛烈的冲击。

再贴现政策存在的主要缺陷是，中央银行对货币供应量的调控没有足够的主动权。因为商业银行是否愿意到中央银行申请再贴现，或再贴现多少，决定于商业银行的行为。如果商业银行可通过其他途径筹措资金而不依赖于再贴现，则中央银行就不能有效地控制货币供应量。

（三）法宝之三：存款准备金政策

中央银行运用存款准备金政策调控货币供应量，是通过影响商业银行的存款准备金率来实现的。

存款准备金是指金融机构为保证客户提取存款和资金清算需要而准备的资金，金融机构按规定向中央银行缴纳的存款准备金占其存款总额的比例就是存款准备金率。例如：法定存款准备金率为10%，则商业银行吸收100万元存款就应该留足10万元准备金，只能贷放其余90万元。

有了存款准备金，商业银行创造存款的能力就受到了限制。如果提高法定存款准备金率，商业银行就必须多向中央银行缴纳准备金，能够用于发放贷款的资金就减少了，创造派生存款的能力就变弱了，货币供应量因而会成倍地减少。反之，则会成倍增加。例如，存款准备金率为10%时，理论上商业银行可以把100万元现金放大10倍（10倍＝1÷10%），由此形成的货币供应量为1 000万元；而如果存款准备金率为5%，就可以放大为20倍（20倍＝1÷5%），形成2 000万元的货币供应量；相反，如果提高存款准备金率到20%，则仅能放大5倍（5倍＝1÷20%），此时形成的货币供应量被减至500万元。这一过程说明，法定存款准备金率的变动，将引起货币乘数的变动，造成社会货币供给量成倍地增减。世界上美国最早以法律形式规定商业银行向中央银行缴存存款准备金。存款准备金制度的初始作用是保证存款的支付和清算，之后逐渐演变成为货币政策工具，中央银行通过调整存款准备金率，影响金融机构的信贷资金供应能力，从而间接调控货币供应量。

法定存款准备率通常被认为是货币政策的最猛烈的工具之一。其政策效果表现为法定存款准备率通过货币乘数影响货币供给，故：①即使准备率调整的幅度很小，也会引起货币供应量的巨大波动；②即使准备率维持不变，它也很大程度上限制了商业银行体系创造派生存款能力。当然，存款准备金政策的调整力度，在实际运作中可能会因为商业银行持有较多的超额准备金而形成一定"缓冲"，即当中央银行提高法定存款准备金时，该商业银行可以将一部分超额准备金转为法定准备金，用不着减少发放贷款的资金规模，这就使得中央银行的调控效果大打折扣。

存款准备金政策存在的局限性，主要在于准备率调整的效果较为强烈，一般不适宜作为中央银行日常调控货币供给的工具。

三、中国人民银行的货币政策

（一）货币政策的目标

《中国人民银行法》明确规定，我国的"货币政策目标是保持货币币值的稳定，并以此促进经济增长"。

这一法律规定表明，国家要求中国人民银行的货币政策，必须将稳定币值作为首要目标，通过调节货币信用总量，为国民经济创造良好的货币金融环境，以此促进经济持续、快速、健康地发展。反对通货膨胀和反对通货紧缩将始终是我国经济政策的重要指导思想之一。

中国人民银行设立了货币政策委员会。货币政策委员会是中国人民银行制定货币政策的咨询议事机构。其主要职责，是在综合分析宏观经济形势的基础上，依据国家宏观调控目标，讨论货币政策的制定和调整、一定时期内的货币政策控制目标、货币政策工具的运用、有关货币政策的重要措施、货币政策与其他宏观经济政策的协调等涉及货币政策的重大事项，并提出建议。

中国人民银行从2001年第一季度起，按季在中国人民银行网站上，向社会公布《中国货币政策执行报告》，深入分析宏观经济金融形势，阐释货币政策操作，并披露下一步的货币政策取向。

（二）货币政策的工具

《中国人民银行法》规定，中国人民银行可以运用的货币政策工具主要包括：①要求银行业金融机构按照规定的比例交存存款准备金；②确定中央银行基准利率；③为在中国人民银行开立账户的银行业金融机构办理再贴现；④向商业银行提供贷款；⑤在公开市场上买卖国债、其他政府债券和金融债券及外汇；⑥国务院确定的其他货币政策工具。

1. 公开市场操作

我国公开市场操作包括人民币操作和外汇操作两部分。外汇公开市场操作1994年3月启动，人民币公开市场操作1998年5月26日恢复交易，规模逐步扩大。

中国人民银行从1998年开始建立公开市场业务一级交易商制度，交易对象是包括商业银行、保险公司、证券公司、基金公司等在内的、能够承担大额债券交易的数十家金融机构;交易工具包括国债、政策性金融债券等;交易品种主要有证券回购交易、现券交易和发行中央银行票据。

其中回购交易分为正回购和逆回购两种,正回购为人民银行向一级交易商卖出有价证券,并约定在未来特定日期买回有价证券的交易行为,正回购是央行从市场收回流动性的操作,正回购到期则是央行向市场投放流动性的操作;逆回购相反。现券交易分为现券买断和现券卖断两种,前者为央行直接从二级市场买入债券,一次性地投放基础货币;后者为央行直接卖出持有债券,一次性地回笼基础货币。中央银行票据即人民银行发行的短期债券,人民银行通过发行央行票据,可以回笼基础货币,央行票据到期则体现为投放基础货币。

自 1998 年中国人民银行取消对商业银行贷款限额控制,由直接货币政策调控转向间接货币政策调控以来,公开市场操作已成为中国人民银行货币政策日常操作的重要工具,对于调控货币供应量、调节商业银行流动性水平、引导货币市场利率走势发挥了积极作用。

2. 存款准备金

我国金融机构向中国人民银行缴纳的存款准备金,有人民币存款准备金和外汇存款准备金两种。人民币存款准备金实行差别存款准备金率制度,即各金融机构适用的存款准备金率需要与其资本充足率、资产质量状况等指标挂钩。金融机构资本充足率越低、不良贷款比率越高,适用的存款准备金率就越高;反之,金融机构资本充足率越高、不良贷款比率越低,适用的存款准备金率就越低。差别存款准备金率制度可以制约资本充足率不足、且资产质量不高的金融机构的贷款扩张。

自 1994 年我国建立存款准备金制度以来,存款准备金政策一直是中国人民银行信贷资金宏观调控的重要手段之一。中国人民银行定期根据银行体系流动性的动态变化,根据银监会统计的金融机构法人上年季度平均资本充足率和不良贷款比率等指标,对金融机构存款准备金率进行调整,保持货币政策的连续性和稳定性,提高货币政策的有效性,促进国民经济持续、协调、健康发展。

3. 中央银行贷款

中央银行贷款指中央银行对金融机构的贷款,简称再贷款,是中央银行调控基础货币的渠道之一。中央银行贷款以短期为主,可划分为信用贷款和质押贷款。信用贷款指以商业银行的信誉而对其发放的再贷款;质押贷款指以商业银行持有的有价证券作质押而对其发放的再贷款。可作为质押贷款权利凭证的有价证券,主要有国库券、中国人民银行融资券、中国人民银行特种存款凭证、金融债券和银行承兑汇票等。中国人民银行通过适时调整再贷款的总量及利率,吞吐基础货币,促进实现货币信贷总量调控目标,合理引导资金流向和信贷投向。自 1984 年人民银行专门行使中央银行职能以来,再贷款一直是我国中央银行的重要货币政策工具。近年来,适应金融宏观调控方式由直接调控转向间接调控,再贷款所占基础货币的比重逐步下降,结构和投向发生重要变化。新增再贷款主要用于促进信贷结构调整,引导扩大县域和“三农”信贷投放。

再贴现是金融机构为了取得资金,将未到期的已贴现商业汇票再以贴现方式,向中国人民银行转让票据的行为。再贴现也是一种短期融资方式,期限最长不超过四个月。中国人民银行根据金融宏观调控和结构调整的需要,适时制定、发布与调整再贴现总量及利率,明确再贴现票据选择,不定期公布再贴现优先支持的行业、企业和产品目录,调增或调减各授权窗口的再贴现限额,并对其操作效果实行量化考核,达到吞吐基础货币和实施金融宏观调控的目的,同时发挥调整信贷结构的功能。

中央银行贷款是我国最有效的调控手段之一,它既可以调节需求,又可以调节供给,可以在不干预金融机构经营活动的前提下,把货币政策的意图传导给金融机构,促使其按照货币政策目标开展经营活动,把宏观调控与微观搞活有机结合起来。

4. 利率政策

中国人民银行根据货币政策实施的需要,适时的运用利率工具,对利率水平和利率结构进行调整,进而影响社会资金供求状况,实现货币政策的既定目标。目前,中国人民银行采用的利率政策工具主要有调整中央银行基准利率、调整金融机构法定存贷款利率、制定金融机构存贷款利率的浮动范围、制定相关政策对各类利率结构和档次进行调整等。基准利率是中央银行对金融机构的存、贷款利率,包括再贷款利率、再贴现利率、存款准备金利率、超额存款准备金利率。基准利率水平的变动,对整个利率体系中各项利率的变化均具有引导作用,处于利率体系的核心地位,是中央银行利率政策最主要的部分。

中国人民银行在确定基准利率水平时,主要考虑四个宏观经济因素:①全社会资金供求。利率是资金的价格,它的升降变化调整,可以平衡市场上的资金供求关系。②企业利润水平。利息支出是企业成本的组成部分,贷款利率水平的高低,需要考虑企业的承受能力和盈利空间。③商业银行利润水平。存、贷款利差是商业银行的主要收益来源,中央银行的利率高低,会直接影响商业银行的盈利空间。④物价水平。中央银行可以通过提高或降低利率,来抑制通货膨胀,或帮助经济摆脱困境。

1996 年我国利率市场化改革正式启动并稳步推进。1996—1999 年,实现了银行间市场利率、国债和政策性金融债发行利率的市场化;1998 年再贴现利率成为中央银行一项独立的货币政策工具,服务于货币政策需要;1998—2004 年,多次扩大金融机构贷款利率浮动区间,扩大商业银行自主定价权,提高贷款利率市场化程度;1999 年尝试大额长期存款利率市场化;2000 年推进境内外币利率市场化。

近年来,中国人民银行加强了对利率工具的运用。利率调整逐年频繁,利率调控方式更为灵活,调控机制日趋完善。随着利率市场化改革的逐步推进,作为货币政策主要手段之一的利率政策将逐步从对利率的直接调控向间接调控转化。利率作为重要的经济杠杆,在国家宏观调控体系中将发挥更加重要的作用。

5. 汇率政策

我国实行以市场供求为基础、参考一篮子货币进行调节、有管理的浮动汇率制度。包括三个方面的内容:①以市场供求为基础的汇率浮动,发挥汇率的价格信号作用;②根据经常项目主要是贸易平衡状况动态调节汇率浮动幅度,发挥"有管理"的优势;③参考一篮子货币,即从一篮子货币的角度看汇率,不片面地关注人民币与某个单一货币的双边汇率。

新中国成立以来,人民币汇率由国家实行严格的管理和控制,汇率体制经历了单一浮动汇率制、单一固定汇率制、以"一篮子货币"计算的单一浮动汇率制、双重汇率制等时期。1994 年,人民币官方汇率与外汇调剂价格正式并轨,我国开始实行以市场供求为基础的、单一的、有管理的浮动汇率制。2005 年人民币汇率不再盯住单一美元,而是按照我国对外经济发展的实际情况,选择若干种主要货币,赋予相应的权重,组成一个货币篮子。同时,根据国内外经济金融形势，以市场供求为基础，参考一篮子货币计算人民币多边汇率指数的变化，对人民币汇率进行管理和调节，维护人民币汇率在合理均衡水平上的基本稳定。

2010 年，根据国内外经济金融形势和我国国际收支状况，中国人民银行决定在 2005 年汇改基础上进一步推进人民币汇率形成机制改革，增强人民币汇率弹性。其主要内容和特点是，人民币汇率不进行一次性重估调整，重在坚持以市场供求为基础，参考一篮子货币进行调节。继续按照已公布的外汇市场汇率浮动区间，对人民币汇率浮动进行动态管理和调节，保持人民币汇率在合理、均衡水平上的基本稳定，促进国际收支基本平衡，维护宏观经济和金融市场的稳定。

6. 信贷政策

信贷政策是中国人民银行根据国家宏观调控和产业政策要求，对金融机构信贷总量和投向实施引导、调控和监督，促使信贷投向不断优化，实现信贷资金优化配置并促进经济结构调整的重要手段。信贷政策是宏观经济政策的重要组成部分，制定和实施信贷政策是中国人民银行的重要职责。

1998 年以前，中国人民银行对各金融机构的信贷总量和信贷结构实施贷款规模管理，信贷政策主要通过人民银行向各金融机构分配贷款规模予以实现。信贷政策的贯彻实施依托于金融监管，带有明显的行政干预色彩。

目前的信贷政策大致包含四方面内容：①为控制货币信贷总量，采取相应的政策措施影响货币乘数和货币流动性。比如，规定汽车和住房消费信贷的首付款比例、证券质押贷款比例等。②配合国家产业政策，通过贷款贴息等多种手段，引导信贷资金向国家政策需要鼓励和扶持的地区及行业流动，以扶持这些地区和行业的经济发展。③限制性信贷政策。通过窗口指导或引导商业银行通过调整授信额度、调整信贷风险评级和风险溢价等方式，限制信贷资金向某些产业、行业及地区过度投放，体现扶优限劣原则。④制定信贷法律法规，引导、规范和促进金融创新，防范信贷风险。随着市场经济的不断发展，中国人民银行的信贷政策正在从过去主要依托行政干预逐步向市场化的调控方式转变。

（三）货币政策的效应

中央银行如何利用货币政策工具，适时、适度地调控经济，是实践中面临的两大难题，既有成功经验，也有失败教训。

20 世纪 80 年代初，我国实行“价格双轨制”，计划内生产的商品由计划定价，计划外生产的商品由市场定价。定价方式不同，带来套利机会，倒买倒卖现象严重。1988 年，政府提出“价格闯关”，拟一步到位地全面放开物价，实行价格并轨。结果，人们对涨价的预期，导致抢购商品，物价飞涨，最终演变成全国性抢购风潮，引发了严重的通货膨胀。对此，政府被迫搁置价格和工资改革，着力进行“治理整顿”，包括迅速停建缓建固定资产项目，压缩社会总需求，压缩财政开支，控制信贷规模，中国人民银行两次提高储蓄利率，开展保值、有奖储蓄等，回笼基础货币。到 1990 年，通货膨胀虽然得到控制，但政策过猛使得市场变得疲软不振，经济“硬着陆”。

20 世纪 90 年代初，中国的房地产市场火爆，开发区狂热，股票疯涨，期货热炒，社会上流通货币多，物价也随之上涨，又一次通货膨胀到来。这次吸取了经验教训，相关货币政策总体上发出适度紧缩的信号，一是控制基础货币供应，人民银行收回对商业银行的再贷款；二是强化信贷控制，分离商业银行的政策性、商业性业务，人民银行强化对固定资产投资贷款的监控,整顿金融秩序,制止违规拆借资金;三是提高存贷款利率,鼓励储蓄。1993—1996年,各项政策逐渐发挥作用,通货膨胀率成功遏制,经济增长回归合适水平,经济"软着落"。

20世纪末,亚洲金融危机爆发,世界经济走入衰退阴影,中国经济也深受通货紧缩困扰。物价持续下降,农产品过剩,国内需求不振,出口受阻,企业下岗人员增加。对此,一方面政府连续出台稳健的货币政策:人民银行通过再贷款、再贴现和购买外汇,适度增加基础货币;调低存款准备金率,增加商业银行资金来源;连续调低利率,减轻企业利息负担;支持个人消费信贷和住房信贷,扩大内需。另一方面,政府也同时出台积极的财政政策:连续发行巨额长期国债,发行充实商业银行资本金的特别国债,增加工资和退休金,鼓励消费,提高出口退税率,降低关税税率,鼓励投资。到2003年,中国经济摆脱通货紧缩阴影,开始新一轮快速增长。2005年,积极财政政策"功成身退",中国进入稳健的货币政策与稳健的财政政策并行时代。

21世纪以来,随着经济全球化的发展,货币政策和整个国际经济形势,以及金融危机的爆发和复苏的过程之间的联系越来越紧密。自2008年以来,美国的次贷危机引发国际金融危机,由于中国成功采取了一揽子经济刺激计划,中国经济在全球率先复苏,与此同时的副作用是物价指数上升。为了应对通胀压力,人民银行采用稳健的货币政策,根据形势变化适时适度进行预调微调。如灵活开展公开市场操作,下调存款准备金率,适当调整差别准备金,增加支农再贷款,加大对小微企业、"三农"和国家重点在建续建项目的信贷支持,加快利率市场化改革,继续完善人民币汇率形成机制,进一步扩大人民币跨境使用,继续稳步推进金融企业改革,在创新和规范中加快发展金融市场。中国经济发展呈现稳中有进的良好态势。消费需求稳定,固定资产投资较快增长。农业生产形势良好,工业生产缓中趋稳。物价涨幅总体回落,就业形势基本稳定,国际收支更趋平衡。

第四节　中央银行的金融稳定职能

金融稳定是指一个国家的整个金融体系不出现大的波动。由于金融稳定的基础是币值稳定,因此,中央银行承担着维护金融稳定的重要职责。

中央银行稳定金融的主要任务,一是建立一套完整的稳定金融的制度体系;二是科学合理地操控各种货币政策工具,保障币值稳定;三是充当商业银行的"最后贷款人";四是维持支付清算体系的正常运转。

一、金融稳定的主要内容

(一)金融稳定的框架

中央银行建立金融稳定的框架体系,目的在于对金融业实施宏观调控,防范与化解系统性金融风险。

金融稳定的框架可以用图13－3简单说明:

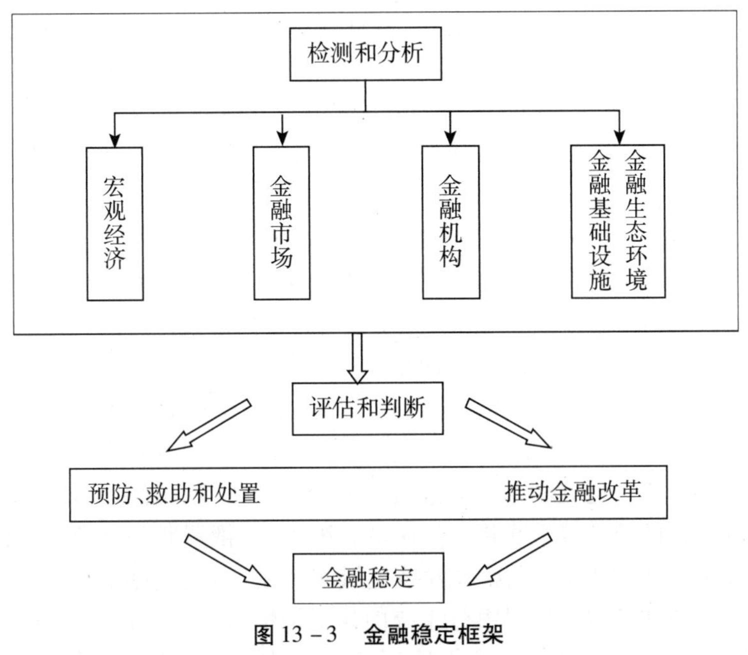

图 13－3　金融稳定框架

中央银行需要密切注视宏观经济、金融市场、金融机构等各方面的发展动向，利用各种统计数据，研究分析现实状况，识别判断金融风险，及时发现问题，采取有效的针对性措施，堵住漏洞，消除隐患。

（二）金融稳定的维护

1. 中央银行维护金融稳定，最重要的是防患于未然

（1）定期认真地检测和分析与经济、金融稳定运行相关的各类问题。包括宏观经济环境对金融稳定的影响，金融部门的会计和审计制度，银行业、证券业、保险业的稳健性和脆弱性，支付结算体系的运行和风险管理，金融市场包括货币市场、银行间债券市场、黄金市场、外汇市场、房地产与汽车金融等的稳定状况，金融系统的流动性安排、安全网的建设，金融机构的公司治理状况，跨部门、跨市场金融风险的分析与防范，财政政策和社会保障体系与金融稳定的相互作用，等等。

（2）对金融体系的稳健性以及蕴含的风险做出全面、客观的评估，提出相应政策措施建议，防范和化解系统性金融风险。

2. 中央银行维护金融稳定，最直接的表现是处理金融危机

金融危机是指一个国家面临整体金融市场遭受巨大损失的状况。金融危机具有很强的传染性。在危机爆发初期，可能仅仅是局部出现问题，如一两家银行发生支付困难，几只股票价格下跌，情况并不严重。但一段时间后，局部问题愈演愈烈，迅速扩大成全局性危机。如美国 20 世纪 30 年代的股灾、1997 年的亚洲金融危机和 2008 年的国际金融危机。

发生危机时，需要中央银行和其他相关部门共同挽救在困境中挣扎的金融体系，让社会公众重新恢复对金融体系的信心。如 1987 年 10 月 19 日，“黑色星期一”，纽约股市遭遇大崩溃。次日，美联储声明，要给经济金融体系提供流动性支持，承诺向任何处于困境中的金融机构提供贷款帮助。这一言论使得市场恐慌情绪渐渐散去，美国经济和金融体系最终逃过一劫。2001 年 9 月 11 日，纽约世界贸易中心被夷为平地，美国股市被迫关闭 4 天，美

国经济走向衰退,美国人信心被严重打击。在此危机发生时,美联储积极行动起来:9 月 12 日,通过回购协议向市场注入大笔资金,通过再贴现将货币直接注入银行体系;与此同时,劝说商业银行向出现临时性流动性问题的借款人发放专项贷款,并声称美联储将随时准备提供必要的帮助。9 月 17 日,股市重新开盘前,联邦公开市场委员会将联邦基金利率下调 0.5 个百分点。这些政策立竿见影,金融体系恢复正常运转,最终没有出现全国性危机。

3. 中央银行维护金融稳定,需要有存款保险体系的制度保障

存款保险制度是指银行向保险公司投保,缴纳保费,保险公司为每个储户提供一定存款限额的保险。一旦被保险的银行破产,则由保险公司向该银行的储户提供保险限额以内的损失补偿。

20 世纪 30 年代的经济大萧条,美国约有 9 000 家银行相继破产,百姓损失近 14 亿美元存款。为挽救公众对美国银行体系的信心,美国建立了存款保险制度,1933 年建立联邦存款保险公司,1934 年又建立联邦储蓄信贷保险公司。现今,美国已有 9 900 多家银行、8 种存款账户、约 97% 的储户接受联邦存款保险。2004 年,俄罗斯一家商业银行遭遇挤兑并出现支付危机,其他很多银行也先后爆发挤兑风潮。正当人心惶惶之时,俄罗斯中央银行立即出台存款保险制度法案,使得银行系统内外恐慌情绪立即得到控制,俄罗斯有惊无险地渡过了席卷全国的挤兑危机。由此可见,存款保险制度对于维护银行体系的稳定,具有不可替代的作用。

二、中国的金融稳定状况

(一)金融稳定的职责内容

《中国人民银行法》明确规定,中国人民银行具有维护金融稳定的重要职责。

中国人民银行履行金融稳定职责的主要工作内容有:①研究银行、证券和保险业协调发展问题,会同有关部门综合研究金融业改革发展规划;②评估我国金融系统风险,研究实施防范和化解系统性金融风险的政策措施;③协调金融风险处置中财政工具和货币工具的选择;④实施对运用中央银行最终支付手段机构的检查,参与有关机构市场退出的清算或重组等工作;⑤负责金融控股公司和交叉性金融工具的监测;⑥承办涉及运用中央银行最终支付手段的金融业重组方案的论证和审查工作;⑦管理金融风险处置或金融重组中以中央银行最终支付手段所置换的资产;等等。

(二)中国金融稳定简况

2003 年 7 月,中国人民银行根据国务院的指示精神,牵头组织国家发改委、财政部、国家统计局、国务院研究室、银监会、证监会、保监会、国家外汇管理局等单位,成立跨部门小组,对中国进行了首次金融稳定自评估。金融稳定自评估借鉴目前国际上通行的国际货币基金组织评估框架,采用金融稳健指标、压力测试和遵守国际标准与准则情况评估等方法,并结合中国具体国情进行。目的是要对中国金融体系的稳健性以及蕴含的风险做出全面、客观地评估,提出相应政策措施建议,防范和化解系统性金融风险,维护中国金融稳定和金融安全,为经济改革与发展创造良好的金融环境。2005 年,中国人民银行首次发布《中国金融稳定报告》,对中国金融体系的稳定状况进行了全面评估。此后中国人民银行每年均在其官网上对外发布报告全文。

2009 年 8 月,我国正式启动由国际货币基金组织和世界银行对中国进行的首次“金融

部门评估规划”(FSAP)评估。这是中国金融体系首次接受国际组织进行的独立评估,实际上是从国际视角对我国金融体系和制度框架进行了一次全面的稳健性“体检”,是我国金融稳定自评估的重要补充。主要评估报告的英文版于 2011 年 11 月和 2012 年 4 月分两批次在国际货币基金组织和世界银行网站全文公布。评估报告向世界展示了国际货币基金组织和世界银行对我国金融改革、发展和维护金融稳定成就的认可,提高了我国金融体系的透明度,加深了世界对我国金融部门的了解,有利于为我国经济金融发展创造良好的内外部环境,该报告提出的许多建议对我国完善金融体系、促进金融发展具有重要参考价值。中国今后将每五年开展一次 FSAP 更新评估,并在每次 FSAP 评估结束两年后就建议落实情况接受金融稳定理事会(FSB)的“国家同行评估”。

2012 年 7 月中国人民银行发布的《中国金融稳定报告(2012)》,对 2011 年我国金融体系的稳定状况进行了全面评估。报告认为,面对复杂多变的国内外经济金融形势,2011 年我国经济保持平稳较快发展,金融业改革持续深化,整体抗风险能力进一步提升,金融市场运行平稳,政府、企事业单位财务状况良好,金融基础设施建设稳步推进,金融体系总体稳健。

第五节 中央银行的金融服务职能

中央银行不仅是一个制定和实施货币政策、维护金融稳定的国家机关,而且还要为全社会提供金融服务。

一、金融服务的重要意义

(一)金融服务是全社会服务体系的重要组成部分

金融是现代经济的核心。随着现代经济金融的不断发展,金融服务的作用日趋重要,不仅深刻地影响着经济、社会的发展,而且直接影响着广大人民群众的日常生产生活。例如,商业承兑汇票的推广使用,将极大缓解企业流动资金短缺问题;现代化支付体系的建设,将极大便利企业和个人的资金支付,如小额支付系统的定期借记业务,可以使老百姓只需一张银行卡或一个银行账户就缴纳各种公用事业费,解决重复开户等问题;征信体系的建设,将从根本上改善社会信用状况,为企业和个人融资创造良好的环境。

(二)金融服务是中央银行的重要职责

中央银行的金融服务不仅是直接向社会提供基础性服务,还要推动和规范全社会金融服务工作的开展。中国人民银行近年来相继上线运行的大额实时支付系统、小额批量支付系统、企业和个人信用信息系统、账户管理系统、国库横向联网系统等等重要业务系统,为全社会金融服务的开展提供了支撑平台。通过地方政府、有关部门和各金融机构的信息共享、相互合作与配合、宣传示范,更多的企业和个人,特别是中小企业和弱势群体,都能享受现代化金融服务。

(三)金融服务需要不断深化与创新

经济、金融业的全球化发展,为中央银行提高金融服务的质量与效益提出了更高要求。为此,首先需要深化传统金融服务,包括传统服务的升级、业务系统的推广应用、制度流程的再造、人员岗位的整合等。其次需要创新金融服务,充分运用科技力量与成果、引入现代管理思想和产品设计理念，不断推出符合市场需求的低成本、高质量的新产品和新业务，注重吸收和采纳现代金融服务的相关准则，推进金融服务的标准化和现代化，规范金融服务市场行为，为社会提供更丰富、更便捷、更安全、更高效的金融服务。

(四)金融服务需要全社会的支持与配合

金融服务直接面向政府、企业和普通百姓，涉及千家万户。提高社会公众的金融知识水平，引导企事业单位和个人了解金融政策，积极使用金融服务及其创新产品，可以促使金融服务水平的提升进入良性循环。

二、金融服务的主要内容

(一)发行货币

各国都赋予了中央银行独家货币发行的权力。中央银行首先要负责组织本国货币的版面设计、印制防伪技术的使用；其后需要通过一定程序，将印制出来的货币投入市场流通；当货币经过不断使用变得残缺时，中央银行最终将收回残币予以销毁。

《中国人民银行法》规定，人民币是我国的法定货币，由中国人民银行统一印制、发行。中国人民银行要根据国民经济发展的需要，确定人民币的适度发行量，并通过公开市场业务，再贷款等渠道，将人民币注入生产和流通领域。为保证人民币的正常流通，中国人民银行要组织人民币的印制、发行基金调拨、投放与回笼。同时，还要通过行政、经济和法制手段，调节流通中人民币的券别品种，兑换残损人民币，管理人民币出入境以及防伪反假等。

为了加强对人民币的管理，维护人民币的信誉，稳定金融秩序，根据《中华人民共和国中国人民银行法》，2000 年制定了《中华人民共和国人民币管理条例》。

(二)经理国库

国库即国家金库的简称，是政府财政资金的聚散地，是办理财政资金收纳、存放和支付的专门机构。国家财政的一切收入应按规定全部缴入国库，任何机构不得截留、坐支和自行保管，国库负有督促检查国库经收处和征收机关所收款项全部缴入国库、保证国库资金收支及时足额和存放安全的义务。

国库资金的充实与否，体现着一个国家实力的强弱。世界各国政府大多把国库业务交由中央银行办理，所以，中央银行又被称为政府的银行。

我国法律规定，中国人民银行经理国库，具体有办理国家预算收入的收纳、划分和留解，办理国家预算支出的拨付，向上级国库和同级财政机关反映预算收支执行情况，协助财政、税务机关督促企业和其他有经济收入的单位及时向国家缴纳应缴款项，对于屡催不缴的应依照税法协助扣收入库，组织管理和检查指导下级国库的工作等基本职责。

国库机构按照国家财政管理体制设立，原则上一级财政设立一级国库，分别有总库、省级分库、地市级中心支库、县级支库和乡镇国库等五级，共 6 000 多个。各级国库认真履行经理国库职责，夯实国库会计核算基础，推进国库制度建设和国库信息化建设，发挥国库监督管理职能，改善国库统计分析质量，规范国库现金管理和国债管理工作，加强国库队伍建设，提升国库服务预算执行、服务领导决策、服务宏观调控、服务地方经济发展的能力。

(三)支付清算

中央银行一般都要主持全国金融业的清算事宜，执行清算银行职能，是一国票据清算和资金汇划的中心。中央银行的资金清算业务大致可分三类：集中票据交换、集中清算交换差额、办理异地资金转移。

《中国人民银行法》规定,中国人民银行有维护支付、清算系统正常运行的职责。中国人民银行不断根据经济发展新趋势,明确支付体系发展的方向和重点,加强支付清算系统运行管理实现安全稳定运行,组织开展支付结算执法检查,打击票据、银行卡、网络支付相关违法犯罪行为,开展消费者教育和风险提示,维护消费者权益,并推动非金融支付服务市场规范化发展。

中国人民银行的现代化支付系统大体架构如图 13－4 所示:

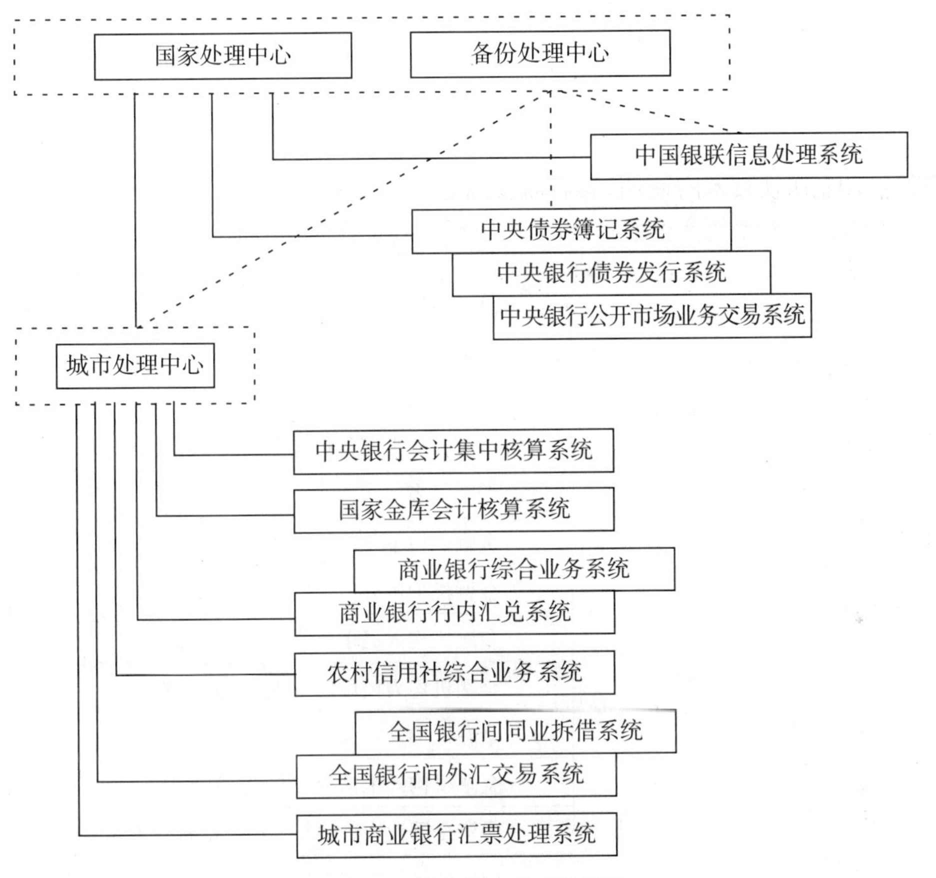

图 13－4　现代化支付系统架构

(四)调查统计

中央银行制定货币政策,要以金融统计数据作为依据。中央银行通过对成千上万个微观主体的经济活动分门别类地整理、记录、统计和汇总,通过对这些数据的变化、相互之间关联性的分析,判断当前的经济运行状况,并对未来较短时期内经济走势做出一个相对明确的预期,从而及时发现问题,及时采取针对性措施。

我国已经建立了一套完善的金融统计质量保障机制,中国人民银行为汇总各类金融机构报送数据,专门建立了通行的统计制度,统一科目,统一数据指标,规范数据源,制定编码规则。在计算机的帮助下,各类数据被分门别类、井然有序地加工处理,最后统计出可靠的、准确的金融数据。

中国人民银行还经常性地开展多项统计调查,作为中央银行判断经济形势,制定金融宏观政策的重要依据。这些制度性统计调查项目主要有:①企业景气调查。对象为5 000户工业企业,涉及27个行业,包括月度企业财务状况调查和季度企业问卷调查。②储户问卷调查。对象为全国50个大中城市约20 000名储户,内容涉及对未来收入和物价的预期,当前及未来的消费、储蓄及投资意愿等。③银行家问卷调查。对象为全国各类银行机构负责人,为季度问卷调查。④企业商品价格调查。对象为在国内生产并且在国内销售的物资商品,反映批发物价水平的月度变动情况。

认识全国金融形势常用的金融统计数据大致有五类:①各层次货币供应量余额及增减情况;②金融机构存款与贷款余额及其变化情况;③各种利率水平及变化情况;④国家黄金和外汇储备情况;⑤企业商品价格指数。目前,从中国人民银行网站上,对金融形势的统计数据如表13-1所示:

表13-1

社会融资规模统计类型	社会融资规模统计
货币统计概览	货币当局资产负债表
	货币供应量
	存款性公司概览
	其他存款性公司资产负债表
	黄金和外汇储备报表
	汇率报表
金融机构信贷收支统计	金融机构本外币信贷收支表
	金融机构本外币信贷收支表(按部门)*
	金融机构人民币信贷收支表
	金融机构人民币信贷收支表(按部门)*
	金融机构外汇信贷收支表
	金融机构外汇信贷收支表(按部门)
	中资全国性大型银行人民币信贷收支表
	中资全国性四家大型银行人民币信贷收支表
	中资全国性中小型银行人民币信贷收支表
金融市场统计	全国股票交易统计表
	交易所政府债券交易月度统计表
	全国银行间同业拆借市场交易期限分类统计表
	全国银行间市场债券回购交易期限分类统计表
企业商品价格(CGPI)指数	企业商品价格指数
景气调查指数	企业家信心指数与企业景气指数表*
	银行家信心与银行业景气指数表*
	城镇储户收入与物价扩散指数表

（五）反洗钱

洗钱是指利用某些渠道，将非法所得变成合法收入的代名词。据估计，全球每年有上万亿美元的黑钱被“洗白”。黑钱往往来自于军火毒品交易、敲诈勒索、走私、腐败等非法活动。为逃避相关部门的追查，洗钱者采用各种“障眼法”，或就地开设歌舞厅、夜总会等娱乐场所，或通过众多商业公司来回运作，或跨越国界全球游动，将非法所得合法化。这些被“洗白”的资金，反过来进一步助长暴力、贩毒、恐怖等违法活动，扰乱破坏正常的经济金融秩序，甚至引发严重的社会问题。

反洗钱是与洗钱相对立的活动。由于洗钱实质上是资金的转移过程，需要借助金融机构的金融活动才能完成，因此，预防和控制洗钱的重任主要由金融机构承担。

反洗钱行动主要有核实和记录客户的真实身份，保存客户身份资料和交易记录，报告大额交易和可疑交易等。通过这些行动，一是可以从源头上杜绝用匿名、假名进行洗钱，二是可以方便有关部门调查取证，三是可以为反洗钱提供线索。

20 世纪 90 年代初，我国就有了以打击毒品犯罪为核心的刑事立法；1997 年修改《中华人民共和国刑法》时，专门规定了洗钱罪；2003 年修改《中国人民银行法》，又赋予中国人民银行“指导、部署金融业反洗钱工作，负责反洗钱的资金监测”的职责；2005 年我国成为国际反洗钱组织金融行动特别工作组的观察员；2006 年 10 月《反洗钱法》出台，随后中国人民银行制定了《金融机构反洗钱规定》、《金融机构大额交易和可疑交易报告管理办法》；2007 年人民银行研究制定了《中国人民银行反洗钱调查实施细则（试行）》、《金融机构报告涉嫌恐怖融资的可疑交易管理办法》、《反洗钱现场检查管理办法（试行）》和《金融机构客户身份识别和客户身份资料及交易记录保存管理办法》，维护金融秩序；2011 年第十一届全国人民代表大会常务委员会第二十三次会议通过《全国人大常委会关于加强反恐怖工作有关问题的决定》，国家反对一切形式的恐怖主义，坚决依法取缔恐怖活动组织，严密防范、严厉惩治恐怖活动；2012 年为加强对支付机构反洗钱和反恐怖融资工作的监督管理，制定了《支付机构反洗钱和反恐怖融资管理办法》。

中国的反洗钱刑事立法与国际反洗钱立法的发展基本同步，中国人民银行在国内反洗钱工作的深化发展、国际反洗钱的合作开展方面，发挥着巨大作用，有效维护了正常的经济金融秩序。

（六）征信管理

有效、可靠的社会信用体系是现代市场经济的重要基础制度之一。而信用体系的建设又是一项复杂的社会工程，必须以道德为支撑、产权为基础、法律为保障，需要处理好企业的商业秘密和个人的隐私权问题。一个完善的国家信用管理体系，应当有一个公共信息和征信数据开放的社会环境，有良好的全民信用教育和信用意识，有完善的管理信用立法和失信约束惩罚机制，有发达的商业化、社会化信用管理服务中介机构，以及发达的市场化征信业。

征信业务，是指对企业、事业单位等组织的信用信息和个人的信用信息进行采集、整理、保存、加工，并向信息使用者提供的活动。中国人民银行征信系统包括企业信用信息基础数据库和个人信用信息基础数据库。企业信用信息基础数据库始于 1997 年，在 2006 年 7 月实现全国联网查询。个人信用信息基础数据库建设最早始于 1999 年，2005 年 8 月完成与全国所有商业银行和部分有条件的农信社的联网运行，2006 年 1 月，个人信用信息基础数据库正式运行。

央行征信系统的主要使用者是金融机构，其通过专线与商业银行等金融机构总部相连，并通过商业银行的内联网系统将终端延伸到商业银行分支机构信贷人员的业务柜台。目前，征信系统的信息来源主要也是商业银行等金融机构，收录的信息包括企业和个人的基本信息，在金融机构的借款、担保等信贷信息，以及企业主要财务指标。

国务院征信业监督管理部门及其派出机构依照法律、行政法规和国务院的规定，履行对征信业和金融信用信息基础数据库运行机构的监督管理职责，

为了规范征信活动，保护当事人合法权益，引导、促进征信业健康发展，推进社会信用体系建设，2013 年国务院公布了《征信业管理条例》。

【复习思考题】

1. 中央银行是怎样形成的？
2. 我国中央银行有哪些基本职责？
3. 试述我国货币政策的目标。

第十四章
商业银行

第一节　商业银行概述

商业银行是货币信用经济发展的高级形式。它是现代各国金融体系的主体，是以经营存款、放款为主要业务，以利润为主要目标的银行，也是唯一能吸收、创造和收缩存款货币的金融中介组织。因这类银行依靠吸收短期存款作为发放贷款的基本资金来源，这种短期资金来源只适应短期的商业性放款业务，故称“商业银行”。按照《中华人民共和国商业银行法》(2003 年)中的定义，“商业银行是指依照本法和《中华人民共和国公司法》设立的吸收公众存款、发放贷款、办理结算等业务的企业法人”。

一、商业银行的发展

随着商业经济深入发展，商业银行的业务经营已远远超过传统范围。资金来源方面不仅有短期性资金，而且有长期性资金；资金运用方面不仅有短期商业贷款，还有长期投资贷款、证券投资业务等，此外还发展了许多中间业务和服务业务。在这种情况下，“商业银行”这一称谓早已名不副实。只是由于习惯原因，人们沿用了这一名称。但有的国家也不直呼“商业银行”，如英国的“存款银行”、日本的“城市银行”、美国的“国民银行”，等等。中国目前一些城市性商业银行也改名为“×××市银行”而不再称为“×××市商业银行”。

(一)商业银行的性质

商业银行的性质可概括为：以追逐利润为目的，是以经营金融资产和负债为对象，综合性多功能的金融企业。这一性质具有以下特征：

1. 商业银行首先是一种企业

因为商业银行是以盈利为目的且具有法人资格的经济组织。它按公司法中规定的程序设立，具备从事业务经营所需要的自有资本，依法经营，照章纳税，自负盈亏。

2. 商业银行不同于一般的工商企业

商业银行处于分配环节，所经营的是具有一般使用价值的特殊商品，即货币和货币资本，以及与货币运动相关的金融服务。商业银行的经营活动，是工商企业顺利进行生产和经营活动的必要条件。

3. 商业银行不同于专业银行和其他金融机构

现代商业银行业务具有综合性和全面性。经营一切金融“零售”业务和“批发”业务，为顾客提供所有的金融服务,实际上已成为一个无所不包的“金融百货公司”。凡是银行有条件办理的业务,只要有利可图,它就可以办理。而专业银行只集中经营指定范围内的业务和提供专门性服务;其他金融机构,如储蓄存款协会、信托投资公司、人寿保险公司等,业务经营范围相对来说更为狭窄,业务方式更趋单一。

(二)国内商业银行的发展

随着中国经济金融的发展,中国的银行业也不断发展壮大,银行业务范围不断拓展,同时银行自身的体制改革也不断深化。突出表现为银行业股份制改革的兴起和商业银行的重组。早期专业银行转换经营机制,实行企业化经营和管理转化为商业银行是为了使专业化银行做到真正的企业化经营,将政策性业务与经营性业务区分开来。银行商业化改革后,一批股份制银行也相继建立起来,其业务范围扩展到全国。而城市商业银行的发展壮大也推动了银行业经营机制上的变化;同时,我国农村广泛存在的信用合作社和众多城市信用合作社,其业务范围不断拓展,并逐渐发展成商业银行。如上海农村商业银行、北京农村商业银行等。

同时,为解决资金不足,满足资本充足率要求,一些商业银行和股份制银行发行了金融债券,也有的商业银行和股份制银行还公开上市发行股票募集资金,如中国工商银行、中国银行、中国建设银行、中国交通银行等国有股份制银行公开上市,中国工商银行上市后其市值一度超过花旗集团成为全球第一大上市银行。与此同时,随着银行业向外资银行金融机构开放,一些外资银行参股国内的商业银行。国际化(甚至是全球化)已经成为全球大型银行的经营特征。

从国外商业银行发展来看,银行业走向混业经营是一个趋势。20 世纪 90 年代后,美国逐步放松对银行的监管,于 1999 年通过了《金融服务现代化法》,允许银行、证券、保险相互跨行业经营,从而放弃分业经营进入混业经营时代。目前中国的商业银行业务范围已经涉及各个金融领域,但在政策上还不能混业经营,仍实行“分业经营、分业管理”的专业化模式。

在金融全球化下,中国银行进一步国际化是我国金融业国际化发展的必由之路。观察当前国际上商业银行或金融机构的跨国经营,追随本国客户的跨国经营(包括贸易和投资)仍然是它们国际化经营的基本导向。相比较而言,我国商业银行的国际化程度还较低,并制约着其发展。在我国的商业银行中,中国银行的国际化程度最高,在世界近 30 个国家和地区拥有分支机构,但也主要集中港澳地区。与中国经济的国际化程度相比,银行的国际化程度难以满足发展的需要,我国对外贸易依存度在 70% 左右,中国企业对外直接投资增长迅速,而国内银行所能提供的海外服务远远不能适应企业的需要,特别是我国企业在一些发展中国家的直接投资,由于难以获得当地银行的信贷支持,从而阻碍它们的业务发展和成长。因此我国大型商业银行实现国际化经营不仅是我国经济发展的需要,对于其自身的发展更有着重大的意义,即有利于分散业务风险,稳定收益;又有利于提高管理能力和创新能力,融入国际一流金融机构行列。但必须看到,我国的大型商业银行与国际著名金融机构相比,在产品创新能力、风险管理能力、决策能力等方面都非常不足。特别是我国仍然实行分业经营、分业监管,金融创新环境不够理想,在国际化方面仍需要做出很多的努力和改革。

二、商业银行的职能

商业银行作为综合性、多功能的金融企业,有着如下特定职能:

(一)信用中介职能

所谓信用中介,是指商业银行通过吸收存款,把社会上闲置货币资本集中起来,再通过贷款把这些货币资本贷放给企业。银行是以资本的贷出者和借入者中间人的身份出现的,所行使的是信用中介的职能。银行从吸收资金的成本与发放贷款的利息收入,投资收益的差额中,获取利差收入,形成银行利润。信用中介是商业银行最基本、最能反映其经营活动特征的职能。它可以有效地协调储蓄与投资的关系,使社会现有资本得到充分利用,并且通过银行对货币资本的再分配还可调节经济结构,促进宏观经济的协调发展。

(二)支付中介职能

支付中介是指银行通过为各个企业开立账户,充当企业之间货币结算与货币收付的中间人。也就是说,银行通过存款在账户上的转移,代理客户支付;在存款的基础上,为客户兑付现款等,成为工商企业、团体和个人的货币保管者,出纳者和代付代理人。商业银行的支付中介职能的发挥,形成了以银行为中心,庞大的高效率支付网络,这对于加速资本周转,节省流通费用非常有益。

(三)信用创造职能

信用创造即是指银行对信用工具和信用数额的创造。商业银行一方面创造银行券和支票等信用流通工具(并不是创造资本),另一方面借助于支票流通和非现金结算制度,最后在整个银行体系,创造数倍于原始存款的派生存款,使银行可以超过自身资本和吸收的存款数额来扩大贷款规模。当然,商业银行不可能无限制地、凭空地创造信用,商业银行的信用创造功能是在信用中介和支付中介的职能基础之上产生的,它具有极为重要的经济意义。它形成的弹性信用制度,有利于中央银行实施宏观调节的货币政策,控制流通中的货币量,从而达到货币政策目标。

(四)金融服务职能

金融服务是指商业银行为企事业单位提供咨询服务、决策支援、代理服务、租赁、信托等业务。随着市场经济的发展,工商企业经营环境日益复杂,银行间业务竞争日益剧烈。商业银行利用其特殊地位,即联系面广、信息灵、电子计算机广泛应用等优势,为企业提供各种服务,同时,也使银行财源扩大,利润增加。

三、商业银行的国际化

商业银行的国际化是指一国银行所从事的金融活动超越了国界,由地区性的活动向全球一体化的世界市场演进的过程。其标志是以国际市场作为其业务活动范围,营销网络覆盖全球或世界主要地区,按照国际通行规则进行金融合作与竞争,在国际金融市场上直接或间接参与全球性金融服务。其主要的服务对象是进出口贸易公司及跨国公司,金融产品实现了高度的标准化和市场化,它是国际借贷资本运动的重要现形式和必然结果。

商业银行国际化的原因可以从各个角度分析并主要体现在三个方面:①古典经济学说的绝对优势理论和相对优势理论是进行银行国际化经营成因理论分析的基础。各种不同流派对银行国际化经营成因分析虽然侧重不同,但它们仍然是对绝对优势理论和相对优势理论的发展和延伸。②国际贸易和国际投资是银行国际化经营的前提。商业银行的国际化是与国际经济贸易一体化及区域经济的一体化发展起来的。一方面,随着经济国际化进程的加快,生产国际化和资本国际化进一步提高,国际之间的经济联系日益密切,各国对外依赖程度不断提高。经济国际化必然要求金融走向国际化;另一方面,在国际经济联系深化的同时,区域经济一体化的趋势也在不断得到加强,区域间的经济贸易也要求金融的区域化。③经营效益也是银行跨国经营出发点和归宿,追求利润的最大化是银行同企业类机构的共同特点,特别是银行服务的客户国际化程度的加深也要求为其服务的银行走向国际化。

银行的国际化包括业务国际化、机构国际化、管理的国际化、监督国际化等。业务的国际化是指为满足国际贸易支付和融资、国际资本和流动、国际旅游、国际劳务合作等方面的需要。机构的国际化是指银行不断地在海外设立分支机构,使银行成为以母国银行为控制源,多层次、多方位的分支银行经营机构所组成的跨国银行。管理的国际化是指银行参与全球银行业的竞争,必有用国际化的管理手段、管理方法、管理理念来管理国际化的银行。监管的国际化是指监管当局从监管目标、监管手段、内容等方面按照国际化的要求进行。

第二节　商业银行的业务

商业银行的业务是商业银行获取利润的源泉。商业银行业务主要有负债业务、资产业务、结算业务以及中间业务。

表 14－1　　商业银行资产负债表

资产	负债
现金	存款
存放中央银行款项	同业及金融机构存放款项
存放同业及金融机构款项	同业及金融机构拆入
拆放同业及金融机构款项	向中央银行借款
其他应收款	应计利息
贷款	其他应付款
应收利息	长期借款
买入返售证券	其他负债
投资	所有者权益
固定资产净值	实收资本
其他资产	公积金
	未分配利润

一、商业银行的经营业务

(一)负债业务

商业银行业务活动的基础是获得充裕的资金来源。商业银行全部资金来源包括自有资金和吸收的外来资金两部分(见表 14-1)。自有资金是指银行股东为赚取利润而投入银行的货币和保留在银行中的利润,它代表着对银行的所有权,或者说股东对银行资产的要求权,它只占银行营运资金的一小部分。从外面吸收来的资金即为商业银行负债,它决定着银行资金来源的规模和构成,是商业银行开办资产业务的前提和基础,是银行最基本的业务。银行的负债业务,从经济上可以划分为存款和借款两大类。

1. 存款业务

存款是商业银行主要的资金来源,也是主要的负债。银行业务经营的兴衰成败,吸收存款总额的多少是标志之一。世界上大多数国家银行存款的种类大致可分为活期存款、定期存款、储蓄存款三种类型。

(1)活期存款。活期存款是指可以由存户随时存取或转让的存款。这种存款,存户支用时需使用支票,因而亦称支票存款。活期存款是商业银行的重要资金来源,也是商业银行创造信用的重要条件。因为商业银行经营活期存款,①可以将活期存款中的稳定余额长期使用,而不需支付或只支付少量利息;②支票多用于转账,单位活期存款全部提现的可能性极小,因而银行可周转使用,通过乘数作用,创造派生存款;③有利于拓展与客户的信用关系,进一步加强合作。正是由于活期存款流动性较强,而且具有较强的派生能力,所以各国中央银行对商业银行吸收的活期存款一般都规定较高的存款准备率。但由于活期存款流动性较大,手续繁琐,风险较大,并需要提供许多相应服务,如存取、提现、转账等,所以成本较高。商业银行一般向客户收取少量的手续费,不支付或较少支付利息。

商业银行的活期存款基本上分为两类:一类是支票活期存款,另一类是近些年出现的新型活期存款。两类存款都具有交易账户的功能,它们的根本区别在于是否记息。支票活期存款不付利息,在 20 世纪 60 年代以前,这类存款一直是商业银行的主要资金来源。由于通货膨胀等原因,活期存款比重下降,迫使银行和其他金融机构不得不开辟新的存款业务吸收资金,于是出现了许多新型的活期存款,主要形式有可转让支付命令账户、电话转账制度与自动转账制度、超级可转让支付命令书账户、货币市场存款账户、协定账户,等等。

(2)定期存款。定期存款是指预先约定期限并取得较高利息的存款。定期存款最短的期限为 1 个月,长的可达 5~10 年。利率总是高于活期存款,并且期限越长利率越高。由于定期存款具有期限较长,存期稳定,流动性小的特点,成为了商业银行稳定的资金来源之一,对于商业银行的长期放款与投资具有重要意义。由于流动性较小,因而定期存款所要求的存款准备率也低于活期存款。

商业银行的定期存款主要有三种类型:①普通定期存款,这种存款(通常也采用存单形式)不能转让,存款到期前也不能支取。②大额可转让存单。这是银行吸收一笔大额的定期存款后向存款人开立的一种正式的收据或证明,注明金额、存款期限和规定利率,到期时,存款人或持票人可凭单向银行提取本息。存款不能提前支取,但可以流通转让。③新型定期存款。包括小储蓄者存款单、定活两便存款账户、市场利率连动型存款等。

(3)储蓄存款。储蓄存款是指个人积蓄货币存入银行以取得利息收入的存款。储蓄存款来自个人的货币收入,若经营不好会带来社会问题。西方国家对经营储蓄存款业务要求比较严格,一般只能由商业银行和储蓄银行来经营。

储蓄存款可分为活期和定期两种。活期储蓄,存取无一定期限,凭存折便可提现。存折不能流通转让,存户不能透支款项。定期储蓄,期限固定,凭存单提取,利率高于活期储蓄。定期储蓄存款又可分为零存整取、整存整取、整存零取、存本取息等几种形式。此外,近年来银行正在用一种不用存折的新型储蓄存款——清单储蓄存款,以吸引更多存户。

从某种意义上讲,商业银行的存在和发展是建立在吸收存款的基础上的,商业银行吸收存款,又会对整个社会扩大再生产提供雄厚的资金基础,因此,商业银行存款无论对宏观经济结构调节,还是对商业银行本身利润水平都具有重要意义。影响商业银行存款规模的变动因素可以分为宏观和微观两个方面:

从宏观因素看,包括:①社会经济发展水平与经济周期变动。一般来说,处在经济发达、货币信用关系深化的国家或地区的商业银行,较经济不发达、信用关系简单的国家或地区的商业银行容易扩大存款规模;经济高涨阶段较萧条阶段,商业银行存款更容易增加。②法律法规。一般说来,一个国家或地区的政府对商业银行在业务范围、机构设置、存款利率方面的限制较少,存款就容易增加;反之,限制较多,则不利于存款增加。③中央银行货币政策。中央银行利用公开市场业务,调整法定存款准备金率以及调整再贴现率这些基本的货币政策工具,都会使商业银行的信用扩张能力发生变化,从而使商业银行存款量发生相应变化。

从微观因素看,包括:①利率水平。对单个商业银行而言,提高存款利率能够增加商业银行对存款顾客的吸引力,从而扩大商业银行存款规模。但从整个商业银行体系来说,所有商业银行如果都通过对现有存款种类增加利息的方式来争夺存款,则会直接提高吸收资金的成本,很可能两败俱伤,并殃及银行业的稳定。②商业银行服务水平。改善服务质量,增加服务项目,是商业银行争取存款的重要手段。例如,在活期存款中,商业银行为存款者提供转账结算、咨询、代理等服务,以争取客户。③商业银行资产规模与信誉。一般而言,商业银行的经济实力和信誉与其规模大小皆成正比关系。商业银行规模大,抵御风险的能力就越强,客户存款因商业银行破产而遭受损失的可能性就越小,因而信誉度往往较高,这样,在其他条件相同的情况下,每个客户都情愿将其闲置货币存入那些经济实力雄厚、信誉卓著的商业银行。④贷款的便利程度。能否在需要的时候及时取得贷款,往往成为存户选择商业银行的一个重要条件。此外,商业银行与社会各界的业务交往关系和人事关系对商业银行吸收存款也有直接或间接影响。

2. 借入资金

银行借款负债亦称非存款负债,是商业银行主动地通过金融市场或直接向中央银行融通的资金。商业银行的生存有赖于按某种价格借入资金,然后以更高的价格把它们贷放出去。随着可供投资者选择的金融产品发展的多样化,商业银行单纯依靠吸收存款来增加资金来源已受到很大挑战,必须主动出击筹集资金。

(1)同业借款。同业借款是指商业银行之间利用资金融通过程中的时间差、空间差、行际差来调剂资金余缺的一种短期资金借贷行为。同业拆借主要是临时性调剂头寸,用于支持日常性资金周转。通常隔日偿还,至多一周左右,因而亦称“日拆”。拆借利率较低,融资对象、数额和时间都很灵活。在有些国家,商业银行同业拆借均通过各商业银行在中央银行的存款账户进行,即超额准备金的调剂,有超额准备金的金融机构可以把超额部分拆借给不足的金融机构以取得利息。同业借款一般在电话、传真或电子交易平台中交易,其利率往往被作为货币市场利率标志。同业拆借是一种利率与资金供求反应十分敏感的市场。此外,同业间还有抵押借款、转贴现借款等方式。

(2)向中央银行借款。向中央银行借款与再贴现是商业银行资金的重要来源。中央银行运用基础货币向商业银行提供多种方式融通资金,行使最后贷款者的职能。

商业银行向中央银行借款有两条途径:再贴现和再贷款。再贴现是商业银行把自己已经贴现但尚未到期的商业票据向中央银行贴现,从中央银行那里贴息取得现款。票据债权相应由商业银行转给中央银行,央行到期收取票据所载款项。在流行商业票据和贴现业务的国家,再贴现是商业银行向央行借款的主要途径。再贷款是在商业信用不普及国家,商业银行向中央银行借款的主要方式。它分为抵押贷款和信用贷款两种。信用贷款仅靠商业银行信用,无须特定的担保品作抵押;抵押贷款是商业银行将持有的各种证券和票据作抵押,或将企业交来的贷款抵押品再抵押给中央银行而取得的贷款。

向中央银行借款的商业银行负债要受很大限制,并非商业银行可以任意扩大或依赖的资金来源,因为中央银行常常将这种放款作为货币信用宏观调控的重要手段,其数额直接构成具有成倍派生能力的基础货币,其利率受央行调整,略高于同业拆借利率。中央银行借款只能被用于调剂头寸、补充储备不足和资产的应急调整,而不能用于放款和证券投资。

(3)债券回购融资。即商业银行通过持有的债券以回购形式进行融资,主要有质押式回购融资与买断式回购融资。前者为商业银行以自己账户中持有的债券作为质押融入资金,质押债券本身不办理过户,融入资金的数额及融入的利率水平由融出方与融入方根据市场质押式回购成交利率水平确定,质押式回购最长时间为 1 年,最短为 1 天,因此这是一种短期的资金融通行为。而买断式回购,是指债券持有人(正回购方)将债券卖给购买方(逆回购方)同时,交易双方约定在未来某一日期,正回购方再以约定价格从逆回购方买回相等数量同种债券的交易行为。也就是说,商业银行在卖出证券的同时,订有协议在某一日期按原来议定的价格重新买回这些证券。这实质上相当于商业银行获取的一种借款,因而它应作为商业银行的负债。目前债券质押式回购交易已成为商业银行最重要的获取短期资金的途径之一,并且质押式回购期限以 7 天和隔夜两个品种为主,因此这两个品种的成交利率反映了银行间短期借入资金的利率水平,而被作为金融市场基准利率之一,甚至一些银行也以 7 天回购利率的平均水平来确定其所发行的浮动利率债券的发行参考基准利率。近年来商业银行通过银行间债券市场以回购方式融入和融出资金成为银行流动性管理的重要方式。

(4)境外借款。又称欧洲美元市场借款。是指向海外国际货币市场筹借境外货币,其中包括直接向银行借入和通过某金融机构在当地发行境外货币债券。这主要是解决商业银行的外汇资金需要,一般为一年之内,甚至只有几天时间的短期负债,也有一部分是以债券或近似债券的存款方式吸收的长期负债,有的期限长达 20 年。在欧洲美元市场上提供资金的主要是跨国或多国银行,筹措资金通常不受严格检查和控制,灵活方便,数额较大;但利率较高,而且对币种的选择和委托协作机构的选择都需极其慎重,因为商业银行要承担汇率波动的风险。

(5)发行金融债券。金融债券是商业银行为筹集信贷资金而向投资者发行的一种债权债务凭证。商业银行可以发行普通金融债、次级金融债、混合资本债、面向中小企业贷款的金融债,等等,一般多为中长期,期限由5~20年不等。债券的发行要经主管部门批准,发行额度有一定的限制,如美国明确规定,银行发行债券的总额不得超过其全部资本额加上未分配盈余的一半之和。银行发行金融债券有较大的优越性:①不会像发行股票那样影响到银行的控制权;②由于利息税前列支,可以通过成本转嫁出去,发行债券所得资金不用缴纳存款准备金,也不用付存款保险费;③由于还债在股东分红之前,所以可以起到财务杠杆作用,调节股东收益。目前中国的工商银行、建设银行、中国银行等都发行了中长期金融债券。

除存款负债和借款负债之外,商业银行还有其他负债,包括结算过程中的短期资金占用和应付未付款。一般而言,其他负债所占比重不大,不超过10%。

(二)资产业务

资产业务是商业银行对资金运用,它形成了商业银行的主要收入来源。在商业银行的资产中,大部分可以带来收益,但也有一部分资产不能带来收益,却又是银行正常经营必需的,所以,要对银行资产进行统筹安排,以获取最大收益。从商业银行的资产负债表来看,其资产业务主要有现金、贷款、投资和固定资产四大类。

1. 现金资产

现金资产是商业银行资产中最富流动性的部分,这部分资产数额一般不大,基本上不给银行带来直接收入,却是银行正常经营所必需的,法律对其持有量有严格的规定。

现金资产包括库存现金、法定准备金、同业存款和托收未达款,等等。

(1)库存现金。库存现金是指商业银行金库中的现钞和硬币。其主要作用是应付客户提款和银行本身的日常开支。它的多寡同生产和流通的季节性波动、社会支付制度和结算制度、银行机构离市中心距离以及银行业务电子化自动化程度等因素有关。一个经营有方的银行家,总是想方设法尽量压缩其银行的库存现金量,以减少不必要的风险和费用,增加银行的收入。

(2)法定准备金。法定存款准备金是指商业银行将存款的一定比例交存中央银行。它最初是中央银行为保护存款人利益和银行安全而设立的。后来,中央银行通过规定存款准备金的内容和调整法定准备金比率,来改变商业银行可运用资金,从而达到调节信用规模的目的。商业银行必须按规定的比例向央行缴存的法定准备金,缴存的法定准备金有利息收益。

(3)存放同业的存款。它是指银行存放在代理行或有业务往来关系的其他银行的存款。这部分资金的占用,为的是维系同这些银行之间的业务往来关系,包括货币汇兑、兑换、借贷、委托代理等。

(4)托收未达款。即本行通过对方银行向外地付款单位或个人收取的票据。托收未达款在收妥前是一笔被占用的资金,收妥后成为同业存款,可视同现金。

2. 贷款

贷款是商业银行最重要的资产业务,是商业银行利润的主要来源,也是银行维持同客户良好关系的重要因素。贷款的规模和结构,对商业银行的安全性、流动性、盈利性,对银行经营成败具有关键性意义。同时,银行通过各种形式的贷款业务,体现国家的金融政策和产业政策,发挥货币的“第一推动力”和“持续推动力”的作用。

(1)贷款种类。商业银行的贷款可以按不同的标准设置若干种类,以便于客户选择,也有利于银行自身调查统计信贷资金的流向和分布,作出及时的分析判断,以保证贷款的安全。概括起来有以下类别:

按贷款的期限可划分为活期贷款、定期贷款和往来透支三类。活期贷款为事先不规定偿还期的贷款,这种贷款随时可能被银行要求归还,不过归还前一般由银行预先通知借款人。定期贷款的偿还期事先规定,不能中途更改。借款到期前,银行不得追索;借款到期后,借者就应归还,或重新要求部分延期或全部延期。往来透支是银行对于活期存款户鉴定特别契约,在约定的数量内,允许存款户超过其存款余额提取款项,并随时再用存款形式归还的一种贷款。按归还贷款的保障程度或有无抵押品可划分为信用贷款、保证贷款和抵押贷款三类。

信用贷款是仅凭借款人的信用,而无抵押品和保证人的贷款。这种贷款风险相对较大,所以,这种贷款总是以资信状况良好、经营活动稳定的企业为对象。

保证贷款是不用抵押品,但需有其他人作担保,并开具证书的贷款。实质上也是一种信用贷款。在贷款到期时,如果借款人不能偿还贷款本息,则由担保人承担偿还责任。保证贷款可使银行债权有借款人和担保人双重信用保障,以降低银行的贷款损失风险。

抵押贷款是借款人凭其抵押品从银行获得的放款。发放贷款时,银行要求借款人将某种物品的所有权在放款期间暂时转给银行。当将来放款到期,借款人不能偿还款项时,银行有权将担保物品在市场上出售,由此将放款资金收回。担保品必须是价格变动极小,有广大市场可随时变卖,易于保管而不致变质,无须专门知识即可予以鉴定的物品,主要有商品、有价证券、不动产、存单以及机器设备、厂房等。抵押贷款依据抵押物的不同可分为:票据抵押放款、商品抵押放款、不动产抵押放款和证券抵押放款等,其中以商品抵押放款为最多。

按贷款的用途可划分为资本贷款、商业贷款和消费贷款三类。

资本贷款是以生产为目的的贷款;商业贷款是对商品交易中临时性资金需求的贷款,一般为短期贷款;消费贷款是对消费者个人用于购买耐用消费品或支付其他费用的贷款。

(2)贷款价格。贷款是商业银行的主要盈利来源。贷款利润的高低与贷款价格成正比例关系,在贷款数量一定的情况下,贷款价格越高,贷款利润就越多;相反,价格定得低,赚取的利润就少。因此,银行有一种提高贷款价格的内在驱动力。银行对贷款的供给随贷款价格的提高而增加,但客户对贷款的需求却又随着贷款价格的上升而减少,在一定条件下贷款价格就是这两种趋势共同作用的结果。

贷款价格的内容包括:贷款利率、承诺费、手续费以及其他费用。其中,利率的确定十分重要,银行贷款利率水平在很大程度上取决于一些不能控制的力量,如资金供求,银行间竞争状况,中央银行政策及有关法令等,但银行在这些力量的决定范围内仍有一定活动空间。商业银行在确定贷款利率时,一般应考虑以下因素:

中央银行再贴现率。中央银行的贴现窗口是商业银行融通资金的一个渠道。再贴现率的高低直接影响到商业银行的贷款成本。

贷款期限。一般来说,期限越长,风险越大,银行要求的利率也越高。

存贷利差。商业银行以追求利润为最终目标,存贷利差在抵偿各种费用之后必须有一定的盈余。

贷款利率风险。商业银行应对金融市场利率的变化做出较为准确的预测，跟踪基准利率的变化趋势，以避免可能遭受的损失。如贷款利率通常与债券利率成反方向运动。在许多市场经济国家，通常以国债二级市场上短期国债到期收益率为基准利率。

管理贷款的成本。银行对一笔贷款从审查、发放到偿还这一过程中，要耗费人力、物力和财力，目的是使贷款能安全收回。如贷款利率定得较低，存贷利差弥补不了贷款管理成本，银行则将发生亏损。

此外，银行与借款人是否具有密切关系，也在某种程度上会影响利率高低。比如如果借款人银行的基本客户，在贷款利率上可能会享受一定优惠。

承诺费是银行对于贷款未动用部分向借款人收取的费用。手续费包括贷款发起费、抵押资产服务费、贷款服务费、贷款回收费，等等。

3. 投资

投资是商业银行购买有价证券（包括债券和股票）的经营活动。它是商业银行的一项重要的资产业务和收入的主要来源之一。目前我国商业银行持有的债券资产总规模占全部债券资产规模总量的60% ~70%，部分商业银行内部持有的债券总量占银行总资产的20% ~30%，有的商业银行持有量占总资产的比重更高。而债券资产的收益有的占银行总收益的40% ~50%。投资业务对商业银行资产负债结构、流动性管理、中间业务收入等产生了重要影响。

商业银行证券投资的对象主要包括国债、公司债和股票三类。在大多数国家，为保证存款人资金安全，避免金融危机，各国都有这样的规定：禁止国民银行投资于股票；投资证券必须是以公债、借据或公司信用债形式表示的具有市场效力的契约凭证。如美国在1933年的《银行法》、《格拉斯—斯特格尔法》中明确规定：禁止商业银行包销股票和债券，但却准许商业银行包销和买卖联邦政府债券、州和地方政府的一般债务证券。我国2003年新修订的《中华人民共和国商业银行法》规定：商业银行可以发行金融债券；代理发行、代理兑付、承销政府债券；买卖政府债券、金融债券。而在实际业务中，商业银行是我国银行间债券市场最大的债券持有主体，其债券持有的规模占全部债券存量的60% ~70%，但尚不能投资于股票。

商业银行证券投资的主要对象是信用可靠、风险较小、流动性较强的政府及其所属机构的证券，包括政府债券、中央银行发行的债券、政府机构债券、地方政府债券和公司债券等。国债投资是商业银行过去、现在和将来的理想而重要的投资选择。商业银行投资国债业务的主要原因有如下几方面原因：

（1）满足银行“三性”原则。国债等高信用等级的债券可以很好地满足银行资产运用的安全性、流动性、收益性管理的三原则。从安全性看，在各种债券中，国债的风险最小，且发行量最大，品种众多，银行可根据需要选择不同的品种，分散风险。国债在成为金融机构避险工具的同时，还衍生出避险的不同品种，如国债期货、期权、回购等。在发达国家，国债交易主要是在债券场外市场进行的，有统一的托管结算系统和有效的监控措施及发达的交易网络，价格变动平稳，因而国债高度流通且交易十分安全，能够满足银行的流动性需要。

从流动性看，国债有“准货币”之称，被列入广义的货币供给统计口径。就流动性和风险性而言，现金应当是银行最理想的资产，但现金具有不生息或低息的弱盈利性，收益为零并有可能为负值。在许多国家，由于国债市场规模的扩大和交投的活跃，国债已成为银行除现金储备(一级储备)之外最重要的二级储备,有的国家甚至将一年以内的国库券作为一级储备持有以尽可能满足商业银行对资产流动性的要求。因为当商业银行第一储备资产(现金等)不足时,随时可以通过质押式回购或买断式从回购市场融取资金资金,以应付客户临时性提存或满足客户临时性贷款的需要。从回购市场看,回购融资具有独特的便利性,融资的范围广,潜在的资金供给者多,资金需求较容易满足,回购的期限灵活,从1~365天均可以任意选择,而在回购质押期间债券的利息归债券持有人,而且国债回购业务的风险权重为0。商业银行可以用国债来代替以往的流动性,为未来非预期的支付做好准备,相应地减少现金持有量和需求量。这就意味着,商业银行资产负债管理本身就要求其持有国债二级储备资产。从收益来看,持有国债既可以获得利息收益,也可获得价差损益。尽管从国债的票面利率而言,国债投资的利息收益并不高,但如果国债免税的化,则考虑到免税后的利息收益,以及国债回购质押融资再购买债券资产的套利收益,国债的收益水平并不低。银行可根据流动性情况及未来资金利率变化情况在放出贷款与投资国债之间选择。商业银行的多余资金,短线部分可进入国债回购市场,长线部分可进入国债现货市场。当国债现货的收益率与回购利率之间存在较大差价时,还可进行国债现货、回购的套利操作。例如,先投入资金购买国债,然后用所购国债在回购市场融得资金,只要回购利率低于国债的收益率,那么这样的套利就可以实现。以这样的循环过程来最大限度地(往往是自有资金的几倍以上,享受国债现货收益率与回购利息率之间的差价,最大限度地掌握国债市场的盈利机会。

综合上述三方面,可以看出,在充分掌握风险的前提下,可以将现券买卖、债券回购、同业拆借、同业转存、银行承兑汇票贴现与转贴等综合运作,互动各货币子市场,科学量化内部流动性预测管理,平滑未来各时间段的资金余缺情,避免资金低成本闲置。国债的低风险性决定了银行投资的安全性;国债的收益性决定了银行投资的收益性;国债的变现性决定了银行的流动性。由于国债具有银行所要求的"三性"原则,在今天国债已成为商业银行仅次于现金的最重要的资产。

(2)调剂头寸和资产结构。商业银行在业务运营过程中,经常会遇到头寸不足或头寸盈余的情况。对头寸盈余银行而言,传统业务上只能在银行同业拆借市场以信用方式拆出或作为超额储备。而头寸不足的银行也只能在银行同业市场上进行信用拆借或向央行申请再贷款。持有国债以后,国债回购为银行之间资金拆借提供了更加安全灵活的途径,同时又较好地解决了商业银行之间资金运用存在的时间差、空间差、价格差的问题,并且可得到相当可观的回购收益。因为回购协议比其他负债更容易确定期限,且回购以国债作担保,无须缴存存款准备金,减少了借款成本。另外,购买国债资产,其风险权重为0,可以改变银行资产结构,提高资本充足率。

(3)适应央行公开市场业务需要。中央银行调节货币政策工具中最重要的公开市场业务,现今已被世界各国中央银行普遍采用。商业银行为了与中央银行进行资金融通,也必须持有大量国债。进入20世纪90年代以来,世界发达国家纷纷调低或取消法定准备金比率,而更多采用公开市场业务。我国目前也将公开市场业务作为中央银行调控基础货币的最重要的政策工具。

由于商业银行是中央银行操作货币政策的对象,这就意味着要配合中央银行公开市场业务操作,商业银行必须持有一定比例的国债、中央银行发行的债券等无信用风险的储备资产。只有当商业银行持有这些优质的债券资产时,中央银行与商业银行才可通过回购协议来进行大宗资金融出融入交易,从而十分有效地临时调节商业银行储备资产,影响商业银行的贷款和投资,达到稳定货币政策目标。从世界各国的情况来看,银行都是国债的主要持有人。商业银行在国债二级市场上所占份额,美国一般是 8% ~10%,日本为 25% 左右,德国为 40% 左右。很多发达国家的商业银行经常持有不低于总资产 25% 的流动资产,其中约有一半是国债。

此外,随着我国商业银行业务的拓展及现代商业银行体制的建立,商业银行自己发行金融债券,以满足自身资金需要,也将成为未来商业银行债务融资的方式。

(三)中间业务

中间业务又称为表外业务,是指商业银行在资产业务和负债业务的基础上,利用自身的信息、技术、资金和信誉等优势,以中间人和代理人的身份替客户办理收付、咨询与代理、担保与租赁及其他委托事项,提供各类金融服务并收取一定费用的经营活动。中间业务中银行扮演的只是中介或代理的角色,中间业务通常实行有偿服务。

根据中国人民银行《商业银行中间业务暂行规定》(2002 年)第三条,中间业务是指不构成商业银行表内资产、表内负债,形成银行非利息收入的业务。中间业务以其成本低、风险小、收益高的特点,成为现代商业银行的一大业务支柱。中间业务与资产业务、负债业务一起被称为现代商业银行业务的三大支柱,中间业务发展对商业银行现代化和金融现代化极为重要。国外银行中间业务的发展已有 160 年的历史,中间业务收入占比逐年提高。在现代商业银行业务中,中间业务收入占其总收入的比重平均达到 50% 左右,一些大银行如美国花旗银行竟高达 70% 以上。

中间业务的分类有不同的方式,有按收入来源分类,也有按中间业务的功能与性质划分,还有按中间业务的风险划分。中国人民银行在《关于落实〈商业银行中间业务暂行规定〉有关问题的通知》(2002)中,将国内商业银行中间业务按功能和性质分为九类:①支付结算类中间业务;②银行卡业务;③代理类中间业务;④担保类中间业务;⑤承诺类中间业务;⑥交易类中间业务;⑦基金托管业务;⑧咨询顾问类业务;⑨其他类中间业务。以下,介绍几种主要的中间业务。

1. 结算业务

结算是指对经济单位之间因商品交易、劳务、资金调拨以及其他款项往来产生的货币收付关系、债权债务进行清偿的行为。结算分为现金结算和转账结算两种,其中,转账结算已成为现代银行货币结算业务的主要形式。

商业银行结算业务的主要内容包括汇兑业务、信用证业务、托收结算、电子资金划拨系统等。

2. 代理业务

代理业务包括代收、代理融通和代客买卖等业务。代收业务是银行根据各种凭证以客户名义代替客户收款的业务。这些凭证包括票据、有价证券和商品凭证等。代理融通业务是银行代客户收取应收款项的同时,向其提供资金融通的一种业务方式。代客买卖是银行接受委托,代替客户买卖有价证券、贵金属和外汇的业务,代客买卖有价证券主要是指代理发行或购进股票、债券等,或代国家发行公债。

3. 信托业务

信托是指财产的所有者,为了自己或第三者达到一定的目的或利益,通过签订合同,将其指定的财产委托信托机构全权代为管理营运或处理。国际上办理信托业务的机构有信托公司、信托银行和商业银行设立的信托部。信托业务属于一种金融业务，它与银行信贷、保险一起，构成现代金融业的三大支柱。信托业务是一种具有信用委托性质的经济行为，带有一定的经济目的，其主要内容包括信托存款、信托贷款、信托投资、单位资金信托、公益金信托、劳保基金信托、财产信托（动产信托、不动产信托）、个人特约信托、遗嘱信托等等。《中华人民共和国商业银行法》（2003 年）第四十三条规定：商业银行在中华人民共和国境内不得从事信托投资和证券经营业务，不得向非自用不动产投资或者向非银行金融机构和企业投资，但国家另有规定的除外。

4. 租赁业务

租赁是指出租人按照协议将某项财产交付给承租人临时占有或使用，并在租赁期内向承租人收取租金的一种商业行为。租赁是商业银行的派生业务之一，是现代工商业和银行日益发展而产生的一种新型信贷业务。租赁业务的特征是租赁物件的所有权和使用权分离。现代租赁业务按其性质可分为融资性租赁、经营性租赁和服务性租赁三种。

5. 其他新兴业务

（1）现金管理。现金管理是银行协助企业科学合理地管理现金余额，做到既不积压资金，又能保证资金灵活周转的一种服务业务。包括流动余额的保持、应收应付款的控制、多余现金的投资等内容。

（2）咨询服务。银行信息咨询服务是银行利用自身优势，为企业提供丰富实用的经济信息。包括评审类信息咨询、代理中介类信息咨询和综合类信息咨询等。

（3）表外业务。表外业务是指那些不会引起资产负债表内业务发生变化，却可为商业银行带来业务收入或减少风险的业务活动。包括担保业务、互换业务、金融期货、期权及其他业务。

二、商业银行的资产证券化业务

商业银行资产证券化是伴随发达国家商业银行业务不断创新、逐步完善而出现的一种金融创新产品。在发达国家证券市场中，债券融资的规模要大于股票融资；而在债券融资中，资产证券化债券融资规模已超过公司债券的发行规模。资产证券化通过资产的真实出售并在资本市场发行投资凭证，实现货币市场同资本市场的沟通，是解决商业银行流动性问题的重要途径。资产证券化还能够给商业银行带来多方面的收益，如分散和转移风险、扩大收入来源、提高资本充足率和资产安全性、降低融资成本并维护客户关系，并能优化商业银行的风险和收益组合。

商业银行资产证券化的种类多种多样，作为我国商业银行稳步推进资产证券化，包括如下内容：①不良资产的证券化。中国华融资产管理公司项目和工商银行宁波项目的初步成功充分表明了不良资产证券化的可行性。②积极探索中长期信贷资产的证券化。从近几年看，我国的新增信贷资产中，有 40% 左右是中长期贷款，我国银行体系长期承担了本应由资本市场承担的功能。中长期信贷资产证券化可以使银行在资本市场发挥其应用作用。③住房抵押贷款证券化。目前个人住房贷款仍是我国商业银行贷款质量最好的一部分。④汽车贷款和信用卡应收款的证券化。

第三节　商业银行的经营管理

在市场经济条件下，商业银行作为经营货币信用业务的特殊企业，和所有其他企业一样，以求得最大限度的利润为经营总目标。为实现这一目标，商业银行必须将其自身的行为纳入符合市场运作规律的合法轨道，加强资产负债管理和风险管理。

一、商业银行经营管理原则

安全性、流动性、盈利性是商业银行经营管理必须严格遵循的三大原则，商业银行要实现最大利润，在经营管理上必须有效协调三大原则的关系。

（一）三大原则的内容

1. 安全性原则

安全性是指银行避免或减轻承受风险，保证资金安全的能力，即保证资产免遭损失的能力。

安全性是商业银行经营活动中的首要原则。其主要原因是：①银行自有资本少，经受不起太大的损失；②银行经营对象变化复杂，风险大，尤其需要强调安全性；③银行涉及面广，更应注重自身安全。

在经济金融环境不断变化的情况下，任何形式的风险集中都有可能使一个营运正常的商业银行步入困境，所以，只有正确识别风险，才有望把风险损失尽可能地减少到最小。商业银行的风险通常有四个来源：①银行经营特点和资金构成的本身风险；②银行营利性资产的规模和期限结构中包含的风险；③客户的信用状况不佳或恶化构成的风险；④经济情况的不确定因素构成的银行经营风险。

2. 流动性原则

流动性又称变现性，是指资产变为现金并保持其购买力的能力，或者说以现金资产来保证必要支付的能力。银行要保持流动性，主要原因在于：①资金必须满足存款人提款的需要；②为了保持银行长期生存能力，银行家必须随时准备满足顾客合法的贷款需要。

银行要保持流动性，就需要银行有相应的资金来源以实现资金收付的动态平衡。一般而言，银行的流动性能力来自两方面：①负债的流动性，即银行本身能按较低的成本随时去获得所需资金；②资产的流动性，即银行资产在不发生损失的情况下，能迅速变现的能力。只要负债经营的成本低于贷款和投资的收益，甚至只要低于流动性资产的收益，则可以用负债流动性来变换资产流动性，因为它能给银行带来实际利益。

3. 盈利性原则

盈利性是指银行获得利润的能力。盈利性越高，银行获得利润的能力越强，反之，则越弱。

银行利润主要来自三部分：①银行存款和贷款的利息差；②银行为客户提供中介服务的收入；③银行投资于有价证券的收益。

商业银行作为一个经营单位，追求最大限度的盈利是其经营的内在动力和源泉。银行提高盈利水平的意义：①可使银行股东获得较高收益。股东收益增加，又能提高股票价格，扩大股票销路，增加银行资本。②可提高银行信誉，加强银行实力，使银行对客户有较大吸引力。③可增强银行承担经营风险能力，避免因资本大量损失而带来银行破产倒闭的危险。因此，没有任何一个银行家不重视银行盈利。

（二）三大原则的协调

商业银行经营管理的三大原则之间存在相互矛盾，相互统一的复杂关系，在具体实施过程中，必须谋求“三性”尽可能地合理搭配协调。

1. 安全性与流动性的关系

一般而言，安全性与流动性呈正相关关系，即流动性越强的资产其安全性越好，反之，则越差。但在某些情况下也可能出现安全性虽然很强，但流动性并不一定很高的现象。如政府长期债券不存在违约风险，但有时银行被迫提前出售变现，可能会承担一定的价格损失。

2. 盈利性与安全性、流动性的关系

从长期看，盈利性能够促进安全性与流动性目标的实现，三者之间存在某种正相关关系。但就短期而言，盈利性与安全性和流动性之间则存在负相关关系，即资产安全性越高，流动性越强，可能收益越小；资产安全性越低，流动性越差，但可能收益却越大。如现金资产以及易于转换成现金的准备金资产（如国库券和短期贷款）的流动性较商，但这类资产有的无收益，有的只有很低的或不多的收益；长期证券（如股票和长期公司债等）这类资产期限长，收益高，但变现能力较差。

由于银行的资产大部分靠负债来维持，因此在“三性”中，更应着重于安全性和流动性，并在保持资产的安全与流动的基础上，最大限度地谋求盈利，以实现银行经营管理的总目标。

二、商业银行的资产负债业务管理

商业银行的资产负债管理产生于20世纪70年代末80年代初。这一理论总结了资产管理与负债管理的优缺点。认为要形成商业银行安全性、流动性和盈利性的均衡，只有根据经济、金融情况的变化，通过资产结构与负债结构的共同调整，才能实现银行经营管理目标的要求。

（一）资产负债管理的基本原理

资产负债管理原理是指从总体上管理银行资产和负债时，应当注意或遵循的一些常有普遍意义的原则或关系。

1. 资产与负债对称原理

这个原理认为，商业银行的资产和负债是不可分离的一个整体，银行资金分配应根据资金来源的流转速度来决定。即是说，银行资产规模与负债规模、资产结构与负债结构、资产与负债的偿还期限要相互对称与统一平衡，双方保持一定的对应关系。这种联系具体表现在四个方面：

（1）从资金来源的角度来看，表现为负债；从资金运用角度分析，则表现为资产；

（2）从两者关系看，资产与负债是相互制约和促进的。负债是资产的基础，而贷款也能进一步创造存款，因而资产业务又扩大了负债业务，资产创造了负债；

（3）从银行经营决策角度看，在保证银行盈利的前提下，对存款支付的利息水平取决于

银行资产实现的收益水平大小,负债的支出并不能凭空确定;

(4)从资产期限上分析,银行的资产安排如果要选择长期的贷款或投资,则要求尽可能吸收长期的定期存款。即资产期限结构要受负债期限结构的制约。

2. 目标替代原理

这一原理认为,商业银行的经营目标表现为流动性、安全性和盈利性三个方面,三者之和即为银行经营的最终效用或总效用,银行可以在经营中根据主客观环境的变化来平衡三者的关系,使总效用不变。即流动性和安全性的降低,可通过盈利性提高来补偿,反过来,盈利性减少也可由流动性或安全性的提高来补偿,从而不致降低银行总效用。

3. 分散化原理

这一原理认为,银行资产应分别投放在不同的资产上,资产的种类和对象要尽可能分散。这样,当某种资产因一定风险遭受损失时,其他资产不会受到影响,银行不会因此受到较大损失。在银行负债上也应实行分散化。因为银行负债的流动性需求大小主要取决于三个变量,即每一种存款的流动性需求,每种存款在总负债中的比例,以及各存款之间的相关性。通过存款业务的多样化、综合化,可使各种存款之间的相关系数减小,甚至成为负相关关系,从而减少负债的波动幅度,促使流动性需求下降。

(二)资产负债管理的主要方法

资产负债管理的战略方法,随着商业银行管理理论的不断完善与深化而不断创新变化。主要方法有:利差管理法、资产负债差额管理法、资产负债期限管理法、金融交易法,等等。

1. 利差管理法

资产负债管理的目标是在利率变动周期中保持稳定的高盈利。实现高盈利的一个最主要的方法是利差管理法。利差管理法主要是从理论上分析银行的利差及影响利差的因素,从而为银行实施资产负债管理、降低风险,提高收益创造条件。

银行的利差又称净利息收入,是银行利息收入与利息支出的差额。用公式表示:绝对利差(元)=利息收入-利息支出

相对利差(%)=绝对利差÷盈利资产平均余额

绝对利差能帮助银行估价净利息收入能否抵销其他开支,估计银行的盈利状况。相对利差(利差率)可用于银行估计利差的变化及发展趋势,以及进行银行间经营的比较。

利差增大是利润增加的基础。银行利差大小要受诸如市场利率水平的变化,经济增长速度快慢、银行资产负债状况某因素的影响,如果具体因素发生变化,银行总的风险——收益状况也会发生变化。

2. 差额管理法

资产负债差额管理法是指银行管理者根据预测利率的变化,积极调整资产负债结构,扩大或缩小利率敏感性差额,从而保证银行收益的稳定或增长。这是商业银行资产负债管理中运用最广泛的管理利率风险的方法之一。

银行要控制利率风险,必须控制利率敏感型资产和利率敏感型负债(即一年内到期或重定利率资产和负债),确定利率敏感型资产和负债的差额。如果差额越大,说明利率风险越大,银行潜在的盈利或损失的可能性越大,相反,差额越小,利率风险越小,盈利也越稳定。如果是正差额,表示资产的利率变动要快于负债,在利率上升的情况下,银行盈利会增

多，在利率下降的情况下，银行盈利会减少。

三、商业银行风险管理

银行风险是指商业银行在从事各种信贷经营活动中，受各种不确定因素的影响遭受各种损失的可能性。商业银行本身就是一种具有内在风险性的特殊企业：它所经营的是商品经济中使用最频繁、地位最特殊的商品——货币；它在资金营运上最显著的特点是负债经营，从世界范围看，银行自有资本占其资产总额的比重超过10%的都为数极少；它最具特色的功能是创造货币，它所创造的信用货币越多，流动性风险越高；它在社会经济活动中具有特殊地位，它是风险的聚集地。

商业银行的风险管理，就是指商业银行为减少经营管理活动中可能遭受的风险所做的一切努力。现代商业银行正是在正确管理各种风险的过程中实现其利润最大化的目标的。

（一）负债业务的风险管理

商业银行负债业务中数量最大、内容最复杂的是存款业务，因而其风险主要产生于存款业务。在存款业务经营管理中，一般会面临流动性风险、利率风险、汇率风险等。

1. 流动性风险

流动性风险是指银行在遇到存款挤提时，不能迅速从市场上获得流动性资金而使银行的信誉受到损失的可能性。流动性风险产生的一个基本原因，就是银行无法准确地判断存款人什么时候提取多少存款。这就要求银行的资产要保持足够的流动性。为此，存款的来源、结构要多样化、多元化；对资产、负债的期限要进行合理搭配；适当延长银行负债的期限；加强流动性缺口管理。

2. 利率风险

利率风险是指由于市场利率变化使银行负债成本增加，资产收益减少而造成损失的可能性。利率风险的产生，主要是由于资产和负债的利率期限结构不均衡、通货膨胀、中央银行货币政策变动，以及市场利率自由化等原因造成的。商业银行要防范利率风险，一是加强利率敏感性缺口管理，二是进行利率互换交易。

3. 汇率风险

汇率风险是指在存款业务经营过程中，其负债因汇率变化而蒙受损失的可能性。商业银行存款业务汇率风险的大小取决于币种结构，资产负债项目币种搭配等因素。防范存款汇率风险的办法主要是对银行的外汇头寸进行套期保值。

4. 操作风险

从广义上而言，市场风险和信用风险以外的所有风险均可视为操作风险。狭义观点认为，只有与金融机构中运营部门相关的风险者是操作风险。这类风险表现为各种形式的错误、中断或停滞，可能导致财务损失或给公司带来其他方面的损害。英国银行家协会将操作风险定义为“由于内部程序、人员、系统的不完善或失误，或外部事件造成直接或间接损失的风险”。对于银行而言，操作风险与市场风险和信用风险同样重要。

（二）资产业务的风险管理

在商业银行的资产结构中，贷款和证券投资占据十分重要的地位，商业银行资产业务的风险主要产生于贷款业务与证券投资业务之中。

1. 贷款业务的风险管理

贷款业务风险是指不能按期偿还本息的可能性。它主要来自借款者的信用和银行自身经营问题以及资金市场的波动,即包括信用风险、经营风险和市场风险。

(1)信用风险。这是来自借款人的风险,即贷款对象由于自然的、社会的、经济的风险遭受经济损失或者有意骗取银行资金进行投机或用于其他不正当的经济目的,不能如期足额偿还借款本息的风险。

(2)经营风险。是指银行自身经营管理方面的风险。它可能是由于贷款规模失控、结构失调、投向失误而形成呆账、死账,难以收回贷放现金,也可能是由于信贷人员素质不高、能力较差,甚至以贷谋私而造成的风险。

(3)市场风险。是指由于市场变动给银行带来损失的可能性。产生的原因一是利率的自由化,使市场利率变化加剧,从而增加银行贷款业务遭受损失的可能性;二是信誉较高的企业靠发行债券、股票、直接进入资金市场融资。

降低贷款风险应从两个方面入手:①尽量降低每笔贷款的风险,以求全部贷款风险的降低;②减少大额贷款,增加小额贷款,以及扩大贷款行业面和品种面,以分散风险。具体而言,在贷款发放前,应对客户进行系统的资信分析;贷款发放时应采取风险控制措施,如贷款抵押和贷款担保;贷款发放后要加强对贷款的管理,检查贷款使用情况,帮助企业改善经营管理;此外,还应分散贷款风险,实行贷款风险度管理。《中华人民共和国商业银行法》(2003 年)第三十九条对商业银行贷款的资产负债比例管理作出如下规定:资本充足率不得低于 8%;贷款余额与存款余额的比例不得超过 75%;流动性资产余额与流动性负债余额的比例不得低于 25%;对同一借款人的贷款余额与商业银行资本余额的比例不得超过 10%;国务院银行业监督管理机构对资产负债比例管理的其他规定。

2. 证券投资业务的风险管理

由于证券市场要受到各种因素的制约和影响,证券投资成为一项复杂的、具有很大风险的活动。证券投资面临的风险主要包括信用风险、购买力风险、利率风险、流动性风险等。

(1)信用风险。证券投资的信用风险,是指由于证券发行人到期不能还本付息而使投资人遭受损失的可能性。这种风险主要受证券发行人的经营能力、资本大小、事业的前途和事业的稳定性等因素影响。

(2)购买力风险。购买力风险指由于通货膨胀因素,投资人的获利能力因货币贬值,购买力下降而受到影响,甚至根本无法获利。证券到期日越长,遭受购买力风险的可能性越大。

(3)利率风险。利率风险指市场利率变化给证券持有人带来损失的可能性。证券价格一般由证券收益和市场利率两个因素决定。如果证券收益一定,则证券价格与市场利率呈反方向运动。即市场利率上升,证券价格则下跌;市场利率下降,则证券价格上涨。证券价格的波动,使证券持有人在流通市场出售证券时可能遭受损失。

(4)流动性风险。流动性风险指证券因为缺乏变现能力所致的收益率的潜在变动的风险。有些证券由于数量少,未予评级等原因,在到期之前不易转手,证券持有人必须大幅度降价才可能将证券脱手,从而遭受损失。

商业银行为了确保在高风险的证券投资中把风险降到最低限度,必须进行宏观经济形势分析,行业、企业分析,证券市场动态分析,同时在投资时进行投资组合,或借鉴证券评级机构提供的资料进行投资选择。

我国商业银行法从保障商业银行稳健运行及维护现阶段金融秩序的需要出发，规定商业银行不得在境内从事股票业务。

（三）商业银行内部风险控制制度

内部控制是商业银行为实现经营目标，通过制定和实施一系列制度、程序和方法，对风险进行事前防范、事中控制是、事后监督和纠正的动态过程和机制。从组织框架上应设立履行风险管理的专门部门，负责具体制定并实施识别、计量、监测和控制的制度、程序和方法，并开发建立涵盖各项业务、全行范围的风险管理系统，开发和运用风险量化评估的方法和模型，对信用风险、市场风险、流动性风险、操作风险等各类风险进行持续的监控。对于银行的资金业务的内部风险控制，其组织结构应当体现权限等级和职责分离的原则，做到前台交易与后台结算分离、自营业务与代客业务分离、业务操作与风险监控分离，建立岗位之间的监督制约机制。建立资金交易中台和后台部门对前台交易的反映和监督机制。

第四节　商业银行的监督管理

一、新《巴塞尔协议》与银行资本风险管理

1988年7月，西方12国中央银行在瑞士巴塞尔达成了《关于统一国际银行资本测量和资本标准的报告》，简称《巴塞尔协议》。它是自20世纪80年代以来引起世界各国金融界高度关注的划时代文件，它对各国银行业的监管和发展具有深远意义，也是对传统的资产负债的突破。《巴塞尔协议》的内容由四个部分构成：即资本的组成，各类资产风险加权的计算标准、标准化比率目标及过渡期的实施安排。其实质是要对国际性银行实行资本风险管理，通过资本充足的标准比率目标来监管和衡量各国商业银行。报告要求到1992年年底，国际性银行的资本充足率必须达到8%，其中核心资本充足率必须达到4%的标准比率目标。《巴塞尔协议》的宗旨，一方面在于保证银行有充足的资本抵消因为债务违约而造成的信贷损失，提高银行经营的安全系数和投资者对银行的信心；另一方面在于制定统一的标准，以消除在国际金融市场上各国银行之间的不平等竞争，促使国际性银行更稳健地发展。作为国际协议，它规定的原则和标准适用于所有从事国际性银行业务的商业银行，对于达不到规定标准的银行将受到苛刻的金融监管和限制。

1999年，巴塞尔银行监管委员会决定对1988年的银行资本协议进行彻底修改，并于2006年开始实施。根据新协议要求，资本充足要求与风险管理紧密相连，新协议作为一个完整的银行业资本充率监管框架，由三大支柱组成：最低资本充足率要求；监管当局对资本充足率的检查；银行业必须满足的资本充足率要求。这三点也通常被称为最低资本要求、监督检查、市场纪律，这就是互补的三大支柱。

二、新《巴塞尔协议》对商业银行风险管理的影响

新《巴塞尔协议》在信用风险评估方面有其系统优势：①在理论研究方面引进了当今金融理论的前沿理论，如期权定价模型等。②多学科综合知识水平不断提高，如VAR值的分析与应用。③内部管理相当严格。整个协议可以说是围绕着“风险”、“违约概率”、“风

险权重”、“模型”等要素展开，因此对定量分析要求极为严格。④前台数据处理与后台数据处理紧密结合，并引进了事后检测的制度。对于我国的商业银行而言，新《巴塞尔协议》在多个方面提出了挑战，在风险管理方面主要是对风险管理的制度和体系提出了挑战。该协议不仅是风险管理模型的变革，而且也是风险管理流程的重组。其全面实施需要对银行风险管理的政策、流程、组织结构、内部授权等制度环境进行大幅度变革。特别是风险管理架构重组的问题难度更大。而实施新《巴塞尔协议》基础性工作的最大障碍是数据，如信贷内部风险评级方法要求，需要有一定年限的违约历史数据及检验才能确立内部风险模型。

对现有监管体制的挑战。商业银行资本充足率管理没有吸收激励相容的金融监管的理念。所谓激励相容的金融监督，即是不能仅从监管的目标出发来约束金融机构的行业，而应参照金融机构的经营目标，将机构内部的管理与市场约束纳入监管范围，从而可能成为抑制金融机构创新的重要因素。

对银行业全面风险管理的挑战。该协议特别强调了操作风险的管理与控制。而中国的商业银行目前在操作风险的管理上还属于空白。在利率风险管理、信用风险、市场风险管理方面缺乏风险管理的经验，正面临着越来越大的压力。

对银行信息透明度带来的挑战。该协议提出了全面信息披露的理念，认为不仅要披露风险和资本充足率状况的信息，而且要披露风险评估和管理过程、资本结构及风险和资本匹配状况的信息；不仅要披露定性的信息，而且要披露定量的信息；不仅要披露核心的信息，而且要披露附加的信息。尽管目前操作风险在信息上如何披露没有详细说明，但一家银行应始终向公众披露的信息包括：为每种业务类型配置的监管资本；计量资本配置的具体方法；管理和控制操作风险过程中的详细信息。

2004 年，中国银监会出台了一系列旨在加强商业银行内部风险管理的规章制度。特别是 2004 年 12 月发布的《商业银行内部控制指引》详细规定了银行风险控制的具体要求。要达到这一要求，中国的银行业还需要做很多的工作。

【复习思考题】

1. 如何理解商业银行的性质和职能？
2. 商业银行负债业务的的内容是什么？
3. 商业银行经营管理应遵循哪些基本原则？

第十五章
政策性银行

第一节　政策性银行概述

一、政策性银行的含义和特征

（一）政策性银行的含义

政策性银行一般是指由政府设立、参股或保证，以贯彻国家产业政策、区域发展政策等为目标，而不以盈利为目的的金融机构。

从发达国家政策性银行（或金融体系）的实践来看，其基本发展模式有三种：

1. 美国模式

由政府发起建立一些政策性金融机构，这些金融机构基于市场化运作机制，并依靠专门法律来确定机构的业务经营。在美国，早期基本上由政府来保障政策性金融机构的盈亏，到20世纪中后期，政策性金融机构普遍实行了私有化改革，在组织结构上趋同于商业性金融机构，只是保留了政府信用和政府的政策目标。

2. 日本模式

由政府发起设立、并长期保存政府控制的政策性金融机构。作为长期金融资源的主要提供者，政策性金融体系曾对日本经济发展起到了重要作用。但由于过度管制和经济金融危机冲击，该体系在20世纪末出现了严重问题。

3. 德国模式

是介于美国模式和日本模式的一种中间模式，即在政府目标与商业运行之间达到最大限度平衡，具有代表性的是德国复兴开发银行。

我国金融体制改革的一项重要内容就是在1994年建立了三大政策性银行，实行政策性业务与商业性业务相分离，这曾经是我国金融体系改革中的重大制度突破。

（二）政策性银行的特征

在市场经济国家中，政策性银行既不同于“政府的银行”——中央银行，又不同于一般的私人或民间所有的商业性金融机构，它呈现出以下几个明显的特征：

1. 由政府创立、参股或保证

政策性银行多由政府直接出资创立，如美国的进出口银行、韩国开发银行均由政府出资创立；也有政府参与部分资本，联合商业银行和其他金融机构共同设立，如法国的对外贸易银行。总之,这种金融机构均由政府作为后盾,与政府有密切的特殊联系。

2. 不以盈利为目标

政策性银行的经营活动,不以盈利为目标,而是贯彻政府的经济社会政策或意图。之所以如此,是因为政策性金融业务与逐利的经营性业务是相矛盾的,也就是说,政策性业务是非盈利或低盈利的。如一国的落后地区的开发,是对该国经济平衡发展、社会安定与进步有很大意义的,然而,若以盈利为导向,则资金不仅不会流向落后地区,而且还会出现资金向经济发达地区流失的现象。在这种情况下,只有政府创设的政策性银行,因其不追求盈利的大小,而是服从宏观经济和社会发展目标的要求,才能向落后地区输送资金,由此而产生的亏损,由政府补贴,或担保其债务。但这并不意味着政策性银行忽视经营活动的收益和必然发生亏损。

3. 具有特定的业务领域和对象

政策性银行的业务领域主要是农业、进出口贸易、经济开发、住房业等部门或方面。它们或者是对国民经济发展具有较大的现实意义需要特殊的措施予以鼓励,如进出口部门;或者是国民经济的薄弱环节,没有特殊的支持与保护,将会停滞不前甚至萎缩,如农业部门等;或是对社会稳定,经济均衡协调有重要作用,特别需要政府特殊政策,重点扶持,如落后地区的开发等。但上述部门又不易得到商业银行的资金融通,因此,需要政府设立专门的信贷机构——政策性银行予以特殊的资金支持。政策性银行一般是专业性或开发性的,其业务活动立足于补充一般商业性金融机构的不足,因而,业务领域相对狭小。

4. 特殊的融资原则

政策性银行是为特殊目的而建立的金融机构,这必然反映在其融资原则的特殊性之中:①融资条件或资格。一般而言,融资对象必须是从其他金融机构不易得到所需的融通资金的条件下,才有从政策性银行获得融资的资格。②主要或全部提供长期资金,利率明显低于商业性金融机构的同期同类贷款利率,有的甚至低于筹资成本,但要求按期偿还本息,如因偿还困难出现亏损,由政府予以补贴。③对其他金融机构所从事的符合政策目标的贷款活动给予偿付保证、利息补贴或再融资,以此予以支持、鼓励、吸引和推动更多的金融机构从事政策性融资活动,如日本开发银行等。

5. 有独立的法律依据

政策性银行不受普通银行法的制约,而是以单独的法律条例规定政策性银行的宗旨、经营目标、业务领域和业务方式等。如《日本国进出口银行法》即为日本进出口银行恪守的法律依据。但应当明确,政策性银行在法律地位上是作为与一般金融机构同样平等的地位参加金融活动,并无国家权力代表的身份,更无操纵干预一般金融机构的权力。

二、政策性银行的职能

各国政府普遍设立政策性银行的目的,在于政策性银行所具有的重要职能。与商业银行相比,政策性银行的职能既有与之相似的,也有商业银行所不具备的职能。通常将其与商业银行相类似的职能,称为一般职能,将商业银行不具备的职能,称为特殊职能。前者使政策性银行具备了金融机构的特征,后者使其体现出紧密配合经济社会政策意图的性质。

(一)政策性银行的一般职能

政策性银行的一般职能是指政策性金融机构所具有的与普通商业银行相同的职能,即信用中介职能。信用中介是金融机构最基本的职能。政策性银行通过其负债业务,吸收资金,再通过资金运用,把资金投放所需部门。它与商业银行一样作为货币资金的贷出者和借入者的中介人来实现资金从贷出者到借入者的融通。但政策性银行的不同之处在于:①它不接受活期存款、不办理汇兑、结算和现金收付等商业银行的业务。理由在于,如果它接受活期存款,再设活期存款账户,必然产生"贷转存"并融入商业银行体系,参与存款创造,派生存款货币,这是不符合政策性银行的职能和任务的。因此,政策性银行与商业银行在中介职能上的最大差别就是不参与信用创造,不供给货币,不派生存款。②政策性银行贷款的资金来源是中央银行和商业银行体系已经创造出来的货币,是由政府提供或在政府保证下从金融市场筹集而来的,不能由自己创造。政策性银行贷放出去的款项一般都专款专用,受托代办政策性银行信贷业务的商业银行不可"一女二嫁",将尚未支用的政策性放款资金转贷他人。因此,政策性银行的贷款资金运用也不增加货币供给。实际上,各国政策性银行往往被称为"特殊银行",一般不在中央银行货币政策和金融管理制约之列。这一方面表明政策性银行本身就受政府直接控制,另一方面也表明了它不具备信用创造职能,风险较小,不必由中央银行施加直接的管制。

(二)政策性银行的特殊职能

政策性银行特有的政策性职能可以概括为倡导性、补充性、选择性和专业服务性职能。

1. 倡导性职能

倡导性职能指政策性银行以直接的资金投资或间接地吸引民间或私人金融机构从事符合政府政策意图的放款,以发挥其首倡、引导功能。因为政策性银行一旦决定对某些产业提供资金,则反映了经济发展长远目标,表明了政府对这些产业部门的扶持意向,从而增强了民间金融机构的投资信心,降低了这些产业部门的投资风险。

2. 选择性职能

选择性职能是指政策性银行对融资领域或部门是有选择的,但这并非由政府任意决定,归根结底是市场机制选择的结果。政策性银行的主要活动领域,如农业、落后地区开发、进出口、中小企业等正是商业性金融机构不予或不愿意选择的领域,其融资活动对这些领域的发展,尤其对于经济结构调整发挥着明显的积极作用,体现出其政策性融资的特有性质。由于政策性银行的选择是建立在商业性金融机构选择的基础上,因此,随着时间的推移,政策性银行的活动领域也在不断地变化和调整,这也是选择的必然结果。

3. 补充性职能

补充性职能是指政策性银行的金融活动补充完善商业性金融机构为主体的金融体系的职能。这表现在对技术、市场风险较高的领域进行倡导性投资;对投资回收期过长、收益低的项目进行融资补充;对于成长性的产业提供优惠利率放款予以扶植等。此外还表现在间接融资活动或提供担保来引导商业性金融机构的资金流向,并针对商业性金融机构主要以提供短期资金融通而产生长期资金融通不足这一情况,政策性银行以提供中长期资金为主,有的甚至是超长期贷款。由此可见,政策性银行不是替代而是补充商业性金融机构,进而完善金融体系的整体功能,增强其在经济发展中的作用。

4. 专业服务性职能

专业服务性职能是指政策性银行一般具有专业性,在该领域积累了丰富的经验和专业技能,聚集了一批精通业务的人才,可为企业提供各方面的金融和非金融服务。同时由于在其中某一领域长期从事活动,因此常常成为政府某一方面事务的助手或顾问。它参与政府有关规划的制定,甚至代表政府组织实施。这种特殊的社会服务职能是商业性金融机构所不及的。

三、中国建立政策性银行的必要性

20 世纪 90 年代中期,随着我国社会主义市场经济体制的建立,以及金融体制改革的推进,建立政策性银行有其必要性。

(一)市场经济本身存在某些缺陷

我国经济体制的改革目标就是要建立社会主义市场经济。从本质上说,市场经济就是以市场为主导配置资源的经济机制。许多国家经济发展的经验和我国改革开放以来的实践充分证明,市场是配置资源的有效方式。市场配置资源是通过市场机制来发挥作用的,即通过供求关系变化,价格信号和市场竞争,以“看不见的手”促使资源从效率低的地方、部门和企业流向效率高的地方、部门和企业,使稀缺的资源得到高效利用,进而推动生产力的发展。

然而,市场机制在某些方面存在缺陷:①市场机制的局限性。市场机制不能为社会提供所必需的公共项目,如国防、社会保障与公共福利;②市场机制的选择性。在市场经济下,厂商不愿意经营风险大、投资多、回收期长,但又对经济社会发展有意义的产业和项目,如基础设施等;③市场机制的功利性。市场机制在调节经济时具有一定的短期性、盲目性,如市场选择偏爱短期获利项目和那些实力雄厚的厂商,而有些对经济社会协调和稳定发展有重要价值的长远项目以及某些势单力薄的厂商则常常被无情地摒弃,形成两极分化。

只有弥补和纠正这些缺陷,才能达到资源在更高层次上的合理配置。因此,只能借助于外在力量,即要求政府参与经济活动,干预经济运行,运用“看得见的手”对经济进行宏观调节与管理。这种干预若要起到良好作用,必须注重两个方面:一是干预的力度。在市场体系较为健全、完善与发达,市场机制作用范围广泛和良性运行的情况下,政府干预力度相对较小;否则,则相对大些。二是干预的方式、方法。一般情况下,应以充分运用经济、法律手段为主,行政手段为辅,只要在特殊情况下才能突出行政手段。但是,政府干预在纠正和弥补市场机制的偏差和不足的同时,应把对市场机制的干扰和影响降到最小,而建立政策性银行则正是能充分体现上述特点的方法和手段,为各国所普遍采用。

在我国建立社会主义市场经济体制的过程中,由于市场机制尚不完善,市场的导向和选择不尽合理有效,同时我国经济社会发展过程中,还存在农业发展相对落后、地区发展不平衡、产业结构不合理等依靠市场机制不能解决的问题。因此,政府在经济社会发展中应发挥更为重要的作用。具体而言,我国政府承担了制定经济社会发展规划和实施经济社会可持续发展战略,颁布产业政策与地区发展政策,维持宏观经济正常运行,促进经济社会稳定、健康、协调发展的重任。政策性银行则可成为我国政府可以运用的配合贯彻执行上述任务的强有力的重要机构。因而,建立我国的政策性银行体系,正是适应社会主义市场经济新体制,全面、正确地发挥市场经济的优点,克服其缺陷的必要措施。

(二)专业银行向商业银行转化的需要

长期以来,尤其是在计划经济时期,我国的专业银行由于体制上政企不分,不是独立的经济组织,不具有经营自主权,难以充分发挥商业银行的作用。其中一个很重要的原因,就是在计划经济时期我国的专业银行担负着大量的政策性贷款。如果基于现实需要的考虑，要求国家专业银行承担政策性贷款，不要过分考虑利润指标，并无可非议。但是，若同时又要求它建立起自我约束、自担风险、自负盈亏、自我发展的经营机制，又要承担政策性贷款，这就给专业银行出了一道解不开的难题。而对专业银行来说，如果仍像计划经济时期那样计划怎么要求就怎么做，即使赔钱也要干，专业银行显然无法自主经营、自我发展。

随着我国社会主义市场经济体制的建立，必然要求金融体系适应社会主义市场经济的需要，以市场经济原则重新构筑和发展我国的银行体制和金融体系。可见，把政策性业务从专业银行当中分离出来，由专门的政策性银行来办理，这是专业银行发展为真正的商业银行的前提条件。

（三）建立健全金融宏观调控体系的需要

针对新旧体制转换过程中存在的金融宏观调控较弱的情况和建立现代金融体系的要求，需要加强以中央银行为核心的宏观金融调控体系，以促进金融体系的健全与稳定。改革开放以来，我国金融体系已发生了深刻变化，中央银行对金融实施宏观调控的构架已基本形成，调控手段也日趋成熟。在我国，商业银行是金融体系的主体，是中央银行货币政策的传导者。但如果仍像过去那样让专业银行身兼两任，既要承担政策性业务，又要搞经营性业务，就会妨碍中央银行宏观调控政策的传递。因为专业银行集政策性业务与经营性业务于一身，且资金进入专业银行混用，至少经过一次周转以后，中央银行就很难控制其投向。

改革专业银行体制，分离专业银行政策性业务和经营性业务，另组政策性银行专门承担政策性业务，把专业银行改组为真正的商业银行，有利于金融宏观调控体系的健全与完善，有利于金融与经济的发展。

（四）我国银行业走向国际化的需要

在我国对外开放的过程中，银行业也在逐步走向国际化，开放程度将大大提高。面对严峻的银行业竞争局面，我国银行业应从内部入手，迅速提高自身竞争力，才能做到自主经营、自负盈亏、自求平衡、自担风险、自我约束和自我发展，才能提高其在国际银行业中的地位和资信度，以适应国际金融市场的激烈竞争。因此，有必要进一步彻底改革我国的银行体制，继续实施将政策性业务从专业银行业务中分离出来，将专业银行改造成真正的金融企业和名副其实的商业银行。对于政策性业务，则参照各国普遍做法和经验，由政府组建的政策性银行承担，贯彻并配合实施政府经济社会政策。

第二节　政策性银行的资金来源与经营业务

一、政策性银行的资金来源

（一）政策性银行资金来源的内在规定性

由于政策性银行是在市场经济条件下为直接贯彻国家产业政策，促进国民经济结构调整，优化社会资金配置而建立的。政策性银行不同的性质、职能和任务，决定了政策性银行资金来源有着与商业银行不同的内在规定性。这种内在规定性决定着政策性银行资金来源的特性和方式。

政策性银行资金来源必须是低费用，且应是量大集中、相对稳定、可用期限长，这是政策性银行的性质所决定的。因为政策性银行的资金运用主要是为了弥补市场机制对社会资金配置及实现国家总体经济发展战略意图的不足或缺陷，其资金投向是商业银行不愿投入的低效益甚至无效益部门和领域。因而政策性银行资金运用扣除正常的劳务费用外，能取得的收入十分有限，有的甚至亏本。同时，政策性银行资金运用还存在着资金运用期限一般都较长，规模也较大的特性。因此，可以说，政策性银行资金运用的特点决定了其资金来源的特性。

（二）政策性银行资金来源的方式

政策性银行资金来源的方式总括起来，有以下几种：政府供给资金、向社会保障体系及储蓄系统取得资金、向金融市场取得资金以及对外借款。

1. 政府供给资金

世界各国的政策性金融机构一般都是由政府创设和倡导，甚至直接经营，因此，政府供给资金是政策性金融机构的启动资金和重要的业务资金来源。

政府供给资金，不仅是因为政策性银行是属于政府的金融机构，还因为政府资金一般来源于无偿的赋税及政府资产收益，无成本或只有很低的成本，且量大集中，最适宜政策性银行完成经济社会政策和调控目标的资金运用，尤其是一些根本就没有直接收益而只有社会和环境效益的资金投入。

政府供给资金分为政府无偿拨付和有偿借入两种形式。一般而言，政策性银行的资本金或最初创设资本金，都是由政府全额拨付的。此外，政府对政策性银行的资金供给，还包括一些专项资金划拨和对政策性银行政策性经营亏损的补贴或贴息。

政府供给资金包括直接来自财政预算、财政设立的各专项资金及政府设立的特别基金等。政府对政策性银行供给资金量的多少，既取决于一国所处的经济发展阶段，经济、金融环境制度，更直接取决于一国政府对经济金融的干预程度及金融市场的发达程度。

我国是一个发展中国家，正处在经济起飞阶段，经济社会可持续发展的任务繁重，需要巨额的资金投入。从体制上说，我国市场机制还不健全，金融市场还不太发达，还需要政府在经济社会发展、宏观调控等诸多领域发挥作用。因此，在我国不仅应建立政策性金融机构，而且还应有更多的政府资金供应。

我国财政已着手试行复式预算，我国政策性银行资金来源中的政府供给资金，也应来源于财政的经常性预算和建设性预算两方面。具体而言，政策性银行的有关营运费用和旨在改善经济社会事业与提高人民生活质量，只形成社会物质积累，而不产生回流的投入，应列入经常性预算。在建设性预算中建立基本建设基金或增设其他特别基金，作为向政策性银行无息贷款的来源，周转使用。

2. 社会保障体系及邮政储蓄系统借款

政策性银行向社会保障体系及邮政储蓄系统借款，包括向社会保险系统、养老基金和退休基金、医疗基金、就业基金、住房公积金及邮政储蓄系统借款等。

社会保险系统、养老基金或退休基金、医疗基金、就业基金、住房公积金等，在本身正常运用的情况下，总有一定的余额沉淀，随着时间的推移，沉淀额还会越来越大。由于这些基金大都是在政府倡导和推进下，甚至带有政府或立法强制下建立并运行的，有的还带有政府性质的资金,因而这部分资金本身带有一定的政策色彩,它们的沉淀额可以也应该作为政策性银行的资金来源。

邮政储蓄在不少国家,尤其在日本是被广泛开展的。虽然邮政储蓄绝大部分是居民存款,但与银行直接吸收居民存款不同:①邮政储蓄是利用已有的遍布全国的邮政网点开展吸储的,邮政储蓄吸收的存款,除支付存款利息外,几乎没有网点和费用,因而整个营运费很低。邮政是国家支持并扶植的基础产业,利用国家支持并扶植的部门吸收的邮政储蓄存款,可作政策性资金来源。②邮政部门原则上不是资金运用部门,本身不能发放贷款,因而邮政储蓄长期稳定的余额,在收取吸储利息和核定的费用的情况下,交由政策性金融机构使用,作为政策性银行资金来源之一。

社会保障体系及邮政储蓄系统借款,除上述特点外,它们还有共同之处,就是量大集中,适宜于作为政策性资金运用,且资金来源成本及费用较低。

在我国政策性银行资金来源中,社会保障体系及邮政储蓄借款,无疑也应占相当部分。

3. 向金融市场和国外筹资

政策性银行向金融市场筹资和对外借款,包括向国内外间接融资和直接融资两个方面。具体形式有:向国内金融市场发行债券,向中央银行、商业银行等金融机构借款;向国外金融市场发行债券,向国外金融机构、外国政府及国际金融机构借款等。

发行债券可以采取定向筹集和社会公众公开募集两种,定向募集对象主要是商业银行及其他金融机构。中央银行在稳定通货和保障商业性金融机构运行安全的前提下,可以向政策性金融机构融资,尤其可作为农业部门政策性银行重要的资金来源。

向金融市场筹措资金,受市场机制决定,一般都要按市场价格,才能融入资金,其筹资费用也将与商业银行及其金融机构从金融市场筹资所需费用大致相当。所不同的是政策性银行向金融市场筹措资金,一般都取得了政府担保,信誉相对较高,在发行上较其他机构有着明显的优势。但其筹资成本比起向社会保障体系及邮政储蓄系统借款要高得多,且比较复杂,与政府供给资金更是无法相比。

向国外金融市场发行债券或向国外金融机构或银团借款,一般也需要支付与国外资金市场价格大致相当的费用。向国际金融机构借款及向外国政府借款,虽可以获得一些优惠,但往往还附带其他一些交换条件。并且,无论是向国外金融市场筹资,还是向国际金融机构及国外政府筹资,都会受一国外汇收支及偿债率等条件制约,甚至还有准入等其他问题。政策性银行向金融市场筹资和对外借款,各国根据自己的具体情况决定其所占比重。我国是发展中国家,经济不很发达,向金融市场和对外借款及发债规模和数量还受到一定限制。因此,我国的政策性银行资金来源不得不把政府供给资金和社会保障体系及邮政储蓄借款,作为首要来源,在平衡不足后,再向金融市场及国外筹资。(见表 15－1)

表 15－1　　我国政策性银行资金来源与资金运用的情况

政策性银行	资金来源	资金运用
国家开发银行	主要靠财政拨款及发行政策性金融债券(其发行量占所有政策性债券的 90% 以上)	制约经济发展的“瓶颈”项目(约 90% 的贷款);直接增强综合国力的支柱产业的重大项目;高新技术在经济领域应用的重大项目、跨地区的重大政策性项目

表 15－1(续)

政策性银行	资金来源	资金运用
(国家开发银行股份有限公司)	注册资本 3 000 亿元。财政部和中央汇金投资有限责任公司分别出资 1 539.08 亿元和 1 460.92 亿元;发行政策性金融债券	主要支持“两基一支”(即国家基础设施、基础产业、支柱产业等重点领域建设)项目投资,为国民经济中长期发展战略服务
中国进出口银行	以发行政策性金融债券为主,同时在国际融资市场筹措资金	为机电产品和成套设备等资本性货物出口提供出口信贷;办理与机电产品出口有关的各种贷款以及出口信息保险和担保业务
中国农业发展银行	以中国人民银行的再贷款为主,同时发行少量的政策性金融债券	办理粮食、棉花、油料等主要农副产品的国家专项储备和收购贷款;办理扶贫贷款和农业综合开发贷款以及小型农、林、牧、水基本建设和技术改造贷款

二、政策性银行的经营业务

政策性银行最主要的业务活动,就是对其集中的资金进行运用。它当然还承担如担保等其他一些业务。但政策性银行的性质、职能与任务,更多的就是通过政策性银行的资金运用表现出来的。

(一)政策性银行资金运用的原则

由于政策性银行资金运用存在一定特殊的领域和范围,如鼓励和扩大进出口、对基础产业及设施投融资、扶持农林牧渔业发展以及支持落后地区经济开发等,因此,政策性银行资金运用必须遵循一定的原则。

1. 弥补性原则

政策性银行资金运用弥补性原则具体含义和要求是,政策性银行资金运用是针对市场机制对社会资源配置不足的弥补。市场机制对投融资的调节是第一位的,弥补是第二位的。市场选择是首要的决定因素,凡是市场可以选择并有足够的资金投入,就不需要政策性银行涉足,更不能以政策性银行资金运用来取代。政策性银行资金投向就是对市场选择的“拾遗补缺”。因此,弥补性原则是市场分工及选择的结果。

2. 调控性原则

市场经济是一个不断发展的过程,市场机制对社会资源配置的不足和缺陷,还表现在市场经济不健全、不完善的条件下,市场信号往往不准确,或不明显,企业和商业性金融机构受市场信号的调节,进行资金投入及融资,就会使社会资源配置出现不合理或偏差,这就需要政府来进行调控。除制定相应的调控政策外,利用政策性银行通过投融资活动来实现调控,也是非常重要的方面。同时,在不同经济背景及条件情况下,为实现经济赶超和腾飞,需要制订或遵循不同的发展战略。虽然这种战略是一个漫长的过程,但通过政府的作用,尤其是通过政策性银行投融资活动,实行一定的倾斜和扶助,就可能在较短时期内实现。但调控的原则和要求,同样不是取代或包揽市场机制对企业及商业性金融机构投融资活动的选择,而是在于加强这种选择。

3. 专业性原则

由于政策性银行资金运用领域只能是市场选择及分工的结果，政策性银行资金运用的方向就不可能是综合性，甚至是全方位的，而只能是专门性的。市场机制作用不到的领域，或作用微弱，就需要政策性的资金去投入，因而就需要设立相应的政策性金融机构来具体实施。这些领域往往明显表现为特殊的部门和地区，如进出口、基础产业和设施等。专业性原则一方面有利于高效正确地贯彻和实施某一部门或地区的发展政策；另一方面，由于政策性银行是政府金融机构，专业性原则有利于对其核算和管理。

（二）政策性银行的经营业务

政策性银行有不同于商业银行的业务经营方针，在经营业务方式上也稍有不同。

1. 政策性银行的经营方针

作为政府金融机构，政策性银行所要获取的主要是社会效益和国民经济整体效益，不追求自身的利润。为达到此目的，对于社会效益和国民经济宏观效益高，但由于某些原因而企业财务效益不高、付息能力低或还款时间长的项目与行业，政策性银行应当给予贷款支持，并给予利率优惠。政策性银行通过这些措施，可以增加对基础产业、农业和进出口的资金投入和扶植，能更快地提高综合国力，促进社会稳定和经济可持续发展。因此，作为政府金融机构，政策性银行的经营方针应当是“让小利取大利”。此处，小利指的是政策性银行自身的效益，大利则是指国家的全局利益和长远利益。让小利取大利，这是政策性银行的总体经营方针。进一步细分，还可将政策性银行经营方针按照执行政策的力度，具体分为以下三类：①财政补贴经营型；②无利保本经营型；③微利经营型。这三种类型的共同特点是向贷款支持的对象让利，目的在于促进为经济发展，取得宏观经济效益。但三种经营方针又有差别，适用于不同的政策性业务领域。

（1）采取财政补贴经营方针的政策性银行需要经办更多社会效益的放款业务，以社会效益回报国家财政提供的补贴。

（2）采取无利保本经营方针的政策性银行和采取保本微利经营方针的政策性银行虽然都不要财政补贴，而且又都不追求盈利，但也不可忽视其间的差异。微利不同于无利，无利保本的政策性明显强于保本微利的政策性。由此还会产生两类政策性银行在内部财力管理、资金进出利差和费率的确定原则及审定程序等方面一系列的差别。

2. 政策性银行的经营业务方式

政策性银行的业务活动大致有投资、贷款以及担保等几类。

（1）投资。投资是政策性银行业务活动的基本方式之一。为了推进和实现经济社会发展目标及其发展战略，尤其是为实现经济的赶超和跨越式发展，就必然要实行倾斜式的、有重点的甚至是超前性的投资政策。投资方式占政策性金融机构资金比重的大小根据各国具体情况不同而有差异。

政策性银行采取投资活动方式又可分为股权投资和证券投资两种。股权投资是对为贯彻政府经济社会发展战略意图而有必要进行控制的行业或企业进行直接投资，并拥有企业相应的股权，对企业大政方针及发展起不同程度的操控作用。证券投资是政策性银行对符合政府产业和地区政策的企业所发行的中长期债券进行认购。政策性银行认购公司债券，只在于增加或实现所需创立和所需扶持公司的资金投放，而不对其进行控制。在公司发展成熟时，政策性银行也可将债券变卖，收回投资。

政策性银行投资活动方式依据出资额的多少，又可分为独资或合资参股等形式。一般来说，能够吸引社会资本投入的，就不采取独资形式。政策性银行出资比例的大小，表示政府对该行业或项目的支持程度。同时，可以通过出资比例，调节需要政策支持行业和项目的资金投入量。

我国政策性银行的资金使用方式，除进出口外，可以较其他国家更多地采取投资方式，以便在目前阶段更直接更有效地实现社会资源的合理配置。当然，政策性银行的投资业务还要配合商业银行的规范化来进行。

(2)贷款。贷款是政策性银行资金使用的主要形式。政策性银行之所以更多地采取贷款方式，是因为贷款较投资方式有其独特的优点：一是具有较大的灵活性和便利性，可以在申报的符合政策意图的项目中，再按政策要求择优选贷，不涉及或少涉及具体的投资过程及项目建成后的操作和管理；二是贷款是有偿的，无论是贴息、无息或低息贷款，都是以偿还本金为基本前提条件，能使政策性资金的效益得到保证，能促使贷款企业更好地使用贷款。

政策性银行的贷款根据政策性银行从事的专业领域不同，分为出口信贷、进口信贷、产业开发贷款、高新技术贷款和农业贷款等，并归属于不同的政策性银行的贷款种类。

政策性银行贷款，根据其运用的过程不同，可分为直接贷款和间接贷款两种方式。直接贷款是政策性银行直接向贷放对象贷款。直接贷款一般为从事产业和地区振兴的开发银行使用较多，因为产业和地区开发较多地表现为一个个项目，对贷款项目逐一选择，更适合直接贷款形式。间接贷款就是政策性银行一般不直接对政策性贷款对象发放贷款，而是将资金“批发”给其他的金融机构，由其他金融机构根据确立的贷款用途和对象发放贷款。这种贷款避免了政策性银行再一个一个地选择贷款对象，实际上也是政策性银行为鼓励其他金融机构从事政策性业务活动而对其有条件的融资。

政策性银行贷款，按在项目中所占比重多少，又可分为独贷和联合贷款或协议贷款。一般情况下，能联合其他金融机构共同贷款的，就不采取独贷的形式。

政策性银行贷款一般都是中长期的，属于投资性贷款，这是由政策性银行基本的性质和职能所决定的。政策性贷款一般又都是优惠贷款，这是由政策性银行的基本任务和经营方针所决定的。优惠贷款分为无息、低息贷款。政策性银行发放优惠贷款的利息损失或必需的经营支出，由财政贴息或补给。

(3)担保。担保是金融机构提供给客户的一种信用保证业务。政策性银行不仅较其他金融机构更重视其担保业务，而且较其他金融机构更有其独特的优势。因而，担保更是政策性金融机构重要的业务活动之一。

政策性银行为其所支持的领域的融通资金提供信用保证，能为这些领域提供更好的融资便利条件。由于政策性金融机构都是属于政府的或是政府支持的，因而几乎不存在信誉问题，它的一切债务及活动都是由政府保证的，政策性银行这种地位和实力，更适合于从事担保业务，而且更容易被融资者所接受，效率也更高。

政策性银行担保业务，按所担保的事项，可分为以下几种形式：

①筹资担保。这是应所支持的领域筹资人的要求，向贷款人或出资人出具的书面保证，保证借款人在无力偿还贷款本息或所发行的公司债券时，无条件履行付款责任。

②投标担保。主要是在对外工程投标或招商投标中，为招标人提供的为防止投标人在

中标后不签合同或提出其他变更要求的保证。

③预付款担保。主要是在进出口贸易和对外承包工程中，为国外进口商或项目业主提供的在得到部分定金或预付款后按要求履约的保证。

④租赁担保。主要是在对外租赁中，应所支持领域承租人的要求，为出租人开出的保证承租人按规定支付租金的书面文件。

⑤加工装配进口担保。这是在进口来料加工再出口中，为外方提供的为防止进口加工方不能按要求履约的保证。

⑥付款担保。这主要是应进口方要求，为外国出口方提供的在出口方按规定交运有关货物和技术资料后，保证进口方按规定履行部分或全部付款义务。

⑦承包工程担保。这是对外工程承包中，应承包人的要求，为国外项目业主提供的承包人按质按量按期履行合同规定的保证。

⑧延期付款担保。这是在进出口贸易中，采用分期付款方式的情况下，为外商提供的进口方按合同规定履约的保证。

其他的担保种类还有透支担保和补偿贸易担保等。

政策性银行提供的担保，按币种又可分为外币和本币担保，按境内外又可分为对外和对内担保等。

上述讲了政策性银行的业务种类，政策性银行一般不直接具体经办其业务，而是将业务委托给商业性的金融机构代办，可以分为专项委托和一般委托两种形式。专项委托是有着明确的具体业务对象、用途、金额、期限、利率，以及其他要求和约定。一般委托则是不具体的指定对象，但规定明确的用途和政策范围以及金额、期限、利率等。委托代办业务的最终风险和损失，由政策性银行来承担。

第三节　中国的政策性银行

我国已组建了三大政策性银行，即国家开发银行(现为国家开发银行股份有限公司)、中国进出口银行和中国农业发展银行。三大政策性银行的组建，标志着我国金融体制改革重要内容的政策性银行的运营框架已基本形成。

一、国家开发银行

(一)国家开发银行的成立目的与主要任务

国家开发银行是经国务院批准设立的政策性金融机构，于 1994 年 3 月 17 日成立，直属国务院领导。国家开发银行成立的目的是为了更有效地集中资金保证国家重点建设投资、增强国家对固定资产投资的宏观调控能力，进一步深化投融资体制改革。根据国务院决定，国家开发银行对由其安排投资的国家重点建设项目，在资金总量和资金结构配置上负有宏观调控职责。

国家开发银行的主要任务是：建立长期稳定的资金来源，筹集和引导社会资金用于国家重点建设，投资项目不留资金缺口，从资金金来源上对固定资产投资总量及结构进行控制和调节，按照社会主义市场经济的原则，逐步建立投资约束和风险责任机制，提高经济效益，促进国民经济持续、快速、健康发展。

国家开发银行成立以来，贯彻国家宏观经济政策，筹集和引导社会资金，缓解经济社会发展的瓶颈制约，有力地支持国家基础设施、基础产业、支柱产业和高新技术等领域的发展和国家重点项目建设；向城镇化、中小企业、“三农”、教育、医疗卫生和环境保护等经济社会发展瓶颈领域提供资金支持，促进科学发展和和谐社会的建设；配合国家“走出去”战略，积极拓展国际合作业务。

（二）国家开发银行的改革与发展

作为我国金融体制改革的产物，国家开发银行成立以来，已成为我国金融体系中不可或缺的重要组成部分，并在进行不断的改革与新的发展。1998年以来，国家开发银行主动推行市场化改革，以市场化方式办政策性银行，探索了一条支持发展、防范风险的开发性金融发展路子，增强了支持经济发展的能力，提升了自身的核心竞争力。在此过程中，国家开发银行也实现了从传统意义上的政策性银行向开发性金融机构的转变，标志着我国金融制度的重要创新。

为适应经济社会发展需要，根据国家开发银行的具体情况，国务院决定实施国家开发银行的改革。中央汇金公司和国家开发银行于2007年12月31日在北京签署协议，向国家开发银行注资200亿美元。2008年2月，国务院批准了国家开发银行改革实施总体方案。根据国务院的决定，经中国银监会批准，国家开发银行股份有限公司2008年12月16日在北京成立，这标志着国家开发银行改革发展进入了新阶段，我国政策性银行改革取得重大进展。新成立的国家开发银行股份有限公司继承原国家开发银行全部资产、负债、业务、机构网点和员工，注册资本3 000亿元。财政部和中央汇金投资有限责任公司分别出资1 539.08亿元和1 460.92亿元，分别持有国家开发银行股份有限公司51.3%和48.7%的股权。

与以前相比，改革后的国家开发银行股份有限公司主要有“四个变化、四个不变”：

四个变化包括：①经营管理和运作商业化。由政策性银行转型为商业银行。②股权结构多元化。由国有独资变为股份有限公司，由国家承担无限责任转变为股东承担有限责任。③治理结构现代化。不断完善股东大会、董事会、监事会和高级管理层“三会一层”构架，探索富有中国特色的现代金融企业治理结构模式。④服务功能多样化。在商业银行服务功能的基础上，国家开发银行新增了投资银行和股权投资这两项与中长期业务配套的、特有的服务功能，即由国家开发银行股份公司独资或控股分别设立股权投资和投资银行两个子公司，两个子公司承接原由国家开发银行办理的部分业务和相应的存量资产，并根据有关规定，开展新的投资业务和投资银行业务。从而使国家开发银行的金融产品将更丰富，为客户（包括政府类）服务的能力会更强。

四个不变包括：①国有性质不变。国家开发银行改制后仍然是国家的银行，由财政部和汇金公司代表国家出资并控股。②基本职能不变。国家开发银行仍然通过开展中长期信贷与投资等金融业务，为国民经济中长期发展战略服务。③市场定位不变。国家开发银行仍继续主要从事“两基一支”（即国家基础设施、基础产业、支柱产业等重点领域建设）等中长期投融资业务，发债融资仍是该行改革后的主要资金来源，是与中长期贷款相匹配的融资方式。国家开发银行转型为商业银行后，将继续完善以债券融资为主，并积极拓展多元化资金来源的筹资机制，在相当长时间内仍是以中长期债券融资为主的债券银行和批发银行。④合作方式不变。国家开发银行仍以开发性金融原理为指导，坚持以市场化方式开展"银政合作"和"银企合作"，运用开发性方法拓展业务。

国家开发银行的改革是我国金融体制改革新的实践探索，也是新形势下我国金融体制改革的重要内容。国家开发银行以改革为契机，在正确认识和处理好开发性与政策性的关系、保本微利和市场业绩的关系的基础上，建立可持续发展的经营机制和激励约束机制，进一步增强创新能力和竞争力，更好地发挥中长期投融资优势，提升金融对经济发展的支持作用；进一步完善了业务功能，拓宽服务领域；进一步增强资本实力、抗风险能力和服务国家经济社会发展的能力。作为我国政策性银行改革的第一家，国家开发银行的改革还将为推进其他政策性银行改革积累宝贵经验。

二、中国进出口银行

(一)中国进出口银行的成立目的与主要任务

中国进出口银行是适应建立社会主义市场经济体制，深化金融体制改革，促进对外贸易的持续、快速、健康发展的要求而成立的。

中国进出口银行的业务范围主要包括：为机电产品和成套设备等资本性货物进出口提供进出口信贷(卖方信贷、买方信贷)；办理与机电产品出口信贷有关的外国政府贷款、混合贷款、出口信贷的转贷，以及中国政府对外国政府贷款、混合贷款转贷；办理国际银行间的贷款，组织或参加国际、国内银团贷款；提供出口信用保险、出口信贷担保、进出口保险业务的服务；在境内发行金融债券和境外发行有价证券；经营经批准的外汇业务，参加国际进出口银行组织及政策性金融保险组织；为进出口业务进行咨询和项目审查，为对外经济技术合作和贸易提供服务，办理经国家批准和委托的其他业务。

中国进出口银行的成立，有利于扩大和支持进出口，尤其是本国产品出口，特别是机电产品和大型成套设备的出口及大型工程项目的投资，有利于增加本国外汇收入，提高支付能力，实现对外均衡等目的。

(二)中国进出口银行的改革与发展

按照目前我国政策性银行的改革思路，进出口银行要完善内部管理，适应金融体制改革的要求。进出口银行的改革方向要根据国家经济发展的需要和我国金融体制改革的全局而定。

就进出口银行而言，目前的改革重点在于其已经明确了要进行战略转型，即从传统的官方出口信用机构转向业务全面、治理良好的国际经济合作银行。所谓国际经济合作银行，即从支持出口到支持进口，支持企业走出去进行国际投资，实现与国际经济的全面对接。实际上，经过十多年的发展，中国进出口银行已经形成了出口信贷、进口信贷、对外优惠贷款、优惠出口买方信贷、对外担保、国际结算等多层次的业务体系，资产规模处于国际同类机构前列。

从发展的视角来看，进出口银行还有许多可以拓展的新业务空间：①对"走出去"战略提供金融支持和服务。在经济全球化的趋势下，我国企业"走出去"的发展战略已经成为不可逆转的大趋势。为满足经济发展和企业"走出去"参与国际合作与竞争的需要，为我国的企业和国家整体发展战略提供支持和服务势在必行。在转型时期，进出口银行不仅继续开展全方位的出口信贷业务，而且将重点支持包括能源、资源、高新技术、关键设备和技术领域的进口信贷业务。②以政策性金融贷款支持农业经济发展和农民增收,要积极开展农产品出口卖方信贷业务,为我国社会主义新农村建设做出应有的贡献。③推进特别融资账户业务,积极配合国家中长期科技发展纲要的实施,在政策允许范围内,对高新技术企业发展所需的核心技术和关键设备的进出口,提供融资支持。④要大力开展中间业务和贸易融资业务,帮助我国企业规避、化解汇率风险。

三、中国农业发展银行

(一)中国农业发展银行的成立目的与主要任务

中国农业发展银行成立的目的是为了完善我国农村金融服务体系,更好地贯彻落实国家产业政策和区域发展政策,促进农业和农村经济的健康发展。

中国农业发展银行的主要业务范围有:办理由国务院确定、中国人民银行安排资金并由财政予以贴息的粮食、棉花、油料、猪肉、食糖等主要农村产业的国家专项储备贷款;办理粮、棉、油、肉等农副产品的收购贷款及粮油调销、批发贷款;办理承担国家粮、油等产品政策性加工任务企业的贷款和棉麻系统棉花初加工的贷款;办理国务院确定的扶贫贴息贷款、老少边穷地区发展经济贷款、贫困县县办工业贷款;办理国家确定的小型农、林、牧、水利基本建设和技术改造贷款;办理中央和省级政府支农资金的代理拨付,为各级政府设立的粮食风险基金开立专户并代理拨付;发行金融债券;办理开户企事业单位的存款和结算;境外筹资等。

中国农业发展银行的成立,有利于我国粮、棉、油等主要农副产品的生产和国家的专项储备;有利于农田基本建设,增强农业发展的后劲;有利于财政支农资金的合理有效使用;有利于老少边穷地区和贫困县的经济发展;将对我国农业和农村经济的健康发展产生积极而深远的意义。

(二)中国农业发展银行的改革与发展

近年来,为加大支持"三农"的力度,国家对农村金融体制改革作了一个总体安排。其中最重要的是发挥农行和农发行在农村金融中的骨干和支柱作用。按照目前我国政策性银行的改革思路,中国农业开发银行要完善内部管理,适应金融体制改革的要求。农业发展银行的发展方向仍然定位于政策性银行。

就农业发展银行而言,其内部改革实际上从2004年就已开始。按照国务院精神要求,深化内部改革,加强管理,对政策性业务和商业性业务进行了分类管理、分别核算。目前,农发行的改革总体上仍要按照这一思路进行。此外,围绕我国社会主义新农村建设这一时代主题,农发行的改革还应拓展思路,不断加强金融支农力度,充分发挥其在农村金融领域中的生力军作用:①在政策性银行的改革过程中,在做好粮棉油收购资金供应和管理的同时,进一步扩大我行贷款支持的范围和领域,以充分发挥全方位的支农作用;②适度增加贷款投放,成为引导社会资金回流"三农"的主导力量,为培育农村金融市场,支持农业发展做出贡献;③配合前两项的推进,进一步扩大政策性金融债券发行规模,以国家信用为依托,积极稳妥地募集业务发展所需资金。

【复习思考题】

1. 政策性银行的特征是什么?
2. 试述政策性银行的特殊职能。
3. 政策性银行的业务经营方式有哪些?
4. 我国政策性银行改革与发展的思路是什么?

财政与金融

第十六章
中国的非现金结算

第一节　非现金结算概述

一、非现金结算的产生与发展

结算业务是商业银行的一项传统中间业务，是指银行对客户因商品交易、劳务供应、资金调度等经济往来所引起的货币收付关系进行清算。结算包括现金结算和非现金结算。非现金结算也称为转账结算或支付结算，是指银行把款项从付款人账户上划转到收款人账户上而完成的一种货币给付行为。我国的《票据法》和《支付结算办法》中规定：支付结算是指单位、个人在社会经济活动中使用票据、信用卡和汇兑、托收承付、委托收款等结算方式进行货币给付及其资金清算的行为。

这种行为的产生可以追溯到早期的货币兑换业：当两个商人（客户）都托同一家钱庄保管货币时，他们之间由交易引起的债权债务就可以通过交换和传递该钱庄开出的货币存放收据来结清，而无须直接支付金银。非现金结算就这样产生了。随着商品经济的发展，商品交换的规模和范围不断扩大，大宗的远距离交易越来越频繁，人们自然要求有更加迅速，更加安全，更加方便的方式来帮助交易双方完成货币收付，结清债权债务，各种非现金结算方式便应运而生并不断发展。同时，随着银行信用的发展，为了保证贷款有充分而稳定的资金来源，银行必然要大量吸收存款。对此，它们通过广设分支机构，帮助存款客户办理各种转账结算来吸引客户，尤其是那些经常从事大宗商品买卖的大客户。这样，非现金结算业务便逐步发展成了银行吸收资金的一项重要手段。可见，非现金结算是商品经济和银行信用发展的必然结果。

二、非现金结算的实质

非现金结算作为结算方式与现金结算有着明显的区别：

（一）非现金结算是在银行内部进行的货币收付

进行非现金结算的客户，在完成自己的货币收付时，一般都不直接向对方付现金或收现金，而是通过一个与收付双方都有关系的银行来做中介，由银行来帮助其完成收与付的行为。因此，非现金结算的客户都必须在银行开有存款账户，由银行内部通过转账，即转移调整收付相关各方存款账户的余额来完成有关的货币收付关系，结清收付双方的债权债务。

(二) 非现金结算以信用为基础

非现金结算有关的货币收付一般都是同引起这种收付的交易行为相分离的。付方通常不立刻直接支付现金,这就需要有证明付方付款能力或收方债权的信用凭证,这些凭证一般称为票据,使用最多的票据是付方银行开出的银行汇票、银行本票、信用卡等,以及付方以银行存款为基础开出的支票,当然也有由收付双方自行开出的商业汇票。在一定时期内,人们可以彼此用票据转让的方式来付款,最后通过银行结清,完成货币的收付。

由此可见,非现金结算的实质是在银行信用中介基础上,以银行的转账收付代替现金收付,以信用票据流通代替现金流通。按照我国银行结算办法的规定,除了规定的可以使用现金结算的以外,所有企业、事业单位和机关、团体、部队等相互之间发生的商品交易、劳务供应、资金调拨、信用往来等等均应按照银行结算办法的规定,通过银行实行转账结算。

三、非现金结算的作用

非现金结算在促进商品经济和银行信用发展中的作用归纳起来有:

(一) 有利于扩大商品流通,加速资金周转

非现金结算的最大优点就是人们在完成大宗或远距离商品交易的货币收付时,不用携带现金,而只需通过遍布各地的银行机构转账即可。尤其是随着操作技术的现代化,电子化,结算速度越来越快,相距万里的大宗交易也能在很短的时间内做成,并迅速完成货币收付。这就必然会推动商品流通扩大规模,加速资金周转。并且由于通过银行转账结算,不论款项大小,时间长短,都有据可查,一旦发生意外情况也便于追索,从而保证结算资金的安全。

(二) 有利于节约流通费用,调节货币流通

非现金结算通过银行广设的分支机构和各银行之间的联系,往往利用一纸票据或结算凭证就可以结清数额巨大的债权债务,实现货币收付,而根本无需动用现金。这必然极大地减少流通中对现金的需要量。现金流通量的减少不仅节约了大量用于印制、清点、运送和保管现金所耗费的纯粹流通费用,而且也为国家有计划地组织和调节货币流通量,以防止和抑制通货膨胀创造了条件。

(三)有利于提高结算双方的经营管理水平,完善商品经济秩序

由于非现金结算是以信用为基础的 ,参与结算关系的双方以及作为中介的银行都需要充分了解有关各方的经营状况、财务状况以及守信程度。这无疑对参与结算各方的内部经营管理和对外守信履约提出了更高的要求。随着非现金结算的广泛运用和不断完善,就必然有利于提高参与结算各方的经营管理水平,有利于建立健全财务制度与交易法规,完善市场经济秩序。同时,实行银行结算,各单位的款项收支,大部分都通过银行办理结算,银行通过集中办理转账结算,便能全面地了解各单位的经济活动,从而监督各单位认真执行财经纪律,防止非法活动的发生,促进各单位更好地遵守财经法纪;监督各单位认真履行合同,遵守信用,从而减少由于对方单位不守信用而带来的损失。

(四) 有利于提高银行的管理与服务水平,增加信贷资金来源

非现金结算是以交易双方在银行开户为前提的,对银行而言,办理非现金结算的客户越多,资金的来源也就越多。所以,在银行业存在竞争的情况下,银行就必然努力提高管理

与服务水平,完善结算方式和结算手段,来吸引客户,聚集闲散资金,扩大银行信贷资金来源。而银行经营服务水平的提高,又会进一步促进商品生产与流通的发展。

第二节　非现金结算的原则

为了适应改革开放以来我国市场经济发展的新形势,建立良好的结算秩序,形成科学的非现金结算的方式,我国于 1996 年 12 月 1 日开始实行新的中国人民银行《支付结算办法》,其中第十六条规定了单位、个人和银行办理支付结算必须遵守下列原则:

一、恪守信用,履约付款

恪守信用,履约付款原则是指参加非现金结算的交易双方,必须以经济合同为基础,诚实守信,按合同的约定及时发货付款,尤其是付款方在没有理由的情况下,不得任意拖欠货款。

这一原则的必要性,是由非现金结算以信用为基础这一性质所决定的。非现金结算的双方在交易中无论是采用先付款后发货,还是先发货后付款的方式,都存在一方必须守信的要求,否则就会出现发货方发出商品收不到货款,或是付款方支付了货币而收不到商品的情况,造成彼此拖欠。被拖欠的一方又会因为资金周转困难,有意对其他交易单位进行新的拖欠。这样你欠我,我欠他,形成企业间环环相扣,解也解不开的三角债。其结果非但不能通过非现金结算加速资金周转,促进商品流通,反而会使正常的结算秩序遭到破坏,阻碍商品生产和流通的进行。因此正确执行这一结算原则,是顺利清偿结算双方债权债务的前提和关键,对结算的相关各方都应有重要的约束作用。当然这种约束还必须有对违约行为进行惩处的法律法规作保障。

二、谁的钱进谁的账,由谁支配

谁的钱进谁的账,由谁支配的原则是指银行作为非现金结算的中介,在结算中必须尊重付方的意愿,维护收方的利益。在付方付款后,应及时足额地将款项转入付方指定的收方账户,并依法为客户的存款保密,维护其对存款的所有权和自由支配权。除国家法律规定和国务院授权中国人民银行总行监督的项目以外,其他任何部门和地方委托监督的事项,银行一律不予受理。

这一原则的必须性是由市场经济中商品交易者独立的经济地位所决定的。在市场经济中,凡是具有合法法人和自然人地位的企业、单位和个人,在社会经济活动中都是具有独立行为能力的经济主体,他们独立的经济利益是受到国家法律保障的,一旦他们成为银行的客户,其存款资金的所有权与自主权就当然应该受到银行的保护。否则,客户就会因没有安全感而放弃通过银行去进行结算,其结果反而会造成更大的漏洞和混乱,破坏商品生产和交易的顺利进行,同时也会影响银行本身的经济利益。因此,在结算中,坚持谁的钱进谁的账,由谁支配的原则,是银行结算工作的一般常识。

三、银行不予垫款

银行不予垫款的原则是指在结算过程中,银行的职责仅限于将结算款项从付方账户转到收方账户完成双方的货币收付，结清双方的债权债务而不承担垫付任何款项的责任。收付双方都不得占用银行的资金，结算各方委托银行代付的款项不能超过自己的存款余额，委托银行代收的款项，未收妥前也不得提前支用。

这一原则的必要性在于：首先，在市场经济条件下，办理结算的银行也是独立的经济实体，有独立的经济利益，其资金的运用都是以按时归还和收取利息为前提的。因此在结算过程中，如果对任何结算客户都随意垫付资金的话，必然会增加银行资金运用的风险，造成银行的损失。其次，在我国银行业的管理中，银行的贷款规模是要受信贷计划限制的，如果每笔结算都随意占用银行资金，势必造成银行在原贷款计划以外垫付资金，其结果必然增大货币流通量，造成商品供应的紧张。因此，在结算中为了维护银行的利益，保持正常的货币流通，银行必须坚持不予垫款的原则。结算各方如因结算造成资金周转困难，应提前通过正常手续向银行申请贷款。对于那些屡次或有意向银行开空头支票的结算客户，银行可根据情况，给予必要的制裁。

以上三条非现金结算的原则，分别表明了结算各方应拥有的权利和责任，是结算工作中必须严格遵守的基本原则，只有这样才能在保证结算各方正当权益的情况下，顺利开展非现金结算工作。

第三节　非现金结算的方式

结算方式是指结算过程中，货币资金收付的程序和方法，即办理结算的组织形式。根据中国人民银行有关支付结算办法规定，现行的银行结算方式包括：银行汇票、商业汇票、银行本票、支票、汇兑、委托收款、异地托收承付结算、信用卡结算、信用证结算等。

一、银行汇票结算

银行汇票是由银行签发给汇款人持往异地办理转账结算或支取现金的票据。用银行汇票进行交易中的货币收付称为银行汇票结算方式。

其结算程序为：①客户到银行交存款项委托汇款；②银行签发银行汇票；③客户持票异地交易付款；④送交汇票委托收款；⑤办理转账或付现金。

银行汇票适用范围广。各单位和个人到异地进行交易活动、支付活动都可以使用银行汇票去进行结算。

银行汇票使用灵活。持票人可以直接用票据去付账，也可以通过银行分次办理支付，必要时还可以向其他地区转汇。

银行汇票使用安全。票随人走，人到票到。付款及时，完成交易即可支付，汇款人如填明“现金”字样，还可兑取现金。银行汇票一律“记名”，金额起点为 500 元，有效期为一个月。

二、商业汇票结算

商业汇票是由收款人或付款人（或承兑申请人）签发，并经承兑人承兑，于到期日向收款人或背书人支付款项的票据。商业汇票按承兑人的不同分为两种：由交易付款人承兑的称为“商业承兑汇票”;由付款人开户银行承兑称为“银行承兑汇票”。用商业汇票进行交易中的货币收付称为商业汇票结算。

商业汇票结算适用于在银行开立账户的法人之间根据购销合同进行的延期付款交易。异地和同城均可使用。

商业汇票经承兑后,便成为收款方的债权凭证,承兑人即成为付款人,负有到期无条件支付票款的责任,具有较强的信用保障。

商业汇票可以背书转让,成为商品交易的流通手段,也可以在未到期前到银行要求贴现。

实付贴现额 = 汇票的票面金额 - 贴现利息。

贴现利息 = 汇票的票面金额 × 贴现期 × 贴现率

使用商业汇票应注意:在银行开立存款账户的法人以及其他组织之间,必须具有真实的交易关系或债权债务关系,才能使用商业汇票。商业汇票的付款期限,最长不得超过 6 个月。

商业汇票(银行承兑汇票和商业承兑汇票)的持有人办理贴现须符合下述规定:

(1)《票据法》第十条规定:票据的签发、取得和转让,应当遵循诚实信用的原则,具有真实的交易关系和债权债务关系。

(2)国务院的《票据管理实施办法》第十条规定:向银行申请办理票据贴现的商业汇票持票人必须具备下列条件:①在银行开立存款账户;②与出票人、前手之间具有真实的交易关系和债权债务关系。

(3)中国人民银行颁布的《支付结算办法》第九十二条规定:商业汇票的持票人向银行办理贴现必须具备下列条件:①在银行开立存款账户的企业法人以及其他组织;②与出票人或者直接前手之间具有真实的商品交易关系;③提供与其直接前手之间的增值税发票(或普通发票)和商品发送单据复印。

三、银行本票结算

银行本票是申请人将款项交存银行,由银行签发给其凭以办理转账结算或支取现金的票据。分为定额和不定额两种:定额银行本票由中国人民银行发行,各商业银行代办签发和兑付,面额为 1 000 元、5 000 元、10 000 元和 50 000 元。不定额银行本票由商业银行签发兑付,金额根据申请人交存数用压数机压制。银行本票具有“凭票印付人民币”的特点,相当于一种大面额的钞票,因此要求商业银行应将签发银行本票所收取的款项及时按规定划转人民银行。

银行本票适用于单位、个人在同城进行交易的结算。填明“现金”字样的本票可以支取现金。银行本票一律记名并允许背书转让。银行本票付款期限最长不得超过 2 个月,可以背书转让。银行本票丧失,可以凭人民法院出具的其享有票据权利的证明,向出票银行请求付款或退款。

四、支票结算

支票是出票人签发的委托办理存款业务的银行在见票时无条件支付确定的金额给收款人或者持票人的票据。

支票分为转账支票和现金支票两种。现金支票只能用于支取现金，转账支票只能用于转账。单位和个人在同一票据交换区域的各种款项结算，均可以使用支票。签发现金支票必须符合国家现金管理的规定。禁止签发空头支票，不得签发与其预留银行签章不符的支票，使用支付密码的，不得签发支付密码错误的支票，否则银行予以退票，让单位统一作废。支票的付款期限为 10 天。一般不允许背书转让。

支票结算是一种传统的应用广泛的结算方式，使用灵活方便，但受银行监督差，容易出现开空头支票，以及支票丢失等问题，因此要求一切使用支票的单位必须按规定严格管理。

五、汇兑结算

汇兑也是一种传统的结算方式，是指付款单位和个人委托银行将款项汇给外地收款人的一种结算方式。异地间的商品交易、劳务供应资金调拨、清理旧欠、临时采购、差旅费用等都可采用汇兑结算的方式，具有划拨款项简单、灵活的特点。

汇兑可分为信汇、电汇两种。信汇是由汇出银行用邮寄信函的方式通知汇入银行、电汇则是由汇出银行运用各种电传手段通知汇入银行。

汇入银行兑付汇款时也有四种方式：①直接将汇款划到收款人账户上。②通知收款人来银行领取。③汇款留银行等待收款人自行来取。④为采购资金的汇款开立临时采购账户，采购发生时办理转账或支付。

目前，我国的一些商业银行利用银行计算机网络，开通了覆盖全国的电子汇兑系统，以实现异地资金划拨本行内实时到账，跨行资金 24 小时内到位，节假日不处理跨行业务。

六、委托收款结算

委托收款是收款人委托银行向付款人收取款项的结算方式。同城、异地均可办理委托收款。单位或个人凭已承兑商业汇票、债务、存单等付款人债务证明办理款项的结算，均可以使用委托收款结算方式。

委托收款结算要求收款人填制委托收款凭证，连同收款依据单证一并提交银行。银行接受且将其寄给付款单位的开户银行转交付款单位，通知其在 3 日内付款。付款人 3 日内不向银行提出异议，银行视同同意付款，在第 4 日上午主动将款项从付方账户划转到收款人委托银行。付款方拒付要出具理由书，由银行将拒付理由书及原委托收款凭证一并退还收款人，银行不负责审查拒付理由。

七、异地托收承付结算

托收承付是指根据购销合同由收款人发货后委托银行向异地付款人收取款项，由付款单位向银行承认付款的结算方式

这是一种根据合同先发货后付款的结算方式，一般适用于异地之间有固定交易往来的单位之间的结算。使用托收承付结算方式的收款单位和付款单位，必须是国有企业，供销合作社以及经营管理较好、并经开户银行审查同意的城乡集体所有制工业企业。办理托收承付的款项，必须是商品交易，以及因商品交易而产生的劳务供应的款项。代销、零售、赊销商品的款项不得办理托收承付结算。托收承付结算的金额起点为 10 000 元，新华书店系统每笔金额起点为 1 000 元。

收款单位按照签订的购货合同发货后，委托银行办理托收、付款单位应在承付期内审查核对，安排资金。承付货款分为验单付款和验货付款两种，验单付款承付期为 3 天，验货付款承付期为 10 天，付款单位在承付期满日银行营业终了时，如无足够资金支付，其不足部分按逾期付款处理，并处以逾期付款赔偿金。付款单位经过验单或验货，发现收款单位托收款项计算错误或所收货物的品种、质量、规格、数量等与合同规定不符等情况，可以在承付期内提出全部或部分拒付，并填写"拒付理由书"送交开户银行，开户行认为符合拒付条件的，即转给收款方开户银行再通知收款单位进行处理。

在有相关法律法规的保障下，这种结算方式有助于促进按经济合同交易，建立良好的商品交易秩序。

八、银行卡(信用卡)结算

银行卡是商业银行向个人和单位发行的，凭其向特约单位购物、消费和银行存取现金，具有消费信用的特制载体卡片。银行卡按使用对象分为单位卡和个人卡，按信誉等级分为白金卡、金卡和普通卡。单位卡账户的资金一律从其基本存款账户转账存入，不得交存现金，不得将销货收入的款项存入其账户。单位卡不得用于 10 万元以上的商品交易、劳务供应款项的结算。随着计算机网络的发展与普及，银行的结算也日趋无纸化和电子化，银行卡就是结算无纸化、电子化的产物。由于电子结算方式的快捷、方便和安全，因此使银行可以通过银行卡将大量个人支付也纳入非现金结算的范围以内。

银行卡按是否具有透支功能，银行卡可分为信用卡和借记卡。

信用卡是具有消费信贷功能的银行卡。按是否向商业银行交存备用金，信用卡又可分为贷记卡和准贷记卡两种。贷记卡由发卡银行给予持卡人一定的信用额度，允许持卡人在信用额度内"先消费，后付款"。而准贷记卡则要求持卡人在开户存款后，当账户余额不足支付时，才可在发卡银行规定的信用额度内透支。

借记卡是一种"先存款、后消费"无透支功能的银行卡。借记卡按功能细分，又包括转账卡(含储蓄卡)、专用卡和储值卡。转账卡是实时扣账的借记卡，具有存取现金、消费转账结算的功能。专用卡是用于除百货、餐饮、饭店、娱乐行业以外的特定区域和专门用途的借记卡，如工商银行的牡丹专用卡。储值卡是发卡银行根据持卡人要求将资金转至卡内储存，交易时直接从卡内扣款的预付钱包式借记卡。

银行卡的主要功能有：①存取款功能。持卡人凭银行卡可在本地或异地的银行受理网点、自动柜员机通存通兑现金。②转账结算功能。银行卡的持卡人在指定的商场、饭店及其他特约户购物消费后，无须以现金货币支付款项，而是使用银行卡进行转账结算。③消费信贷功能。银行卡(信用卡)持卡人在购物消费过程中，所要支付的货款和服务费用超过卡内存款余额时，在规定的限额内，发卡银行允许持卡人有透支行为。

银行卡结算由于将个人的零星消费支付都纳入了非现金结算领域，因此它的广泛使用可以进一步减少流通中对现金货币的需要量，也可以减少个人外出旅行携带大量现金的风险。目前很多行政事业单位也利用公务卡对用于因公出差的各种消费性支出进行支付。

九、信用证结算

信用证结算方式是国际结算的一种主要方式。信用证是进口方银行向出口方开立的以出口方按规定提供单据和汇票为前提的支付一定金额的书面承诺，是一种有条件的付款凭证。经中国人民银行批准经营结算业务的商业银行总行以及经商业银行总行批准开办信用证结算业务的分支机构，也可以办理国内企业之间商品交易的信用证结算业务。

采用信用证结算方式的，收款单位收到购货方银行开出的信用证后，即备货装运，签发有关发票账单，连同运输单据和信用证，送交银行，银行根据退还的信用证等有关凭证编制收款凭证；付款单位在接到开证行的通知时，根据付款的有关单据编制付款凭证。

采用信用证结算方式，对买方来说，在申请开证时不用交付全部开证金额，只需交付一定比例的保证金或担保品，或提供资信良好的保证人作担保，也可以凭开证行授予的授信额度开证，以避免流动资金被大量占用。对卖方来说，只要收到资信较好银行开立的有效信用证后，就可向其往来银行申请利率较低的打包放款或其他装运前贷款。为此，各商业银行就会加强对客户的资信管理，让不同信誉的企业在此平台上的运作成本有所区别，给信誉好的企业带来更多收益，让信誉不好的企业付出更高成本。这样也会促使社会成员不断提高自身信用等级，并为建设诚信社会打下良好基础。

十、网上支付

由于电子商务的广泛开展，我国个人网上支付方式也发展迅速。网上支付是电子支付的一种形式，它是通过第三方提供的与银行之间的支付接口进行的即时支付方式。

（一）网上支付的特征

（1）网上支付是采用先进的技术通过数字流转来完成信息传输的，其各种支付方式都采用数字化的方式进行款项支付。

（2）网上支付的工作环境是基于一个开放的系统平台（即因特网）；而传统支付则是在较为封闭的系统中运作的。

（3）网上支付使用的是最先进的通信手段，如因特网、Extranet。网络支付对软、硬件设施的要求很高，一般要求有联网的微机、相关的软件及其他一些配套设施。

（4）网上支付具有方便、快捷、高效、经济的优势。用户只要拥有一台上网的 PC 机，便可足不出户，在很短的时间内完成整个支付过程。支付费用仅相当于传统支付的几十分之一，甚至几百分之一。网络支付完全突破了时间和空间的限制，可满足每周 7 天、每天 24 小时的工作模式，效率非常高。

（5）网络支付需要一定的技术支持。由于网络支付工具和支付过程具有无形化、电子化的特点，因此对网络支付工具的安全管理不能依靠普通的防伪技术，而是通过用户密码、软硬件加密和解密系统以及防火墙等网络安全设备的安全保护功能的实现。

（二）网上支付的方式

（1）网银支付：直接通过登录网上银行进行支付的方式。要求：开通网上银行之后才能进行网银支付，可实现银联在线支付、信用卡网上支付，等等，这种支付方式是直接从银行卡支付的。

（2）第三方支付。第三方支付本身集成了多种支付方式，流程如下：①将网银中的钱充值到第三方；②在用户支付的时候通过第三方存款进行支付；③支付手续费进行提现。第三方的支付手段是多样的，包括移动支付和固定电话支付。最常用的第三方支付是支付宝、财付通、贝宝、易宝支付、快钱、网银在线。

网上购物逐渐成为人们的主流购物方式,但在享受方便的网购时,保证网上支付安全显得更加重要。

非现金结算是商业银行的主要中间业务之一,其结算方式不是一成不变的,它会随着商品经济的发展和人们对交易付款方式要求的变化而不断变化和完善,它也是商业银行通过不断创新以提高竞争能力的重要领域。

【复习思考题】

1. 非现金结算的实质和作用是什么?
2. 非现金结算的原则有何重要性?
3. 我国现行的非现金结算方式有哪些?

第十七章
国际金融

第一节　外汇与外汇汇率

一、国际金融的特点和范围

国际金融是指世界各国之间在开放的宏观经济条件下从事经济活动中的金融关系，主要包括国际间货币的兑换、结算、借贷、投资和储蓄保值等活动。从货币角度，国际金融与国内金融都是经济生活中的货币信用关系。但由于国际金融所涉及的货币运动超越了国界，存在于复杂的国际社会之中，从而使国际金融又具有不同于国内金融的几个显著特点：①国际金融活动的实现建立在采用国际支付手段的基础上；②国际金融活动受各国法律及相关国际协议惯例的制约；③国际金融活动的风险较大。因此，一个国家要推行自己的对外政策，增强本国的国际竞争能力，必须高度重视国际金融活动的特点，注意研究和掌握国际社会经济、金融形势的变化，为本国的对外经济服务。

二、外汇的概念

从狭义上说，外汇是指以外国货币表示的，用于国际债权债务清算的支付手段，其内容主要包括：①外国货币，一般指国际社会广泛接受的某一国的货币，如美元、英镑、日元等在国际金融市场上可以自由兑换的货币。②外币有价证券，如外国政府公债、国库券、公司债券、股票、息票。③外币支付凭证，包括银行存款凭证、银行汇票、商业汇票、银行支付委托书。④其他外汇资金。上述内容是各国可能将其作为国际支付手段的外汇范畴，但是它们都必须具备两个特点：一是必须是以外国货币表示的资产，即各国在清偿他国的债务时，通常情况下只能用国际社会通用的某些外国货币或以外国货币表示的国际支付手段。二是可以自由兑换。一般而言，只有那些为各国普遍接受，并又能在外汇市场上自由买卖的外币以及外币支付手段的货币才能成为外汇。因此，衡量一个国家的货币是否可作为国际支付手段的外汇，必须同时具备上述两个特点。

三、汇率

（一）汇率的含义

国家之间因经济贸易或其他原因实现货币的收支，必然涉及不同国家货币的相互兑换。这种兑换,从理论上讲,应以各国货币本身所能代表的价值作为基础,并确定兑换的比率,因此,汇率或称汇价,即两种货币兑换的比率,是以一种货币表示的另一种货币的价格。只有确定了不同货币之间的汇率,才能最终实现各国在国际经济关系中的货币收支结算。

(二)汇率的标价方法

在国际社会中,可以确定外国货币为标准单位,也可以确定本国货币为标准单位来确定汇率,这样即产生两种不同的标价方法。

1. 直接标价法

直接标价法是以一定单位(1、100、10 000 等)的外国货币作为标准,用一定数额的本国货币来表示外国货币的价格。在此标价法下,外国货币数额固定不变,本国货币数额随各方面条件的影响而变化。在直接标价法下,如果一定单位的外币兑换的本国货币数量增加,则外汇汇率上涨,一般反映出外国货币币值上升或本国货币币值下降。如果一定单位的外币兑换的本国货币数量减少,则外汇汇率下跌,一般反映出外国货币币值下跌,本国货币币值上升。目前国际上大多数国家都采用直接标价法,我国的外汇牌价也采用直接标价法来公布。

2. 间接标价法

间接标价法是以一定单位的本国货币为标准,用一定数额的外国货币来表示本国货币的价格。在这种标价法下,本国货币数额固定不变,外国货币随各种条件变化的影响而变化,如果一定单位的本币兑换的外币数量增加,则说明外币币值下降,本币币值上升,本国货币汇率上涨,外国货币汇率下跌。如果一定单位的本币兑换的外币数量减少,则外币币值上升,本币币值下降,本国货币汇率下跌,外国货币汇率上涨。目前国际上只有少数国家(如英国)采用间接标价法。

上述两种标价法中,衡量外汇汇率的涨跌情况正好相反,在直接标价法下,外汇汇率的涨跌与本币数额的增减呈正相关,即本币数额增加外汇汇率上涨,反之则反是。而在间接标价法下,外汇汇率的涨跌与外币数额的增减呈负相关,即外币数额减少,外汇汇率上涨;外币数额增加,外汇汇率下跌。所以,要明确外汇汇率的变化,首先要明确采用何种标价方法。

在国际社会中,汇率的标价方法传统上主要分为上述两种,但由于战后美国的迅速发展和美元地位的上升,因此,从 20 世纪 50 年代起,世界主要外汇市场开始采用美元标价法,即在外汇市场上的各大银行外汇挂牌只标明美元对其他主要货币的汇价,其他各主要货币之间的汇价则需要通过各自和美元的汇价才能套算出来。

四、汇率制度分类

国际汇率制度分为固定汇率制度与浮动汇率制度。

固定汇率制度是两国货币的汇率基本固定的制度。在这一制度下,汇率的波动限制在一定幅度之内。这种汇率制度在发展过程中有两种表现形式:

一是在典型金本位制度下的固定汇率制度。这时汇率决定的基础是两国铸币的含金量,在这种典型的固定汇率制度下,汇率波动的幅度受黄金输送点的严格限制。

二是在畸形的金本位制度下的固定汇率制度。这是在第二次世界大战之后到 1973 年间国际货币基金组织成员国所实行的固定汇率制度,这实际上也是以美元为中心的固定汇率制度。在这种汇率制度下，各国货币汇率根据其纸币法定含金量之比，即黄金平价来确定。它产生于1944年7月1日的布雷顿森林协议。其基本内容是美元与黄金直接挂钩，其他国家货币与美元挂钩。当时，各国政府必须承认35美元等于一盎司黄金官价。1美元的含金量为0.888 671克，各国货币对美元的汇率，则按各国纸币的含金量与美元含金量的比率来确定，各国货币对美元的汇率只能在黄金平价上下各1%的限度内波动。1971年12月2日调整为黄金平价上下2.25%。超过这一限度，各国中央银行有义务在外汇市场上进行干预，以保持汇率的稳定。

三是浮动汇率制度，即各国货币之间的汇率不予以固定，汇率波动也不受限制，而随外汇市场上的供求变化而自由波动。浮动汇率制度逐步为各国普遍接受与美元的逐渐贬值直接相关。在浮动汇率制下，汇率上下波动成为正常现象，这种浮动又可分为自由浮动和管理浮动。自由浮动即汇率的高低完全由市场中外汇的供求状况决定，政府不进行任何直接或间接的干预。但事实上，各国政府为了本国利益，都会对汇率进行干预，这就是管理浮动，即各国政府对汇率的波动采取各种干预措施，以使汇率浮动符合本国的经济利益。

五、国际金融实践中基本的汇率概念

（一）按制定汇率的方法分为基本汇率和套算汇率

基本汇率是指一国货币对某一关键货币的比率。关键货币是在本国国际收支中使用最多、在本国外汇储备中所占比重最大、可以自由兑换的国际上普遍接受的货币，在国际社会中，许多国家都把美元作为关键货币并据以计算基本汇率。

套算汇率是指两种货币通过各自对第三种货币（一般为美元）的汇率而计算出来的汇率，通常是一国制定了基本汇率后，对其他国家货币的汇率，按基本汇率套算出来。如2013年3月15日1美元=7.75港元，1英镑=1.57美元，则1英镑=7.75×1.57=12.17港元。

（二）按国家对外汇管理的宽严程度分为官方汇率与市场汇率

官方汇率是指一国外汇管理当局公布的汇率，一切外汇交易都必须以此汇率为准。在外汇管制严格和禁止外汇自由买卖的国家一般实行官方汇率，而没有市场汇率，一切外汇收入都必须按官方汇率卖给国家银行，一切外汇支出都必须得到批准，按官方汇率从国家银行买入。

市场汇率是由外汇市场上的供求关系状况决定的汇率。不实行外汇管制或管制较松的国家，允许外汇自由买卖，汇率随供求变化自由浮动，但各国金融当局对此也有干预，其目的是使市场汇率不至于危害本国经济。

（三）中间价

中间价是外汇买入价与卖出价的算术平均数，即中间价 $=\dfrac{\text{买入价}+\text{卖出价}}{2}$。

六、人民币汇率的确定

人民币是我国的本位币，也是国内唯一合法的流通货币。新中国成立后，政府并未规定过人民币的含金量，因此人民币与任何外国货币也未建立固定的比价，也不是完全随市场供求变化而任其自由浮动，但在实际经济生活中，由于对外经济贸易关系的开展，客观上需要人民币与外国货币的兑换，需要建立人民币汇率，这样，我国人民币汇率的确定主要是

通过国内外物价对比，并考虑我国国际收支状况来制定的。与此同时，在国际汇率制度实行固定汇率制时期，我国人民币汇率也采取了坚持稳定的方针，在原汇率的基础上，参照各国政府在这一时期中公布的比率来制定人民币汇率，只有在外币汇率变动时，人民币汇率才做相应的调整。而在国际汇率制度转化为浮动汇率制后，各国货币汇率按供求关系自由浮动，这使我国政府也难以再参照各国政府公布的法定汇率来制定人民币汇率。这时人民币汇率制定的原则，则参照国际金融市场上汇率的变化情况，选用若干种具有代表性的，与我国对外贸易有关的自由兑换货币，依据这些货币汇率的变化情况，作相应的调整，即采用“一篮子货币”的定值方法。因此，长期以来，我国人民币的汇率制度实行的是有管理的浮动汇率制度。

改革开放前，我国实行的是盯住由十几种主要货币构成的货币篮子的有管理的浮动汇率制度。1994 年之后，中国一度实行单一地有管理的浮动汇率制度，即单一地盯住美元的汇率制度，这是中国政府应对 1997 年东南亚金融危机的临时性措施，目的在于防止国际投机资本对我国经济的干扰。2005 年 7 月 21 日起，我国开始实行以市场供求为基础、参考“一篮子货币”进行调节、有管理的浮动汇率制度。这种以市场供求为基础、参考一篮子货币进行调节、有管理的浮动汇率制度能抑制投机、减少汇率的过度波动。中国人民银行指出：“参考一篮子表明外币之间的汇率变化会影响人民币汇率，但参考一篮子不等于盯住一篮子货币，它还需要将市场供求关系作为另一重要依据，据此形成有管理的浮动汇率。”这说明在人民币汇率制度条件下，中央银行仍有必要在汇率形成过程中根据市场情况对人民币汇率发挥其应有的作用，以保持人民币汇率在基本稳定的前提下增加汇率的灵活性。

我国人民币汇率由国务院授权国家外汇管理局统一制订、调整和公布，由中国银行对外挂牌。人民币汇率采用直接标价法，以 1、100、10 000 个外币单位为标准，折算为一定数量的人民币；人民币汇率实行银行买卖价两个档，买价是指银行用人民币买入外汇的价格，卖价是指银行卖出外汇时所收取的人民币价格，之间的差额为 5‰，作为银行的费用收入；外汇价通常为银行通过电传、电报买卖外汇的价格，即电汇汇价，而外钞价是银行买卖外汇现钞的价格。现钞买入价比电汇的买入价低，现钞卖出价则与电汇卖出价相同。

第二节　外汇管理

一、外汇管理的含义

外汇管理（也称外汇管制）是指一个国家为维护国际收支平衡，保障本国经济的发展，根据本国需要，对其国境内和管辖范围内的外汇的收支、买卖、借贷、转移，以及国际结算、外汇汇率和外汇市场等实行的控制管理政策或措施。由于当今国际交往日益频繁和扩大，各国对外经贸关系通常都会发生大量的外汇收支，实行外汇管理可以维护国家的外汇权益，改善本国国际收支，所以各国都不同程度地实行外汇管理制度。现代一些国家虽然名义上取消了外汇管制，但实际上对居民的非贸易收支和非居民的资本与金融账户收支也时常实行间接的限制。事实上，当代世界各国都无一例外地实行外汇管制，其差别只是管制程度的不同。

二、外汇管理的目标

(1)通过外汇管理能改善一国国际收支,维持本国货币汇率的稳定。国际收支顺差或逆差都是国际收支不平衡的表现,如一国的国际收支长期存在逆差,则意味着本国的外汇储备大量流失或外汇储备短缺,这将使一国的国际支付能力下降,进而会导致本币汇率不断下跌,本国货币的币信降低。而外汇的流失或短缺,还会导致国内投资严重不足,影响国内经济发展与出口,使一国外汇收入下降,并加剧国际收支的逆差。如一国国际收支长期处于顺差,通常可引起本国货币的逐步升值,这可能导致大量的国际资本流入,使本国外汇占款增加,迫使中央银行投放更多的本币,进而诱发或加剧一国的通货膨胀。因此,通过外汇管理,采取必要措施控制一国的国际收支差额,可以改善该国的国际收支状况,也能维护本国货币汇率的稳定,为一国经济的正常发展服务。

(2)通过外汇管理稳定一国物价。汇率波动将影响进出口贸易的成本和利润,进而影响一国市场的物价水平。本币的升值会造成外汇过度流入,本国货币流量增加,使国内物价水平上升,使一国的对外贸易面临更高的风险。通过加强外汇管理,可将本国货币汇率维持在一个比较稳定的水平上,从而使本国物价水平不致发生大的波动,并减少进出口贸易的经济风险。此外,实行外汇管理能使一国在一定时期内的资本流入和流出保持相对稳定,减轻外汇流动对本国经济的影响,防止国际市场波动对本国经济的冲击,以保证国内经济物价的相对稳定。

(3)通过外汇管理保护民族产业的发展,促进一国产业结构的合理化。政府可以通过必要的外汇管理措施,为本国需要扶持的产业部门提供条件。如为一国的企业提供外汇支持,将有利于企业引进某些必需的原料和国外先进技术与设备,可以促进本国某些工业部门实现较快的发展,提高企业的国际竞争能力,有利于完善一国的产业结构。

此外,一国实行外汇管理,通过垄断外汇业务的买卖和对外汇交易的管制,经营许可证的审批以及配合关税政策的合理运用,还有利于国家的财政收入增加,有利于发展本国经济。

三、中国的外汇管理

(一)我国的外汇管理机构

我国外汇管理的主管机构,是中国人民银行领导下的国家外汇管理局,其基本职能是:管理国家外汇、制定外汇管理法令、编制一切贸易和非贸易外汇收支计划、检查监督计划的执行情况,并做好外汇收支平衡工作。

(二)我国的外汇经营主体

随着我国金融体制的改革,我国在具体的外汇经营管理政策方面有了较大的变动,主要是改变了过去单纯由中国银行独家经营外汇业务的做法。目前,经国家批准,除中国银行外,交通银行、中国工商银行、中国建设银行、中国农业银行、中国国际信托投资公司,以及经批准的其他国内外商业银行与金融机构都可经营外汇业务。

(三)我国外汇管理的主要内容

我国外汇管理随着国家政治经济形势的变化不断进行调整,目前,外汇管理涉及的主要内容如下:

1. 贸易项目外汇管理

贸易外汇管理是国家授权外汇管理部门,根据国家有关政策、法律规定,对贸易外汇实行管制性的措施,其目的是保证我国的出口创汇能安全、及时、全部收回。贸易外汇管理以真实性审核为基础,以实施均衡管理为目标指向,最终实现贸易项目差额的可持续性和适度性。从管理内容看,包括出口少收汇(逃汇、截留外汇)、进口多付汇(套汇、骗汇)、出口多收汇(投机资金流入)和进口少付汇(投机资金流出)四个方面。贸易外汇占我国外汇收入的80%以上,在我国的外汇管理中占有极为重要的地位。

2. 非贸易项目外汇管理

非贸易外汇管理是指我国的外汇管理机关对不属于商品进出口范围的经常性外汇收支实行的限制性措施。从管理内容看,涉及对侨汇、旅游外汇、劳务外汇、运输、银行、保险、税务及个人的外汇,外国驻华机构、驻外机构的经营费等方面。管理好非贸易外汇收支、努力增收节支,对平衡我国的国际收支,增加外汇储备,提高我国的外债承受能力都有重要意义。由于没有所谓的物流信息可供核对,非贸易外汇管理通过在法规中明确银行审核外汇收支所涉及的单证,通过与税务、商务等上游主管部门合作进行真实性审核。

3. 资本项目外汇管理

资本项目外汇管理是对资本与金融项目交易活动的管理。资本项目管理的主要目的是促进资本流进流出的均衡,稳步推进人民币资本项目的可兑换,维护国家经济安全。在资本项目可兑换进程中,我国实行审慎、稳妥、可控的原则。目前,中国资本项目管理包括中外资企业资本项目管理和个人资本项目管理。外资企业外汇管理包括外汇企业在华直接投资外汇管理、信贷管理和贸易信贷外汇管理、境外投资和境外放款外汇管理、合格境外机构投资者(QFII)管理等。中资企业外汇管理包括境外投资外汇管理、境外放款管理、境外融资外汇管理、信贷和贸易信贷外汇管理、合格境内投资者(QDII)外汇管理。个人资本项目外汇管理包括境内个人资本项目外汇管理和境外个人资本项目外汇管理。前者如境内个人可以通过QDII对外金融投资、个人合法财产向境外转移等。后者如境外个人在中国设立外商投资企业通过QFII投资中国境内的资本市场等。

(四)我国外汇管理体制的改革

改革开放以前,由于我国外汇资源短缺,按高度集中的计划经济体制的要求,一直实行较严格的外汇管制。改革开放后,随着经济体制的改革,我国的外汇管理体制也经历了一个不断改革的过程。其主要的改革包括几个内容:

1. 实行外汇留成制度

从1979年开始,为调动创汇单位的积极性,扩大外汇收入,我国开始改革统收统支的外汇分配制度,实行外汇留成办法,即在保证国家对外汇的集中管理、统一平衡的同时,实行贸易和非贸易外汇留成,适当留给创汇的地方和企业一定比例的外汇,以解决其发展生产、扩大业务所需要的物资进口。外汇留成的对象和比例由国家规定。留成外汇的使用须符合国家规定,随留成外汇的范围和比例逐步扩大,指令性计划分配的外汇则逐步减少。

2. 建立和发展外汇调剂市场

外汇留成制办法的实施,调动了企业单位的创汇积极性,但也产生了一些创汇单位保有留成外汇资金闲置,一些单位急需外汇而缺乏外汇的问题,为解决这一矛盾,我国从1980年10月起,建立了“外汇调剂市场”,即由中国银行开办外汇调剂和额度借贷业务,允许留成单位将闲置的外汇按国家规定的价格卖给或借给需要外汇的单位,实现余缺调剂。此后,外汇调剂的参与者与业务范围逐步扩大,到 1991 年左右,外商投资企业以及个人均可进入调剂市场买卖外汇,与此同时,国家还规定了从调剂市场购汇的用汇范围。外汇调剂市场的建立,在当时起到了弥补官方外汇市场存在的不足,协调创汇企业和用汇企业的经济利益,打击外汇黑市交易的作用,也为实现有管理的浮动汇率制积累了经验。

3. 建立以市场供求为基础的、有管理的浮动汇率制度和统一规范的外汇市场

1994 年,随着改革开放的深入进行,为了克服旧的外汇管理体制的弊端,在党的十四届三中全会《决定》中明确要求,要改革外汇管理体制,建立以市场供求为基础的、有管理的浮动汇率制度和统一规范的外汇市场,逐步使人民币成为可兑换货币。以此为依据,我国在外汇管理上作了一些主要的改革:一是实现汇率并轨,建立单一的、以市场供求关系为基础的、有管理的浮动汇率制度。从 1994 年 1 月 1 日起,我国人民币官方汇率和市场调剂价格并轨,实行单一汇率。并轨后,人民币汇率主要由外汇市场的供求关系决定,货币当局可根据外汇市场情况在必要时进行宏观调控,以维护外汇市场的相对稳定。二是实行外汇收支结售汇制,取消外汇上缴和留成,取消用汇的指令性计划和审批,并从 1994 年 1 月 1 日起,允许人民币在经常账户下有条件可兑换。三是建立统一的、规范化的、有效率的外汇市场。1994 年中资企业退出外汇调剂中心,外汇指定银行成为外汇交易的主体。同年 4 月,银行间外汇市场——中国外汇交易中心在上海成立,并连通全国所有分中心,4 月 4 日起中国外汇交易中心系统成立运营,采用会员制、实行撮合成交集中清算制度,中国人民银行根据宏观经济政策目标,对外汇市场进行必要的干预,以调节市场供求,保持人民币汇率的稳定。四是强化外汇指定银行的依法经营和服务功能,加强国际收支的宏观管理。为使外汇指定银行更好地履行其职责,国家对外汇指定银行的结算周转外汇实行比例管理,即各银行持有超过其高限比例的结算周转外汇,必须出售给其他外汇指定银行或人民银行;反之,如其结算周转外汇降到低限比例以下,则应从其他外汇指定银行或人民银行购进弥补。五是重申禁止外国货币在我国境内的计价、结算和流通。1994 年 1 月 1 日,中国重申取消境内外币计价结算,禁止外币境内流通和私自买卖外汇,停止发行外汇兑换券。对于市场流通的外汇兑换券,允许继续使用到 1994 年 12 月 31 日,并于 1995 年 6 月 30 日前到中国银行兑换美元或结汇成人民币。此外,在这次改革中,国家对资本与金融账户的外汇收支继续实行计划管理和审批制度,并建立了国际收支统计申报制度,以加强对外汇收支和国际收支状况与变化趋势的分析和预测。通过这次改革,市场机制在我国外汇管理方面的作用得到增强,实现了人民币经常账户下有条件可兑换,也为实现人民币可自由兑换打下了基础,并因此带动了金融体制、外贸体制及其他领域的改革,这对促进我国经济全面融入国际社会,对我国社会主义市场经济体系的建立和发展,规范我国在外汇管理方面的法律制度,提升国家的宏观调控能力均产生了十分重要的作用。

4. 推进人民币经常账户可兑换的改革

为适应市场经济制度发展的需要,以我国国际贸易的发展与国际收支的改善为基础,我国加快了人民币与外币的兑换制度改革。从 1996 年 7 月 1 日起,外商投资企业外汇买卖纳入银行结售汇体系,并将外商投资企业的外汇账户区分为用于经常账户的外汇结算账户和用于资本与金融账户的外汇专用账户。外汇局核定外汇结算账户的最高金额,外商投资企业在核定的限额内可保留经常项下的外汇收入,外商投资企业经常账户下的对外支

付，凭规定的有效凭证可直接到外汇指定银行办理，同时，继续保留外汇调剂中心为外商投资企业的外汇买卖服务（1998 年 12 月 1 日，外汇调剂中心关闭以后，外商投资企业外汇买卖全部在银行结售汇体系进行。）。与此同时，国家提高了居民用汇标准，提高居民因私兑换外汇的标准，扩大了供汇范围，取消了出入境展览、招商等非贸易非经营性用汇的限制，并允许驻华机构及来华人员在境内购买的自用物品、设备、用 具等出售后所得人民币款项可兑换外汇汇出。因此，自 1996 年 12 月 1 日起，我国宣布接受《国际货币基金组织协定》第八条第二款、第三款、第四款的义务，实现人民币经常账户下的可兑换，不再限制经常性国际交易支付和转移，不再实行歧视性货币安排和多重货币制度，并于 1997 年 1 月修改了《中华人民共和国外汇管理条例》，消除了经常账户下存在的汇兑限制问题，人民币完全实现了经常账户下的可自由兑换，迈出了我国实现人民币全面的可自由兑换的重要一步。

5. 推进人民币资本项目可兑换的改革

在我国于 1996 年 12 月实现经常项目可兑换之后，资本项目便成为日常外汇管理的核心，推进人民币资本项目可兑换的改革就提上了日程。资本项目可兑换就是允许居民和非居民持有跨境资产及从事跨境资产交易。资本项目可兑换是一个逐渐放松资本管制的过程。但资本项目的可兑换并不是完全放任跨境资本的自由流动与兑换，而是一种有管理的资本流动与兑换。近年来，我国资本项目可兑换的步伐已经明显加快。资本项目的外汇管理已逐步减少了行政管制，逐步取消了内外资间、国有与民营企业间、机构与个人间的差别待遇。按照《IMF 汇兑安排与汇兑限制 2011》的资本项目所包含的 40 个项目中，我国已有 22 个项目实现部分可兑换，14 个项目实现基本可兑换，只有 4 个项目还不可兑换。部分可兑换主要集中在债务市场交易、股票市场交易、房地产市场交易和个人资本交易四大类。基本可兑换主要集中在信贷工具交易、直接投资、直接投资清算等方面。不可兑换主要是非居民参与国内货币市场、基金信托市场和衍生金融工具交易等方面。

6. 推进人民币国际化的改革

随着中国成为世界第二大经济体，国内外对人民币成为与美元、欧元一样的国际货币的关注与日俱增，中国采取了若干措施积极推进人民币的国际化。人民币国际化的路径可以概括为：人民币周边化，即人民币在中国周边国家和地区流通并在周边国家与地区作为贸易结算工具。目前人民币的周边化已经基本实现。接下来是人民币的区域化，即人民币在东亚地区成为贸易和投资货币。最后是人民币成为各国的储备货币。到那时，人民币执行着国际支付手段、交易媒介、流通手段和储备货币的职能，人民币也就实现了国际化。为了推进人民币国际化，我国与周边国家和地区签署了用人民币结算的双边协议、允许国际金融机构发行人民币债券、允许境内企业用人民币对外投资、与一些国家货币当局签署了双边货币互换协议、发展人民币离岸交易中心、人民币与日元直接交换等。

第三节　国际收支

一、国际收支的概念

按照国际货币基金组织编写的《国际收支手册》（第 5 版）的定义，所谓“国际收支是一种统计报表,它系统地记载了在特定时期内一经济体与世界其他地方的各项经济交易”。为了集中反映一国国际收支情况,各国都编制国际收支平衡表。

二、国际收支的主要内容

目前世界各国的国际收支通常由三大项目组成:

(一)经常账户

经常账户是指本国与外国之间经常发生的,并在整个国际收支总额中占主要地位和最大比重的项目。一般由贸易收支、服务收支和经常转移收支三项构成。

(1)贸易收支,也称有形贸易收支,它表明一国进出口商品引起的外汇收支。这是经常项目中最重要的项目。商品出口形成贸易外汇收入,商品进口形成贸易外汇支出。贸易外汇收入大于支出,称为贸易外汇顺差;贸易外汇支出大于收入,称为贸易外汇逆差。

(2)服务收支,也称无形贸易收支,主要包括运输、保险、通信、旅游等各种服务引起的收入和支出,以及由于资本输出输入,信贷和投资引起的利息、股息和利润的收入和支出。

(3)经常转移收支,是指单方面进行的、不要求等价交换或偿还的价值转移,所以又称为单方面转移。一般由私人转移收支和政府转移收支构成。私人转移是指私人(侨民)以单方面汇款、财产继承款、养老金、宗教和教育捐款、各种奖金和奖学金等的转移收支。政府转移一般是指政府间的经济或军事援助、战争赔款、赠与、没收走私商品、税款等。

(二)资本和金融账户

它由资本账户和金融账户构成。

1. 资本账户

资本账户的主要组成部分是资本转移和非生产、非金融资产的收买/放弃。

资本转移涉及固定资产所有权的转移,同固定资产买进联系在一起或以其为条件的资金转移,以及债权人不索取任何回报而取消的债务。

非生产、非金融资产的收买/放弃包括各种无形资产,如注册的单位名称、租赁合同或其他可转让的合同和商誉。

2. 金融账户

按投资类型或功能划分,金融账户包括 3 个部分。

一是直接投资。它反映的是一经济体的居民单位(直接投资者)对另一经济体的居民单位的永久利益。直接投资又包括股本投资、其他资产投资和利润收益再投资。

二是证券投资。证券投资包括股票和债券的交易。债券交易又细分为长期债券、中间债券、货币市场工具和派生金融工具交易。

三是其他投资。它包括长短期的贸易信贷、贷款、货币和存款,以及应收/应付账款。

3. 储备资产

储备资产包括一经济体的货币当局可用来满足国际收支和在某些情况下满足其他目的的资产的交易。它包括货币化黄金、特别提款权、在基金组织的储备头寸、外汇资产(货币、存款和有价证券)以及其他债权。

4. 净误差与遗漏

这是一个人为的平衡项目。由于统计数据来源不一、数据不全或有错误等原因,国际收支平衡的借贷方不能平衡。为了使整个国际收支平衡表的净差额为零,于是设立了这一项目来人为地使国际收支平衡表平衡。

三、国际收支失衡的调节

（一）国际收支失衡的类型及原因

一般而言，国际收支失衡的类型及原因可从几方面来理解：

1. 周期性失衡

周期性失衡是指一国经济周期性波动引起的国际收支失衡。一个国家一旦经济危机到来，国内生产和社会需求都会下降，出口贸易停滞，进口需求不旺，引起国际收支逆差的失衡。而繁荣时期到来，进出口或国际间的资本都会更加活跃，引起国际收支顺差的失衡。

2. 收入性失衡

收入性失衡是由一国国民收入的变化引起的国际收支失衡。如果一国国民收入增多，其商品劳务的输入及捐赠、旅游等非贸易支出可能增加，从而造成国际收支逆差的失衡。如果国民收入下降，由于国内需求减少，可能还会出现国际收支顺差的失衡。

3. 货币性失衡

货币性失衡是指一国货币增长速度引起国内实际购买力的变动及商品成本、物价水平的变动而引起的国际收支失衡。如一国货币增长过快，使本国商品成本和物价水平相对高于其他国家，必然使本国商品输出受到阻碍，而使输入商品更为有利，最后导致本国国际收支逆差。反之，紧缩通货，使商品成本和物价水平相对低于其他国家，则有利于出口，限制进口，使本国国际收支得到改善。

4. 结构性失衡

结构性失衡，一般由国内生产结构的变动不能适应世界市场的变化而引起的国际收支不平衡。如国际上科学技术的发展和采用，使新的产品不断改变世界市场的需求结构，而本国的生产结构未能适应这种变化，则可能使本国出口商品受影响，进而引起国际收支不平衡。

此外，国际间各国竞争力的强弱和国家债务的状况都可能影响一国的国际收支，造成国际收支失衡问题的产生。

（二）国际收支失衡的调节方法

1. 建立外汇平准基金

外汇平准基金是由中央银行拨一定数量的外汇建立的基金。当国际收支出现不平衡时，由中央银行直接介入外汇市场，通过直接买卖外汇，影响外汇汇率来促进出口和改善国际收支。如果本币对外汇率上涨，就抛售本币，购入外币，促使外汇汇率上升；如本币对外汇率下跌，则抛售外币，购入本币，促使外汇汇率下跌。这种办法一般只能对付短期性的国际收支不平衡，而不能解决长期性的国际收支逆差。过分使用，会严重影响本国的国际储备，扩大国际收支不平衡。

2. 实行贴现政策

当一国国际收支不平衡时，政府通过中央银行提高或降低再贴现率，促使市场利息率也提高或降低，从而影响长期资本和短期资本流向，起到暂时平衡国际收支的目的。如在逆差出现时，中央银行提高再贴现率，从而使市场利率提高，吸引短期资本流入国内，这就有利于国际收支平衡。

3. 实行调整汇率政策

当一国国际收支不平衡出现时，通过调整汇率有助于调节国际收支失衡。即在国际收支出现逆差时，采取本国货币贬值，以增加出口，从而改善经常性收支状况来改善整个国际收支，但这种方式可能引起国内通货膨胀，不能长期使用。反之，如果顺差过多，可以实行货币升值，以减少出口，进而改善国际收支。

4. 实行直接管制政策

这是一国政府直接干预外汇自由买卖和对外贸易的自由输出输入。又可分为财政、金融、贸易管制三种形式。财政管制包括关税和实行出口信贷、出口补贴等"奖出限入"政策。金融管制则是从外汇方面限制国际经济交易，如实行外汇管制来限制输入，促进输出。贸易管制是对进出口实行直接限制，如实行进口许可证与进口配额等保护贸易措施。直接管制对平衡国际收支效果迅速，也不必牵动整个经济的变化，但会影响与之有经济联系的国家，可能激起这些国家的反对和采取报复性措施，因此使用时也应慎重。

第四节　利用外资

一、利用外资的主要形式

按我国利用外资的主要形式的不同特征，可分为两大类：

(一) 吸收国外直接投资

吸收国外直接投资是指我国通过一定的政策引导，吸引国外资本持有者以现金、实物、无形资产等方式向我国进行的以控制境内企业经营管理权为核心的投资。一般有以下方式：

(1) 合资经营。这是外国公司、企业、其他经济组织和个人，以我国法律为依据，与我国公司，或其他经济组织以入股形式共同投资、共同经营、共享盈利、共担风险而举办的股份公司或合营公司。这种方式，可以利用我国的现有条件如土地、厂房、辅助设施等，以少量的资金投入，引进国外的资金，先进设备技术和人才，较快地提高我国在某些生产领域的生产力水平，因此，合资经营是我国吸收国外直接投资的主要形式。

(2) 合作经营。这种合作方式不以各方投入的资本数额作为分配依据，而是通过协议具体规定双方的权利和义务，按不同情况采取产品分成、收入或利润分成办法，是一种按平等互利原则举办的契约式企业。

(3) 独资经营。外国投资者依据我国法律在我国独立投资举办的企业，其特点是外国投资者控制企业的全部经营权、自主经营、自负盈亏。

(4) 合作开发。一般由外国投资者提供资金、设备、技术，并承担全部风险，与我国合作勘探，开采我国的石油、煤炭或其他自然资源。这种方式有利于克服我国在开发资源方面的资金和技术上的困难，也没有多大风险，但必须以开发出的资源或收益为代价。

(5) 补偿贸易。这是一种外国投资者在进口方一般不支付现汇的条件下，向进口方提供技术、设备和原材料等，进口方待工程建成投产后，以生产的产品分期偿还最初投资的本息的投资方式。以这种方式利用外资比较灵活，既可以在缺乏资金的条件下发展生产，又可以发挥进口方在资源和劳动力方面的优势，对因地制宜地促进进口国的生产发展有积极作用，许多发展中国家都较乐于采用。

（6）来料加工或来料装配。一般是进口方接受外商提供的资金、技术、设备、零配件和原辅材料，按外商提出的要求加工装配成产品后交付外商并收取加工费，进口方以加工费分期偿付外商提供的设备等价款。这种方式在我国沿海地区已成为十分普遍的利用外资的形式。

（7）国际租赁信贷。这是把贸易和借贷结合起来的一种业务活动，客观上也起着利用外资的作用。一般做法是：国外的一些租赁公司买进机器设备，出租给承租人，承租人只需按期交付一定租金就可以获得使用权进行生产经营活动。租赁期满，承租人可有几种选择：①将租用的设备退回租赁公司；②续租但租金适当减少；③作价购买；④重订租约。

（二）吸收国外间接投资

吸收国外间接投资一般是通过国际间的借贷资本，由一个国家向另一国家进行贷款的国际经济行为，主要方式如下：

1. 外国政府贷款

外国政府贷款指一国政府从官方预算拨款中以优惠贷款方式向另一国政府提供的资金。这种贷款的特点是利率低（2% ~3%），期限长，最长可达 50 年，因此国际社会中视其为带有经济援助性质的贷款。但这种贷款数量有限，并有相关的附带条件，如指定用款项目、规定款项中采购贷款国货物的比例等。

2. 国际金融机构贷款

国际金融机构贷款通常包括：

（1）国际货币基金组织贷款，其贷款对象限于会员国政府，贷款用途以解决会员国国际收支、储备头寸或货币储备变化的资金需要，贷款额度按会员国向基金组织缴纳的基金份额多少而定。贷款时以本国货币申请换购外汇，还款时以外汇买回本国货币，这即是一般讲的普通提款权。

（2）世界银行集团贷款，是指世界银行及其两个附属机构（国际金融公司和国际开发协会）的贷款。这些贷款一般用于协助和支持发展中国家经济的开发和发展。在具体分工上，世界银行主要是向其成员国中的发展中国家提供中、长期贷款，利率通常低于世界金融市场利率，这种贷款只提供给会员国政府或由政府担保的机构，贷款用途限于交通、能源、农业、农村建设、城市建设、环境保护、教育、人口控制等基础设施项目。贷款期限较长，5 ~30 年不等。国际开发协会的贷款，则是为支援人均国民生产总值在 371 美元以下的国家，及部分中等收入即人均国民生产总值在 680 美元以下的国家的经济发展需要，贷款对象是符合上述条件的会员国政府及其下属机构。贷款用途限于农业、电力、交通运输、供水排水等基础设施。这类贷款具有长期无息的特点，时间最长可达 50 年，免收利息，每年只对已提用的贷款资金收取 0. 75% 的手续费，对未提用部分收取 0. 5% 的承担费。国际金融公司则是对会员国的私人企业提供长期普通贷款和直接投资，一般不需要企业所在国政府担保，贷款期为 7 ~15 年，必要时可延期，贷款利率视贷款风险的大小和预期收益的高低而定，一般略高于世界银行的贷款利率。国际金融公司还可以股东身份对会员国私人企业进行投资，或以联合投资方式，组织发达国家的商业银行参与。

3. 国际银行贷款

国际银行贷款是指一国银行为支持本国经济建设需要，向在国际金融市场上的外国银行商借的贷款。这种贷款不限定用途,期限长短较灵活,利率随行就市确定,一般较高。具体操作中有三种方式:①短期贷款,指一年期以下的银行同业资金拆放,全凭同业信用商借。②双方贷款,在签订贷款协议的基础上实现的一家银行向另一家银行提供的贷款,期限3~5年。③银团贷款,这是国际金融市场上的较长期的大额贷款。为减少贷款银行风险,由一家银行牵头,多家银行参加组成的国际性银团来实现的贷款发放。这类贷款利率多以伦敦银行间同业拆放利率为基准施行浮动,期限越长,利率越高。

4. 发行国际债券

发行国际债券是各国政府、大企业、银行等金融机构及国际金融组织等在国际债券市场上筹措长期资金的一种方式。这种方式具有资金来源广、市场容量大、期限较长(10年左右)、可灵活选择币种、债券流动性强(可在债券市场上买卖)等特点,但发行手续比较严格和繁杂。一国一经获得批准在国际债券市场上发行债券,即可为本国的国际融资提供可靠的保证,从而是当代国际社会中较好的融资方式。

5. 出口信贷

出口信贷是出口国政府为支持和扩大本国出口,对本国出口给以利息补贴和提供担保的方法,鼓励本国商业银行向出口商或外国进口商(包括进口商银行)提供的贷款。这种贷款要指定用途,只能用于购买出口商品,贷款利率低于市场利率,两者利差由出口国政府补贴,期限一般5~8年。在具体实施中,分为两种形式:①卖方信贷。这是出口商开户银行提供给出口商(卖方)的信贷。通常情况下,买卖双方签订合同后,进口商只付出合同金额一定比例的定金,其余款项待出口商全部交货后的若干年内分期偿还,在此期间因进口方的延期付款而占用的资金,由出口商的开户银行提供,出口商随货款的收回而偿还。②买方信贷。这是出口方银行直接向进口商(买方)或进口方银行提供的贷款。如贷给进口商(买方)的贷款,一般由进口方银行担保,贷款直接提供给进口商,由进口商与出口商直接以现汇方式结清双方的买卖关系。然后买方企业按贷款协议规定,分期向出口方银行还本付息。如果是贷给进口方银行的贷款,则由进口商的银行转贷给进口商使用,进口商再利用这笔贷款向出口商支付现汇,买方银行按贷款协议分期向卖方银行归还本金,买方企业与买方银行之间的债务则按双方商定的办法在国内直接结算清偿。

二、利用外资的政策选择

(一)根据本国情况确定合理的利用外资规模

利用外资不论是直接吸引国外投资还是间接吸引国外资本都受本国经济发展水平的制约。因此,利用外资一方面要考虑本国的国际储备和国际收支状况。一般而言,一国的国际储备与其外债总额的比率应是一个大于1的正数。另一方面,利用外资要考虑本国国内的配套能力,包括相当比例的国内资金配套,如兴建相关工程、水电、交通及原材料生产等方面的资金投入,缺乏国内资金配套,引进外资则难以形成生产能力。同时,利用外资还要考虑本国的偿还能力,在这方面国际社会重点是要衡量一国的偿债率,即当年还本付息总额占当年商品劳务出口的收汇额的比例,如果这一比例在20%~25%以下,属具有偿债能力。如高于这种比例,一国的偿债能力就会被削弱。

(二)争取优惠有利的利用外资条件

利用外资无论从期限、利率或各种限制条件而言,都会给一个国家带来不同的影响和负担,争取优惠的条件则成为每一个国家必须考虑的问题。①注意选择利用外资的币种,首先要选用能自由兑换的货币,这便于贷款的调拨使用,也有助于转移货币汇率风险。其次应尽可能避免或减少利用外资期间外币汇率上浮的风险。原则上借款争取使用软货币,避免使用硬货币。因为国际货币市场上货币汇率浮动不定,一年中硬货币上浮 10% ~20%,软货币下浮 10% ~20% 都很常见,这又可能使债务国的偿还外债负担发生变化。同时,选择货币也要考虑利率,一般软货币利率偏高,买卖报价较高,硬货币利率较低,买卖报价较低,如果二者差价大于预期的货币贬值幅度,也可选择硬货币成交。②选择利用外资的方式,这要根据具体情况来处理,如国际银行贷款利率高,可达 15% 以上,六年左右债务又翻番,就不宜长期借贷。政府信贷、国际金融机构信贷利率低,优惠多,是各国争取利用的对象。出口信贷在符合我国产业政策需要条件下也可积极采用。合资经营和补偿贸易有利于提高我国技术水平和生产能力,相对负担较轻,是我国利用外资的重要途径。③考虑利用外资的期限。一般讲应争取有宽限期的借款,因为宽限期愈长,实际使用资金的期限愈长。

(三)注意利用外资的经济效益

利用外资能否按期偿还同时又给借入国带来实际的利益,关键在于外资的利用是否有经济效益,这个问题在引进外资时就必须注意,引进项目要研究项目的可行性,考虑本国的配套能力和消化吸收能力,特别要注意引进我国企业技术改造所必须而又难以制造的关键性设备,避免重复、盲目引进,服从国家产业政策的需要,这样才能使引进有利于我国经济的发展,使利用外资给我国带来长远、整体的经济效益。

第五节 国际结算

一、国际结算的概念和内容

(一)国际结算的概念

国际结算是指国与国之间因商品买卖、服务或其他政治、经济文化交往所引起的货币收支与债务清偿活动。最早的国际结算主要通过运送贵金属的办法来结清国际间的债权债务关系。随着国际贸易和国际金融业的发展,非现金结算逐步取代了现金结算,成为国际结算的主要形式,使国际结算发展到一个新的阶段。国际结算借助各国银行遍布全球的分支机构和业务联系来进行。从结算手段和技术来看,也从依靠航空邮递和电报电传来进行有关结算凭证和信息的传输方式,发展到利用现代电子技术进行国际结算,这不仅极大地提高了国际结算的效率,也使国际结算在国际经济中的作用得到了极大的加强。

(二)国际结算的内容

国际结算包括贸易结算和非贸易结算两方面。贸易结算是指一国对外进出口贸易所发生的国际货币收支和国际债权债务的结算。贸易结算是国际结算的主要内容。非贸易结算是指贸易结算以外的其他国际结算业务。非贸易结算从数额上讲一般小于贸易结算,但结算内容涉及面十分广泛,主要包括劳务输入、旅游费用、公私事务旅行、侨民汇款、邮电、保险、民航、领事馆、代表团、国际馈赠等方面,因而基本反映出一国对外关系的各方面,如果国家政策得当,可以取得较大顺差,有利于平衡和调节国际收支,也有利于发展和促进对外经济关系。

二、国际结算的主要工具

当前国际结算的最主要形式是非现金结算,这种结算是借助于国际社会广泛使用的信用工具——票据来实现的,通过票据这种信用工具,即可结算各国之间的债权债务。

票据是由出票人签发的、具有一定格式,并无条件约定自己或要求他人支付一定金额,还可经交付背书转让的书面支付凭证。

在国际结算中广泛使用的票据,一般有汇票、本票、支票。

(1)汇票。汇票是由出票人签发的、要求付款人即期或于指定到期日,向收款人或持票人支付一定金额的无条件书面支付命令。

汇票是国际结算中最重要最常用的一种信用工具。为保障其有效的使用和广泛流通,许多国家都通过《票据法》对汇票及其他信用工具的各方面内容进行了明确的规定。

汇票是一种流通证券,可以转让,其条件是持票人在汇票背面签名认可,称为"背书",并可在流通中多次"背书"转让。

在国际结算中,汇票按出票人的区别,可分为银行汇票和商业汇票。

(2)本票。它是由出票人签发,保证即期或于指定到期日对收款人或持票人支付一定金额的无条件的书面承诺。

本票的出票人是绝对的主债务责任人,一旦拒付,持票人可立即要求法院裁定,法院只需审核本票内容是否合法就可裁定并命令出票人付款,但为保护出票人不致受到伪造本票的损害,一些国家要求持票人出具担保人才由出票人付款。

本票可分为一般本票和银行本票。一般本票出票人是企业或个人,可开成即期,也可开成远期。银行本票的出票人是银行,一般均为即期本票。

(3)支票。它是银行存款户签发的,要求银行见票时立即从其账户中无条件地支付一定金额给指定收款人或持票人的书面支付命令。

支票的出票人签发支票后,即负有票据上和法律上的责任,即支票背书后转让他人而银行拒付,收款人对出票人有追索权。若支票已过期,出票人对收款人有偿付责任。如出票人未经银行同意开出空头支票,必须承担法律责任。

支票按其不同特征,可分为记名支票、不记名支票、划线支票、保付支票和旅行支票。

三、国际结算方式

国际结算方式是指以一定的形式和条件,实现不同国家的个人或企业团体间的债权债务清偿时所采用的方法。其基本方式包括汇款、托收和信用证三种。汇款和托收建立在一般商业信用的基础上,信用证则建立在银行信用的基础上,所以,信用证是国际贸易中应用最普遍的结算方式。

(一)汇款结算方式

汇款结算是指汇款人通过本国当地银行(汇出行),将款项汇至收款人所在国当地的银行(汇入行)再解付给收款人的一种结算方式。国际结算中的汇款方式通常有三种:

(1)电汇。它是汇出行应汇款人的申请,拍发编加密码的电报或电传送达汇款委托书的汇款方式。电汇具有资金调拨速度快的特点,可以使收款人在较短时间内收到汇款,且可靠性强,但费用较高,但对国际贸易中资金收付金额较大的,选用这种方式仍较合算。

(2)信汇。它是指汇出行应汇款人的申请,将信汇委托书寄给汇入行,授权解付一定金额给收款人的一种汇款方式。这种汇款方式资金调拨速度慢,但费用低,资金调拨时间大致与邮寄普通邮件时间相同。

(3)票汇。它是指汇出行应汇款人的申请,代汇款人开立的其分行或代理行为解付行的银行即期汇票,支付一定金额给收款人的一种汇款方式。

票汇的汇票可经背书后转让,而电汇、信汇单据均不能转让。

(二)托收结算方式

托收结算是出口商在发运货物后开立汇票,委托出口地银行通过其海外联行或代理行向国外进口商收取贷款的结算方式。托收通过银行办理,但托收行和代收行对所托收的汇票是否收到款项,不负任何责任,对各种单据是否齐全也不过问,因为托收结算能否实现,实质是建立在交易双方的商业信用的基础上。

国际结算中的托收分光票托收和跟单托收两种。

光票托收是指仅凭汇票而不附有任何货运单据的托收。

跟单托收是指委托人签发汇票连同货运单据和其他相关单据交委托银行,委托银行代为收款的结算方式。一般而言,货运单据代表货物所有权,所以跟单托收减轻了出口商所承担的风险。因此,国际贸易中较多采用跟单托收方式。

(三)信用证结算方式

信用证是银行应进口商的请求,对出口商开出的保证在一定金额和一定期限内凭规定的单据承诺付款的凭证。信用证的主要特点:①信用证是银行的担保文件,开证行开出信用证后就要负第一性的付款责任,即使将来进口商拒绝付款,开证行也不能以此为理由向出口方追回已付款项;②信用证是银行有条件和有限的付款保证文件,银行只能凭规定的单据并在信用证中承诺的最高金额范围给以付款承诺;③信用证是凭单付款,不能以货物为准。银行只凭准确的单据付款,对出口方是否发出商品和发出商品是否符合合同要求银行概不负责。因此,进出口交易采用信用证方式,企业必须做到“单证”相符和“单单”相符,才能保证准确付款或安全收汇。

由于信用证是建立在银行信用的基础上,这使在广泛复杂的国际贸易中的买卖双方都有了利益保障的安全感,对出口商而言可获得收取货款的保证,对进口商而言可获得付款后取得规定货物的单据,并据以保证进口货物的种类,数量和质量。所以,信用证方式对解决国际贸易中买卖双方的信用和防止减少贸易风险及资金周转等问题,比其他结算方式更为优越,成为各国普遍采用的一种结算支付方式。

【复习思考题】

1. 什么是外汇?外汇的主要内容有哪些?
2. 简述国际收支的主要内容。
3. 怎样才能合理有效地利用外资?

第十八章
保　险

第一节　保险概述

一、保险的概念

保险是投保人根据合同的约定，向保险人支付保险费，保险人将集中起来的保险费建立保险基金，保险人按合同约定将保险基金用于补偿投保人因自然灾害和意外事故造成的人身或财产等经济损失承担给付保险金的经济行为。

参加保险的一方为保险人，另一方为投保人，双方通过签订保险合同，由投保人按合同规定向保险人缴纳保险费，保险人则按合同规定，在投保人或被保险人的财产、生命、健康、工作能力因自然灾害或意外事故遭到损失时，对其支付保险金，进行经济上的补偿，从而为被保险人克服风险损失，保证生产经营活动及生活的正常进行创造条件。保险金支付的实现建立在投保人交纳保险费的基础上。一般而言，投保人只需交纳很少的保险费，就可以得到一旦事故发生时与遭受损失相当的补偿，或按预先投保的金额得到补偿。这实际上是以社会大众的力量来解决遭受损失的个别方面的困难，因而保险又是一种社会性的互助共济制度。

二、保险的要素

保险要素，指构成保险关系从事保险活动所应具备的因素，是认识保险关系的基础。

(一)保险的主体

保险的主体是指同保险契约发生直接关系的当事人和同保险契约发生间接关系的关系人。

1. 与保险契约发生关系的当事人

保险人(承保人)是指经营保险业务，与投保人签订保险契约，收取保险费，在保险事故发生时负责对损害赔偿或对人身伤亡给付保险金的有关方面。在我国保险人主要是保险公司。为了保证保险经营的正常合法化，国家对保险人的业务经营范围、管理和监督机构的设置、资本金及保险金、相应的权利、义务进行立法规定。

投保人(要保人)是指对保险标的具有保险利益而向保险人申请订立保险合同，并负有缴付保险费义务的人。一般讲签订保险契约的投保人，即是被保险人，但也可以是法律许可的其他人,如企业可以为自己的财产订立保险合同,这时企业既是投保人也是被保险人,如果企业为自己的职工订立财产或人身保险合同,则企业是投保人,而职工是被保险人。

2. 与保险契约发生间接关系的关系人

被保险人(保户)是指受保险契约保障的人。被保险人可以是自然人也可以是法人。

受益人是保险金的受领人。受益人可以是投保人、被保险人或保险公司指定的其他人。

保险代理人是保险人的代表。保险经纪人是代为保险人介绍业务的中介人。

保险公证人是为保险当事人办理保险中的有关问题给予证明的人。

保险代理人、经纪人或公证人均是按自身业务活动收受一定佣金而不是保险合同中具有保险权利义务的当事人。但他们也是保险合同的签订和实现所必须涉及的关系人。

(二)保险的客体

保险的客体是指保险关系中,双方当事人的权利和义务所指的对象,一般称为保险标的。

保险标的指保险契约的双方当事人要求或提供保险保障的标的物或对象,如财产保险的标的为财产本身或与财产有关的利益和责任。人身保险的标的为人的身体、生命。保险标的,是确定保险关系和保险责任的依据。

(三)保险的内容

保险的内容是指保险的主体之间由法律认定,并保证其实现的权利和义务,主要包括保险契约中明确规定的保险责任、保险期限、保险金额和保险费等方面。

三、保险的特征

保险的特征反映保险这种特殊的社会经济现象或制度的自身的规定性。认识其特征,既能使之区别于其他社会经济范畴,也为保险职能作用的发挥提供依据。

(一)法律性

保险是保险当事人,即保险人和投保人双方约定的法律行为,一旦保险契约成立,双方均必须按合同规定的条款履行其权利义务,并受法律约束,任何一方有违约行为,另一方都可申请法律保护。

(二)有偿性

保险行为的实现可以使投保人遭受的损失得到补偿,但这种补偿并非社会的无偿救济,而是在投保人事先交纳保险费后,一旦发生事故投保人在遭受损失时才有权获得赔偿,因而保险是建立在有偿基础上的经济活动。

(三)时间性

保险的时间性,一方面表现在保险必须发生在被保险人发生保险事故时,才能按预先签订的保险合同的规定对事故造成的损失进行补偿。另一方面,表现在保险人只对被保险人投保期间发生的事故损失提供保险,如果被保险人的投保期已过而未能继续交纳保险费,相应的保险行为即中止,因此,明确保险的时间性,才能准确判断保险行为的时效。

(四)损益性

保险是保险人向被保险人提供的一种经济保障,被保险人只需交纳少数的保险费,但一旦发生保险事故都可以获得远远大于保险费的经济补偿。在此情况下,被保险人得到的赔偿相对其交纳的保险费而言是得到超额的收益,但被保险人如果在其投保期内并未出现事故,也不能收回其支付的保险费,或者说,这是被保险人在此情况下必须承担的"损失"。应当说,正是由于保险的这种损益性特征,才使被保险的各方有了"安全感",也才可能实现保险这种社会的互助共济活动。

第二节 保险的职能与作用

一、保险的职能

保险是人们为抵御或降低各种难以预测,但又可能发生的事故造成的损失而产生发展起来的一种社会活动。从本质上讲,保险的存在永远与事故和灾害相关。随着社会经济生活的复杂化和社会各方面为保障自己的生产或生活在各种意外产生时也能正常进行,社会各界对保险所能提供的保障和安全感的需求也将与日俱增,社会保险基金总体上会增长,并成为社会资金再分配的一个重要方面。同时,由于危险产生的不确定性,危险可能发生也可能不发生,加上随着社会的进步,社会各方面防灾抗损能力的增强,也可能使社会保险基金在一定时期中暂时积累起来,并对社会经济生活其他方面产生影响,这就使保险活动必然要体现出保险的基本职能及超越保险行为本身的派生职能。

(一)保险的基本职能

保险的基本职能是保险本身固有的功能,它随保险活动的产生和发展而存在,是保险得以不断巩固和完善的内在根源。不论社会经济形态怎样变化,保险的基本职能都表现为分散危险和组织经济补偿。

1. 分散危险

分散危险是指通过保险,可以把个别的经济单位或个人可能遭受的巨大灾害事故造成的损失,分摊到社会众多的投保人身上。保险人或专门的保险机构通过向投保人收取保险费的形式,组建为保险基金,成为由保险人承担被保险人可能发生损失的物质基础,这样,通过保险人的中介作用,达到保险的"一人有难众人相助"的特殊功能。实现保险的分散危险功能,建立在社会众人的保险费用的交纳上,这种费用交纳的多少,主要取决于灾害事故在一定时期的发生率。在社会经济生活中,灾害事故准确的发生率通常是在事后才可能得出,事前任何人也难以准确预测,这就要求保险人根据一般正常情况下事故灾害发生的历史资料,运用大数法则,进行科学的计算,求得灾害损失可能的发生率,进而设计出较合理的保险费率,以达到合理分散危险、分摊损失的目的。

2. 组织经济补偿

组织经济补偿是指通过保险达到分散危险的最终体现,保险人把投保人缴付的保险费集中起来,对遭受危险损失的被保险人进行经济补偿。这是保险的最基本目的。因而组织经济补偿是保险人对分散危险的承诺和实现,也是保险能得以存在的基本前提。如果没有保险人作为一个重要的保险信用中介来具体负责组织保险费的集中,并负责对遭受损失的被保险人提供经济补偿,社会就丧失了一种有效的、确定的、有保障的分散危险的手段。因此，保险的基本职能必须是分散危险和组织经济补偿的总和，二者相辅相成，缺一不可。

在我国社会主义条件下，确定保险的基本职能无论从经济或实践角度看都十分重要。从理论上讲，确定了保险的基本职能，才能保证保险基金的独立与完整，使之与财政资金、银行信贷资金区别开来，使保险与社会保障区别开来，这样在实践上也才能真正保证保险这种经济活动的广泛推行，促进保险事业的发展，使保险真正成为社会防范和抵御危险的重要手段。

（二）保险的派生职能

保险的派生职能是在保险的基本职能运用过程中产生的。保险的派生职能的产生，扩展了保险对社会经济生活的影响，提高了保险在社会中的地位作用。在我国社会主义制度下，保险的派生职能主要是实现金融性融资。

我国的保险业是非银行金融机构。它通过收取保险费，形成保险基金。这些基金除用以补偿被保险人因灾害事故造成的损失外，还有相当部分处于暂时闲置状态，这些闲置基金的存在，客观上为保险公司的融资提供了可能。其方式主要有两种：一种是将保险基金存入银行，通过银行以信贷方式实现资金融通，另一种是保险公司自身运用保险基金进行直接投资或放款，如目前国家规定保险基金的闲置部分可用于购买国债或按一定比例投资资本市场，这都有利于保险基金的保值和增值，也使保险基金可通过金融性投资支援国家建设。同时，保险的融资职能的实现，还扩大了保险公司的业务范围，增强了保险公司的弥补负债和抵御亏损的能力。保险基金的增值，也为降低保险费标准，进一步扩大保险业务，服务社会提供了更为有利的条件。

二、保险的作用

保险职能的实现和业务的广泛开展，使其在国民经济中发挥着日益重要的作用，主要表现如下：

（一）分散危险，保障社会再生产的正常运行

社会生产活动中，由于灾害事故发生的可能性，随时都可能造成社会再生产的运转中断或重大经济损失的产生，使遭受损失的方面陷入困境，破坏企业的资金循环，生产也可能因此缩小甚至中断，而引起社会经济运行的混乱。保险的产生和发展首先是以分散危险，克服灾害事故对再生产的打击为目的的。保险业务的开展，即是通过对风险发生比例的确定，确定出合理科学的收费标准，广泛集中社会经济组织及个人的保险费，将可能出现的危险分摊到社会投保的各个方面，这就使社会再生产过程中遭受灾害事故造成损失的有关方面，可以通过保险这种信用中介获得保险赔款，弥补其损失，使生产尽快得以恢复。

（二）为人民生活安定提供重要的保障

社会经济生活中，保险活动实际上是通过有偿服务，为人民生活的正常进行提供有效的保障。家庭或个人因难以预料的灾害事故造成自身财产损失或人身伤亡，会对家庭或个人造成重大打击，或者因此造成经济上的严重困难，或者造成因伤残引起将来生存的困难。每个家庭或个人的后顾之忧也是社会隐患的表现形式之一。通过保险业务家庭和人身安全方面的保险险种的开设，则可以通过保险人赔偿或给付保险金，使被保险人在遭受财产损失或人身伤亡时得到经济上的补偿。因而保险在为人民生活安定提供保障方面的作用是显而易见的。

（三）为社会主义经济建设积累资金

保险的融资功能可以使保险基金的闲置部分通过各种渠道进入再生产过程。因此在一定条件下，保险基金的筹集运用也起着积累建设资金的作用。但必须明确的是，保险基金是保险信用实现的物质基础，要在闲置中实现对再生产的投入，必须以安全、增值为前提。保险基金对社会再生产的投入，一般应是那些风险相对较小，有长期投资价值和稳定收益的项目。如果投资风险太大，则可能增大保险业的风险，甚至不能保证保险人对被保险人的补偿的实现，这将从根本上削弱或动摇保险业的存在。

（四）参与防灾防损，减少灾害损失

保险的主要责任是负责灾后的经济补偿，而不是防灾防损，但由于保险业为了自身的生存和发展，要促使投保人尽可能减少事故灾害的发生，这样既能减少保险业的损失赔偿，也能为降低保费提供条件，同时也对社会有利，因此保险公司自身经营活动中关于风险防范方面的管理，必然成为整个社会的防灾防损、减少灾害损失系统中的重要组成部分。

（五）促进对外贸易发展，增强国家的国际收支平衡能力

国际贸易中，保险已成为国际惯例。进出口商品都必须办理保险。保险费是国际贸易商品价格的重要组成部分，保险单是进行国际结算的必备文件。我国对外贸易的发展，也必须充分利用保险，通过办理涉外的保险和再保险，既可以为资本货物在国际社会的流通提供保障，吸引外资和促进进出口贸易，又可以通过办理涉外保险，促进无形贸易的发展，这些都可能增加我国的外汇收入，并增强国家的国际收支平衡能力。

第三节　保险的种类

一、保险的分类

随着保险业的发展，现代保险的业务范围和保险的险种已十分广泛和复杂，因而对保险业务进行科学的分类也就成为掌握保险知识的客观要求。其主要分类如下：

（一）按保险实施的方式分类，保险可分为自愿保险和法定保险

1. 自愿保险

自愿保险也称任意保险。它是保险人与投保人在自愿原则的基础上，通过签订保险合同而实现的保险关系。由于社会对保险的需求十分复杂，为适应各种不同需求，保险一般采用自愿保险。保险人可以根据情况决定是否承保，以什么条件承保。投保人可以自行决定是否投保，向谁投保，自由选择保障范围、程度和期限。

2. 法定保险

法定保险也称为强制保险，是保险人与投保人以国家或政府的有关法令为依据而建立的保险关系。法定保险具有全面性和统一性的特点，即凡在法令范围内的保险对象（自然人和法人）都必须依法参加保险。

实施法定保险一般是为满足国家的某些政策和有关公共安全方面的需要，如我国的旅客意外伤害强制保险，国有企业财产保险都属此类。在我国，办理法定保险业务由中国人民保险公司专营并对保险双方都有强制性。

(二)按保险标的分类,可分为财产保险和人身保险

1. 财产保险

财产保险是以财产及其有关利益为保险标的的一种保险,是为补偿财产因自然灾害或意外事故所造成的经济损失而开设的。财产保险可进一步细分为财产损失保险、责任保险和信用保证保险。

(1)财产损失保险是对物质财产损失(如火灾、货物运输损失、运输工具、工程等)为标的的保险。

(2)责任保险。责任保险是以被保险人的民事损害赔偿责任为保险标的的保险。按法规或合同规定,被保险人应对他人的经济损害负赔偿责任的,可由保险人负责赔偿。如产品责任保险、职业责任保险、雇主责任保险等。开办责任保险,对保障受害者的利益,维护正常的社会秩序,保证经济活动的正常进行有重要的意义。

(3)信用保证保险。信用保证保险是由保险人作为保证人为被保证人向权利人提供担保的一种保险。

2. 人身保险

人身保险是以人的寿命和身体为保险标的的一种保险。根据保障范围的不同,人身保险又分为人寿保险、意外伤害保险和健康保险。

(1)人寿保险是以被保险人的生命为保险标的,以生存和死亡为给付保险金条件的人身保险。

(2)意外伤害保险是被保险人因意外伤害使身体残废或死亡时,保险人依据合同给付保险金的人身保险。

(3)健康保险是以人的身体因疾病、意外事故引起的医疗费用支出或收入损失为保险标的的人身保险。

财产保险、责任保险、信用保证保险、人身保险这四种保险,前三种属损害赔偿保险,保险人只赔付被保险人遭到意外事故所造成的实际损失,但保险人有向造成损失的第三者行使由被保险人转移的追偿权,并拥有索回的财产。而人身保险中,保险人只能按事先约定的条件给付保险金,而无权向第三者责任方索取利益。

(三)按分散危险的层次和组成,保险可划分为原保险、再保险和共同保险

1. 原保险

原保险是保险人对被保险人因保险事故所致的损害,承担直接的原始赔偿责任的保险,通常称为"第一次保险"。

2. 再保险

再保险是把原始的保险责任的一部分或全部分给其他保险人承担,这是原保险人分散或转嫁危险的常用方式,这也称为"第二次保险"或称"分保"。

3. 共同保险

共同保险一般指两个或两个以上的保险人共同承保一笔保险业务,一旦保险标的遭到损失,发生赔偿时,各保险人要按各自承担的责任比例分摊经济赔偿。共同保险是对于危险程度过大,有遭遇巨额损失的可能,则由多个保险人直接承保,共同承担责任,是对承保的危险进行的一次性分摊,或是对危险的横向分摊,并且是保险人同被保险人直接发生关系,因此共同保险与再保险虽然都是以分摊危险为目的,但是各有其特点,不能混淆。

很显然，再保险和共同保险的存在和发展可以更广泛地分散或转嫁危险可能造成的损失，这在现代国际社会中已被广泛采用。

（四）按责任所在分类，可划分为社会保险和个体保险

1. 社会保险

社会保险是指国家通过法令强制实行，由国家、企事业单位和劳动者个人出资，对暂时（生育、疾病、伤害等）或永久（残废、老年、死亡等）丧失劳动能力或遇到其他生活困难的公民或劳动者给予物质保障的一种保险组织形式。在这种保险中，获得经济保障的对象只限于家庭经济。

2. 个体保险

个体保险是各自经营的法人和自然人为了履行保障经济生活的职能而采用的保险，其保障对象包括家庭经济和企业经济，经营的责任者是个人和法人。

二、中国举办的主要险种

新中国成立以来，我国保险事业的业务范围不断扩大，特别是改革开放以来，以适应社会经济发展的需要，保险公司举办的险种也日益增多，为社会各界对保险的广泛需求提供了有利的条件，也为社会分散危险、防灾抗损发挥着重要作用。

（一）国内保险种类

1. 国内财产保险

国内财产保险主要包括普通财产保险、国内运输货物保险、国内船舶保险、机动车辆保险。

（1）普通财产保险。普通财产保险是指以存放在固定地点，基本处于静止状态的财产为保险标的一种财产保险。普通财产保险主要包括企业财产保险和家庭财产保险。企业财产保险是企业为保证自身生产经营的稳定性和连续性，对企业财产进行投保，保险人则承担企业财产在因意外事故和自然灾害遭受损失时予以赔偿的责任。家庭财产保险指保险人承保城乡居民的财产因意外灾害事故而遭受损失时予以赔偿以安定人民生活而开设的险种。保险期限一年，可附加盗窃保险。在家庭财产保险基础上，我国还可为家庭财产提供两全保险，其特点是用被保险人所交保险储金的利息作为保险费的来源，保险金额固定，如每份1 000元或2 000元，投保几份，由投保人决定。在保险期内发生损失，保险人按合同规定赔偿，若保险期满，保险人将被保险人所交的保险储金全部退还被保险人，因此，这种保险有保险和储蓄双重性质。保险期限3～5年，可附加盗窃保险。

（2）国内运输货物保险。国内运输货物保险是保险人承保货物在国内运输过程中，因自然灾害和意外事故造成的损失。无论何种运输工具，采用何种运输方式，只要装运的是合法物资，都可作为国内运输货物的保险对象。

（3）国内船舶保险。国内船舶保险是保险人承保我国沿海江河、湖泊运输并具备适航能力和适航条件的船舶，在因自然灾害和意外事故造成损失时予以赔偿。凡对船舶具有使用权和租用权的人都可作为投保人。

（4）机动车辆保险。机动车辆保险是以具备检验合格的证书和车辆牌照的汽车、拖拉机、摩托车和各种特种车辆为保险标的的一种保险。凡机动车辆的所有人或对机动车辆有保险利益的人，都可成为被保险人。

2. 农业保险，主要包括农作物保险、经济林保险、养殖业保险等。

（1）农作物保险。农作物保险是指保险人承保农作物在生长过程中，遭受因人力无法控制的自然灾害造成的损失，也称为种植物生长期收获损失保险。保险标的为各种粮食作物和经济作物，保险金额以不超过在无灾害损失的情况下可能收获的作物产量的价值为最高保险金额，以某种作物的生产期为保险期限。

（2）经济林保险。经济林保险是以持有林权证书，由国有、集体、专业户个人所有的天然林和人工林为保险对象，保险人承保灾害事故或责任范围内的火灾造成的损失。

（3）养殖业保险。养殖业保险是以国有和集体农牧场专业户个人饲养的农役用畜、乳用畜、肉用畜等大牲畜和家禽家畜为保险标的的保险。

3. 人身保险

人身保险主要包括人寿保险、意外伤害保险、医疗保险三种。

（1）人寿保险。目前开办的人寿保险包括：①简易人身保险，也称两全保险。这种险种投保手续简单，条款内容简化，只要年满16～65岁身体健康的公民，都可投保，保险期限分5年、10年、15年、20年、50年五个档次。当被保险人在保险期限内因伤残、死亡或生存到保险期满，保险人给付保险金。②团体人身保险，是以机关团体企业事业单位为投保人，该单位身体健康能正常工作或劳动的在职人员均可为被保险人，当被保险人在保险期限内死亡或伤残，保险人给付保险金。③养老金保险，是指以被保险人生存为条件的一种终身年金保险，在其达到规定年龄时，保险人按月给付养老金。

（2）意外伤害保险。意外伤害保险是指被保险人遭受意外伤害事故造成死亡和永久丧失劳动能力时，由保险人给付保险金额的全部或一部分的一种保险。我国目前开办的人身意外伤害保险主要有团体人身意外伤害保险和旅客意外伤害保险。同时，各地方还开办了其他人身意外伤害保险。

（3）医疗保险。医疗保险又称医疗费用保险。我国开办的医疗保险要求投保人每月按规定交纳约定的医疗保险费，如果被保险人因疾病或伤害就医诊治或住院治疗时，保险人按合同规定支付相应的医疗费用。但就诊的医院必须是保险人指定或同意的医院。

（二）涉外保险种类

涉外保险也称国外保险，是指以国际贸易中所涉及财产、责任或人的身体和生命为保险标的保险。中国人民保险公司新中国成立以来一直开办涉外保险业务，随着我国对外贸易和国际经济往来的增加，对国际保险市场上已有的险种，只要客户提出都会考虑开办。目前已开办的主要涉外险种有：

1. 进出口货物运输保险

这类保险包括海洋运输货物保险、陆上运输货物保险、航空运输货物保险。在这几种保险中，保险人分别承保海上运输货物、火车、汽车运输货物和航空运输货物因自然灾害和意外事故遭受的损失。

2. 涉外财产保险

这类保险是指保险人承保在国内的外国企业、中外合资企业、中外合作企业及国内单位用外汇引进的各种设备、原材料、物料、厂房以及私人财产等因自然灾害和意外事故造成的损失。

3. 工程保险

工程保险包括建筑工程和安装工程保险，包括建筑工程和安装工程一切险和第三者责任保险。建筑工程一切险承保建筑工程中的建筑物及其材料遭受自然灾害和意外事故所造成的损失。建筑工程第三者责任险承保保险期内因发生意外事故而造成在工地及邻近地区的第三者的人身伤亡或财产损失而由被保险人承担的赔偿责任。安装工程保险内容与建筑工程保险内容基本相同。

4. 雇主责任保险

雇主责任保险是指保险人承担被保险人所雇佣的员工在保险期内从事与被保险人业务有关的工作时,因意外或患与业务有关的职业性疾病而伤残或死亡时,被保险人应负的赔偿责任。我国开办这一保险的特点在它以雇佣合同为基础,雇员的工资是收取保费和给付赔偿的重要依据。

5. 人身意外伤害保险

人身意外伤害保险是指保险人承担被保险人在保险期内,因意外而伤残或身亡的赔付责任,其赔付金额按伤残程度在保险金额内给付,可附加医药费保险。

6. 公众责任保险

公共责任保险是指保险人承保企业、团体等单位在从事各种业务、经营活动中,因意外事故造成他人的人身伤亡或财产损失而引起的经济赔偿责任,其赔偿限额由保险双方协商制定。

7. 投资保险

投资保险也称“政治风险保险”,是信用保证保险的一种。保险人承保外国投资人在我国投资因战争或类似战争行为、政府当局的征用或没收以及政府有关部门的汇兑限制而受到的损失。投资保险一般与工程保险或财产保险一起投保。

8. 国际再保险

我国开办的国际再保险主要是将以上保险业务和其他涉外保险业务进行分出分保,同时也接受国外保险公司的分入分保业务。

在我国开办的涉外保险中,除上述各项险种之外,还开办邮电保险、机器损坏保险、来料加工综合保险、营业中断保险、船舶建造险、出口劳务保险、产品责任保险、海上石油开发保险、履约保证保险、雇员忠诚保险、保赔保险等险种。

第四节　保险合同

一、保险合同的概念

保险合同是经济合同的一种类型,是保险双方当事人(投保人和保险人)为实现保险保障的目的,明确权利与义务的协议。具体讲,保险合同是当事一方(投保人)交付约定的保险费,以换取另一方当事人(保险人)在约定的事故发生时按照协议理赔或给付保险金的有法律效力的文件。

二、保险关系的建立、变更和终止(消灭)

保险关系的建立是指保险合同经保险双方当事人就保险合同条款达成的协议。保险合同一经签订,保险双方当事人之间即形成具有法律效力的权利和义务关系,保险合同成为约束保险双方当事人的法律依据。

保险关系的变更是指保险合同在其有效期内,如果保险合同所载明的条件、情况或主观意愿发生了变化,影响了保险效力,需要变更有关保险事项(修改或补充)时,应由要求变更的一方向对方提出书面申请,并经对方同意,则可修改变更原有保险合同内容。保险合同的变更主要是保险合同主体或内容的变更。

保险关系的终止是指保险主体之间(当事人之间)所确定的权利义务关系不复存在了,这种终止可由几种情况引起:

(1)自然终止,即保险合同期满而终止,这是保险合同终止的最普遍最基本的原因。

(2)协议注销,即合同按订约双方事先订明注销的条件,可以由一方或双方随时提出注销。如我国的人身意外险条款规定,保险合同当事人“双方都可以提出中途退保”。

(3)因义务已履行而终止,即按合同规定,保险人已履行赔偿或给付全部保险金额的义务后,合同即告终止。

(4)违约失效,是指保险人可以因被保险人的违反合同的基本条件而终止合同,但被保险人的违约如发生在保险期内而往往与保险人的赔偿责任有关,保险人虽有权拒绝赔偿,但保险合同仍然有效而不能终止。如财产保险中,被保险人如在保险期内发生保险事故,但未能即时告之保险人,保险人可以拒赔,但合同仍然有效,如发生第二次事故,被保险人按合同规定时间通知了保险人,保险人则应对第二次事故进行赔偿。

(5)合同自始失效,保险合同必然是当事人双方意见一致的表示结果,如果当事人一方是在受到另一方欺诈的情况下订立的合同,则蒙受欺骗的一方可以撤销合同或主张合同自始无效,对其已履行合同的部分,可以向对方追还。

三、保险合同的法律特征

保险合同是经济合同一种类型,在这一点上,保险合同具有一般合同的特征,即合同的签订成立则形成对签约双方的约束,形成合同双方的相互权利、义务,并受法律的保护,因此明确保险合同的法律特征,对参加保险的各方当事人签订有效的保险合同,以保证自身的经济利益,有十分重要的意义。

(1)保险合同是当事人双方的法律行为。保险合同的签订至少有两方面的当事人,只有双方当事人就某一保险事宜的意思表示一致,达成协议,合同才能成立,因而保险合同体现了对当事人双方的法律保护,使保险合同成为当事人双方实现一定经济目的的法律手段。

(2)保险合同中的双方当事人,在合同确立的法律关系中处于平等的地位。保险合同的签订,建立在保险当事人双方可以自由表示自己意志的基础上,双方在法律关系上是平等的,如果在合同签订时存在一方对他方的限制或强迫命令,这种合同都将是无效合同。

(3)保险合同必须是合法的法律行为。签订保险合同双方要想实现自己的经济目的,使各方的权利得到确认,必须首先保证是为达到合法经济目的而签订保险合同,否则合同不能产生法律效力。

(4)保险合同双方当事人都必须具有行为能力。签订保险合同的主体,不仅要具有权利能力,同时还必须具有行为能力,不具备行为能力的主体,不能签订有效的保险合同,即使合同已经签订,也因主体行为能力不具备而无法律效力。

四、保险合同的主要内容

签订保险合同是达到保障当事人双方权益,实现各方经济利益和目的的法律依据,这客观上要求保险合同具备较为规范的条款和内容,实现合同的标准化管理以利于签约各方对合同的了解和监督,也便于合同的有效执行。

(一)保险合同的条款

保险合同的条款是保险合同双方当事人依法约定各自的权利义务的条款。它对双方当事人都具有法律约束力。保险条款一般分为以下几种。

(1)基本条款。在标准化的保险合同单证上都印有的标准条款,这些条款证明了保险人与被保险人的基本权利和义务及依据法律要求必须规定的各种事项。

(2)法定条款。即法律规定必须订立的条款,法定条款包含在基本条款之内,每一险种都有特定的法律条款。

(3)选择条款,是保险合同中,根据被保险人的需要,保险条款中除列基本条款外,供投保人按照自己的意愿决定取舍的条款。

(4)附加条款,是保险合同中,按被保险人的要求,在基本条款的基础上再附加的条款。如家庭财产保险中在基本条款外加保盗窃险,这即是附加条款。

(5)保证条款,指被保险人为享受保险合同权利而承诺应尽义务的决定,投保人对承诺的保证条款,不得无故违反,如船舶保险中,投保人的船舶必须在保险单上列明的航行区域内行驶,即为保证条款。

(6)行业条款,是由保险人与行业公会商定的条款,适用于专门的行业。

保险合同一般讲应按上述条款要求来签订,但在上述条款中又包括必须订明的主要内容,才可能形成能充分表达保险关系双方意志的保险合同。

(二)保险合同条款的主要内容

1. 保险人的名称和住所

在我国,保险人的名称就是保险公司,住所就是保险公司的营业场所。

2. 投保人、被保险人、受益人的名称和住所

投保人是保险合同一方当事人,被保险人是保险合同的关系人,受益人是享受保险金的人。这些都应有名称和住所。

3. 保险标的及其金额

保险标的即保险合同中载明的特定的投保对象(财产及其有关利益或人的寿命、身体)。这是确定保险关系和保险责任的依据。保险标的的金额即是保险金额(保额),是指当事人约定的在保险事故发生后,由保险人负责赔款或给付保险金的最高限额。投保人可以按最高限额足额投保,也可在此限额内部分投保。在财产保险中可以按保险标的的价值来决定投保的金额,但在人身保险中,保险的标的是人,难以用金钱来衡量其价值,因而只能按被保险人的实际需要和交付保险费的能力来确定保险金额,以此作为保险人给付保险金的最高限额。由于保险标的的不同性质,在保险合同中,还必须对保险标的的有关事项进行详细填列,方能保证不同险种在实现保险时的特殊要求和目的。

4. 保险费

保险费是投保人为请求保险人对保险标的及利益承担保险风险而支付的、与保险责任

大小相适应的费用。这个数额通常是按保险机构根据每一险种的损失几率计算出的保险费率乘以保险金额而求得。交付保险费是投保人(或被投保人)为获得保险保障而必须履行的义务,也是保险合同生效的重要条件。

5. 保险责任

保险责任是指保险合同中保险人所承担的风险项目,也叫保险合同的责任条款。这些条款要明确载明当保险事故发生时,根据保险标的的损害程度或人寿险达到的保险条件,保险人应负的经济赔偿或给付保险金的责任。

6. 保险期限

保险期限是指保险合同从成立到终止的时间。为确保保险合同的效力和有利于合同的履行,签订保险合同的双方必须对保险期限达成协议,这是由保险合同所承担的危险的不确定性来决定的,如果没有明确的期限,则很难确定承保方的责任,也难以确定保险费的多少,保险人与被保险人的权利和义务的履行也就缺乏时间的界定,因此,保险期限是保险合同条款的主要内容之一。

7. 违约责任

保险合同是最具诚信的合同。违约责任是指保险合同双方当事人因其过错,不能履行或不能完全履行保险合同规定的义务时,违约者应承担违约责任。在保险合同中,违约责任都有明确的规定。只有明确规定保险合同中的违约责任,也才能真正实现保险合同对保险合同双方权利的保障。所以违约条款在保险合同中是至关重要的内容。

第五节　保险业务的经营

一、保险经营的原则

保险经营是一种风险经营,是保险人在可保险的范围内向投保人提供的保险信用。保险业务的开展关系到投保人投保目的的实现,也关系到保险业自身的发展,因此保险企业的经营不仅应遵循一般行业的经营原则,还应根据自己经营的特殊性而有自身的经营原则。

(一)扩大承保面原则

保险是利用他人的资金进行经营的,是建立在投保人提供保险费基础上的经营,具有“取之于面,用之于点”的经营特点,如果不能尽可能地扩大承保面,必然会制约保险经营的经济补偿作用。扩大承保面,则有利于分散风险,增加保险基金,提高保险经营效益,同时也可以相对降低保险费率,有利于保险经营的稳定和发展。

(二)标的选择原则

这一原则包含两层意思。一是保险人对承保的标的应有所选择,以确保发生意外损失后能及时给予经济补偿,并有助于减少社会财富的损失。二是应坚持同质风险标的原则。这要求对保险标的进行分类分档,按照不同风险的损失概率订出不同的保险费率,这样才能保证对不同保险标的在收费和补偿方面的合理性。

(三)责任控制原则

这是指保险人应把风险责任控制在能够自负的限度内,才能保持保险业务经营的稳定。要实现责任控制,一方面应尽可能扩大同一风险标的的承保面,把经济责任尽可能均衡地表现为同等的风险单位。另一方面可采取分保办法,将保险人直接承担的风险,全部或一部分转移给其他保险人(再保险人),以避免风险集中可能产生的不利后果。

(四)合理负担原则

由于保险标的不同,保险人产生的风险损失大小也就有区别。这就要求保险人根据这些区别和相关因素,合理地确定保险费的负担标准。这样做有助于企业间的公平竞争,也有利于促使被保险人重视消除不安定因素,提高保险的社会经济效益。

二、保险的理赔

(一)保险理赔的概念

保险理赔是“理算赔款”的简称,指保险人在保险标的发生事故后对被保险人所提出的索赔要求进行处理的过程。

保险理赔是实现保险信用的最终体现,是保险人应履行的保险义务,但理赔的实现并不是简单满足被保险人的索赔要求,而必须以一定的原则为依据。

(二)理赔的原则

1. 重合同守信用原则

如被保险人的保险标的发生了保险合同中规定的事故,保险人则应严格按合同条款规定受理赔案,确定损失,予以赔偿。

2. 坚持实事求是原则

在保险合同条款中对赔偿责任尽管有原则规定,但由于实际发生赔案的情况十分复杂,这就要求保险人按照合同条款精神,结合具体案情确定责任归属,在是否实现赔偿既要符合保险合同条款的规定,又要根据实事求是的精神,合情合理地加以处理,这样才能真正体现保险的社会功能。

3. 正确及时地赔款原则

被保险人的保险标的发生事故损失后,必将给被保险人的生产经营或生活造成一定程度的困难,因此,保险人对被保险人申请的索赔案件,应正确及时地加以核定,赔款的给付要迅速,为被保险人恢复生产,稳定生活提供有效的保障。

(三)理赔的程序

保险理赔是一个建立在保险合同基础上的保险双方当事人如何履行其权利和义务的过程,为保证这一过程的正常实现,理赔必须遵循以下基本程序:

1. 损失通知

损失通知是要求被保险人或受益人在其保险标的发生事故后,应立即通知承保的保险人,并提出索赔请求,以便于保险人对保险事故的调查核实,提出处理方案,这有利于采取相应措施避免损失扩大。

2. 损失检验

损失检验是指保险人在接到损失通知后,应立即派员对受损坏情况进行检验,为保险人判断是否属于保险责任,是否给予赔偿提供依据。

3. 审核各项单证

审核各项单证包括审查保险单和其他有关单证是否有效,损失是否发生于保险单规定的有效期限之中，这是继续处理赔案的关键。

4. 核实损失原因

核实损失原因即在损失检验和审核各项单证的基础上，对审核中发现的问题，要核实损害原因，这也是理赔的根据。

5. 核定损失程度和金额

这是保险人在确定保险标的损失原因，并肯定属于保险责任范围内的基础上，进一步核定损失程度和计算应赔金额。

6. 损余处理

损失发生后往往有损余物资存在，损余数额的合理确定，关系到赔款额度的大小，也关系到残余物资的有效利用，因此，对残余物资的估价和处理也是理赔过程中的一项重要工作。

7. 给付赔款

经保险人的理算提出的赔偿为被保险人同意之后，保险人应立即履行赔偿给付的责任。被保险人也即可办理给款手续，并同时签具赔款收据。

【复习思考题】

1. 怎样理解保险的职能？
2. 保险合同应包括哪些主要内容？
3. 保险经营应遵循的原则是什么？

第十九章
金融市场

第一节　金融市场的构成要素与功能

一、金融市场的概念与构成要素

（一）金融市场的概念

资金的融通必须借助于各种金融工具才能进行，而金融工具本身需要具有流通和变现能力，这就产生了金融工具自由转让和买卖的需要。金融工具就成为一种特殊的商品，即“金融商品”。因此，金融市场，按最粗略的说法，就是买卖金融商品，从事资金融通活动的场所。

金融市场有广义和狭义两种概念。广义的金融市场，一般是指包括所有的资金供需交易在内的市场，即不论哪种资金的供求，也不论资金的期限长短和融资方式，凡涉及金融性交易的均属广义金融市场的范畴。狭义的金融市场，一般是专指有价证券市场，即股票与债券的发行和流通市场。

（二）金融市场的构成要素

金融市场一般有四个构成要素：即金融市场的参与人、金融市场的交易对象、金融市场工具和金融市场组织方式。

1. 金融市场参与人

金融市场参与人是指在金融市场上进行金融交易的主体，包括居民个人、公司企业、金融机构、政府及其所属机构和中央银行。在金融市场开放的条件下，还包括境外投资者，如在我国目前实施的合格境外机构投资者（Qualified foreign institutional investor，简称 QFII）制度。这些参与人分别以投资人和筹资人的身份进入金融市场。其中，金融机构参与金融市场活动又有其特殊性，既作为中介机构为金融交易双方提供中介服务，又在现行法规的框架内进行投、融资活动。而中央银行则是以双重身份出现在金融市场，既是金融市场的监管机构，又是普通的参与人。在进行金融交易时，中央银行与其他参与人处于同等地位，但中央银行参与金融活动的目的只是为了执行国家的货币政策，调控货币供应量，从而实施对宏观经济运行的调控。

2. 金融市场交易对象

金融市场交易对象是指金融市场参与人进行交易的标的物，是市场客体。金融市场的作用在于融通资金,因此,金融市场交易的对象就是金融商品。参与人在金融市场上分别以资金供求方身份进行金融商品交易,相互融通、相互调剂,以满足各自的盈利、周转、生产等需要。

3. 金融市场工具

金融市场工具是以货币计值的信用工具。在资金融通交易中,资金供求双方形成了一种契约关系。一方面,作为信用工具,金融工具代表货币资金进行交易,使资金融通更为方便;另一方面,作为合法凭证,金融工具使买卖双方的权益和义务有了法律保障,促使资金融通能顺利进行。金融工具形式多样,包括股票、债券、基金、权证、商业票据、可转让定期存单以及期货合约、期权合约等等,以适应不同金融市场的交易需要。金融市场参与人运用这些工具进行筹资、投资等活动。当然,这也不排除金融工具交易存在一定程度的套利与投机的机会。

4. 金融市场组织方式

金融市场组织方式是指把参与人与代表货币资金的金融工具联系起来组成买方和卖方来进行交易的方式,一般包括交易所方式、场外交易方式和中介方式。

(1)交易所方式

交易所方式是指在特定的交易所内进行交易,由买卖双方按照交易所的交易规则,通过公开竞价的方式确定交易价格而成交的方式。在这种方式下,交易集中于交易所内,由代理人按照"价格优先"、"时间优先"、"客户优先"的原则进行成交。

(2)场外交易方式

在交易所以外进行的交易称为场外交易方式,一般来讲,场外交易方式主要是通过分散于各商业银行、证券公司等的柜台进行,因此场外交易方式又称为柜台交易或店头交易。在我国,场外交易方式除柜台交易方式外,还包括属场外交易方式范畴的银行间债券市场,它主要是金融机构相互之间参与的、主要进行国债现货交易的市场,也可称为同业场外交易方式。在场外交易方式下,交易价格不是以拍卖方式确定,而是由买卖双方协议而定。

(3)中介方式

中介方式是指金融交易通过中介人(经纪人或经纪机构)进行。中介人只是促成买卖双方成交,从中赚取佣金,其本身不是交易双方中的一方。中介方式可以在交易所内采用,如客户委托证券公司买卖证券,也可以在柜台上采用,如商业银行通过经纪人拆借资金或买卖国债。

二、金融市场的分类

由于金融交易的对象、方式、条件、地点、期限等不同,对金融市场可以从不同角度进行多种分类。

(一)按融资期限划分,可分为货币市场和资本市场

1. 货币市场

货币市场也称为短期资金市场,一般是指期限在一年以内的短期资金交易市场。由于这种交易的偿还期短,流动性强,风险小,与货币的流动性相差不大,有的金融工具如商业票据等,被当作货币的代用品,故称为货币市场。

2. 资本市场

资本市场也称长期资金市场。一般是指融资期限在一年以上的金融市场。

(二)按交易的对象划分,可分为资金市场、外汇市场和黄金市场

1. 资金市场

资金市场,一般是指借贷资金的市场。如借贷期限是短期,一般就是指货币市场。如借贷期限是中期或长期,一般就是指资本市场。

2. 外汇市场

外汇市场,是指买卖外汇的市场。

3. 黄金市场

黄金市场,是指进行黄金交易的市场。

(三)按金融交易的性质来划分,可分为发行市场和流通市场

1. 发行市场

发行市场,是指从事新证券或票据等金融工具最初发行的市场。

2. 流通市场

流通市场,是指从事已上市证券或票据等金融工具买卖转让的市场。

(四)按金融交易的时间来划分,可分为现货市场和期货市场

1. 现货市场

现货市场,是指金融交易成交后,于当天或三天内进行交割的市场。所谓交割,即一方交付款项,另一方交付证券。

2. 期货市场

期货市场,是指金融交易成交后,实际的交割放在双方约定的一个时间(如1个月、2个月、3个月或6个月)后进行交割的市场。

(五)按地域范围划分,可分为国内金融市场和国际金融市场

1. 国内金融市场

国内金融市场,是指融资交易活动的范围以一国为限,不涉及其他国家,也就是说,只限于本国居民、公司企业、金融机构、政府及其所属机构等参与交易的金融市场。国内金融市场又可分为地方性金融市场和全国性金融市场两类。地方性金融市场融资规模不大,影响力较小,是局限于一个国家某一城市或地区的小型金融市场。全国性金融市场是设立在一个国家的金融中心,融资规模大并涉及全国各主要城市,在全国范围内起重要作用的金融市场。

2. 国际金融市场

国际金融市场,是指融资交易活动并不限于一个国家和地区,而是涉及很多国家和地区,也就是说,其他国家和地区的居民、公司企业、金融机构等也能参与交易的金融市场。国际金融市场又有传统的和新型的金融市场之分。传统的国际金融市场是指历史悠久,在国内金融市场的基础上发展而成的国际金融市场。它既是国际金融市场,又是本国的国内金融市场,其交易活动需受本国金融当局监管,如纽约、伦敦、苏黎世等金融市场。新型的国际金融市场是指20世纪50年代以来形成的,专门从事境外融资活动的货币市场,也称境外货币市场。在这个市场进行交易活动有很大的自由,不受所在国金融当局监管。它主要在欧洲各国,也分布在亚洲、中东、拉丁美洲等地区。

综合金融交易的对象、期限和方式等分类,金融市场的主要结构可用图19-1表示。

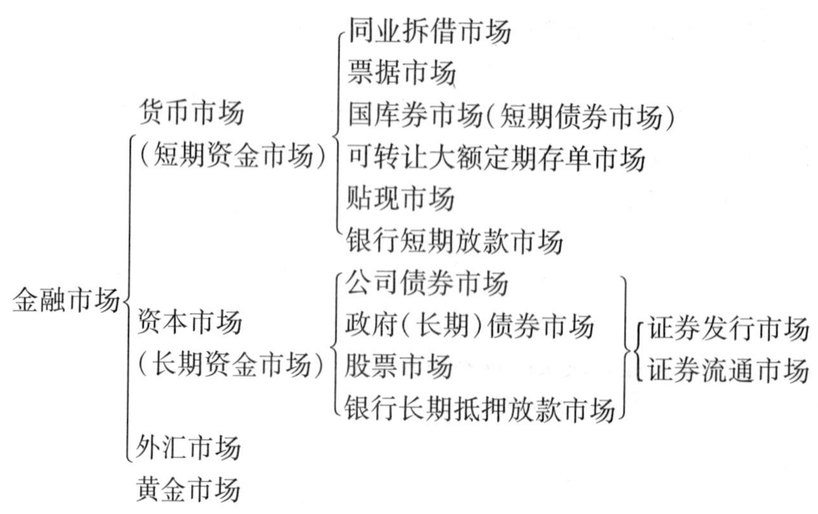

图 19－1　金融市场的结构

三、金融市场的功能

金融市场的功能是指金融市场本身所特有的机能，主要包括：

（一）资金融通功能

金融市场的资金融通功能主要是通过短期资金市场而起作用的。在短期资金市场上、资金供给者通过在金融机构的存款或购买短期票据而运用自身闲置的货币资金。资金需求者为了解决季节性或临时性资金需要，向金融机构取得借款或通过发行短期票据以筹措资金，从而实现货币资金余缺的调剂。金融市场的融通资金功能，还表现为金融机构间的相互融通，主要通过交换票据或银行同业拆借，来调剂金融机构的头寸。

（二）资金积累功能

金融市场的资金积累功能是通过长期资金市场而起作用的，通过企业发行股票和债券，促使储蓄转化为投资，从而实现资金的积累。在长期资金市场上，需要资金的企业利用发行股票和债券筹措资金，而证券投资人通过购买股票和债券，把自己的一部分资金提供给股票或债券发行者，以用于投资，这样，以有价证券作为金融工具，实现储蓄转化为投资的过程。

（三）优化配置资源的功能

资源的有效配置，是发展经济的一个至关重要的问题，它关系到整个国民经济的发展前景。金融市场表现为一种较高层次的资金运动，它通过金融资产价格机制和利率机制来调节资金的流量、流向和流速，使资金在各个部门重新组合，优化配置。如当国民经济某个部门具有较好的经济效益时，因其有较高的收益率，通过价格机制和市场信号，就会引导社会资金就向流向该部门，加速该部门的发展，从而使社会资金得到优化配置的高效利用。

（四）分散和转移风险的功能

由于金融市场上有各种各样的金融工具可供选择，投资人较易采用各种证券组合的方式分散风险，从而提高投资的安全性和盈利性。同时，金融市场为长期资金提供了流动性，为投资人和筹资人进行对冲交易、期货交易、套期保值交易提供了便利，使他们得以转移和防避风险。此外，金融市场作为一种有组织的市场，有完善的法规和制度，交易行为是规范的和有秩序的，在一定程度上防止了作弊和欺诈行为，从而增强了交易的安全性。

（五）信号系统功能

金融市场历来被认为是国民经济的“晴雨表”，是人们公认的国民经济信号系统。这主要表现在以下几个方面：

1. 为投资人提供投资决策的参考

由于证券买卖很大部分都集中在证券交易所进行，人们可以及时从中了解到各种证券的行情和投资机会，并通过上市证券的企业公布的财务报表，了解到企业的经营状况、业绩和效益。某一企业的经营业绩及社会公众对某产业前景的判断，可以很快从证券价格的涨跌中反映出来，因此成为投资人投资决策的重要参考依据。

2. 直接和间接地反映一国货币供应量的变动

货币供应量的多少是通过金融市场的交易反映出来的，当中央银行运用货币政策进行调控时，金融市场立即会有反应，表现出银根紧缩或放松。

3. 向全社会传递公开信息

由于金融交易的需要，金融市场有大量专门人员长期从事商情研究和分析，并且他们每日与各类工商业直接接触，能了解企业发展的动向与产业发展趋势，并及时向全社会提供相关信息。

4. 显示世界金融市场动向

金融市场拥有广泛而及时收集和传播信息的现代化通信网络，信息传递四通八达，迅速及时。实际上，在经济全球化趋势和经济金融化趋势下，整个世界金融市场已连为一体。金融市场信号系统功能对金融市场参与人的影响日益凸显。

第二节 货币市场

一、货币市场的特点及作用

（一）货币市场的特点

一般而言，货币市场具有以下几个特点：

1. 交易期限短

在货币市场上的融资工具主要有商业票据、政府短期债券、可转让大额存单等，这些工具短则一天，长则一年，一般不超过一年。其交易目的主要是为了解决短期资金周转的需要。

2. 融资工具安全性高

这些工具为短期融通资金所用，反映了工商业、政府短期周转资金的需要，在短期内归还。由于发行主体一般信誉较高，因此，这类工具风险较小。如短期国库券，几乎没有风险。

3. 融资工具流动性强

由于上述两个特点，决定了这些工具有很好的交易场所和交易性能，转手很容易，流动性很强。特别是国库券，在西方，个人和机构进行短期投资时都偏好国库券。

（二）货币市场的作用

货币市场具有如下三个作用：

1. 融通短期资金，促进资金流动

货币市场的存在使得工商企业、商业银行、各类机构投资人、政府和居民可以从该市场借取其所短缺的短期资金，也可将它们暂时多余的、闲置的资金投放在该市场作短期投资，生息获利，从而促进资金合理流动，解决短期性资金融通问题。

2. 协调社会资金，联结金融活动

货币市场参与人的资金，通过货币市场从分散到集中，再从集中到分散。例如，商业银行通过存贷款业务既可以汇集、又可以分散资金。通过货币市场的相互调剂，从而使整个金融活动有机地联结起来。

3. 显示资金形势，便于中央银行调节货币供应量

货币市场在一定时期的资金供求及其流动情况，是反映该时期金融市场银根松紧的指示器。货币市场的融资活动，对货币供应量的增减变化具有决定性影响。商业银行短期存贷款、票据贴现与再贴现、国库券的发行与转让，其直接结果便是增加或减少了流通中货币量。中央银行适时根据货币市场的情况，控制货币市场的融资活动，对于调节货币供应量具有重要意义。

二、货币市场的构成

货币市场一般由短期拆借市场、票据市场、国库券市场、可转让大额定期存单市场和贴现市场等构成。

（一）同业拆借市场

同业拆借市场是指在银行及金融机构同业之间进行的短期的、临时性拆借资金的市场。这种市场一般没有固定交易场所。主要通过电话洽谈方式成交，参加者都是金融机构。在发达的金融市场上，银行同业拆借相当频繁，且每笔拆放的数额往往很大，主要用于弥补临时的头寸不足。

拆借，也叫拆款，是一种以天计算的极短期的借款。拆款通常 1 ~ 2 天为限，一般不超过 24 小时，即今天结业时拆进，明天开业时归还，放款人也可随时通知借款人归还。拆款按日计息，称为“拆息”。拆息率每天不同，甚至一日几变，由拆借双方议定。拆息率的高低，灵敏地反映了市场资金的供求状况。就我国目前的实际情况来看，同业拆借市场的利率已经成为市场利率的标杆之一。

一般说来，同业拆借是短期的借贷行为，但随着拆借业务的广泛进行，影响拆款及时归还的突发事件不断增加，所以，目前的拆款除有 1 日、2 日的外，还有1 周、2 周、1 个月，甚至更长时间的。

同业拆借的主要交易有两种：一是头寸拆借。“头寸”一词原是旧中国金融业的习惯用语，是指资金或款额的意思。头寸拆借是指金融同业之间为了轧平头寸，补足存款准备金或减少超额准备金进行的短期资金融通活动。一般为日拆，今拆明还，拆借一天。二是同业借贷。金融同业间除了为轧平头寸，调整存款准备金而进行短期资金融通外，还因为临时性或季节性的资金余缺而相互融通调剂，以利业务经营，这就产生了同业借贷。同业借贷因借贷金额较大，属于金融机构间的批发业务。

由于银行同业间拆借具有灵活、及时的特点，不仅可以及时解决资金不足的困难，而且还可以使各商业银行不必经常保留大量超额准备金，从而提高了资金的使用效益。更为重要的是，银行同业间拆借为社会资金的合理配置提供了有利条件。当外部资金注入银行体系后，通过银行同业拆借市场的运行，这些资金能够得到比较平衡的地区分配和时间分布，然后进入经济社会的各个部门和单位。

(二)票据市场

票据市场主要包括银行承兑汇票市场和商业票据市场。

1. 银行承兑汇票市场

银行承兑汇票市场是指银行承兑汇票的转让市场，即汇票贴现、转贴现、再贴现的买卖市场。银行承兑汇票是指在汇票到期前，由银行按照票据记明事项，对汇票的金额，在票面上作出表示承认付款的文字记载及签章的一种手续。银行对汇票履行了承兑，增加了汇票的信誉，有利于其在货币市场上买卖。所谓贴现是指票据持有人以未到期票据向银行换取现金，并贴付利息的一种票据转让行为。在银行承兑汇票市场上将承兑汇票贴现的方式各异，国外的做法是持票人可以在任何银行、包括在承兑银行贴现。所谓转贴现是指银行将已贴现的票据，向同业再行转卖的票据转让行为。也就是说，银行将其贴进的、尚未到期的票据转向其他银行贴现。再贴现又称重贴现，是指银行将其已贴现的未到期汇票，再转让给中央银行的票据转让行为。

由于银行承兑汇票具有“双保险”的优点，即承兑银行承诺到期支付，倘若承兑银行到期拒付，还可向出票人追索，同时，又可将汇票贴现、转贴现和再贴现。所以，是一种安全性、流动性、收益性俱佳的短期投资工具，各银行十分愿意以贴现方式买这种汇票，赚取贴息。在西方发达国家，银行承兑汇票市场很活跃。我国的银行承兑汇票市场还处于发展过程中。

2. 商业票据市场

商业票据最初是由于商品交易而产生的，也是商业信用的一种工具，形式多以出票人为付款人的本票，是由出票人承诺在一定时间、地点，支付一定金额给收款人的票据，是出票人的债务凭证、它属于短期、无担保的票据。后来，商业票据不限于在商业信用中使用，逐渐演变成为金融市场上筹措资金的一种工具，即金融机构和非金融机构通过发行商业票据而筹集资金。这时，商业票据与商业交易分离了。由于不是商品买卖双方的关系，也就不再列明收款人，出票人就是付款人。于是演变为单名票据，金额也从原来因商品交易需要而出现的零整不一的金额转变成整数金额。

参加商业票据市场的有发行人、投资者和证券交易商。商业票据通常是以票据性质和销售方法为依据划分种类。按照票据性质，商业票据可以划分为金融公司票据和非金融公司票据。按照销售方法，商业票据可以划分为经销商票据和直接销售票据。直接销售票据在商业票据的总销售额中占相当的比重，这种票据直接销售业务通常由较大的金融企业经营。

商业票据的主要购买者有大商业银行、非金融公司、保险公司、投资公司等。个人很少持有商业票据，因为许多国家对商业票据的最小交易面值做了规定。

商业票据市场基本上是一种初级市场。商业票据一般只经历发行、购买和偿还的过程。由于商业票据的偿还期都很短，一般不再进行二次流通，因而也就没有确定的二级市场存在。

(三)国库券市场

国库券市场是交易国库券的国债场外交易市场。国库券市场包括如下两个层次:

1. 非同业场外市场

非同业场外市场这个层次是金融机构与社会公众投资人之间参与的市场,故称非同业场外市场。其特点与功能:一是以柜台交易为平台,以国债交易商和经纪商作为中介进行交易活动;二是交易方式灵活方便,投资人随时可通过交易商或经纪商成交,不受固定时间、地点的限制;三是交易成本低,交易是不需要付代理佣金和手续费,交易商或经纪商只是靠买卖国库券赚取差价。

2. 同业场外市场

同业场外市场这个层次是金融机构相互之间参与的市场,故称同业场外市场。这个市场一般是一级自营商(或一级交易商)之间的市场。其特点和功能:一是以一级自营商为主体;二是政府国库券发行的主渠道,一级自营商直接参加政府国库券的招标发行、认购或代理认购发行大部分或绝大部分份额;三是国库券场外交易市场的核心内容,带有"批发"市场的性质,交易量极大。因而市场交易状况对整个国债具有重要的影响,其价格水平反映市场的基本走向;四是央行进行公开市场业务操作的主要市场。相对而言,公开市场业务是央行独立实施货币政策,相机抉择地调控货币供应量的最灵活政策工具,央行既可以通过同业场外市场观测货币市场的态势,也可以通过该市场与一级交易商进行公开市场业务实际操作。

(四)可转让大额定期存单市场

可转让大额定期存单简称存单,是西方国家在20世纪60年代初推出的一种面额大、不记名、可转让的定期存款凭证。从历史背景来看,在20世纪50年代以后,美国货币市场利率提高,而银行的活期存款没有利息,定期存款的利率也远低于货币市场利率,导致许多公司将自己的资金投入国库券或其他货币市场工具,商业银行的存款下降。针对资金来源的减少,美国花旗银行在1960年8月首先推出存单这一新工具。可转让大额定期存单的发行是20世纪60年代以来金融创新的重要标志。从此以后,存单就日益成为货币市场主要交易工具之一,由银行和允许吸收存款的金融机构发行。

存单是定期的,短则14天,长则1年。存单面额大,收益较高,具有较强的流动性。大银行发行存单的购买者大多为个人、合伙人或非金融性公司。存单市场已成为大银行进行流动性调整和筹集额外资金来源以满足贷款需求的手段。

在偿还期大体相同的情况下,大额存单的利率比国库券的利率略高些。因为存单的风险相对大些,再转手不如短期国库券容易,且纳税面较大。

(五)贴现市场

贴现市场是指金融工具的贴现和再贴现所构成的市场。其主要交易工具为商业汇票、国库券、短期政府债券等。最典型的贴现市场是英国的伦敦贴现市场。

贴现是银行的传统业务之一,在国外还有专门办理贴现业务的贴现公司。贴现业务主要有贴现与再贴现两种。前者指工商企业为了取得现金,以未到期票据向银行融通资金;后者指商业银行以贴现收下的票据,向中央银行再行贴现,以筹借资金。在贴现时,银行要按规定利率(贴现率)从票据金额中扣除自贴现起至到期日止的利息。

贴现利息 = 票据金额 × 贴现率 × 贴现日至到期日时间

贴现金额 = 票据金额 - 贴现利息

具体计算时，贴现率的计算与贴现日至到期日时间的计算口径要一致；时间按年计算，贴现率要用年利率；时间按月计算，贴现率要用月利率；时间按日计算，贴现率则要用日利率。

票据贴现从形式上看，是银行买进未到期的票据，但实际上已产生债权的转移，可视为商业银行的一种放款业务。西方国家贴现业务量占短期放款的比重很大，在货币市场上贴现市场居于主导地位。我国自 1985 年 4 月起开始在全国开办商业票据承兑、贴现业务，1986 年起又正式开办人民银行对专业银行的贴现票据再贴现业务，但由于我国商业信用票据化进程较慢，贴现业务在短期资金中所占的比重还较小。

第三节　资本市场

一、资本市场的特点及作用

（一）资本市场的特点

在资本市场上融通资金的工具主要是种类繁多的债券和股票，它们与货币市场相比有着不同特点：

1. 融资工具期限长

在资本市场上使用的金融工具，如股票。一般说来是长期的、永久的、不归还的，中长期债券则从一年以上到几十年期限不等。

2. 投资风险较大

由于股票、中长期债券融资期限较长，在此期间可能要遇到系统风险（如利率风险、通货膨胀风险、汇率风险等）和非系统风险（如信用风险、流动性风险、财务风险等）。企业在生产经营中一旦失败则可能导致股票如同一张废纸，债券本息得不到偿还的严重局面。即使是信用评级最高的主权级的中央政府中长期债券，由于其本质上是一种利率产品，也会在一定程度上受到利率周期的影响，尤其是在利率的上升周期，因市场的预期收益率提高，中央政府中长期债券现货的价格也会下降，给投资人带来潜在的风险。

3. 融资工具的流动性取决于多种因素与流通市场的发育程度

由于资本市场上融资工具众多，类型各异，既有不可上市的融资工具，又有可上市的融资工具，因此，各种融资工具的流动性取决于多种因素与流通市场的发育程度。一般来讲，不可上市的融资工具的流动性相对较差。原因在于这类融资者选择不可上市的融资工具与融通资金的性质和特征有关，融资者在资本市场融通中长期资金主要用以是添置设备，扩建厂房，增强资本实力，垫付在这些领域的资金在再生产过程中周转时间长、速度慢，一般要到期才能偿还本金。在流通市场的发育程度较完善的市场，可上市融资工具的流动性相对较强。

4. 融资工具在收益、风险、流动性及纳税方面具有很大差异

资本市场的融资工具是由信用级别极不相同的经济主体发出的。由于时间长短不一，

发行条件有别，使用目的不同等因素，因此，这些融资工具不像货币市场工具那样在收益、风险、流动性方面较为一致，而是在不同规格类型的工具之间有很大差异。

（二）资本市场的作用

如果说货币市场对于短期资金融通，促进再生产正常循环和周转起了积极作用的话，那么资本市场则主要在向公司和政府提供长期债务和股权融资，促进资本的形成，优化资源配置，促进产业结构的调整、升级和科技创新，增强长期投资的流动性，促进社会扩大再生产方面起了积极作用。

资本市场方便了公司和政府部门筹集长期资金，促进社会闲置资金的集中和向生产资金转化。通过资本市场竞争，使资金流向、结构、资金要素配置和使用效益更加优化。同时，对于融资者来说，可以通过资本市场获得较大数量的资金来扩大再生产；对于投资者来说，可以通过资本市场在多种投资项目中选择，以达到安全性、收益性、流动性的最佳组合。

二、资本市场的构成

资本市场主要由长期债券市场、股票市场及银行长期信贷市场所形成。其中，就长期证券市场而言，又可分为发行市场和流通市场。我们这里论及的资本市场，主要是指股票市场和长期债券市场。

（一）证券发行市场

证券的发行市场，也称"初级市场"或者"一级市场"，是指证券发行人将新发行的有价证券出售给投资人的市场。证券发行市场主要由发行人和投资人组成，此外，还有一些中介人，如承销商、一级自营商、包销人、再包销人和信托人，他们专门经营新证券的发行与分销业务。发行市场上发行的有价证券有政府债券、公司债券、股票等。发行市场是一种无形市场，一般没有固定的场所。

1. 股票的发行

发行股票有两种情况：一种是公司新成立第一次发行股票；另一种是老公司为扩大经营规模而发行新股。不管在何种情况下的发行，股份公司作为股票的发行企业，都是原始股票的供应者。世界各国对股票的发行都有专门的法律规定，必须依法申请或登记，经有关机关审查批准或核准后，方能发行。

股票发行方式按购买对象划分，可分为私募发行和公募发行。私募发行是指面向少数的特定投资人发售股票。该发行方式可使筹资人避开向社会公众公布企业财务经营状况和所属行业的地位及竞争力等信息的手续，降低发行成本，简化销售过程，迅速集资。公募发行是指面向市场上大量的非特定投资人发售股票。通常要求发行人向社会公众公布财务经营状况，在所属行业的地位及竞争力等信息资料，当然，这些股票比较容易上市转让。

股票的发行方式按有无中介人介入可分为直接发行和间接发行。直接发行，是由企业自行发行，只需要有投资银行和金融机构给予适当的协助，发行的责任与风险由企业自己来承担。这种方式发行费用较省，但筹资时间较长，一般适用于经营规模小，发行数额不大的企业。

间接发行，是通过证券承销商来完成股票的发行与销售任务。证券承销商是股票发行市场上的批发商，是将股票分销给投资人的中介人。在西方国家，各种投资银行是最主要的证券承销商，它们受企业的委托承购包销发行的股票，并从中赚取买卖差价或手续费。

采用这种方式,发行企业的风险较小,并且可以在较短时间内筹集到所需的资金。

用承销方式发行股票,具体又有包销和代销两种方式。包销是承销商(在多数情况下,是由多家投资银行组成一个承销集团)全部承担股票的销售任务,若销不出去或销不完的部分则由承销商自己买下来。代销仅是承销商代发行企业推销,推销多少赚多少手续费,没有自购的义务。对承销商来说,包销的风险比代销要大。

由上可见,投资银行在股票发行上扮演了重要的角色。在国外,大公司、大企业为筹措长期资金而发行股票(或长期债券)时,一般都通过投资银行这个有效的中介机构来完成发行和销售任务。我国主要是由证券公司及信托投资公司作为承销商来承担股票的发行。

2. 债券的发行

债券的发行人有中央政府、地方政府、金融机构、企业等,债券的发行主体不同,其发行债券的目的也不相同。

债券的发行条件是债券发行能否成功的关键。债券发行条件既关系到发行人的筹资成本和发行目标的实现,也是投资人作出投资决策的主要依据。发行条件包括下面几个内容:①发行额。发行额是发行一次债券筹集资金的总额。②债券期限。这主要取决于发行人对资金需求的性质。③票面利率。债券的票面利率又称名义利率,是年利息和票面金额的比率。票面利率的高低,包括利率水平、计息方法和付息方式三个方面的内容,直接影响到发行人的筹资成本。④发行价格。这是指新发行的债券从发行人手中到投资人手中的初始价格,包括平价发行、溢价发行和折价发行三种。⑤偿还方式。包括期满一次偿还、分期偿还、抽签分布偿还和以新替旧偿还等方式。

债券的发行方式也可按发行对象分为私募发行和公募发行。私募发行方式是指发行人不公开发行债券,而只是向与发行主体有特定关系的少数投资人发行债券的方式。其优点在于,无须通过中介人,发行手续简便,发行成本较低,筹资迅速。公募发行方式一般是在金融市场上通过公开招标、投标的竞标方式来确定发行条件而发行债券的方式。其优点在于,体现了债券发行的公开、公平和公正的市场原则;通过众多投标人的竞标,能够形成较为合理的收益率水平,从而引导社会资金合理流动和优化配置。其具体操作是发行主体直接向投资者发标,投资者对其进行投标(一般是以价格或利率进行投标),发行主体按一定的顺序(从高价到低价或从低利率到高利率)对投标人的投标进行排列和选择,直至达到发行额为止,投标人中标后所认购的债券,既可以向社会公众销售,也可以自己持有。

债券的发行方式按有无中介人介入可分为直接发行和间接发行。公司既可以直接由自己发行债券,也可以采取由投资银行或金融公司包销的间接方式发行。一般情况下,以投资银行或金融公司包销的方式为多。

债券的发行常要由权威信用评级机构对发行人所发行的债券评出信用等级。一般来说,债券信用级别越高,信用风险越低;反之,亦然。通过债券信用级别,可以在一定程度上预先揭示债券的风险程度,以保护投资者利益。

(二)证券流通市场

证券流通市场,又称为“次级市场”或者“二级市场”,是买卖旧证券的市场。证券交易活动,虽不增加社会投资总额,也不增加新的金融资产,但可以实现证券流动性和变现能力的要求。证券交易市场一般分为交易所市场和场外交易市场两种。

1. 证券交易所

证券交易所又称场内交易市场,是指经过政府有关部门批准的,在一定时间、按一定规则买卖公债、公司债券和股票等上市有价证券,并形成证券行市的固定场所。它是规范化的和高度组织化的证券交易市场,也是最重要的、最集中的证券交易市场。证券交易所的主要特征:①公开进行证券交易的场所。使交易能迅速合理地成交,使投资人能自由公开地进行上市有价证券的买卖。②交易采取代理制。在交易所内从事上市有价证券业务者必须是经过注册或许可的证券商,且具有证券交易所会员资格,其他公众投资人进行上市有价证券交易必须委托经纪商进行。③买卖采取竞价方式。采取竞价买卖即"拍卖"方式决定成交价格。四是交易所有特定的交易制度和规则。如开市、休市、闭市时间,交易时间等。证券交易所本身并不参与证券交易,既不买卖证券,也不决定价格,只是为买卖双方提供一个公开进行交易的场所。

证券交易所的组织形式一般有两种:一种是以股份公司形成设立的证券交易所,它属于盈利性企业;另一种是以会员协会形成设立的证券交易所,它不以盈利为目的,也不是企业。公司制的证券交易所,其股东多为交易所成员,它们利用交易所的场地和设施,在主管机构的监督下,为各种证券交易提供服务和各种便利,同时收取发行企业的证券上市费和证券成交的"经手费"。会员制的交易所,通常由各证券商自愿组成,参加者即为会员。这种交易所不以盈利为目的,交易所发生的费用由会员共同负担。进入交易所参加证券买卖的,只限于有会员身份的证券商。

证券交易所的交易方式,有以下四种:

(1)现货交易。现货交易以现金或支票买卖证券,要求买卖双方在成交后立即进行交割,即买者付出现金,卖者交出证券。一般在当天或隔天交割。

(2)期货交易。期货交易是指在证券成交后的一定时期(比如3个月)内才进行交割结算。但结算时,不是按照交割时的行市,而是按照买卖契约成立时的行市进行结算。由于契约成立时与交割时证券行市的不一致,这就可能会给购买者或出售者带来利益。期货交易的主要目的在于套期保值,在此过程中,也可能会出现投机活动。

(3)信用交易。信用交易又称"垫头交易"或"差额交易",即投资人在购买一定数额证券时,只支付部分价款(即保证金,也叫垫头),其余部分由交易所经纪人垫付,经纪人则向投资人索取垫付款项利息的一种交易。经纪人为筹措垫付款项的来源,以这些证券为抵押,向银行借款。用信用交易方式,造成有价证券的人为需求,活跃了证券市场,但同时也为"买空"、"卖空"的投机者提供了有利条件。

(4)期权交易。期权交易是一种在一定时期内有关证券买卖权的交易。这种交易的标的物不是证券本身,而是对证券进行买卖的权利。期权交易的内容大致是:购买期权的人与交易所经纪人签订一个期权买卖协议,规定协议的买方在未来一定时期内,有权按规定内价格购进或卖出一定数量的证券。购买期权者可以行使这一权利,也可以放弃这一权利。

证券交易所对证券的交易有不可低估的作用,但并不是所有的证券都可上市交易,只有质量较高的证券并通过交易所的核准,才能在交易所上市。

2. 场外交易市场

在交易所市场以外进行的交易称为场外交易,由此形成的市场就是场外交易市场。一般来讲,场外交易市场又称为店头市场或柜台市场,其交易对象一般是不上市的证券。它是由证券公司等证券交易机构在柜台上进行证券买卖业务,是各个证券商和投资人之间面对面进行的分散交易。买卖证券的种类、数量、价格及交付条件等都由当事人双方协商议定。在店头市场交易的股票，主要是尚未达到交易所上市条件，不能进入交易所挂牌的股票。店头市场交易的股票，其层次虽然低于上市股票，但为保证投资者的利益，也必须符合一定的条件，进行必要的管理。各国对店头市场交易的股票，一般都实行登记制度，店头市场的股票交易方式，虽也分为证券商自营买卖和接受客户委托买卖两种，但实际上，大部分是前者。

在我国，场外交易市场还包括银行间债券市场，主要是金融机构相互之间参与的、主要进行国债现货交易的市场，也可称为同业场外交易市场。

(三)股票价格指标

浏览各种媒体的证券价格行情表，就大致可以了解各种股票价格的涨跌变化，但就整个证券市场而言，有些股价上涨，有些下跌，表明了其间复杂的股价变化趋势并非那么容易。为了判断股的涨跌幅度及趋势，那就需借助股价指标。通常的股票指标有股价平均和股价指数两种。

1. 股价平均

股价平均可分为简单算术平均、修正股价平均和加权股价平均三类。

简单算术平均法是将采样股票每日收盘价加以算术平均即得，它表示股价的平均水准。可用下述公式表示：

股票价格平均数 = 每种股票的单价相加之和/所取股票的种类数

由于各种股票因发行量不同而在股市中所占比重差异很大，因此要正确反映整个股市变动，应根据各公司的股票发行数量进行加权平均，可弥补简单算术平均的缺陷。可用下述公式表示：

$$\text{加权股价平均数} = \sum \text{每种股票价格} \times \text{交易量(股)} / \sum \text{每种股票的交易量(股)}$$

上述股价平均又常会遇到股份公司增资扩股的现象，因此，又有修正股价平均的指标出现。

2. 股票价格指数

股票价格指数即股价指数，指的是金融服务机构编制的，通过对股市上一些有代表性的公司发行的股票价格进行平均计算和动态对比后得出的数值。它是对股市动态的综合反映，并表示众多股票价格的一般波动趋势。股价指数的计算单位是点，点是衡量股票价格起落的尺度。值得指出的是，这里的点的含义与通常的百分点的含义是完全不同的。

世界各国主要的证券交易所都根据具体情况，采用不同的方法编制各自的股价指数，下面分别介绍几种最主要的股价指数：

(1)道·琼斯股价平均指数。由美国道·琼斯公司编制并在该公司出版的《华尔街日报》上发布的股票价格指数，它是世界上历史最悠久、最具影响力的股价指数。道·琼斯股价平均指数是以在纽约证券交易所挂牌上市的一部分具有代表性的大公司的股票作为编制对象，抽取了包括 30 种工业、20 个运输业和 15 个公用事业样本数为基础，采用简单算术平均法及除数修正法编制而成，基期选定日期为 1928 年 10 月 1 日，指数基期为 100。长期以来，道·琼斯股价平均指数被看成是一种权威性的股价指数，被认为是反映美国政治经济和社会行情的最敏感的股价指数，被用来作为观察分析西方市场动态，进行投资、投机的重要参考依据。目前，该指数通过电子计算机连续采样，每分钟计算一次，每小时发布一次，计算迅速，发布及时，所选用65种样本股票都是在各自行业中具有举足轻重地位的公司。

（2）标准普尔股票价格指数。由美国标准普尔公司编制，是美国另一种重要的股价指数。该指数采用加权平均法计算，按随机原则抽选样本，所确定的500种样本股票占纽约证券交易所内上市的全部普通股票的90%。由于它是按发行量加权计算，既考虑了不同股票的数量对股价的影响，又无须对折股股票进行调整，而且样本覆盖面广、代表性强，因此长期以来被认为是能较全面地反映股市动态的指数，比其他股价指数更全面地反映股票价格的变动。

（3）《金融时报》股票价格指数。伦敦《金融时报》股票价格指数是英国经济界最著名的时报《金融时报》编制并发布、用以反映英国伦敦证券交易所股价行情的一种价格指数。该指数包括三种，其中，最重要的工业股票指数以1935年7月1日为基期，抽取英国30家在股市中比重较大的代表性公司股票为样本，采用加权法编制而成，以100为基期指数值进行计算。随着产业结构的变化和上市公司实力的升降，30种样本股票的成分股也在不断调整。《金融时报》股价指数既是英国最具权威性的股价指数，在全世界也颇有影响，其原因在于：①伦敦是国际金融市场中心之一；②《金融时报》发行量很大，订户遍布120多个国家和地区。

（4）日经—道平均股价指数。“日本经济新闻社道·琼斯股票平均价格指数”的简称。该指数也就是日本东京证券交易所225种股票的平均价格指数。1950年东京证券交易所模仿计算道·琼斯平均价格指数的方法，以1949年5月16日为基期日，以225家公司的股票市场价总额加权平均计算求出价格平均数176.21日元为基数，由日本经济新闻社计算公布。1975年5月，日本经济新闻社向道·琼斯公司购进商标，并将其编制的股票价格指数定名为“日经—道平均股票价格指数”。它是目前日本最有影响和代表性的股价指数，通过它可以了解日本的股市行情变化和经济景气变动状。

（5）香港恒生指数。由香港恒生银行根据各行业具有代表性的33种股票价格，以1964年7月31日为基期，以100为基期数值，按加权平均法计算。恒生指数的成分股的选定是动态的，自创设以来，该指数已对样本成分股进行过10次调整。目前使用的33种样本股票的构成为：工商业14种、地产业9种、公共事业6种、金融业4种。通过这33种股票价格的综合变动，即可把握整个香港股市的行情动态与发展趋势。恒生指数是香港股票市场上最具代表性的一种股价指数，是投资衡量香港股市变化的尺度。

（6）上证指数。上证指数是上海证券交易所编制的股价指数，以1990年3月19日为基期，以当日平均股价为基数，最初是以在上海证券交易所最早上市的全部9种股票计算。该指数主要参考道·琼斯平均股价指数的方法编制，以简单平均法计算平均股价。目前，上证指数分为上证综合指数和上证分类指数等，两者都以上市股票的发行量为权数。上证综合指数的样本股是全部上市股票，从总体上反映了上海证券交易所上市股票价格的变动情况，自1991年7月15日起正式发布。分类指数又分为：工业、商业、地产、公用事业、综合等类。

此外，还有上证成分指数（简称上证180指数）。该指数是上海证券交易所对原上证30指数进行了调整并更名而成的，其样本股是在所有A股股票中抽取最具市场代表性的180种样本股票，自2002年7月1日起正式发布。作为上证指数系列核心的上证180指数的编制方案,目的在于建立一个反映上海证券市场的概貌和运行状况、具有可操作性和投资性、能够作为投资评价尺度及金融衍生产品基础的基准指数。

(7)深证指数。深证股价指数由深圳证券交易所编制和公布的股票价指数。它以1991年4月3日为基期,以在深圳证券交易所上市交易的全部股票为对象,按加权平均法计算,用每日各种股票的收盘价分别乘以其发行量后求和得到的市价总值,除以基期市价总值后乘以100求得。深证指数又分为综合指数和成分股价指数(简称深证成指)。深证指数以总股本为权数,深证成指是按一定标准(流通股市值较大、交投活跃、有行业代表性的股票)选出40家有代表性的上市公司作为成分股,用成分股的可流通数作为权数,采用综合法进行编制而成的股价指标。从1995年5月1日起开始计算,基数为1 000点。成分指数又分为:工业、商业、地产、公用、综合等六类。

第四节 外汇和黄金市场

一、外汇市场

(一)外汇市场的概念

外汇市场是指经营外汇业务的金融机构所组成的在国际间从事外汇买卖的交易场所或交易网络。外汇市场是适应国际清偿和国际货币支付的需要而产生,又随着世界经济的迅猛发展和各国外汇管制的放松而发展起来的。

外汇市场有有形市场和无形市场之分。有形市场,即外汇交易所,它一般设在证券交易所的建筑物内或交易大厅的一角,在规定的时间内,各国银行的代表集合此地从事外汇交易。无形市场,则没有具体的地点,买卖双方通过电话、电传、电报或其他通信手段来进行交易。大多数西方国家都通过无形市场进行外汇交易。

外汇市场的参与者有:经营外汇业务的指定银行、外汇经纪人、进出口商、外汇投机者和其他外汇供求者。此外,各个国家的中央银行也经常参与市场活动和采取干预措施,以保持本国货币对外汇率的稳定。

(二)外汇市场业务

外汇市场的业务主要有以下几种:

1. 即期外汇交易

即期外汇交易也称现汇交易,是指外汇银行与客户或银行同业之间按照当天的即期汇率做成的外汇买卖交易。它一般在交易当日或两日内进行交割,它可以在银行柜台上通过电话、电报、电传方式进行。即期外汇交易在外汇市场交易中占主要地位。

2. 远期外汇交易

远期外汇交易又称“期汇交易”,是指买卖双方先订立买卖合同,规定外汇买卖的数量、期限、汇率等,到约定日期才按合同规定的汇率进行交割的外汇业务。预约的交割期限按月计算,一般为1~6个月,最长可以到1年或1年以上,但以3个月的居多。远期外汇交易是进出口商防止外汇汇率变动风险的一种措施,也是外汇银行平衡其外汇头寸的重要方式。

3. 掉期外汇交易

掉期外汇交易是指一种货币在被买入(卖出)的同时即被卖出(买入),所买入(卖出)和卖出(买入)的货币金额相等但期限不同,一为即期,一为远期,或两个不同期限的远期。交易的结果是交易者所持有的货币期限发生变化,这就是"掉期"的含义所在。

4. 套汇交易

套汇交易是指同时在不同的外汇市场上,利用某两种货币或多种货币的汇率差异,采用贱买贵卖的原则,套取利润的外汇交易。它又可分为地点套汇、时间套汇和利息套汇几种。

地点套汇。可分为直接套汇和间接套汇两种。直接套汇是最简单的一种套汇,也称双边套汇,是指利用同一种货币在两个不同地点的外汇市场上的汇率有高低差价,同时在这两个外汇市场上一面买进一面卖出这种货币,以赚取汇率差价。间接套汇是指利用三个不同地点和外汇市场上的货币汇率差异,贯彻贱买贵卖原则,同时在这三个外汇市场买进卖出外汇,进行套汇获利。

时间套汇。是指在同一外汇市场上利用外汇交割期的不同,套取货币汇率的远期升水或贴水以获利的外汇交易。其操作与掉期交易基本相同。

利息套汇。也称套利,是指利用两个国家或地区金融市场短期投资利率的差异,将资金从利率较低的金融市场转移到利率较高的金融市场进行短期投资,以赚取利差的外汇交易。利息套汇有不抵补的套利和抵补套利两种。

5. 期权交易

在外汇市场上进行的期权交易是指货币期权。货币期权是外汇市场的一项新兴交易,是在20世纪70年代初才兴起的。所谓货币期权交易实际上是一种货币合约交易,是指买方有权在期权合约期内或到期日按商定的汇率买进或卖出商定数额的外汇,但也可以不执行合约。货币期权有看涨期权和看跌期权两种形式。

二、黄金市场

(一)黄金市场的概念

黄金市场是构成金融市场的一个重要组成部分,是集中进行黄金交易的场所,是专门经营黄金买卖的市场。

目前世界上大约有40多个国际黄金市场,其中最著名的有伦敦、苏黎世、纽约、芝加哥、香港、法兰克福、巴黎、新加坡和曼谷。

世界黄金市场的参加者有黄金的供应者、需求者和经纪人。供应者包括:一是黄金生产者;二是各国政府、国际货币基金组织、私人抛售的黄金;三是某些国家出售的货币。

黄金的需求者包括:一是各国中央银行用来作为官方的储备资产;二是工业上运用黄金作为原料;三是私人为了保值或投机的目的而购买。这些黄金的供应者和需求者的汇合就形成了黄金市场。

(二)黄金市场的业务

黄金市场的交易有现货交易和期货交易两种。

1. 现货交易

现货交易是指进行黄金现货买卖。黄金的买卖价格以议价方式得出。买卖成交时,卖方可按定出的黄金价格获得全部收入。而买方则须额外付出佣金,在伦敦黄金市场上,定价时,黄金的重量单位是金衡盎司,以10条交割地点是在伦敦的各大金行的金库。成交后在两天内进行交割。

2. 期货交易

期货交易一般由交易双方先签订买卖黄金期货的合同并交付保证金,然后在约定的时间以后再进行实际交割。黄金期货与商品期货一样,一般不需真正交货,绝大多数合约在到期前已经对冲掉了。期货交易的价格一般是以现货价格为基础,再加上按期货时间长短确定的利息。黄金期货交易要收取多种费用,如手续费、仓储费、账户手续费和保险费等。黄金期货市场上的套利者,可分为两类:一类黄金期货价格看涨者,是做“多头”期货的买方,另一类是对未来金价看跌者,则是做“空头”期货的卖方。

【复习思考题】

1. 金融市场的功能主要表现在哪些方面?
2. 试述货币市场的特点
3. 试述资本市场的特点。
4. 证券交易的主要交易方式有哪些?

第二十章 财政金融宏观调控

第一节 市场经济与宏观调控

一、什么是宏观调控

宏观调控是指国家从社会整体利益出发，为了实现宏观经济总量的基本平衡和经济结构的优化，引导国民经济持续、稳定、协调发展，运用经济、法律和行政手段对国民经济总体活动所进行的总体调节和控制。宏观调控的主体是国家，对象是国民经济的总体活动，并通过对市场的调控来实现。

二、宏观经济调控的起源和发展

宏观经济调控是20世纪30年代后发展起来的。19世纪末20世纪初，随着自由资本主义向垄断资本主义的过渡，特别是在1929—1933年资本主义世界经济大危机爆发之后，传统的经济学及其所信奉的“供给自动创造需求”的“萨伊定律”以及国家不干预经济的主张以彻底破产而告终结，资产阶级经济学家才日益重视对宏观经济理论的研究，即考察国民经济作为一个整体的功能，研究国民收入、就业、消费与投资、物价和工资水平这样一些总量问题。其中特别是英国经济学家凯恩斯所创建的宏观经济理论体系，被西方经济学界称为“凯恩斯革命”。凯恩斯认为，市场并不能自动实现充分就业均衡，政府应对经济实施干预政策，以填平总供求缺口。这种政策主张很快受到资本主义国家当局的重视和采纳。

第二次世界大战后，一些主要资本主义国家普遍加强了对经济活动的干预，并在这一历史进程中形成了不同派别的国家对经济运行进行宏观调控的理论。尽管这些年来凯恩斯主义受到其他经济学派的有力挑战，但其“国家干预经济”理论却始终显示出了它的生命力。20世纪80年代末90年代初，正当计划经济国家实行面向市场的经济转轨之际，市场经济发达国家，如美国、日本以及欧洲各国却进入了经济周期性和结构性的衰退时期。20世纪80年代通行的新自由主义经济政策在90年代初失灵，这些国家开始出现了由政府加强对经济实行宏观调控的倾向。这一倾向表明，完全依靠市场调节这一只“看不见的手”，不能适应已经高度现代化的市场经济体制，也不能在强手如林的世界市场的激烈竞争中成为赢家。理论与实践一再证明，“看不见的手”应与“看得见的手”携起手来，才能保证经济的持续、稳定发展。

我国从社会主义制度建立开始，政府就担负起管理全社会经济的任务，因此，我国并不存在国家要不要对经济运行进行宏观调控的问题，而是采取什么方式才能更有效地实施宏观调控。1979 年经济体制改革以前，我国经济理论文库中或政府各种文献中，关于宏观经济分析是使用综合平衡或物资供求平衡的概念。自实行改革开放政策以来，借鉴西方经济学的宏观经济分析方法，开始把“社会总需求”与“社会总供给”这一对概念运用到宏观经济分析中，而且在 1993 年国家立法机关就将“国家实行社会主义市场经济”和“国家加强经济立法，完善宏观调控”写进了我国的《宪法》，也就是从那时起，我国才有了真正意义上的宏观调控。

三、宏观调控政策体系

国家对经济运行进行宏观调控的过程，也就是运用适当的调控机制与调控手段，把微观经济活动纳入宏观经济发展的目标，使社会经济进入理想运行状态的过程。这一过程的实施要借助于完善的宏观调控政策体系来实现，主要包括：

（一）产业政策

在宏观调控政策体系中，产业政策是国民经济发展的总政策，是一切经济政策的前提，它规定着国家生产力发展的总量和结构、存量和增量、组织和布局、技术和工艺等一切方面，是制定国民经济和社会发展计划的基础。产业政策的具体内容包括产品品种发展政策、技术工艺进步政策、企业组织结构政策、资源区域布局政策、能源交通规划方案和行业部门改造规划等。

（二）投资政策

投资政策是产业政策的具体化实施政策。产业政策从总体上规划生产力发展的方向，投资政策则从增量投入的角度将产业结构和总量的发展优化。

（三）消费政策

消费政策是国家指导、协调和保护消费者行为方向，调节消费的水平、规模和结构模式的政策。

（四）对外经济关系政策

对外经济关系政策是国家对外经济关系部门制定并组织实施的有关国际经济关系的政策，是产业政策、投资政策和消费政策的国际化延伸。

（五）就业政策

就业政策是国家旨在改善劳动市场结构，减少失业的政策。它主要通过人力资本投资，完善劳动市场以及协助劳动者在地区、行业和部门之间的流动等手段达到国家宏观调控的目的。

（六）财政政策

财政政策是国家控制和调节社会总产品、国民收入初次分配和再分配活动的主导政策。它直接作用于分配领域，间接制约和引导消费领域，是产业政策、投资政策、消费政策和对外经济政策的实施方式和操作化形式。

（七）货币政策

货币政策是国家控制社会产品的总流通量，并参与社会产品和国民收入再分配活动的重要政策。它主要通过掌握全国各种结算方式制约流通领域，监测国民经济运行总体情况。同时,它是包括财政分配、价格分配、信用分配和工资分配等一切分配活动的综合反映和实现方式。

(八)收入政策

收入政策是国家劳动管理部门制定并实施的有关劳动就业和工资分配方面的政策,是政府控制一切工资性收入,调节积累和消费的比例关系、社会消费基金和个人消费基金比例关系的重要手段。

(九)价格政策

价格政策是由国家价格主管部门制定并组织实施的价格管理方针政策、原则、体制和手段,是国家制约和控制流通领域中国民收入再分配活动的重要政策。

四、国家实行宏观调控的必要性

(一)弥补市场失灵需要实行宏观调控

在市场经济条件下,市场对资源配置起着基础性作用,但市场不是万能的。由于市场存在失灵的现象,决定了不可能把一切资源配置问题完全交给市场去处理,在提供公共产品、纠正外部性和克服垄断现象等方面需要政府实施宏观调控,以弥补市场缺陷。

(二)熨平经济周期波动需要实行宏观调控

市场经济运行中具有周期特征。只有当社会生产在总量和结构上满足了社会需求时,经济过程才能正常进行下去,否则就会出现经济失衡和波动,造成经济资源的浪费或资源配置的低效率。市场调节虽然能自发地起作用并实现社会供给与社会需求在总量和结构上的平衡。但是,单纯依靠市场调节来恢复平衡,需要经过较长时间的波动并伴有社会劳动的巨大浪费。这就要求政府最大限度地运用各种手段熨平周期性波动,以稳定经济。

(三)平衡经济总量需要实行宏观调控

市场机制只能在微观层面调节供需关系以缓解供需之间的非均衡程度,因为单个市场总会或多或少地存在非均衡现象,一旦这些分散的非均衡现象集合起来就会使国民经济总量呈现不平衡状态,最终产生通货膨胀、通货紧缩、失业、有效需求不足以及贸易赤字等问题。因此,政府需要实行宏观调控平衡经济总量,解决这些宏观层次上的失衡现象。

(四)实现公平分配需要实行宏观调控

在市场经济条件下,市场分配以效率为原则,市场经济通过等价交换意义上的机会均等体现市场的公平性。这种公平有利于促进市场经济的效率,但同时也会带来社会的两极分化、贫富悬殊。因为不同经济主体的收入初次分配是由他们所拥有的生产要素对生产贡献的大小来决定的,而每个所拥有的资本、天赋、才能和技能等等是不均等的,以此为分配依据的分配结果必然是不平等的。如任其发展,势必造成社会分配的严重不公,带来严重的社会后果。因此要求政府对市场调节的结果进行再一次高层次的调节,以实现收入分配的相对公平。

第二节　财政政策与货币政策协调配合的理论基础

一、财政政策

财政政策是国家为了实现一定时期的政治经济任务而制定的处理财政分配关系方面的基本准则和行为规范。

财政政策是国家经济政策的组成部分,并形成自己的体系。我国古代历史上,虽提出过“量入为出”、“轻徭薄赋”、“藏富于民”等颇有见地的财政政策思想,但目标单一,手段简单。比较完备的现代财政政策,是在商品经济广泛发展的基础上逐步形成的。

(一)财政政策的类型

财政政策具有丰富的内容,涉及范围很广,可以从不同角度进行分类。按调节领域划分,可以分为宏观财政政策(总量财政政策)和微观财政政策(个量财政政策);按政策的目标时效划分,可以分为短期财政政策和长期财政政策;按政策与经济运行的关系划分,可以分为均衡财政政策和非均衡财政政策;按政策作用的形式划分,可以分为自动调节型财政政策和相机抉择型财政政策;按政策涉及的分配内容划分,可以分为税收政策、投资政策、信用政策和补贴政策等等。但在宏观调控中使用最广的是根据财政政策在调节国民经济总量方面的不同功能,将其分为扩张性财政政策、紧缩性财政政策和中性财政政策三种类型。

1. 扩张性财政政策

扩张性财政政策也就是松的或膨胀性财政政策,是指通过财政分配活动来增加和刺激社会的总需求,最典型的方式就是通过财政赤字来扩大政府支出的规模。当经济生活中存在需求不足时,扩张性财政政策的运用可以使总需求与总供给的差额缩小以达到平衡;如果总需求与总供给原来是平衡的,扩张性财政政策就会使总需求超过总供给;如果总需求已经大于总供给,扩张性财政政策将使二者的差距进一步扩大。实行扩张性财政政策的主要措施是:

(1)减税。一般说,减税增加了企业和个人的可支配收入,相应减少了国家的财政收入。在财政支出规模不变的情况下,相应扩大了社会的总需求。但减税的种类和方式不同,所引起的扩张效应也就不同。如对流转税的减免在增加需求的同时也会刺激供给的增加,或者可以说,这种减税的扩张效应主要在供给方面。而对所得税的减免可以增加消费,减税的扩张效应主要表现在需求方面。

(2)扩大预算支出的规模。由于政府支出直接构成社会总需求的一部分,可以把政府支出扩大的数量(或赤字的数量)视为社会总需求相应增加的数量。而在收入增加与支出扩大不对称的情况下,财政赤字就是不可避免的。从这个意义上可以说,扩张性财政政策,也就是赤字财政政策。

2. 紧缩性财政政策

紧缩性财政政策也称为紧的财政政策,是指通过财政分配活动来减少或抑制社会的总需求。在经济生活中已经出现总需求膨胀的情况下,实行紧缩性财政政策有助于消除需求膨胀,至少可以使供需差额缩小;如果原来总需求与总供给是平衡的,紧缩性财政政策则会造成需求不足;如果原来总需求就小于总供给,这一政策就会使供需差额进一步扩大。紧缩性政策的典型形式是通过财政盈余来压缩政府支出的规模。因为财政收入本身是代表一部分社会购买力的,而财政盈余则意味着把相应数量的社会购买力冻结起来,因此可以把财政盈余的数量视为社会总需求相应减少的数量。实行紧缩性财政政策的主要措施是:

(1)增税。通过增加税收来增加财政收入。

(2)压缩支出。如果收入增加的同时支出也随之扩大,就不可能有财政盈余,增加收入所能起到的压缩社会总需求的效应就会被增加支出而产生的扩张社会总需求的效应所抵消。

3. 中性财政政策

中性财政政策又叫做平衡的财政政策。一般地说,中性政策可以理解为保持财政收支平衡的政策,使财政分配活动对社会总需求的影响保持中性,既不产生扩张性,也不产生紧缩性的后果。按照这一政策,财政支出只能根据收入的多少来安排,既不允许有大量结余存在,也不允许有较大赤字发生。在西方国家,所谓中性政策是针对市场而言的,即不干扰市场调节作用的政策。

从上面的分析可以看出,不论是扩张性、紧缩性还是中性的财政政策,都与社会总需求与总供给的平衡状况相联系。应该根据社会总需求与总供给的不同状态来选择财政政策。当总需求明显不足,经济资源未能充分利用,潜在的生产能力没有发挥时,一般应实行扩张性的财政政策。尽管采取减税或扩大支出的措施会产生财政赤字,但却可以扩大总需求,使之与总供给趋于平衡;当总需求明显超过总供给,并已发生通货膨胀的情况下,则应实行紧缩性财政政策,把过旺的需求压下来,虽然采取增税和缩减支出的措施可能产生财政盈余,但这是必要的;而当总需求与总供给大体平衡时,财政政策则应保持中性。由于经济经常处于一种非均衡运行状况,因此使用中性的财政政策是较少的,而更多是交替地运用扩张性财政政策或紧缩性财政政策。

(二)财政政策的构成要素

财政政策包括政策的目标、政策的主体和政策工具三大要素。

1. 财政政策的目标

财政政策目标是国家通过一定政策的实施所要达到的期望值,它构成政策的核心内容,使政策具有确定的方向和指导作用。财政政策目标是与国家的总的经济政策目标相适应的,但由于财政政策是通过国家参与社会产品的分配和再分配活动来作用于经济和社会发展的,因而显示出其自身的特殊性,并与一般的经济政策相区别。

财政政策目标的选择,在不同国家有不同的选择,在同一国家的不同历史时期也有不同的选择。从资本主义国家情况来看,自从20世纪30年代大危机以来,财政政策目标由单元向多元变化。起初,英、美等资本主义国家把谋求充分就业作为财政政策的目标,但对这种目标的追求,却造成了20世纪70年代资本主义经济"滞胀"的局面,于是,资本主义国家被迫改弦更张,以多目标代替单目标。例如,1978年,美国国会通过"充分就业和平衡增长法",将充分就业、物价稳定、经济增长、国际收支平衡作为财政政策的四大目标,并被其他资本主义国家所效仿。改革开放后,经济理论界开始研究财政政策理论,财政政策的目标作为财政政策的重要因素被提到十分重要的地位。目前一般认为我国财政政策的目标是经济增长、物价稳定、公平分配和社会生活质量逐步提高四大目标。

(1)经济增长目标。经济增长目标是指财政政策的实施要使经济持续、稳定的发展。一国的经济如果要从比较落后或落后状态向比较现代化或现代化进军,促使整个社会精神文明和物质文明的提高,必须首先追求经济发展。特别是在我国这样一个发展中国家,经济发展水平相当落后,没有一定程度的经济增长,落后面貌就很难改变。因此,要满足人民日益增长的物质和文化生活的需要,必须有一定程度的经济增长。当然,我们所要求的经济增长不是脱离客观实际的、过快的经济增长,而是协调、均衡的增长。

经济增长要用一定的指标来衡量。世界各国一般使用国内生产总值、国民生产总值或国民收入增长率以及工农业总产值和社会总产值增长率等指标反映经济增长情况,并以此作为调整财政政策的依据。

(2)物价稳定目标。物价稳定目标是世界各国财政政策追求的重要目标。物价稳定,并非冻结物价,而是把物价总水平的波动约束在经济稳定发展和人民可接受的幅度范围内。可接受的幅度究竟是多少,受到政治、经济、社会、伦理、历史等多种因素的影响。从国际惯例来看,一般用物价指数来衡量。

(3)公平分配目标。公平分配目标是指通过财政参与国民收入和财富分配的调整,使国民收入和财富分配达到社会认可的"公平"和"正义"的分配状态。

在市场经济条件下,社会收入分配呈现出多元化的格局,分配形式多样化。在多样化、多元化的分配中,必然会产生收入分配上的差距,甚至会出现过分悬殊的局面。为达到社会主义的共同富裕的目标,实现社会公平,促进公平和效率的统一,就要通过财政政策对收入水平进行适当调节,以限制收入差距过分拉大,保证人们的收入水平在效率的基础上相对公平。衡量收入分配是否合理的方法,主要是洛伦兹曲线和基尼系数。

(4)社会生活质量不断提高的目标。经济发展的最终目标是满足全体成员的需要。需要的满足程度不仅取决于个人消费的实现,还取决于社会消费的实现,这种社会消费的满足,综合表现为社会生活质量的提高。而要提高社会生活质量,就要靠财政提供资金。我国社会主义生产的目的要求财政政策把社会生活质量的提高作为其重要目标。反映社会生活质量是否提高的标志包括公共安全、环境质量、基础科学研究、普及教育等等水平的提高。

2. 财政政策的主体

财政政策主体是指财政政策的制定者和执行者。政策主体的行为是否规范,对于政策功能的发挥和政策效应的大小都具有影响作用。

改革开放前,我国实行统收统支体制,这种体制使中央政府处于政策制定者地位,而地方政府则处于政策执行者的地位。改革开放后,情况发生了很大变化,地方政府已具有较大的自主权,它不仅是政策的制定者,也是政策的执行者,具有双重地位。在这种情况下,政策主体的多样化产生了以下问题:一是地方政府的政策抵触行为,出现了"上有政策,下有对策"。二是政策攀比行为,竞相攀比优惠政策,导致优惠政策的全面扩大化。在市场经济条件下,对政策主体的研究显得非常重要。

3. 财政政策工具

财政政策工具是财政政策主体所选择的用以达到政策目标的各种财政分配手段。我国的财政政策工具主要有以下五种:

（1）政府预算。政府预算是财政政策的主要手段。作为年度财政收支计划的政府预算的编制、审定的过程，就是财政参与宏观经济决策、贯彻社会经济发展目标的过程，也是制定财政政策目标和选择相应的政策手段及其实施措施的过程。因而政府预算一经法定程序批准，预算的收支目标和数字就反映着政府的施政方针和社会经济政策，制约着政府的活动范围和方向。①通过预算收支规模调节社会总供给与总需求的平衡关系。②通过预算支出结构的变动来调节国民经济结构。③通过预算工具本身的设计与编制方式影响财政政策效应，进而影响国民经济活动。

（2）税收。税收作为财政政策中一个体系完整、工具多样、操作复杂的主要政策手段，在国民经济和社会生活诸方面起着极为重要的调节作用。这种调节作用主要表现在：通过税收杠杆的灵活使用，如提高或降低流转税、所得税，就可以对社会供给和需求进行有效调节，使之大体平衡；通过税种的选择、税目的确定、税率的高低以及税收的加征和减免，矫正产业结构，在一定程度上左右国民经济结构的变化；通过税收调节收入分配，使收入分配公平合理。

（3）财政投资。财政安排的预算内投资，是政府集中运用社会资源对国民经济和社会发展进行直接的资金投入，对国民经济发展产生着重大的影响。在我国历史上，预算内投资是国民经济中基本建设投资和工业企业流动资金的主要来源。经济体制改革以来，社会总投资中财政投资的比重趋于下降，并形成了多元投资主体。但财政作为一个投资主体，对协调社会经济的发展仍起着关键的作用。因为通过财政投资建设的项目，都是关系经济发展全局的重点建设项目，这些项目的建成并发挥效益，直接关系到我国经济的发展。

4. 财政补贴

财政补贴是财政配合价格政策、工资政策等调节生产与消费，稳定经济与社会生活的一个重要政策手段。其调节作用可由生产补贴和消费补贴分别体现。

5. 政府信用

政府信用的有效运用可以在弥补财政赤字、调节国民收入分配的使用方向以及调节货币流通等方面影响和调节经济活动。

应当指出，不同财政政策手段作用的对象和作用的力度是有差别的。单一运用某种调节手段虽然也可以达到一定的局部的目标，但难以实现总的调控目标，而且力度往往不够。如果诸种政策手段配套运用，就会产生一种合力，可以增加财政政策的整体调控功能。同时，随着社会主义市场经济的发展和宏观调控机制的转换，财政政策手段也将日益多样化。深入研究各种财政政策手段之间及其与其他经济政策手段之间的配套性，对于实现财政政策目标，提高财政政策效应有着非常重要的意义。

（三）财政政策的优势与局限

1. 财政政策的优势

（1）财政政策具有普遍调节性。财政政策的主体是国家，客体是社会再生产过程或称为国民经济整体，是从国家调控宏观经济的意图和整体要求出发，体现政府职能的各个方面，通过财政分配中发生的各种经济行为来发挥配置资源、分配收入和稳定经济的作用，对国民经济发展的重大比例关系、国民收入分配格局、社会总供给与总需求的平衡等都有重要影响，因而其调节范围不仅仅限于经济领域，也涉及社会生活的其他领域。例如国家通过有关税收和支出的政策可以明显地影响总支出和总需求，从而提高或降低收入和产出量，使经济恢复均衡状态。即在私人部门支出不足，有减低国民所得水准之虞时，政府增大公共支出，维持需求总额不变，避免经济活动之萎缩；反之，如果私人部门支出过多，有产生通货膨胀的危险时，政府尽量减少公共支出，延缓公共投资，以缩小需求总额，同时加重课税，以吸收社会的剩余购买力。同时，国家通过按支付能力原则的税收和按受益能力原则的转移支付，能够在分配领域实施调节。与货币政策受金融系统功能边界的制约，其调节范围基本上限与经济领域相比，财政政策具有普遍调节性。

（2）财政政策具有较强的结构性特征。虽然财政政策与货币政策都对总量与结构发生调节作用，但财政政策重在经济结构的调整，是政府干预经济，弥补市场不足的重要手段。相对于货币政策而言，财政政策带有更为强烈的结构特征。社会总供给与总需求之间的平衡，实际表现为社会商品劳务供给与有支付能力的需求之间的对应关系，在社会总供给一定时，供求平衡就取决于总需求或货币流量的控制。虽然财政收支是影响货币流通的重要因素，但最终能够控制货币量进而控制社会总需求的是中央银行，而不是财政部门。财政政策调控的侧重点主要在于结构方面，表现在通过财政投资规模和结构贯彻国家的产业政策，调整产业结构，并通过本身投资的规模和结构、财政补贴、税收优惠等手段调节全社会投资的规模和结构，从而达到调节经济结构的效果。财政直接参与社会总产品的分配和再分配，通过税种税率的调节及财政补贴手段的运用，可以调节投资的流动方向，通过发行国债和改变财政投资结构，可以改变投资需求和消费需求以及各自内部的比例关系，实现国家宏观调控的结构目标。换言之，国家通过税收和财政支出对某些部门的支持或限制，可以使这些部门得到发展或抑制，能够对资源配置优化和经济结构的调整发挥良好作用。这是因为，作为结构型宏观调控政策，财政政策调控中侧重于对资金的再分配，着重对社会再生产中扩大再生产的部分，通过对经济总量部分的调节来实现总供给与总需求的平衡。财政收入的税收性和支出的分配性决定了财政政策具有明显的行政性调控特色，资金的运动体现从经济部门到政府部门的收入再分配，再由政府部门流回经济部门的支出再分配纵向流动过程。这种资金运动的行政性和分配性反映了财政行政管理调控更适合于在调控经济结构方面发挥作用。财政可以通过自己的收支活动，改变货币的流向，把社会上一部分货币流向引导到新兴产业和瓶颈产业上去，从而达到优化经济的供求结构，优化产业的技术结构的目的。

财政政策在结构调整上发挥作用主要有两方面的途径：

一方面，直接投资。其重点应该是基础设施的建设，如大型水电、道路、桥梁、机场、码头、农田水利和城市基础设施等主要靠财政投资。因为基础设施往往建设周期长、投资大、见效慢，有的甚至没有多大直接经济效益，所以一般投资主体不愿也无力进行投资，但这一产业却是国民经济的"瓶颈"产业，有着显著的社会效益，通过财政的投入，能建成一个良好的经济增长的外部环境。

另一方面，政策支持。由于财政收入的有限性，政府财政不可能也没有必要包揽所有投资项目，如高新技术产业、房地产业、教育产业以及其他一系列经济结构急待调整的产业等，通过财政出政策（包括税收、价格、工商管理等方面的政策），可以引导金融部门和民间的资金流向。

改革开放以来，我国财政在结构调控中主要通过以下三种形式进行：①财政资金直接投入重点发展的产业部门，部分或全部负担某些项目的投资，这种方式也包括对某些投资项目投产后的减免税优惠。②财政资金金融化即通过政府银行以贷款的形式投入重点产业部门,这种方式比拨款投资形式会产生更好的资金效果。③财政资金对某些需要优先照顾的项目予以贴息补助,这也是一种有效调整产业结构的手段,它的长处是可以用少量的财政资金调动起更多的社会资金,流向国家重点发展的产业部门。总之,财政政策的适当运用通过使经济结构不断优化、技术结构更加先进,从而推动经济增长。

(3)财政政策具有强制性。财政政策是由政府通过直接控制和调节来实现的,它主要是通过诸如预算的制定和调整,财政支出规模、方向和结构的安排,税种、税率的确定,以及公债、转移支付等财政手段的有效运用达到影响经济、实现间接宏观调控的目的,而这些手段一般都是通过立法形式制定和颁布实施的,具有法律效力,因而财政政策具有强制性。

(4)财政政策具有速效性。速效性是指财政政策从公布到付诸实施所引起的私人市场反应的时间较短。财政政策实施后,无论是调整和变动税收或预算支出,都会直接影响到经济单位的购买力,从而直接影响到消费需求和投资需求,因而其政策效应时滞较短,一经贯彻执行,很快即可见效。

2. 财政政策的局限性

(1)财政政策决策时滞较长。任何公共决策都不可避免存在时滞,政府做出政策决策总比私人部门做出决策慢得多。就财政政策而言,其主要手段是税收与预算支出,要变动税收(如税种、税目、税率等)或预算支出(包括支出总规模与各项支出的比例等),要经历方案的提出、讨论、批准这一整套审批过程,这一过程往往需要相当长时间。如在我国,需要由财政部提出,国务院审批,人大常委会通过方可执行。这就导致在某些时候,当针对某一问题的政策真正起作用的时候,情况已发生了变化,而解决新问题的对策又要经过上述时滞。财政政策决策的时滞影响了财政政策的效力,使财政政策往往不能起到很好的作用,甚至由于政策决策时滞的影响,可能使政府政策的效应在不恰当的时候发挥出来,从而使经济波动更加严重。如图 20-1 所示。

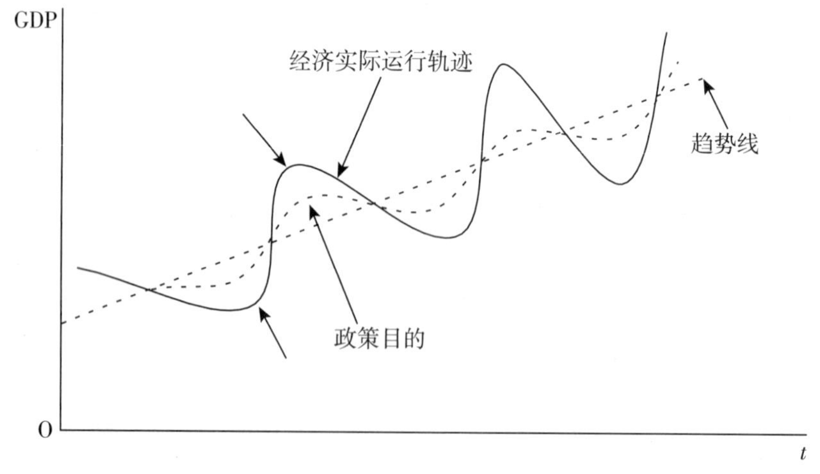

图 20-1

(2)财政政策效果难以确定。这主要表现在以下两个方面:①财政政策乘数引起财政政策效果难以确定。财政政策中某些工具的运用,具有乘数作用。财政乘数是指财政收支变化对国民收入的影响倍数。财政乘数包括投资乘数和预算乘数。投资乘数是指政府投资的变动给国民收入总量变动所带来的影响。预算乘数又包括政府支出乘数、赋税乘数和平衡预算乘数。政府支出乘数是指政府的支出能使国民收入增长的倍数。赋税乘数是指政府增加或减少税收所引起的国民收入变动的乘数。由于赋税乘数的作用机制表现为增加税收,国民收入会减少,而减少税收,国民收入会增加,因此赋税乘数是负值。平衡预算乘数是指政府在增加税收的同时,等量增加购买性支出,引起国民收入变化的倍数。总体上讲,各种财政乘数都是难以确定的。如投资乘数与边际消费倾向有直接的关系,边际消费倾向越高,政府投资引起的连锁反应越大,从而引起国民收入的成倍增长。再以赋税乘数为例,政府减税1元从而使人们可支配收入增加1元时,人们是否一定按边际消费倾向增加消费就难以确定。当人们认为减税是暂时的而不是持久的话,则减税可能并不会增加消费,这时税收乘数就可能不起作用。再者,如减税1元时人们可能将此增加的1元可支配收入不用来增加消费而用来增加储蓄,则国民收入也无法按税收乘数增加。因此,由于财政政策乘数的作用,其政策效果难以确定。②由于政府财政政策的意图可能同居民和厂商的经济目标不一致,导致政府财政政策目标不一定能完全实现。在萧条时期,政府试图以增加对居民的转移支付,或减税甚至是免税来刺激需求,然而居民们不一定把增加的个人收入用于消费支出,企业也不一定将由此增加的利润再进行投资,因为萧条时期企业产品销路处于困境,再增加投资就意味着冒险。在通货膨胀时期,政府试图增税,减少对商品和劳务的购买,可能会遭到居民和企业主的强烈反对,从而降低政府政策的效能。

(3)财政政策对社会供求总量的调节较为乏力。财政政策对社会供求总量的影响较之货币政策更为逊色。由于税负及支出规模的调整涉及面大,政策性强,直接关系到国家财政关系的处理,并受实现国家职能所需财力数量的限制,这就决定财政政策对需求总量调节的局限性。同时,财政政策不仅是一个单纯的经济问题,而且同政治问题有直接联系。财政政策调控以政府为主体,政策变动受政府政治决策和社会政治环境的影响大,因而财政政策的制定受到种种政治因素的影响。如有的国家在大选之前,政府为争取选民的支持,不管经济形势如何,都会采取各种有利于竞选连任的经济措施。在国际形势紧张时期,无论经济形势如何,政府也不会减少国防开支等。

(4)财政政策可能产生挤出效应。挤出效应是指政府增加某些项目的支出,会相应减少社会公众的有关支出,使公众的实际收入增加。挤出效应使财政政策的作用相互抵消,从而影响到财政政策作用的发挥。在有比例所得税的情况下,政府支出乘数 $KG=1/[1-b(1-t)]$,税收乘数 $KT=b/[1-b(1-t)]$,平衡预算乘数 $KB=(1-b)/[1-b(1-t)]$。因此,如果要用变动政府支出(指政府购买)或税收来消灭潜在国民生产总值和实际国民生产总值之间的差距即 *GDP* 缺口,只要将 *GDP* 缺口额除以各种乘数即可。然而,上述运用财政政策调节总需求和国民收入时,并未考虑货币市场供求的因素。事实上,当政府支出增加时,或税收减少时,货币需求会增加,在货币供给既定情况下,利率会上升,私人部门(厂商)的投资会受到抑制,产生政府支出挤出私人投资的现象,即"挤出效应"。例如,在萧条时期,政府为刺激总需求而多举办公共工程,增加政府购买支出。如果此时又想实现财政收支平衡,就必须同时增加税收。但是,增加税收的结果却是抑制了总需求,会降低政府支出的乘数作用,最后同刺激总需求而实行扩张性财政政策的目标相抵触。挤出效应的大小关系到财政政策效果的大小,而挤出效应及财政政策效果的大小可通过 *IS-LM* 图形清楚看出。

当 LM 曲线斜率不变时，IS 曲线越平坦，则挤出效应越大，财政政策效果越小，而 IS 越陡峭，则挤出效应越小，财政政策效果就越大，如图 20－3 所示。由于政府支出增加，IS_0 移到 IS_1，若利率不变，则国民收入会增加 Y_0Y_2，可是由于货币需求增加，利率从 r_0 上升到 r_1，因而收入在左图中只增加 Y_0Y_1，在右图中收入增加较多。原因是左图中 IS 曲线较平坦。表示投资对利率反应敏感，因而利率上升使私人投资减少甚多，即挤出效应甚大，因而政策效果小，而右图中情况则相反，因而政策效果大。

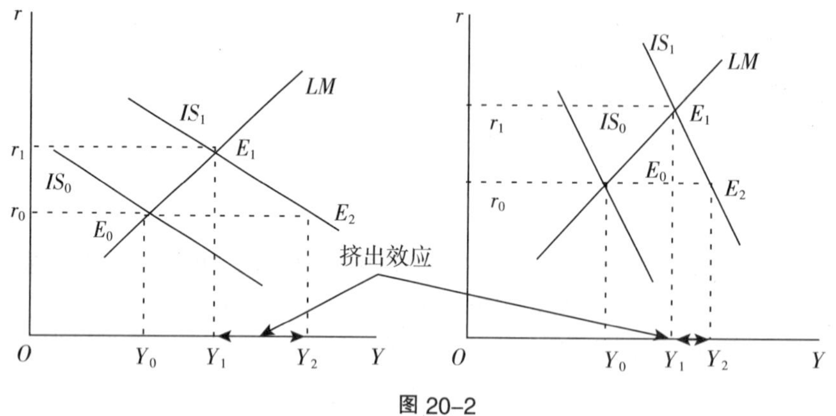

图 20–2

在 LM 曲线既定时，IS 曲线越平坦，同样的政府支出的增加，引起利率水平提高造成的私人投资水平下降幅度越大，即挤出效应越大，财政政策的效果越小；反之则反是。

当 IS 曲线斜率不变时，LM 曲线越平坦，则挤出效应越小，因而财政政策效果就越大，LM 曲线越陡峭，则挤出效应就越大，因而财政政策效果就越小，如下图所示。LM 越平坦，财政政策效果较大，是因为 LM 较平坦说明货币需求对利率变动较敏感，即利率较小变动就会引起货币需求较大变动，或者说货币需求较大变动才引起利率较小变动，因而政府支出增加引起货币需求增加时，只引起利率较小幅度上升，因而私人投资被排挤较少，这样，国民收入增加就较多，即政策效果较大，而 IM 较陡时，财政政策效果就较小。

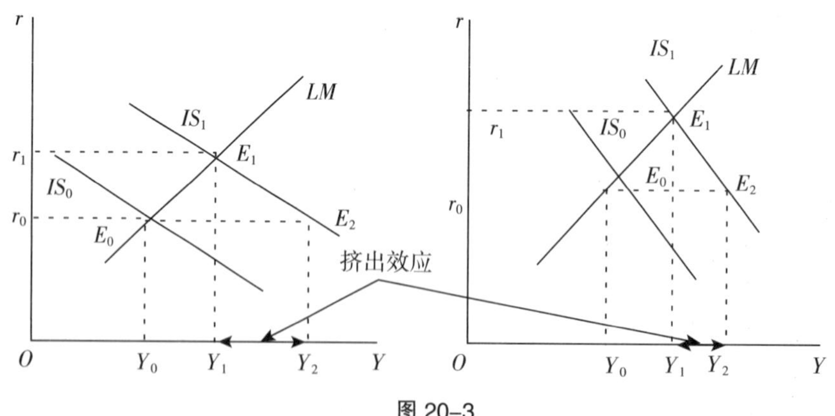

图 20–3

在 LM 曲线既定时，IS 曲线越平坦，同样的政府支出的增加，引起利率水平提高造成的私人投资水平下降幅度越小，即挤出效应越小，财政政策的效果越大；反之则反是。

二、货币政策

(一)货币政策的类型

1. 扩张性货币政策

扩张性货币政策是指中央银行通过放松银根,增加信用总量的政策。实施扩张性货币政策的主要措施是降低法定准备金率和再贴现率,以及公开市场业务等,以增加社会总需求,激励经济增长。

2. 紧缩性货币政策

紧缩性货币政策是指中央银行紧缩银根,限制信用总量扩张的政策,实施紧缩性货币政策的主要措施是提高存款准备金率和贴现率,或者使用信用配额等,以控制社会总需求,抑制经济增长。

3. 选择性货币政策

选择性货币政策是指中央银行对某些特殊领域的信用调节政策。通过对某些特定领域影响,进而影响国民经济的其他部门。如对证券市场、消费者信用和房地产领域的信用控制等。

(二)货币政策的基本特征

货币政策主要具有以下几个基本特征:

1. 货币政策是宏观经济政策

货币政策实施过程中涉及的货币供应量、信贷规模、利率、汇率等问题,都是关系国民经济运行的宏观经济变量,而不是单个银行或企业的金融行为。

2. 货币政策是调节社会总需求的政策

任何现实社会总需求都表现为有货币支付能力的需求。因此,货币政策只要控制住货币供给量就能控制住社会总需求规模,并且能通过对总需求的调节来影响总供给,促使供求两者平衡。

3. 货币政策是一种长期经济政策

稳定物价、充分就业、经济增长和国际收支平衡的货币政策目标,均是一种长期的、非数量化的政策目标。

4. 货币政策是以间接调控为主的经济政策

货币政策对经济的调控一般都采用经济和法律的手段来进行,只有在特定经济时期和金融环境中才采用直接的干预和控制。

由此可见,货币政策的主要任务在于:①维持适度的货币供给,以防止因货币不足或过多出现经济萧条和经济过热,保持经济稳定发展;②为国民经济稳定协调发展提供一个良好的货币金融环境。

(三)货币政策的目标和工具

货币政策的实质是处理经济发展与稳定通货的关系。货币政策分担着宏观经济总政策的各种目标,即稳定物价、充分就业、经济增长和国际收支平衡,与财政政策有着共同的一般目标。

货币政策目标是通过货币政策工具的运用来实现的。货币政策工具通常划分为四大类:一般性货币政策工具、选择性货币政策工具、直接信用管制工具和间接信用管制工具。

关于货币政策问题在本书第 13 章中已有详细讨论,这里就不复述。

(四)货币政策的优势与局限

1. 货币政策的优势

(1)货币政策具有总量调节性。货币政策是中央银行运用货币政策工具,调节货币供应量和利率水平,即通过货币流通量,对社会总需求与总供给的平衡、通货膨胀总水平、消费与储蓄和投资的比重、市场稳定等有决定性的调控作用。在现代经济条件下,社会总需求总是表现为货币的总需求,不管是由何种复杂的原因所引起,社会总需求的大小都是直接与货币供给总量相连。货币政策作为决定货币供应量多少的基本依据,对调节社会需求总量的作用是显而易见的。因为货币政策是一种社会资金分配政策,它是在货币运动的所有领域内对货币供应量、信用量、利率水平和金融市场等总量问题进行调控,是通过对货币总量关系的调节来实现社会总供给与总需求的平衡的,是对经济活动的全面性调控,而不直接涉及单个银行及企业融资行为。也就是说,由于货币的供给形成对商品和劳务的购买能力,货币作为一般社会财富的表现,货币对商品和劳务的追逐形成社会总需求。而且,货币政策还可以通过对社会总需求的调节影响到社会总供给的变化,实现社会总需求与总供给之间的平衡。一方面,从政策手段作用过程来看,无论是存款准备金制度和再贴现政策,还是公开市场业务,都着眼于供求总量平衡,而不体现结构调整问题。另一方面,从货币政策调节结构效果来看,货币政策调节结构矛盾需要有一个相当长的过程,即先调节总量,再通过总量变动影响各微观经济主体的生产经营活动,然后再通过它们的自我调整影响市场结构。货币政策调节的侧重点在于总量方面,因为总需求实现的载体是货币,而货币供给都是通过银行体系的资产业务,其中主要是贷款活动创造出来的,即使是财政支出包括财政投资对总需求的影响也是通过银行发出的货币供给实现的,因而货币政策是总需求扩张与紧缩的总闸口。

(2)货币政策具有间接性。货币政策调控宏观经济是依靠市场机制进行的,作为一项间接调控经济的政策,货币政策对经济的调控一般不直接采取行政控制手段对经济主体施加控制,而主要是通过经济机制间接调节经济变量,这就使得这种经济调节措施与其他经济政策调节措施相比,具有间接性的特征。具体地讲,中央银行货币政策对经济的调控不是直接进行的,而是通过运用一系列经济手段间接进行。其主要调控手段有三种:①法定存款准备金。一般独立运用资金进行货币信用经营的银行机构,必须按一定比例把所吸收存款的一部分留做准备金。这个比例的高低对商业银行体系的发放贷款能力有极大的影响。②再贷款和再贴现。在商业银行出现资金不足时,可以通过这两种方法取得中央银行的资金支持,即向中央银行借款或商业银行把企业向它贴现的票据卖给中央银行,以取得资金。中央银行则可通过提高或降低再贴现和再贷款利率,直接影响商业银行借入成本,从而影响商业银行的货币创造能力。③公开市场业务。中央银行通过在金融市场上公开买卖各种有价证券和票据,来调节商业银行体系的准备金和货币创造能力,从而调节货币供应量。当放松银根时,可以买进有价证券,以增加货币供应量。反之,当要紧缩银根时,则卖出有价证券,以减少货币供应量。这三种主要调控手段,都体现出货币政策的间接性。也就是说,中央银行可以通过调节法定存款准备金比率、再贷款和再贴现率以及公开市场业务等,间接地影响流通中的货币量和贷款总规模,从而增减货币供应量。

变动货币供给量的政策对总需求的影响,即货币政策的效果,可从 *IS* 和 *LM* 曲线的斜率中加以分析。在 *LM* 曲线斜率不变时，*IS* 曲线越平坦，*LM* 曲线移动（由于实行变动货币供给量的货币政策）对国民收入变动的影响就越大；反之，*IS* 曲线越陡峭，*LM* 曲线移动对国民收入变动的影响就越小，如图 20－4 所示。

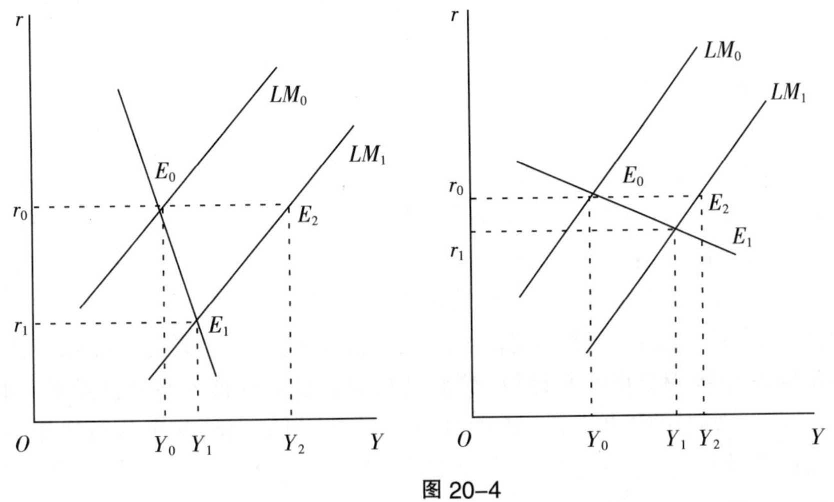

图 20-4

在 *LM* 曲线斜率不变时，*IS* 曲线越陡峭，货币政策的效果越小；反之，*IS* 曲线越平坦，货币政策的效果越大。

图 20－4 中，*LM* 曲线斜率相同，*IS* 曲线斜率不同，假定初始的均衡收入 Y_0 和利率 r_0 都相同。政府货币当局实行增加同样一笔货币供给量 ΔM 的扩张性货币政策时，*LM* 都右移相同距离，Y_0Y_2 等于利率 r_0 不变时因货币供给增加而需要增加的国民收入，但实际上收入并不会增加那么多，因为利率会因货币供给增加而下降，因而增加的货币供给量中一部分要用来满足增加了的投机需求，只有一部分才用来满足增加的交易需求，究竟要有多少货币量用来满足增加的交易需求，这决定于货币供给增加时国民收入能增加多少。

从图 20－5 看，*IS* 较陡峭时，收入增加较少，*IS* 较平缓时，收入增加较多。这是因为，*IS*

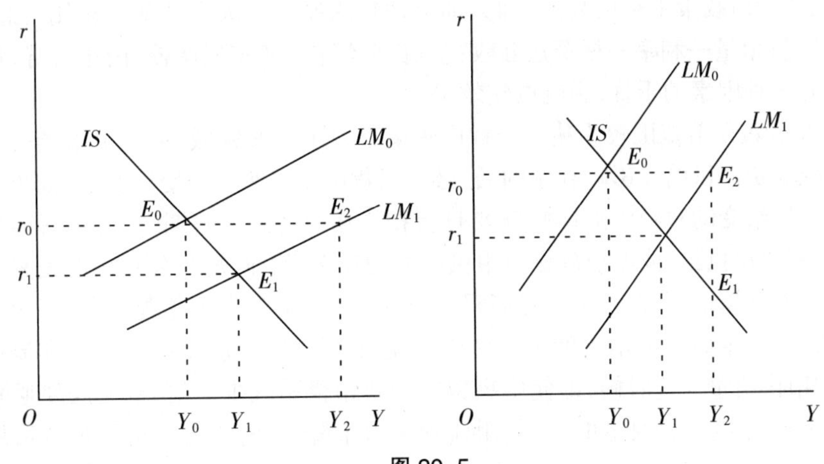

图 20-5

在 *IS* 曲线斜率不变时，*LM* 曲线越陡峭，货币政策的效果越大；反之，*LM* 曲线越平坦，货币政策的效果越小。

较陡，表示投资的利率弹性较小（当然，支出乘数较小时也会使 *IS* 较陡，但 *IS* 斜率主要决定于投资的利率弹性）。因此，当 *LM* 曲线由于货币供给增加而向右移动使利率下降时，投资不会增加很多，从而国民收入水平也不会有较大增加；反之，*IS* 曲线较平坦，则表示投资利率弹性较大。因此，货币供给增加使利率下降时，投资会增加很多，从而使国民收入水平有较大增加。

在 *IS* 曲线不变时，*LM* 曲线越平坦，*LM* 曲线由于货币供给量变动时，国民收入的变动就越小，即货币政策效果就越小；反之，则货币政策效果就越大。*LM* 曲线较平坦，表示货币需求的利率弹性较大，即利率稍有变动就会使货币需求变动很多，因而货币供给量变动对利率变动的影响较小，从而增加货币供给量的货币政策就不会对投资和国民收入有较大影响；反之，若 *LM* 曲线较陡峭，表示货币需求的利率弹性较小，即货币供给量稍有增加就会使利率下降较多，因而对投资和国民收入有较多增加，即货币政策的效果较强。

（3）货币政策具有决策的及时性。货币政策主要是通过对货币供应量等宏观金融变量的调控，对整个国民经济的宏观经济运行状况产生影响，从而保证宏观经济政策目标的实现。由于货币政策一般是由中央银行（货币政策委员会）根据经济状况自行决策，而各国中央银行（货币政策委员会）独立性较强，因此能够根据市场的变化相机抉择，具有较大的灵活自主性，其政策决策时滞较短。

2. 货币政策的局限性

（1）货币政策生效时滞较长。中央银行变动货币供给量，要通过影响利率，再影响投资，然后再影响就业和国民收入，因而，货币政策作用要经过相当长一段时间才会充分得到发挥。尤其是市场利率变动以后，投资规模并不会很快发生相应变动。利率下降以后，厂商扩大生产规模，需要一个过程；利率上升以后，厂商缩小生产规模，更不是一件容易的事：已经上马在建的工程难以下马，要解雇已经雇佣的职工也不是轻而易举的事。总之，货币政策虽然在开始采用时不要花很长时间，但执行后到产生效果却有一个相当长的过程，在此过程中，经济情况有可能发生和人们原先预料的相反变化。例如，经济衰退时中央扩大货币供给，但未到这一政策效果完全发挥出来经济就已转入繁荣，物价已开始较快地上升，则原来扩张性货币政策不是反衰退，却为加剧通货膨胀起了火上加油的作用。总之，货币政策要通过“货币量—利率—投资边际收益—资金转移”来实现调控，由于传导环节多，时间长，极易受各种因素的干扰，影响调整效果。

（2）货币政策调节范围较为狭窄。货币政策着力于流通领域，从货币市场均衡的情况看，增加或减少货币供给要影响利率的话，必须以货币流通速度不变为前提，如果这一前提不存在，货币供给变动对经济的影响就要打折扣。在经济繁荣时期，中央银行为抑制通货膨胀需要紧缩货币供给，或者说放慢货币供给的增长率，然而，那时公众一般说来支出会增加，而且物价上升越快，公众越不愿把货币持在手上，而希望快快花费出去，从而货币流通速度会加快，在一定时期内本来的 1 元也许可完成 2 元交易的任务，这无疑在流通领域增加了 1 倍货币供给量。这时候，即使中央银行把货币供给减少 1 倍，也无法使通货膨胀率降下来，反过来说，当经济衰退时期，货币流通速度下降，这时中央银行增加货币供给对经济的影响也就可能被货币流通速度下降所抵消。货币流通速度加快，就是货币需求增加，流通速度放慢，就是货币需求减少。如果货币供给增加量和货币需求增加量相等，*LM* 曲线就不会移动，因而利率和收入也不会变动。此外，货币政策作用程度还受其他许多因素的影响。如在萧条时期,尽管中央银行采取鼓励贷款的政策,但商业银行通常不愿意扩大贷款,以免承担风险。在通货膨胀期,尽管中央银行采取限制贷款的政策,但商业银行因有较高的利息率,仍然愿意多贷款以多获利润,因而难以减少货币供给量。这就是说,商业银行可能采取与中央银行的宏观货币政策相反的行为,公开市场业务也往往由于公众的不配合而影响其对经济的调节作用。通货膨胀时期,人们不一定购买政府发行的债券,萧条时期,人们也不一定出卖债券。同时,货币政策对经济发展的社会性不能直接照顾到,对私营部门不愿投资的事业或微观经济效益不好的企业或投资项目,货币政策的作用微乎其微。同时,货币政策也不能照顾产业布局和地区的平衡发展问题,特别是对供求结构的调整作用十分有限。因为银行以盈利为目的的特点决定它不可能把大量的资金投入经济发展滞后的产业,特别是不以盈利为目的的公共产品产业。相反多投资于投资少、见效快、盈利水平高的产业。此外,货币政策对国民收入分配是否公平合理更是几乎不起调节作用。

(3)货币可能产生流动性陷阱。根据凯恩斯主义的货币理论,不断地增加货币供给量会遇到"凯恩斯陷阱"(或称"流动陷阱")而失去对利息率的调节作用。因为在其他条件不变的情况下,利息率会随着货币供给量的增加而下降,利息率下降会增加对货币的投机需求。但是,利息率的下降是有一定限度的,当利息率下降到某一限度时,继续增加货币供给量就不会再使利息下降。这时增加的货币量将全部进入投机需求而对利息率不再起作用。从反衰退的作用看,由于存在所谓流动性陷阱,因此,在通货膨胀时期实行紧缩的货币政策可能效果比较显著,但在经济衰退时期,实行扩张的货币政策效果就不明显。那时候,厂商对经济前景普遍悲观,即使中央银行松动银根,降低利率,投资者也不肯增加贷款从事投资活动,银行为安全起见,也不肯轻易贷款。这样,货币政策作为反衰退的政策,其效果就甚微。进一步说,即使从反通货膨胀看,货币政策的作用也主要表现于反对需求拉上的通货膨胀,而对成本推进的通货膨胀,货币政策效果就很小。因为物价的上升若是由工资上涨超过劳动生产率上升幅度引起或由垄断厂商为获取高额利润引起,则中央银行想通过控制货币供给来抑制通货膨胀就比较困难了。

综上所述,财政政策同货币政策一样,都是以调节社会总需求为基点来实现总供求平衡的,但二者各有其优势和局限性,为了增强宏观调控的效应和力度,避免政策之间摩擦与碰撞,财政政策与货币政策必须要协调配合运用,才能取得良好的政策效果。

第三节 财政政策与货币政策协调组合模式分析

财政政策与货币政策的协调配合模式,就是根据不同时期社会总供求的基本状况,运用扩张性、紧缩性和中性财政政策与货币政策进行不同的组合,从而产生不同的调节效应。具体地,理论界提出的主要有下列四种搭配组合形式。

一、松的财政政策和松的货币政策

此即"双松"政策。在"双松"政策的模式中,财政系统通过减少税收和扩大政府支出规模来增加消费需求和投资需求,从而扩大社会总需求。银行系统则降低存款准备率,降低利率,增加货币供给,社会总需求因而能在短期内迅速扩张起来,对经济的发展产生强烈的刺激作用。“双松”政策搭配的积极作用在于扩大总需求，刺激私人投资，促进经济增长。在社会总需求严重不足，生产能力和生产资源未得到充分利用的条件下，利用这种政策配合，能够推动闲置资源的运转，刺激经济增长，扩大就业。但是，这种政策搭配的问题是，松的财政政策有可能产生巨额预算赤字，国债负担加重，对经济发展和社会福利水平的提高有不利影响。而松的货币政策可能会导致信用膨胀，货币超量发行，引起通货膨胀，不利于经济的稳定和人民生活水平的提高。也就是说，如果经济中不存在足够的闲置资源，“双松”政策注入大量的货币则会堵塞流通渠道，导致通货膨胀，对经济产生不利的影响。其效果如图 20－6 所示：

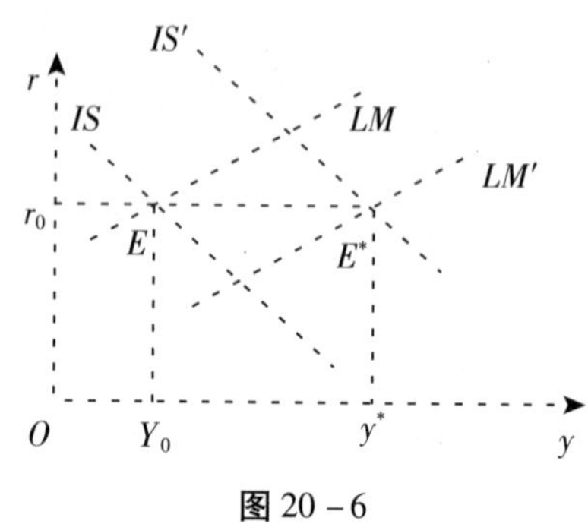

图 20－6

“双松”政策的搭配适合于社会总需求严重落后于总供给，或者说存在着相当大的通货紧缩缺口，经济走向低谷的情况。在这种经济情况下，扩张性财政货币政策是正确的选择。因为以刺激总需求为作用点的扩张性财政政策，无论是想增加消费还是扩大投资，最终都要表现为增加的货币购买力。如果这时没有采取相应的扩张性货币政策，社会上的货币供给量保持不变或减少，扩张性财政政策所导致的购买力的增加就不能实现，达不到刺激总需求的目的。同样，由于财政政策的某些工具直接构成国民收入的决定因素，直接制约着个人可支配收入的大小，因此，如果财政政策不适当地配合扩张性的货币政策，这种松的货币政策也不能实现刺激总需求的目标。

二、紧的财政政策和紧的货币政策

此即“双紧”政策。在“双紧”政策的模式中，财政系统通过增加税收，削减政府支出规模，以抑制消费需求和投资需求，压缩社会总需求。银行系统则提高存款准备率，提高利率减少货币供给量，从而使社会总需求在短时间内迅速收缩。“双紧”政策搭配的积极作用在于降低总需求，抑制私人投资，有效地刹住恶性通货膨胀的势头。但在“双紧”政策下，过紧的财政政策所形成的财政盈余造成财政拖累，过紧的货币政策所形成的资金闲置造成资本浪费，而这两种情况都会阻碍经济以更快的速度增长。也就是说，“双紧”政策可能阻碍供给增加，导致经济萎缩，使已投入的一部分生产资源被浪费，甚至造成经济严重衰退。其效果如图 20－7 所示：

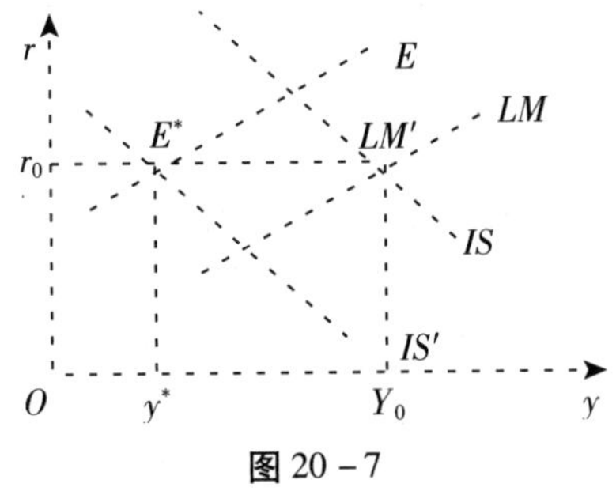

图 20－7

“双紧”政策搭配适用于总需求大于总供给而出现巨大通货膨胀缺口的经济状况。在严重的通货膨胀时期，只有财政货币政策都是紧缩性的，双管齐下，才能有效地控制住总需求。因为造成通货膨胀缺口的因素一般都包含有财政因素和货币因素，所以在消除通货膨胀缺口时，也必须同时采取财政货币措施才能奏效。如果这两种政策背道而驰，其效果会相互抵消，不能治理通货膨胀。例如，在政府降低财政支出或增加税收的同时，货币当局却在降低利率，那么，财政措施虽然在一定程度上降低了需求，但货币措施使得社会消费特别是投资增加了，社会总需求就不会减少甚至反而可能增加，加剧通货膨胀。

三、松的财政政策和紧的货币政策

在这种政策模式中，财政系统减少税收，扩大财政支出，可以刺激社会总需求增加，克服经济萧条，保持经济的适度增长。同时，银行系统抽紧银根，严格控制货币供给，可以避免出现过高的通货膨胀，促进经济结构的调整。这种政策的组合运用，一般是在经济从高涨时期转向衰退时期。在此时期高的通货膨胀还没有得到有效控制，但社会消费需求和投资需求已明显滑坡，经济结构性矛盾较为突出，社会闲置资源没得到充分利用，经济增长还有一定潜力。但财政政策放得过松会出现大量赤字，不宜长期运用。其效果如图 20－8 所示：

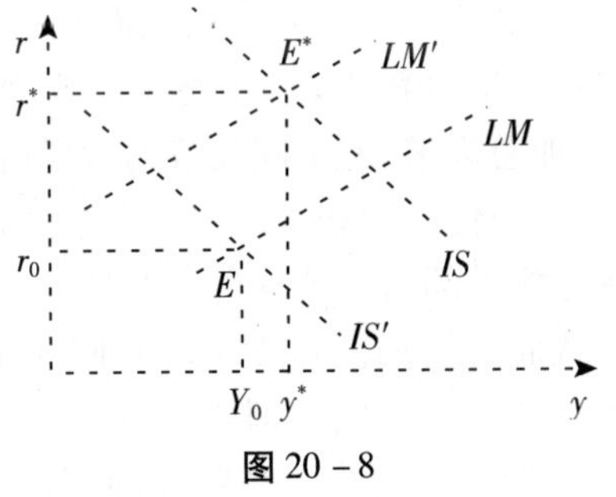

图 20－8

四、紧的财政政策和松的货币政策

在这种政策模式中，财政系统增加税收，削减财政支出，可以抑制公共消费和个人消费，避免消费过热，需求过度。同时，银行系统放松银根，适当增加货币供给，又可以满足投资需求，保持经济的适度增长。这种政策组合的运用，一般是经济从萧条期转入高涨期时，通货膨胀的信号已较为明显，经济结构性矛盾也较为突出，但社会还有闲置资源，经济增长还有潜力。但货币政策放得过松，会导致难以控制的通货膨胀。因此，适度从紧的财政政策配合适度从松的货币政策是一种较好的选择。效果如图 20 – 9 所示：

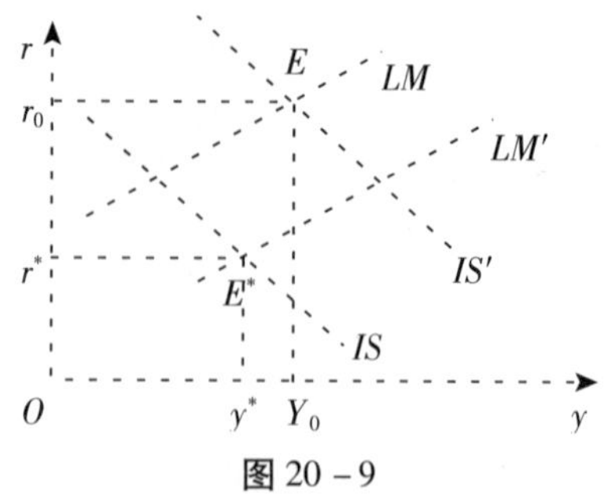

图 20 – 9

综上所述，从上述几种政策组合中可以看到，“双松”、“双紧”政策主要调控的是社会总需求，解决的是总量问题。总量失衡明显地表现在经济周期的两个时期，即萧条时期的总需求严重不足和通货膨胀时期的总需求过旺。针对这两种情况，必须同时使用财政政策与货币政策，并且方向保持一致。在正常的经济运行中，虽然时常发生经济波动，但经济仍然是朝着增长的方向发展。因此，松紧搭配的政策组合是西方发达国家宏观经济调控的主要形式，因为这样便于形成一种制衡机制，有利于国民经济在协调、平稳的轨迹上运行。具体地讲，“一紧一松”或“一松一紧”政策组合，主要是针对经济运行中当前的主要矛盾，即经济增长问题是主要矛盾呢，还是通货膨胀或经济结构是主要矛盾，来做适当的政策组合。一般来说，在经济中存在通货膨胀但不太严重或经济增长较低但不至于全面衰退的情况下，为实现经济的稳定增长，政府应采取松紧搭配的政策。至于到底要采取哪一种松紧的政策搭配，则取决于当时的宏观经济运行的状况及其所要达到的政策目标。采取松紧搭配的政策组合，其关键是掌握好松与紧的程度。如果松紧搭配不当，就有可能出现财政政策的效果与货币政策的效果相互抵消的情况，这样，政府采取的财政货币政策没有起到应有的作用，错过了经济调整的有利时机。同时，还可能出现松过了头而产生通货膨胀，或者紧过了头而抑制经济增长。所以，在采取松紧搭配的财政货币政策时，要对经济形势和财政货币政策的优劣进行科学分析和正确评估。最后，值得一提的是，当考虑如何混合使用财政政策和货币政策时，不仅要看当时经济形势，还要考虑政治上的需要。因为虽然扩张的财政政策和货币政策都可以增加总需求，但不同政策的后果可以对不同的人群产生不同的影响，也使 GDP 的组成比例发生变化。例如，实行扩张的货币政策会使利率下降，投资增加，因而对投资部门尤其是住宅建设部门十分有利。可是，实行减税的扩张性财政政策，则有利于增加个人可支配收入，从而可增加消费支出。而同样是采用扩张的财政政策，如果是增加财政支出，例如兴办教育、防止污染、培训职工等，则人们收益的情况又不同。正因为不同政策措施会对 GDP 的组成比例（投资、消费和政府购买在 GDP 中的构成比例）产生不同影响，从而影响不同的人群的利益。因此，政府在做出混合使用各种政策的决策时，必须考虑各行各业、各个阶层的人群的利益如何协调的问题。

【复习思考题】

1. 试述市场经济条件下政府实施宏观经济调控的必要性。
2. 财政政策与货币政策为什么要协调配合？
3. 试析财政政策与货币政策组合模式适应的经济条件。

参考文献

[1]马克思. 资本论:第1、2、3卷[M]. 北京:人民出版社,1975.

[2]中共中央文献编辑委员会. 邓小平文选:第1、2、3卷[M]. 北京:人民出版社,1993、1994.

[3]项怀诚. 领导干部财政知识读本[M]. 北京:经济科学出版社,1999.

[4]金人庆. 领导干部税收知识读本[M]. 北京:中国财政经济出版社,2000.

[5]戴相龙. 领导干部金融知识读本[M]. 北京:中国金融出版社,1997.

[6]刘邦驰,汪叔九. 财政学[M]. 成都:西南财经大学出版社,2001.

[7]王国清,马骁,程谦. 财政学[M]. 北京:高等教育出版社,2006.

[8]李守荣. 中国金融体系概论[M]. 北京:经济管理出版社,1993.

[9]中国人民银行. 金融知识国民读本[M]. 北京:中国金融出版社,2007.

[10]贺飞跃. 全面营改增与纳税筹划十二讲[M]. 成都:西南财经大学出版社,2016.

[11]中国人民银行网站:http://www. pbc. gov. cn.